苏东坡

Resident Of DongPo

子金山 著

华龄出版社
HUALING PRESS

有态度的阅读

小马过河（天津）文化传播有限公司

序　言

聊苏东坡可不是什么好活计，原因明摆着：

一、名头太大。苏东坡的粉丝如麻，千年不断，多少女粉丝以气吞山河的声势喊出“愿意千年等一回，下世能嫁苏东坡”的豪言。所以，如果有人选中了以苏东坡为话题，舌头都要小心点儿：嘴下积德捧场还好说，若是损几句这位千年前的才子，估计众人的唾沫星子能把你淹个半死！

二、这位大宋苏学士人气高得令人咋舌。从宋朝起，包括宋朝当代，为东坡作传追记的名家很多，想在苏东坡身上出点另类的新话题几乎没有可能！就说近代，就有林语堂的《苏东坡传》在那儿摆着，书中对东坡先生已经做了近乎全面的定论，其后聊苏东坡的各位大家名师，虽然各有些香味，但终究淡了许多。现在的子金山就是再加些佐料烹炒一番，估计也难调众人的口味。

三、就现存的史料而言，有关苏东坡的记载，正史中极为简略，但野史、笔记中又十分丰富，尤其是逸事传说，简直可称海量。所以，就算在百家讲坛上开聊东坡先生的教授们，也难免陷入是正说还是戏说的两难，不时掺和点儿民间传说凑数逗乐，也是可以理解的。

四、能够对苏东坡履历、名篇如数家珍的人不计其数，而且绝对不是仅限于专家、大师。因此，侃些大家都知道的事情难以引起大家的兴趣，就算万幸得到大家的关注，估计也是横挑鼻子竖挑眼的人居多。

无奈“东坡肉”好吃举国闻名，老孙还是决定品尝一次，或者称为尝试更为确切。原因出自内心：东坡先生的大作陪伴老孙度过了童年时代。曾经有多少次，老孙因为背诵苏子的词嘴头磕巴而遭家父训斥，有时甚至被打几个耳光；又有多少次因为故意顺口带出几句东坡的名句而引得小伙伴们啧啧赞叹连声，尤其是女娃们的羡慕目光，实在令人至今难忘；年龄稍长之后，又是一本《苏东坡诗词选集》使我无数个无聊的夜晚变得滋味无限；窘困的时刻想起了苏子落难的日子而心情坦然；翘尾巴的一瞬间是东坡大作使我羞愧脸红！

苏东坡曾令我激动，苏东坡曾让我向往，苏东坡曾使我从心灰中解脱，苏东坡曾诱导我走向文学的快乐旅途。

没有为苏东坡另外作传的妄念，老孙只不过是想让他鲜活地出现在大家面前。苏东坡不需要老孙为其树碑立传，那座闪光的丰碑其实已经在人们心中竖起了近千年！

中国正史中的人物资料，大多是经过后人编纂的名人档案，有时读之味同嚼蜡。《史记》之后，趣史美文难得一见，有时竟是些野史笔记读着尚觉过瘾，只可惜猜测臆断居多，有关东坡先生的更是如此。

所幸东坡先生生前勤快，留下了数千篇诗词文章。中国自古有文如其人之说，我们不妨从东坡先生的诗文中寻找他鲜活的身影，大概这个苏东坡更接近真实，更为妙趣横生。

其实不管是谁谈苏东坡的话题，都离不开东坡的那些千古绝唱、旷世文章，那是东坡先生留给世人的共同遗产，已经使无数人受益终生，肯定还将惠及我们的后代。

不过老孙侃苏东坡却没打算惠及任何人，目的就一点：让大家品尝一下老孙加工过的“东坡肉”，让诸位能与古人碰杯，多灌上几盅老酒黄汤，吾愿足矣！

目　录

1 从“龙生龙、凤生凤，老鼠生儿打地洞”说起

国人向来有“龙生龙、凤生凤，老鼠生儿打地洞”之宏论，不乏有人以苏氏父子作为此论的依据。但实际上，用“青出于蓝而胜于蓝”这个典故形容苏东坡与其老爸苏洵更为确切。

一门父子三词客，千古文章四大家。

这副对联是四川眉山三苏祠的楹联，清代人张鹏翮[①]所题，上下联简洁概括了老苏家所创造的宋代文坛一门辉煌。

上联所述的一门父子即苏家的老爸苏洵和儿子苏轼、苏辙，意思是三人均为填词名家；下联四大家是指韩、柳、欧、苏四家，四家文章名冠天下，苏门占其一！至于文冠当时的宰相王安石，直到明代的朱右编撰了个《八先生文集》，老先生才算排上

① 注：张鹏翮，四川遂宁人。清康熙九年（1670年）进士。他身仕康熙、雍正二朝，是清代治学专家和理学名臣，清代四川地区官位显赫、名声响亮的人物。

了座次，后来的唐顺之也编撰了个《文编》，只选用这唐宋八人的文章，一个叫茅坤的散文家整理了这些文章并取名唐宋《八大家文钞》，唐宋八大家从此成为定论。

了不得！唐宋两代排出散文名家八人，老苏家竟然占了三席，估计除了汉末三曹父子（曹操、曹丕、曹植），大概能称得上前无古人，后无来者！附带说明：另外五位是韩愈、柳宗元、欧阳修、王安石和曾巩。

但此联上联的内容是在夸大：要说给宋代的词人排座次，大概排上三百名也未必轮到苏家的老词客苏洵，从史载到传说都没见这老头留下什么值得一提的词作。当然，也可能是撰联人因老苏传下了不少散文、政论精品，故而把老苏也算作了词客。

就算如此，撰联人还是有点偏心，苏洵虽留下了不少能上眼的散论，但真正能称冠古今的只有一篇《辨奸论》[①]！此文几乎把老头“骂”的功夫发挥到了极致，文风犀利，精彩绝伦，之所以能以“骂”而功标青史，是因被骂的人非同小可——一代文豪、政治大家、后来的当朝宰相王安石是也！

至于老苏与当朝重臣王安石有何过节？老孙后文自然会另篇详述，眼下先给大伙尽量简单地介绍这三词客居首的苏洵，这个老头的确为中国文坛的辉煌立下了盖世功勋！

先说名气。以前，中国私塾、官学的教科书入门之文便是《三字经》[②]，苏洵是被选入中国数朝小学教材的人物，《三字经》中这样介绍他：“苏老泉，二十七，始发愤，读书籍”。

---

① 注：《辨奸论》是北宋古文名篇。但一说为邵伯温托苏洵名作，尚无定论。

② 注：《三字经》是中国的传统启蒙教材。它与《百家姓》《千字文》并称为三大国学启蒙读物。

就像苏轼的别号苏东坡一样，苏洵字明允，苏老泉就是苏洵晚年的别号。

后人把苏洵尊为大器晚成的样板，列入了教科书来告诫后代，这充分证明了苏东坡的老爸苏洵少年时代是个“问题儿童”，如果放在今天兴许是位成天泡网吧的主儿。并且可以推断，其从少年到青年的黄金岁月，大都是在与街头的混混厮打中度过的，看来“骂功”就是在该时期打下的扎实的“童子功”。

有句真言是这样说的：只有不合格的老师，没有不合格的学生。以此推论：只有问题家长，绝无问题子女。问题少年的制造者可能是他们的爸妈或者更上一辈的施宠者。

苏洵从少年到大龄青年时期不争气，责任在谁？莫非是苏洵的老爸——也就是苏轼、苏辙的爷爷常年外出打工，以至于孩子沦落为“留守儿童”无人管教？实际情况正相反。苏东坡的爷爷苏序，字仲先，粗通文墨，性情豪爽，家境小康，轻财好施，且老实本分，从未有过在国家公务员铁饭碗里捞饭吃的妄想。

据史载：苏序“晚好为诗，能自道，敏捷立成，不求甚工，有所欲言，一发于诗，比没，得数千首”。

从至今没发现苏序老先生的大作来看，老先生在玩弄诗词方面最多算是个票友，数千首诗竟无一首传世。从苏序老先生吟诗“敏捷立成”来看，其人聪明是无疑的，而且极明事理，应该精通儿童教育的真谛！那么，他是怎么训导子女的？

这就是苏序老先生的高明之处了。苏序对孩子实行的是自然成长理论，强拔高的小苗难说将来成材，树大自然直；望子成龙的父母大多得到的是虫样儿女，让生活自身来教育少不更事的儿子，兴许更见成效。

但苏序老先生太过理想主义了，儿子在花季之前还是没能明白老爸的苦心。在等待苏洵浪子回头无望之后，苏序采取了一个紧急措施：请个绝对负责任的人来管教顽劣的儿子。

措施奇绝：给苏洵找个媳妇!

一则这小子成家后必然会专心立业；二则让儿子多了位管教者：给苏洵找了个严厉的老丈人。

婚事很快张罗成，苏洵的新婚妻子出身官宦之家，娘家姓程，程氏的父亲程文应曾任大理寺丞，对管教不良之徒绝对是业务精通。

果不其然，苏洵的岳父程文应对女婿的教导可谓苦口婆心，但是没用，逆反心理极重的苏洵依然我行我素，甚至玩乐不思娇妻。程文应无奈，只好认定自己瞎了眼，误了女儿的终身!

但木已成舟，生米已经煮成了熟饭，程文应也就干脆破罐子破摔，从此，他冷眼向洋看世界，一脸寒霜对女婿。

谁知苏洵竟没有辜负老爸的苦心，在苏轼、苏辙两个儿子出生以后，苏洵突然意识到自己是爸爸了，可以不理睬包括自己老爸在内的他人，但总得给儿子们立个学习的好榜样吧?

苏洵竟然自觉收起玩心，开始发愤读书，决心在科举之路上奋力拼搏，混个一官半职，不说光宗耀祖，也要惠及儿孙。

后来苏洵学业大成，虽然笔下生花没能比得上两个儿子出彩，但能混到在唐宋八大家中占有一席之位，也算千古留了英名!

可惜苏洵实在官运不佳，从十九岁开始考了近二十年功名，也没中进士，一生也没能在科举考试中金榜题名，最后只能无奈自嘲：考进士对我来说如攀蜀道，难于上青天！但我儿子们偏能如履平地！当然，这话是说在两个儿子同榜登科之后。

外国的文学大腕中，父子都能挂名其中的唯有小仲马与其老爸大仲马。大仲马以一部《基度山伯爵》[①]名扬全球文坛，而儿子小仲马则是以一部《茶花女》[②]一举成名。

据说儿子小仲马在初次感觉到自己的明星身份时有些忘形，骄傲地对老爸大仲马显摆：“我这一生中最得意的作品就是这部《茶花女》！”

大仲马不屑地回答儿子：“我这一生中最得意的作品就是造出了你！”

看来苏洵也绝对有资格提早八百余年对儿子们说出大仲马的这句话！

苏洵培养出了苏氏兄弟，尤其是成功地培养出了旷古奇才苏轼，才是真正为中国文学尤其是为中国诗词的辉煌立下了盖世功勋！

---

① 注：《基度山伯爵》是通俗历史小说，是法国著名作家大仲马（802—1870年）的代表作。

② 注：《茶花女》是法国作家小仲马（1824—1895年）的代表作，是小仲马根据自己的亲身经历创作的爱情小说。

2　大器晚成的父亲打造出神童儿子

按照基因遗传的概率推论，大器晚成的苏洵，其后代理应也是少年顽皮，中年发奋，老年成名。但事情在苏洵身上转了 180 度，儿子苏轼、苏辙却是少年成名，中年坎坷，老年……大家耐心看下去便知道了。

究其原因，是苏洵在对待子女的教育上，与老爸苏序采取了截然相反的教育方式。苏洵总结自己少年失教的经验教训，对儿子们采取了鞭打快牛似的“严师出高徒、棍下出孝郎”的教育方式，结果大获成功！

当然，这个结果绝不是说苏洵的家教有可取之处。一般来说，如果遵循中国延续了两千余年的传统，孩子的成才率兴许会高些，但是这会剥夺儿童的快乐，而且惯出偏才，其结果是有时收获的是学问，丢失的兴许是人性。

不过，大人们通常不太在乎孩子们的身心感受，孩子痛苦与否与大人无关。

这点老孙自己就深有感触。至今，老孙梦里想念的都是儿时游嬉的快乐，恐惧的都是被父母苛责的情形，少年时代所经受的责罚会深深刻在心里，烙印永难抹去，恐怕会终生伴随。

苏东坡也不例外，他在成为老先生之后，常被噩梦吓醒。这里有东坡先生晚年在儋州时所留的诗《夜梦》为证：

> 夜梦嬉游童子如，父师检责惊走书。
> 计功当毕春秋余，今乃粗及桓庄初。
> 怛然悸寤心不舒，起坐有如挂钩鱼。
> 我生纷纷婴百缘，气固多习独此偏。
> 弃书事君四十年，仕不顾留书绕缠。
> 自视汝与丘孰贤，易韦三绝丘犹然，如我当以犀革编。

本书不是要讲诗词鉴赏，老孙就不在这里详细解读了。但东坡先生少年时常因完不成家庭作业而被父亲训斥是肯定的，他到老年回想起来仍有被挂在鱼钩上的感觉！这实在太恐怖了！

没办法，谁让他生在中国古代了呢？这是中国古代优秀少年儿童的遭遇。

显然，这是老孙在替古人担忧。东坡小朋友少年时的书包兴许不如老孙想象的那么重，不需要国家教育主管部门三令五申下令减负，而且苏洵这位父师也不仅仅动用大棒政策，还经常以身作则，给儿子们当伴读。儿子们日后的成功与老泉的言传身教分不开。这点可以从东坡先生成名后诗文中的多次追忆看出来。

老孙先说明一下："苏东坡"这个字号是后来苏轼被贬黄州时他自己取的。少年时，苏轼别字和仲，弟弟苏辙别字同叔。

古人以伯、仲、叔、季作为兄弟排行，仲表示老二，苏轼的别字为和仲，是因为他有个夭折的大哥，名为景先，所以苏轼和弟弟苏辙一起，往下排了顺序。

中国古代文人的号是自己随便取的，如同现代人的笔名、网名，只要你喜欢，多起几个也无妨。

例如南唐后主李煜，给自己起的字号多得让人眼晕；清代大画家石涛曾号清湘道人、苦瓜和尚、大涤子、瞎尊者等，字号多得就连郑板桥都看不下去，曾专门撰文指责他。

不过古代文人字号多也比不上现代人，据我所知，现在的网友们给自己起的字号或“马甲”也很多。

出生于宋仁宗景佑三年农历十二月十九日的苏轼又字“子瞻”，弟弟苏辙后来另字“子由”，是因为两兄弟对老爸包办的字“和仲”“同叔”不太满意，所以另起了吗？

而“轼”字与“辙”字都是有讲究的，在老孙解释苏洵给两个儿子取这两个字的因由之前，先说明苏轼生年的一个疑论。

林语堂先生的《苏东坡传》中把苏东坡的生年定为 1036 年，而其他资料则记载为 1037 年或 1036 年，意见不一。这点容易理解：苏东坡生于中国旧历十二月十九日，按公历应该算是 1037 年的 1 月 8 日，所以按照现在的算法，苏轼的生年应该是 1037 年。

老孙估计苏洵属于车迷一族，当然不是迷今天的宝马、奔驰一类汽车，而是痴迷宋代的高级代步工具——马车，并且他可能爱好旅游，从他给两个儿子起名都没离了马车和道路就可以推测出。苏洵后来曾写过一篇叫作《名二子说》的文章，专门解释儿子们名字的含义。原文摘要：

轮辐盖轸，皆有职乎车，而轼独若无所为者。虽然，去轼则吾未见其为完车也。轼乎，吾惧汝之不外饰也。天下之车，莫不由辙，而言车之功者，辙不与焉。虽然，车仆马毙，而患亦不及辙。是辙者，善处乎祸福之间也。辙乎，吾知免矣。

文章大意是说：车轮、车辐、车盖、车轸，在一辆马车上各有用途，缺一不可，而车轼作为扶手的横木则可有可无，但一辆马车如果缺了轼，就不是一辆完整的马车。文中苏洵还把光宗耀祖的希望寄托在了苏轼身上："轼乎，吾惧汝之不外饰也。"

苏洵为小儿子取名，单名一个"辙"字。辙是车轮子在路上碾过的痕迹，虽然苏洵解释是希望小儿子能不求福祸、平安一生，但老孙觉得此字还是表露出父亲既希望儿子规矩如"辙"，又期待儿子留下与他人不同的人生轨迹。

苏轼与苏辙相隔三年先后降生，两兄弟的第一功便是鞭策老爸"改邪归正"，没承想竟然促成老爸跨入中华千古名人的行列！这情形的确像少林寺的老和尚，之所以没丢功夫，能保持老当益壮，很大可能是因为有徒弟缠着自己学功夫。

苏轼继承了父母的优秀基因是毫无疑问的，虽然苏轼不像一些史书记载的大人物那般，出生便能感动大自然风雨际会，又或者来自老妈被神仙甚至怪物施法，但还是有一些传说讲到苏东坡出世不凡！

据明代人袁中道的《珂雪斋集》[①] 记载：东坡的漂亮妈妈程氏有一天在闺房酣睡，梦中见到一个和尚进了房间，以下的事情说出来不免让人脸红，不说更使人想象无限。反正从那天起程氏

---

① 注：《珂雪斋集》为清袁中道著。其早年诗歌以平易率直为主，中年以后，诗风转向幽深奇崛。其散文总体成就高于诗，尤其是游记与书札，风格活泼，语言尖新。

就怀了孕，之后生出了苏东坡。

宋、明两代有些文人在笔记中不顾苏洵的感受，渲染东坡是神仙留种，有的人甚至把这出处栽到苏东坡身上，说东坡本人已经证实。

神仙播下或自变的种子，长出的苗苗会是啥？当然是神童！

东坡家居四川眉山，据宋人谢维新编辑的《古今合璧事类备要》① 记载，东坡出生时，附近彭老山的花草树木一夜枯死。这种非正常现象必然要被后世之人联想到刚出生的苏东坡身上。几年后苏辙出生，苏东坡当然也担起了神童哥哥的责任，眉山乡里传唱起儿歌：

眉山生三苏，草木尽皆枯。

苏轼是神童的传说竟然也有旁证。宋代张端义的笔记《贵耳集》② 中这样记载："蜀有彭老山，东坡生则童，东坡死复青。"

这不是要追究苏家一门破坏绿化的重大责任，而是在向后人宣告：苏东坡能夺山川之灵气，吸天地之精华！

一个神童从此开始了他的尘世流浪记。这个传说中的神童在现实中的表现的确非凡，他六岁步入小学，大宋朝只出了这一个真正的神童！

---

① 注：该书为宋谢维新编辑，本书多收宋人之遗事佚诗。

② 注：《贵耳集》为笔记集。作者为宋代张端义，工于诗，近于江湖诗派。本书采录范围较广。

3　德智体超前发展的天才少年

老祖宗传下来一句俗话：从小看大，三岁看老。

姑且不论此话是否具备科学道理，例如苏洵的成长就难以套上这句俗话，但今天的父母们肯定相信这论断，预防儿女不成才的措施甚至提前到了“播种”之前，胎教新风也逐渐传到国内，并且迅速从城市向农村流行开来。

我们无从得知苏东坡是否在母胎中就收获宝贵的胎教，但从他呱呱落地到步入学堂，我们都未听闻发生什么故事，直到六岁被送到一所道人创办的私塾读书，苏轼才渐显与众不同。

据说在私塾学习的一百多个学童中，有个姓张的道士只喜欢东坡和另一个据说后来成了神仙的学生。那个学生叫陈太初，后来虽中科举却未做官，而是坚决出家做了道士，一心去圆神仙梦了。姓张的道士或许是喜欢这个学生“长大后我就成了你”的特质吧。再后来，那个学生终于在一个朋友的家门口把梦想实现，好像忍了几天不吃饭，咽气成仙了。

为什么大家都认为陈太初白日飞升了？原来在大家抬尸体时，据说他突然活过来出走，从此活不见人死不见尸。这不是成仙去了天上，还能去哪里？

但对于刚接受启蒙教育的东坡小朋友来说，这可不算好事。道人老师的心爱弟子，当然会对老师的道人身份产生极大兴趣，以至于东坡在少年时代迷上学道修仙，青年时代还未对女人产生兴趣，拒绝找媳妇。

好在老爸苏洵挺有耐心，无数次给儿子苏轼做思想工作，使儿子明白了女人不是老虎，成仙不如做官，更没有传宗接代重要，东坡总算留在了俗世。

与今天的有些小朋友着迷网络游戏不同，东坡虽痴迷道业，却没有耽误学业。据记载，东坡少年时代爱好广泛，尤其对诗文极富天赋，十岁时便经常口吐惊人诗句，书法才能如同天授。据《名胜志》记载：苏东坡小学时就读于栖云寺，其间给所在的连鳌山题了“连鳌山”三个字，字迹“大如屋宇，雄劲飞动”！

大概宋代的眉山没有像样的学堂，几处有名的书院又路途遥远，所以苏东坡幼年就读的学堂不是道观就是寺院，以至于少年东坡不但倾心于道家老庄，而且对佛理也颇有兴趣，对禅学思考更见功力！看来东坡儿童时的启蒙教育了不得，环境影响更重要，这些经历，竟然成就了一个集三教学问于一身的旷古奇才！

也许是因为那个张道士对本职工作比较敬业，在教授儿童科举学问的同时，也掺杂了不少道教知识。东坡的爸妈大概是发觉苗头不对，干脆让十岁的苏轼辍学回家，自己当儿子的老师。

现在看来，这个决策对极了！苏洵高考科举无所成就，但却是个超级合格的教师！他一包到底教出两名进士，可谓升学率百分之百，而且儿子还摘了科举状元的桂冠。从古至今，哪个教师能做得到？

东坡的妈妈程氏也不愧为优秀的“小学教师”。东坡八岁到十岁之间，苏洵进京参加科考，冲刺进士，结果皇天负了有心人。落榜之后的考生没有几个心情愉快的，苏洵也不会例外。懊恼之下他便到江淮一带散心旅游，这期间两个孩子的教育重担全压在了程氏肩上。

老妈程氏的教学方法灵活多变，除了以背诵为主的“填鸭”式教学外，她还经常与儿子们进行启发式的讨论教学活动，《宋史》[①]苏东坡的传记与苏辙为他母亲写的长篇碑文里，都记载了这样一场成功的课堂活动：

程氏教孩子《后汉书》[②]中的《范滂传》，书中记载：后汉时的范滂因反对宦官虐政而遭到通缉，范滂为不连累县令以及母亲而主动投案，范母送行时大义凛然。

“你今天能得与李、杜齐名，死亦何恨！既得盛名，又求长寿，岂可兼得？”

范滂跪拜辞老母。母亲叹喟儿子：“吾欲使汝为恶，则恶不可为；使汝为善，则我不为恶。”

这时，十岁的东坡小朋友竟然对老妈提问道：“妈，我长大之后若做个范滂这样的人，您同不同意？”

程氏慨然回答：“你若做范滂，难道我不能做范滂的母亲？”

可见程氏对东坡的德育也抓得挺扎实。

实际上苏洵夫妇的亲自教学并没有坚持到底，苏东坡在十三岁那年，就和弟弟苏辙一起被送到寿昌书院读书，老师姓刘名巨，字微之，据说刘老师后来是被东坡同学的才华给羞辞职的。

---

① 注：《宋史》为元脱脱等编撰，撰修于元朝末年。这是二十五史中篇幅最庞大的一部官修史书。

② 注：《后汉书》是历史类文学作品。作者是范晔。

事情起源于刘巨老师做了首《鹭鸶诗》在学生面前显摆：

鹭鸟窥遥浪，寒风掠岸沙。
渔人忽惊起，雪片逐风斜。

刘老师按照当时前俯后仰拉着长腔的阅读习惯，得意地把诗读给学生听。唯有不懂事的东坡同学举手发言，给老师的大作改了收尾的三个字：

鹭鸟窥遥浪，寒风掠岸沙。
渔人忽惊起，雪片落蒹葭。

东坡把刘老师诗中的“逐风斜”改成了“落蒹葭”，而刘巨听后大惊，也有人说刘巨听后大喜，反正刘老师最后是又惊又喜辞了职，当场表扬了天才学生苏轼：“吾非若师也。”

宋朝后期好多诗评家认为东坡的“落蒹葭”比“逐风斜”更形象，更贴切，有意境，用此例来证明东坡打小就是神童。

老孙也跟着琢磨过这“六字真言”，总觉得还是“逐风斜”三字灵动顺眼，这是老孙的诗词功夫还处于幼儿园阶段？

刘老师被羞走后，苏氏兄弟又回到了家中，还是由爸妈继续“中学”阶段的教育。东坡在家读书的亭院当时名为“南轩”，后来被苏洵改成了“来风轩”，这里便成了东坡的三味书屋。

苏东坡对此地感情尤深，《南轩梦语》一文中这样记载：

将朝尚早，假寐，梦归縠行宅，遍历蔬园中，已而坐于南轩……既觉，惘然怀思之，南轩，先君名之曰

“来风”者也。

人生最念少年时！

这是因为少年时代是花蕾阶段，凝聚芬芳而待发，无限绚丽而待绽，都说十六岁是人生的花季，我说万紫千红的季节尚在其后，青春只要能怒放一回，又何必在意未知的果实？

可惜少年时的时钟走得最快，花蕾的阶段也好，怒放的季节也罢，回忆之际，莫不如白驹过隙，转瞬即逝。慷慨挥毫，气贯犹吞月；怆然对镜，鬓角已沾霜！

东坡的少年时代也是匆匆即逝，岁月如水，到了东坡十九岁。这一年值得一书：眉山这年挂彩，南轩这年披红，东坡这年娶亲。

东坡的娶亲对象是家住青神的王弗，按中国人的虚岁计算，年方二八。青神在眉山镇南约十五里远的小河边，此地山明水秀润佳人。

王弗品貌出众，在其辞世十年后，以一座荒坟牵得东坡断肠搜句，留下千古绝唱《江城子·乙卯正月二十日夜记梦》！

十年生死两茫茫。
不思量，自难忘。
千里孤坟，无处话凄凉。
纵使相逢应不识，尘满面，鬓如霜。
夜来幽梦忽还乡，小轩窗，正梳妆。
相顾无言，唯有泪千行。
料得年年肠断处，明月夜，短松冈。

4 夜来幽梦忽还乡

有关苏东坡新婚后的幸福生活，正史记录空白，宋代文人笔记则记载了东坡婚前的许多传说，有些甚至是风流韵事。这也难怪，炒作名人的绯闻，其历史看来可追溯到中国的宋代。

大师林语堂竟然考证出东坡少年时曾暗恋自己的堂妹，并且对这个初恋情人毕生念念不忘。

老孙曾专门琢磨过林大师用作证据的那两首所谓“情诗”，却没能感悟出苏子这段情缘。

这两首诗，一首是写给好友刁景纯的，另一首是写给杭州太守陈襄的。苏东坡怎么会把自己的“邪念”显摆给朋友？至于东坡晚年闻堂妹去世的消息而“心如刀割”，以及身染重病还到堂妹坟前向堂妹及其丈夫致祭的行为，也只能证明东坡极重亲情。

东坡成年后在男女情事方面的绯闻不少，诸多宋代及后世人们的笔记给现代人提供了海量的书证。东坡经常在作品中旁证自己有携妓玩酒的爱好，正史记载东坡在陆续娶了三位妻子的过程中收了数名侍妾，事实上东坡的第三个妻子王朝云一直是侍妾身份，后来也只是代理妻子的角色，管理家事。

人生在什么时代是不能由自己决定的，当时社会的道德观、宋代士子大夫的生活作风及觉悟，哪能比得上今天？要是宋代才子都如王安石、司马光等坚决执行一夫一妻制的婚姻，历史上的轶闻传说岂不缺少了些逸趣，多了些古板与遗憾？

外面彩旗飘飘，家中红旗不倒，是当时的风气。

但苏子对首任妻子王弗的痴情可谓感天动地！

王弗在嫁给苏东坡十一年后撒手人寰，而立之年的苏东坡几乎肝肠寸断，以至十年后仍不能忘情，常于梦中悲痛，一曲《江城子》道尽恋念之苦，相思之痛，成千古绝唱，催后人眼涩鼻酸，泪从心出！

此词作于东坡就任密州（今山东诸城）太守之时，他虽因与宰相王安石政见不合而远离朝阙，但仕途尚未遭受重大坎坷，一州太守之尊，虽未必适意，但心情绝对好于日后被贬黄州之时。

提笔挥毫的东坡当然是在以真情怀念十六岁时的新婚妻子，追忆与之卿卿我我的十一载欢乐时光，描绘了十年中人鬼殊途的悲痛！能于梦醒时分，洒墨香对话亡妻，且道尽婉柔，痴情如涌，应是王弗深刻在东坡心头的倩影所致。

苏东坡在这首词中没有流露出一丝花间派的绮怨文风，真率的情感灌满字里行间。

自首句“十年生死两茫茫”的一声长叹，至末句“料得年年肠断处，明月夜，短松岗”的无限苍凉，我们看到的是生死相隔的深情伴侣在对话，在倾诉思念，虽然“相顾无言，唯有泪千行”，却注释了“此时无声胜有声”之真谛！

东坡用十年后的“夜记梦”，诉说了夫妻之情深，他没有在词中直接描述王弗蕙质兰心，明事通理，却使我们看到了王弗当年“小轩窗，正梳妆”的妩媚，那一瞬间，我们理解了东坡“不思量，自难忘”的缘由。

其时东坡已经续娶了王弗的堂妹王闰之，据说此女颇有其堂姐风韵，或许这桩婚姻正是由东坡对爱妻王弗的眷恋促成。

不惑之年的东坡仍困惑于情中，哪怕“纵使相逢应不识，尘满面，鬓如霜”！

这是东坡在娓娓细语，向亡妻倾诉自己十年的艰辛。这时，谁能感觉到东坡的爱妻已经辞世十年？

如梦如幻、似真非真之中，我们触摸到了东坡用文字铸就的深情，那句“问世间情为何物？直教人生死相许”，其实已经告诉了我们情为何物。情，就是四十岁时两鬓斑白的东坡的吟唱；情，就是他内心深处的歌！

一瞬间，我们看到了一轮冷月当空，看到了“千里孤坟”的幽怨倾诉，岂止于“无处话凄凉”？这“年年肠断处”留下了词人的孤影，我们的魂魄！

东坡曾在《亡妻王氏墓志铭》中记述：“妇从汝于艰难，不可忘也。”这时的东坡是在以心托于梦境，于梦中携妻重游少年时的故乡，那里有爱，那里有梦，那里有情，那里有诗！

无怪乎东坡告诉爱妻“夜来幽梦忽还乡”，东坡期待爱妻能够与他随行，去重温如梦如诗的情爱，去收拾溢流在故乡的感动，去体验魂牵梦萦的“相顾无言”，去品嘬“唯有泪千行”咸涩的甜蜜！

阅读之间，黯然魂销；吟唱之时，亡灵重生；感动之中，词人活现；盈眶之际，穿越时空！

我们仿佛瞬间被词人带到了大宋，与苏子、佳人同行。啊！那种久觅的人间真诚啊！多少人从这里收获了感慨？我瞬间理解了：生命有独特的永恒！

这一曲绝唱实际开始于东坡十九岁那年，东坡豪放吟唱了十一年的幸福，这是绝唱的全部，又以词人的细腻概括出内心的感受，里面再掺兑上十年的凄苦，最后把思念挂在了明月下荒岗上的短松枝头。

由这首词可以推断，苏东坡与王弗的婚后生活是惬意的，不过，这种惬意东坡只享受了两年。宋仁宗嘉祐元年（1056年），老爸苏洵在次子苏辙成婚后决定，让儿子们继续老爸未竟的科考大业，别说结婚两载的苏轼，就是新婚的苏辙，也要随老爸一起出发，目的地是京师汴梁，初步任务是参加礼部的殿试选拔考试。

这是一条艰难的求官之路，此路的尽头挂着诱人的乌纱帽。

事实上，老爸苏洵没有放弃对加入国家公务员队伍的追求。不过，苏洵没打算与儿子们步入同一考场，而是准备走捷径去摘那顶朝思暮想了二十年的乌纱帽。

有句名言说："朝里有人好做官！"宋代也是如此，并且与今天完全不同，那时跑官是公开化、合法化的，跑来的官也是真的官。

5 北宋国家公务员队伍建设

苏门爷儿仨要去参加科考了，所以老孙不得不介绍一下北宋时的高考——也就是科举制度，这是北宋国家公务员队伍组建的主要保证。

宋代治国方略被后世称为“文官政治”，因为宋代的皇帝重文轻武。究其原因，大概是皇帝怕武将权重，步了宋太祖以武力夺取后周政权的后尘，故而举国官僚大多是文人出身。所谓文人出身，指的是朝中官员大多是经过科举考试筛选出来的。

之所以说“大多是”，是因为大宋选取国家公务员的规定比较宽松，没有本科以上的文凭也可以。

宋朝规定，对于多次应试而不第的举人实行“特奏名法”，特赐各科出身，屡试不第的举子也就有了被任命为官员的资格。此时的苏洵就具有这种资格。

不过这种“特奏名”出身的进士，也就是给自己一个心理安慰而已，真当官还是排不上号的，这是因为宋代的“专科”，与货真价实的“本科”是不能相提并论的。混不上“本科”毕业，钻进干部队伍几乎没有可能。

为了鼓励学子考到老，学到老，宋太祖就说了：举人参加过十五次以上考试坚持到终场者，特赐“本科出身”。

宋初科举，每年一届，后来改成两年一届，再后来改为固定的三年考一回，大家可以算一下这简单账：参加十五次科考还不得考得举子们胡须纯白？

不过，这制度还是给人们带来了希望，非常有利于安定团结，落榜的考生若都能当复课生，准备再次、三次乃至多次冲刺官位，自然对社会的和谐大有好处。

此科考对高干子弟还有一条特殊待遇：中、高级官员子弟可以通过恩荫得官，无须寒窗苦读，与士庶竞争高低。

当然，也有少数官宦子弟以科举登第为荣，在恩荫补官后又参加科举考试；甚至还有个别争气子弟，拒绝恩荫所授官职，直接参加科考求官。

不仅如此，大宋还有个特殊惯例：只要有位够分量的名人或者大官推荐，朝廷也可以破例封官。苏洵这次就是要走这条捷径。宋代文人的当官之路还真不是“独木桥”。

宋代的考生主要靠州县贡举，每年秋天各州都要举行考试，将考试合格的学生解送礼部，称为取解试。第二年春天，礼部进行考试，称为礼部试，又称省试。省试的内容基本上与唐代一样：进士重诗赋，诸科重帖经、墨义。

宋初的科举仅有这两级考试：取解试由各州的判官及录事参军主持；省试则由皇帝选派的官员主持。

直到开宝六年（973 年），宋太祖在召见新科进士时无意中发现有猫腻，下令所有新科进士到讲武殿候命，由太祖亲自主持出题并重考。从那以后，此举形成了制度，有了以后的殿试。省试与殿试被分为两榜，再加上各州的取解试一榜，到了苏东坡赶考时，就成了必须三榜有名才能及第了。

省会成都的取解试这第一关，对于苏家的兄弟俩来说是小菜一碟，不必繁述；四十七岁的苏洵的“通关”之路也挺顺利。时任益州知州的张方平对苏洵十分器重，并且专门写信给当时的文坛泰斗欧阳修，请他出面向朝廷推荐苏洵做官。就这样，父子三人都抱着入朝为官的伟大梦想奔赴京师，正是：

万里迢迢应科举，百倍信心摘乌纱！
剑阁秦岭崎岖路，难阻皇恩沐苏家。

但是，怀着同一希望去汴梁的考生可不止苏氏父子，仅眉州一地来京的考生便有四十五名之多。

天下来京参加省试的举人曾多达一两万人，而仁宗皇帝颁令录取的名额上限为四百人。要说势在必得，谁能有这个把握？

至今有句俗语：真金不怕火炼！这倒不是说黄金真的不能用火熔化开，不然那些金器是怎么铸造而成的？这里是指经过烈火冶炼的黄金损耗甚微，几乎令古代衡器无法觉察。后人用这句俗语，形容有真本事、真学问的“牛人”。

苏氏兄弟就是胸揣真金的牛人！

这年来到汴京参加八月份礼部初试的考生四千七百余名，只录取了三百八十八名考生参加下一轮的殿试，东坡兄弟俩都在榜内，二人均轻松过关。

儿子们初次参加省考便超越了老子，苏洵却忙了足足二十年，也未能在榜上找到自己的名字。

殿试要等到第二年春天，父子三人便寄宿于僧庙之中备考，做最后的冲刺，苏洵正好趁此空档继续跑官。

儿子们京师初战告捷，老爸对自己也是信心十足。苏洵怀揣着三大法宝开始了他的跑官之路。

三大法宝其一，便是四川巡抚张方平写给欧阳修的推荐信，信中当然对“三苏”极为推崇。

其二分量也不轻：乃雅州（今四川雅安）太守雷简夫的推荐信，雷的信中认为苏洵有“王佐之才”，并且提醒朝廷：“用之可为帝王师，不用则幽谷一叟耳”。

其三则是苏洵自己撰写的一部论为政之道、谈兵论战的重要著作。

苏洵当时认为自己对兵家战事精通，文既不成，武就也可。凭自己书中的真知灼见，老苏兴许能先于儿子们成名做官呢！

苏洵的确跑对了庙门，只要能做通当时文坛盟主欧阳修的工作，当官自然不在话下。

欧阳修是何等人？时任翰林学士、礼部侍郎实职，文章被公认为冠绝天下，天子视其为臂膀，天下士子见其一面便足可炫耀半生！若能获得他的赏识，乌纱帽其实已经攥在了手中，只需要再举手戴上脑袋便万事可定也！

一切顺利，以求才育才为己任的欧阳修热诚接待了苏洵，并主动把苏洵介绍给了枢密韩琦。由此，一些贵官显宦开始进入苏洵的社交圈。拿到一纸委任状，对苏洵来说，就是时间问题了。

苏家能否三喜临门，现在就看苏轼、苏辙了。

宋仁宗嘉祐二年（1057 年）正月二十一日，皇帝下诏：由欧阳修主持全国贡举考试，副考官有梅尧臣、韩绛、范镇等人。

考试日期定在二月三日至五日，苏氏兄弟寒窗苦读十余载，等的就是今天，他们要去天下读书人向往的地方——学士院！

这是成功者的殿堂，能有幸步入其中的人也是极少数，因为殿试到了此刻，不再淘汰考生，只是重新排一下名次，分出三甲六等来，一甲的前三名就是状元、榜眼、探花。

殿试所在之地被称为学士院，又称贡院，其实啥院也不是，确切地说，更像一所戒备森严的监狱！甚至贡院内的小房间也被命名为号舍，又称号房、号子！

号舍以几十间小房子为一列，形如长巷，故又称号巷，每巷以《千字文》中的汉字编号，但圣人名讳和“荒”“吊”等凶煞诸字避讳不用。

当年参加考试的学子们进了号子里一蹲，再出来已是三天之后，在里面是啥滋味？号舍的标准长、宽、高分别是五尺、四尺、八尺，如同一个单面透光的动物园兽笼，也算是运输国宝大熊猫的待遇吧。

不仅是考生们考试不散场就得被“关押”，连监考、出题的考官们也是这“监狱”中的囚徒。为了防止考官们徇私舞弊，从受命这一天起到三月初放榜公布名单，所有的考官都不得再跟外界接触，吃喝拉撒睡全在学士院里，这就是史书所称的锁院。

在这兽笼般的环境中，苏东坡却随意地开了他仕途中的第一个玩笑，其作答，在殿试的答卷中，可称旷达、潇洒，亦可称另类，正应了一句老话：非常之人必有非常之处！

6　仕途第一步：人算不如天算

殿试，即皇帝亲自作为考官的考试，实际上皇帝不亲自到场监考，也不参与各科考题的确定，只有最后一场策论，由皇帝亲自出题，这样一来，所有考中的进士就成了天子门生——宋朝的皇帝严禁考官把进士们视作自己的门生。这些进士日后要报师恩？当然只能报皇帝这唯一师恩了。

这说明大宋皇帝恐惧朝臣们借科举拉帮结派，也显示了皇帝对治国之才的特别重视。

考题拟出后连主考也不知道内容，临近开考，皇帝才会派贴身近侍把题目送到考场，最后一刻改变题目也有可能，这样做自然避免了主副考舞弊造成的考题泄露。

虽然考场舞弊事件古今常见，但总的趋势还是古人没有今人聪明，考官们对考生也容易防范得多。

朝廷为了防止考官纳贿，徇私舞弊，也是动了不少脑筋。例如：为预防改卷考官认出考生的笔迹，考生的试卷在改卷前要由担任书记一职的官员重抄一遍，隐去考生的名字，考官们在重抄的试卷上批改。

此举说明一点：宋代的书记并非今天的书记，而是做书写抄录工作的。

考生参加这种科举考试必须半夜起身，自带饭食进入考场，没考完别想走出考场。考试过程中，小号外也有皇宫的侍卫看守。相当于今天高考考场若由警卫团出动监考，您想那是啥阵势？

在考生交卷后，考官们则代替考生成了这“监狱”的“囚徒”，绝对不能与外界有任何接触，不到放榜日，不得放出。

东坡参加的这届殿试的策论考题是《刑赏忠厚之至论》，考生被要求作一篇论述刑罚奖赏政策的政论文，这不是东坡的强项，但东坡恰在这篇策论上大放异彩。

苏东坡的考试答卷大约六百多字，不妨全文照录如下：

尧、舜、禹、汤、文、武、成、康之际，何其爱民之深，忧民之切，而待天下以君子长者之道也！有一善，从而赏之，又从而咏歌嗟叹之，所以乐其始而勉其终；有一不善，从而罚之，又从而哀矜惩创之，所以弃其旧而开其新。故其吁俞之声，欢忻惨戚，见于虞、夏、商、周之书。成、康既没，穆王立而周道始衰，然犹命其臣吕侯，而告之以祥刑。其言忧而不伤，威而不怒，慈爱而能断，恻然有哀怜无辜之心，故孔子犹有取焉。

《传》曰：“赏疑从与，所以广恩也。罚疑从去，所以慎刑也。”当尧之时，皋陶为士，将杀人，皋陶曰杀之三，尧曰宥之三。故天下畏皋陶执法之坚，而乐尧用刑之宽。四岳曰：“鲧可用。”尧曰：“不可。鲧方命圮族。”既而曰：“试之。”何尧之不听皋陶之杀人，而从四岳之用鲧也？然则圣人之意，盖亦可见矣。

《书》曰："罪疑惟轻，功疑惟重。与其杀不辜，宁失不经。"呜呼！尽之矣。可以赏，可以无赏，赏之过乎仁；可以罚，可以无罚，罚之过乎义。过乎仁，不失为君子；过乎义，则流而入于忍人。故仁可过也，义不可过也。古者赏不以爵禄，刑不以刀锯。赏之以爵禄，是赏之道行于爵禄之所加，而不行于爵禄之所不加也；刑之以刀锯，是刑之威施于刀锯之所及，而不施于刀锯之所不及也。先王知天下之善不胜赏，而爵禄不足以劝也；知天下之恶不胜刑，而刀锯不足以裁也。是故疑则举而归之于仁，以君子长者之道待天下，使天下相率而归于君子长者之道，故曰：忠厚之至也。

《诗》曰："君子如祉，乱庶遄已。君子如怒，乱庶遄沮。"夫君子之已乱，岂有异术哉？时其喜怒，而无失乎仁而已矣。《春秋》之义，立法贵严而责人贵宽，因其褒贬之义以制赏罚，亦忠厚之至也。

请留意文章中间的这段："……当尧之时，皋陶为士，将杀人，皋陶曰杀之三，尧曰宥之三。故天下畏皋陶执法之坚，而乐尧用刑之宽。"

这段话的大意是说尧帝时有人犯了法，主掌刑法的皋陶列出了三条理由要杀他，而尧帝却列出了三条赦免的理由，这人的脑袋才得以保住。皋陶严于执法，尧帝宽以待人，宽严相济，天下才得太平。

问题是这句"皋陶曰杀之三，尧曰宥之三"，却是苏东坡给考官开的一个不小的玩笑！

这个典故是东坡杜撰的。这在讲究出典有据的宋代可是了不得的事，若被考官看出，这次考试就算“烤糊”了，被例外淘汰出局的可能性都有，苏东坡这次玩笑开大了！

芝麻有时就是能掉进针眼里！

改卷考官梅尧臣实在想不出这个典故出自何处，但作为前辈宿儒，是他未曾读过考生出典的古籍？他不能承认。事实上，就算梅尧臣欲不耻下问，抄卷上没有考生的名字，他也无从问起，总不能召集大家开咨询会吧？

梅尧臣干脆把这篇看来学问高于自己的考生文章推荐给了主考官欧阳修，欧阳修见此“生僻古典”也有些发蒙了，但对此文章的内容与风格实在欣赏，竟以为是自己的门生曾巩的考卷。

作为当届主考，欧阳修知道一旦自己的门生中了头名状元，就难免遭人非议。为了避嫌，他把本来已经列为榜首的这篇文章改为次榜，这下苏东坡没继续走运，到了嘴边煮熟的鸭子，一眨眼振翅飞走了。结果苏东坡名列第二。

这事令人啼笑皆非。苏东坡因为写出了一篇状元文章，所以得了个榜眼，而欧阳修看好的弟子曾巩实际上连探花郎也没能当上。

不过，放榜前，几位主副考官都没有穷追东坡胡编的典故，这又是苏东坡极为幸运之处，否则名次就不好说了。

总归还是东坡的实力使然，这事实上的状元卷后来被欧阳修传给同辈激赏数日，众人无不交口称赞，也没见有谁指出考卷中典故的杜撰之处。

揭榜之后，这文章出自谁手终于大白于天下，东坡名声大噪！京师文人、官宦无不叹服，苏门一榜两进士佳话远播，尤其是苏轼，顿时成为当时的“超男”！朝野粉丝队伍竟然包括几位主副考官。

主改东坡答卷的梅圣俞终于忍不住，熟悉之后，承认自己的学问不够，不怕被嘲笑，直接询问东坡：

“尧和皋陶这典故见于何书？老夫实在未曾读过。”

东坡回答得甚是随意：“典故？那是我杜撰的。”

梅圣俞顿时傻眼：“杜撰？”

东坡一本正经回答道：“帝尧之圣德，此言亦意料中事耳。”

梅圣俞不愧为鸿儒高人，不仅未曾责怪东坡，反而大为赞叹这位年轻后辈。活用学问，正是真才！

欧阳修得知此事，态度与梅圣俞无二，东坡高中后曾书谢欧阳修，欧阳修读后惊叹：“读轼书，不觉汗出，快哉快哉！老夫当避路，放他出一头地！”

据传欧阳修曾告诉子侄们说：“三十年后，人们当只知诵读东坡文章，无人再关注欧阳修了！”

得到文冠当时的欧阳修如此评价，真真非同小可！林语堂先生曾转述一个作家的话：“当时学者不知刑罚之可畏，不知晋升之可喜，生不足欢，死不足惧，但怕欧阳修之意见。”

看来苏东坡前途一片光明，仕途开门红也！

但是人算不如天算，科考得意并不等于仕途得意。苏东坡荣摘榜眼，兄弟进士，按宋代规矩，理应双双被委任官职，就在一家兴奋之刻，从老家眉山传来噩耗：苏氏兄弟的母亲程氏病逝！

命运的大喜大悲，霎时让父子三人目瞪口呆，泪洒京师！

宋代的规定：父母过世，朝廷官员即便是贵为宰相，也应立即开缺回籍守孝二十七个月，称为丁忧。丁忧期间停薪停职，苏东坡兄弟的仕途还没有迈出第一步，便狠狠地摔了一跤！他们还没上岗先举家下岗待业了。

这是不是冥冥之中老天在给东坡示警，做官之路对于苏东坡来说，始终都是坎坷崎岖的！

7 苏门举家离故乡

满怀期待与信心来汴梁的苏家父子痛彻心扉地赶回家乡眉山，往返之间，翻山逾岭，步川涉河，万里之遥，正是所谓：来也匆匆，去也匆匆。他们就这样风雨兼程回乡！只不过来回路上的心情却有天渊之别，喜悲两重天！

自家中的男人们远赴京师科考求官，眉山的苏家仅剩下了程氏领着两房儿媳过日子。程氏于丈夫、儿子们出门之后，身体状况急转直下，直至重病不治，中年殒命。

最遗憾的莫过于程氏直到咽气，也没等到儿子们双双高中的喜讯。程氏勤勤恳恳服侍丈夫，含辛茹苦教育儿子，却没能等到被告慰的一天，世间所哀，莫过于此！

程氏的早逝与丈夫携子离家的确有点儿干系，尤其是丈夫苏洵离家前的一次苏氏族谱亭落成活动，给程氏心理上的打击相当残酷！

事情源于苏东坡的姐姐八娘早夭。

古时兄弟姊妹排行一般扩大到族内本家三服，苏家长女因为在堂姐妹中排行居八，所以被称为八娘。八娘嫁给了母舅家的表兄程之才，在苏东坡十八岁那年即抑郁而死。

关于八娘到底是怎么死的，生活是否幸福，史书未载，也许是在程家受了委屈，也许是她有抑郁症倾向，反正她在程家生活得不快乐。

其实仔细想来也难怪：丈夫一直在外做官，留下刚通晓夫妻人事的妻子守活寡，心里委屈无处诉说排解，忧郁成疾是极为自然的事。

八娘出嫁不到两年就病死了。

这下程家算是把性情孤傲偏激的苏洵给惹到了，苏洵断定女儿是被程家虐待死的，这位日后连宰相之才王安石都敢血口痛骂的不遇才子，哪里能受得了这个气？

苏洵做事向来嘴上说绝！他公开宣布与女婿家也可以说是岳丈家断绝一切来往，并且写诗责骂诅咒程家，但这样还没能使苏洵解恨，于是便借苏氏族谱亭落成刻石立碑之际，大大发泄了一下自己的愤怒。

苏洵近乎指名道姓痛骂程家：

“……乡中某人（也就是他的大舅哥），恶行贯豪门，道德尽沦丧；逐幼侄独霸家产，宠侍妾欺压正妻。父子同饮纵情淫乐，家中女子丑名远播；全家势利小人欺下媚上，其本人嫌贫爱富使人侧目；以金钱勾官府欺压良善；是三十里之大盗也。吾不敢以告乡人，而私以戒族人焉。”

苏洵泄愤辱骂程家，虽然自己痛快了，却没有顾忌妻子也是“丑名远播”的程家的女子呀，夹在中间的程氏既悲哀女儿的早逝，又痛心两家成仇，以至不久后病重去世，可怜临终之时丈夫儿子没有一个在身边，怎能安然瞑目？

估计程家挨骂有点冤枉，要不然日后苏家兄弟和程家的表兄弟们也不会言归于好。

苏家父子赶回家中之后，只见失去了程氏的家中已经“一团纷乱，篱墙倾倒，屋顶穿漏，形如难民家园”。

古时儿子在给父母守孝期间，礼法规矩繁多，不仅所有工作不能干，更不允许婚嫁，连夫妻同房也是不孝行为。

所以林语堂先生描述：“……居丧守礼之下的一年又三个月的蛰居生活，是苏东坡青年时期最快乐的日子，兄弟二人和年轻的妻子住在一起。”看来此语略有不妥，为母守孝，破家恢复之时，哪来的快乐心情?

苏洵也是悲痛万分，他在祭妻文中道：

“……嗟余老矣，四海一身。自子之逝，内失良朋。……有蟠其丘，惟子之坟。凿为二室，期与子同。我归旧庐，无有改移。魂兮未泯，不日来归。”

程氏被安葬在一个名叫“老翁泉”的地方，苏洵其后即自号老泉。再后来苏洵也埋葬于此。像世界上许多名胜之地一样，这地方因埋葬了名人而得以被列为名地。

儿子们需要为母亲守礼丁忧，这与苏洵关系并不大，丈夫不需要为过世的妻子守什么礼节，有官能照当不误，所以这时的苏洵就巴望着一件事：朝廷的一纸任命书。

欧阳修等达官显宦显然已经答应了苏洵的当官申请，这使做官心切的苏洵望眼欲穿地等待京师的信息，巴望一年余，望断南归雁!

圣旨终于盼到了：来京师吧，再参加一种特殊考试！盼任命书竟然盼来了苏老泉最怯阵的参考通知书!

真是怕啥来啥，苏洵的愿望是做官，可不想再挤进那征战了二十年的常败考场！怎么办？若违皇命，唯有装病!

老泉给皇帝上了一封奏折，谢绝前去应考，说自己年老多病，不过能直接当官的话，身体是没问题的。

这种怕考的心理，苏洵在给梅圣俞等的信中坦然承认："……自思少年尝举茂林，中夜起坐，裹饭携饼，待晓东华门外，逐队而入，屈膝就席，俯首据案。其后每思至此，即为寒心……"

但辞考不等于辞官，老泉向朋友抱怨：咱不是积极要求做官的人，更不是求个职位不佳的官位就心满意足之辈，咱的策论连欧阳修都赞赏，朝廷决策人能听信欧阳修的就干脆用咱，还费事考试干吗？

又苦苦等了一年，仁宗嘉祐四年（1059年）六月，朝廷的圣旨再次到了，可惜朝廷还是坚持老泉非参加考试不可。老泉愤怒了：宁不当官，决不参考！

苏洵干脆上奏：读书人谁愿意贫困终生？但若这样入仕，有损隐逸贤达之清誉也。

年近五十，怎再报国？不过下个月儿子们守孝期满，他将随子入京，到时再说吧。

苏洵辞考决然，辞官口气疲软，并没有堵死门，否则中年发愤，壮年苦读，所为何来？

守孝期间，东坡也常到青神的岳丈家去。岳父王杰加上其两个叔叔，全家计三十余口，其中有一位姑娘，名为二十七娘，便是日后成为东坡第二任妻子的王闰之。此时的王闰之尚处幼年，是不会想到，自己命里已注定与这位姐夫结下了不解之缘。

苏洵不是陶渊明，不会甘居林下归隐眉山，相反，丧妻的苏洵已准备从此离乡，大丈夫要四海为家了。

他此时的希望还是在京师，两个儿子已高中，朝廷肯定会给安排官职，自己吃皇粮的愿望能否不经考试实现？

在居丧满期两个月后，父子三人再度启程入京。这一次，连同两个儿媳举家迁往了汴京，大有“风萧萧兮易水寒，壮士一去不复返”之古风！

临行之前，苏洵向妻子亡灵告别，祭文告诉妻子：我从此不再回来了，老婆你愿意去哪儿就自便吧！原文：“死者有知，或升于天，或升于四方，上下所适如意，亦若余之游于四方而无系云尔。”

老苏决然抛弃故土，儿子们也只好随老爸，携妻去拼搏仕途。人都说故土难舍，也有说叶落归根，但苏东坡却身如浮萍，从此飘零他乡，重回眉山之时，竟是扶父亲棺木归葬！再后来只能是“夜来幽梦忽还乡”了！

此次苏门全家出川，没有再从剑阁翻越秦岭东下，而是经嘉州、顺长江、出三峡、达江陵，然后北上汴京（今开封），凶险的千里水路也许能减少东坡一行人对故乡的依恋，沿途的水光山色无疑将缓解东坡对亡母的无限思念。

激流中的舟船内，东坡提笔挥毫《入峡》诗留句：

入峡初无路，连山忽似龛。
萦纡收浩渺，蹙缩作渊潭。
风过如呼吸，云生似吐含。
坠崖鸣窣窣，垂蔓绿毵毵。
冷翠多崖竹，孤生有石楠。

8　再进考场魁天下

这年是宋仁宗嘉祐五年（1060 年），苏家父子重返京师，由于两年前苏门兄弟同榜中举，尤其苏东坡那才华横溢的科考答卷，苏家虽久别京师两载，名气不但未被人们遗忘，相反，经过两年多的口笔相传，名声日隆，逐渐远播。

苏洵一家人在京师安家落户了，从所购置的房产来看，苏家虽然还未领过国家的一文薪俸，应该也是小康偏上的水平：一座附带着近三百平方米花园的优雅住宅。

如果在今天，这房子的价值绝对超过一个相声演员的私家别墅。在宋代，价值几何不好说，反正绝不会是普通市民能买得起的。

父子三人现在的任务都一样：等待朝廷的委任。不过老爸比儿子们的心情急迫得多。儿子们是科举高中，做官属水到渠成；老爸是自荐跑官，做官取决于掌权人的心情，二者不可相提并论。

所以，等官的日子，苏东坡兄弟俩不会像老爸那样心中忐忑，生活过得适意安然，尤其东坡的妻子王弗，之前还顺产了一个大胖小子，起名苏迈，更增喜气。

按宋代礼法，守孝期间怀孕生子总有些说不过去。看来东坡也没拿这些儒家古礼太当回事。

果然，苏家兄弟很快接到任命：苏东坡被派为福昌县（今河南宜阳）主簿，苏辙被任命为渑池县主簿，刚入朝为官，九品芝麻官是谁也免不掉的历练。

所谓主簿，就是一个七品知县的文书，属于秘书没挂长的级别。苏东坡兄弟大概觉得太委屈，坚持没有赴任。不过大宋朝的人事部门安置政策倒是宽松得很，不愿干也没关系，以后有了闲缺还可以再安排。

这次嫌官小不做的行为却是做对了，他们虽没等来新的工作岗位，却等来了再次扬名立万的好机会。

这年八月，仁宗皇帝准备搞一次制科策试。

制科与正常科举不同，"天子之命为制"，由皇帝亲自出题并面试，是朝廷选拔特殊人才的一种非常规考试。

制科策试，举无常科，时间不定，录取极难，能参加考试也是不易的。不过一旦录取入等，仕途从此光明，而且待遇从优，日后升迁极快，远远要比如今的博士后风光。

光彩历来伴随着极高的难度，两宋三百一十九年间，得以考取进士的有四万多人，但制科开了二十二次，入等者只有四十一人，平均每科入等不到两人。

虽然从条文上讲："太祖设三科，布衣可自荐。"但实际到了宋仁宗时已经废除了自荐应试，并规定参加策试的考生必须有朝中大臣推荐，有资格参加考试的往届考生不过数人。但这届参加制考的考生有二十多人。

苏东坡的推荐人是欧阳修，苏辙的推荐人是龙图阁直学士杨畋。

考生的推荐人也要承担风险，一旦看走了眼，举荐人也要受到“举人不当”处分的。

欧阳修就在《举苏轼应制科状》中说道：

“……臣今保举，堪应材识兼茂明于体用科。欲望圣慈诏付有司，试其所对。如有谬举，臣甘伏朝典。”

这届制考，仁宗皇帝出了道怪题：让考生挑自己与朝廷的毛病！这道题等于请人来骂朝廷，难就难在考生怎么把握分寸。挑不出毛病就是考生无能无知，扯闲篇就是跑题，真指责朝廷的弊病又有对现实不满之嫌，谁敢说将来不会给扣上一顶抨击朝政的帽子？万一皇帝是“引蛇出洞”呢？

苏东坡这次多了个心眼，开篇先给仁宗皇帝戴了一顶高帽！

> 臣闻天下无事则公卿之言轻于鸿毛；天下有事，则匹夫之言重于泰山……今陛下处积安之时，乘不拔之势，拱手垂裳，而天下向风，动容变色，而海内震恐。虽有一事之失常，一物之不获，故未足以忧陛下也……

苏东坡夸了一阵天子圣明，笔锋一转，开始了考题要求的指责：“……天下有治平之名而无治平之实……大臣不过遵用故事，小臣不过谨守簿书，上下相安，以苟岁月”，最后干脆点名是皇帝不懂御臣之术，总是忧虑本该大臣们忧虑的事情。

这篇要求皇帝批评与自我批评的文章洋洋洒洒五千言，内容涉及边防战事、皇帝宫闱、政府政策、朝臣昏庸，大有“指点江山，激扬文字，粪土朝野万户侯”的味道与风采！

但东坡毕竟先夸了皇帝，反而是性格内向沉稳的苏辙胆子更大，将矛头直接对准了皇帝本人，并且没给皇帝留一点儿脸面，答卷摘要大意：

"……古代圣人无事则深忧远虑，临事则不惊不惧，陛下却行事相反：天下无事则不忧不虑，吃喝玩乐，一旦有事则既惊且惧，这是哪门子圣人？

"尤其近岁，宫中妃嫔千计，华歌艳舞，您老人家酒色无度，疏理政事，既少听大臣忠谏，又不问朝野民情。如此日久，臣下必怠，百姓日苦，国将何存？"

这些言论要是发表在大多数朝代，苏辙这条命就算有风险了。但仁宗皇帝度量非凡，发话说："以直言召人，而以直言弃之，天下其谓我何？"

最终制科录取入等四人，苏东坡以文义灿然被选入了制科考试的三等，大逆不道的苏辙也入选了第四次等。

宋代制科选士分五等，一二等实际上跟今天的有奖购物得百万元大奖相似，多是忽悠着顾客玩玩，从来都是空缺，以下三等又分为：三等、三次等、四等、四次等以及等于没及格的第五等。所以东坡的第三等其实就是第一等。

宋朝开国以来入第三等的，东坡之前仅有过叫吴育的一人，而且吴育入的还是第三次等，苏东坡是第三等，比他高了半格。所以，这次苏东坡得到的，是大宋朝开国百余年来唯一实实在在的状元郎！

不仅如此，这次制考终于让皇帝见识到了兄弟俩才华横溢，发榜后仁宗皇帝曾兴奋地对高皇后说："朕今日为子孙找到了两位宰相！"

将来的两位宰相啊！不是有皇帝张嘴金口玉言之说吗？苏家看来要一门出双相了！

其实，苏门兄弟再次高中是朝野高人们意料中的事。这次考试前苏辙突发疾病，宰相韩琦为此专门奏明宋仁宗：“今岁应召制科之士，唯苏轼、苏辙最有声名，今闻苏辙偶染病，未可试，如此兄弟中一人不得就试，甚非众望。”

为了让苏辙能参加考试，韩琦请求皇上将考期推后，仁宗皇帝竟然真的同意了，将考期推至九月！苏门名气可见一斑。

据李方叔的《师友谈记》记载：

考前，宰相韩琦曾对下人感慨：“我就纳闷了，二苏在此，竟还有这么多人敢来和他们较量，看来缺少自知之明的人真不少啊！怪哉！”

韩相此言传出，原打算请人推荐报考的人竟然弃考者十之八九，看来苏家之才名已经扬遍天下！

苏氏兄弟，尤其是苏轼，做官的资本更足了。

眼看东坡仕途又是一片灿烂如锦！历来好事多磨，现在时光已经磨去了五个年头，官运也该到苏家了吧？

实际上苏家的官运已经提前一年到来了。早在去年苏氏兄弟等待制考之时，老爸苏洵的跑官终见成果，未经考试便被封校书郎，其后又被命修礼书，也就是专职为皇家作传，这正是苏洵的特长，老苏家的运气来了！

对于苏东坡来说，最兴奋的莫过于即将结束近半年的苦捱。

之前的半年，自仁宗嘉祐六年的正月起，东坡和苏辙为了集中精力复习备考，便从家中搬到了清静的怀远驿，在这儿闭门读书。这半年多，两兄弟觉得从老爸手里要钱不易，连最爱吃肉的苏东坡都吃了斋食。

9 曾闻东坡爱吃素

苏家小康不等于东坡手里有钱，这时期苏家的财权肯定在老爸苏洵手里。

据传东坡这时的生活过得相当清贫。多年后苏东坡与好友刘贡父扯起了此时的饭食，得意地调侃："那时我兄弟俩每天进餐都以三白饭为主食，味道鲜美，赛过人间八珍，至今难忘啊。"

刘贡父也是位"馋猫"，闻听三白饭美味？不禁口内生津，连忙追问东坡是何名家菜肴。

苏东坡一本正经道："一碟白萝卜、一小撮白盐、一碗白米饭，三白也。"

哦，生萝卜蘸盐巴下白饭呀，刘贡父大笑之余决定让东坡再次享受三白饭的妙味。这是个比苏东坡还喜欢开玩笑的家伙，不几日便发专柬请东坡到府品尝美味"皛饭"。

东坡早就忘了自己吹嘘过的三白饭，又天生喜好新鲜美味，当然兴冲冲地去赴宴了。

刘贡父热情非凡，领苏东坡上了餐桌，饭菜早就摆好了：一碟盐、一碟白萝卜，一碗白米饭。

刘贡父笑眯眯地解释道："我知道你喜欢吃三白饭，今天特地请你解馋，这不就是你说的三白饭吗？我把三个'白'字摞到了一块，雅号皛饭！"

苏东坡心里明白，自己被哥们儿给耍了，却不动声色，风卷残云般一扫而光，口中直夸："皛饭，好吃！"

苏东坡辞行时邀请刘贡父："兄弟明天答谢哥哥一餐'毳饭'，务必赏光啊。"

刘贡父知道东坡饶不了自己，但心中难以忍耐对毳饭的好奇，三种长毛的东西总得是个荤菜吧？第二天他便兴冲冲地到了苏府。

苏东坡也热情招待刘贡父，沏上清茶，一通畅聊，时已过午，腹内如鼓，却不见饭菜上桌，苏东坡则聊兴不减。

刘贡父饿得实在忍不住了，只得提醒苏东坡道："该开饭了呀，吃完毳饭咱再聊？"

苏东坡像被提醒了一样，连忙对刘贡父表示抱歉，并领刘贡父到了餐厅。刘贡父一看桌上空空，东坡却举筷热情相让，赶快品尝啊！

啥也没有，莫非来啃桌边？那毳饭呢？东坡笑眯眯地解释："饭也毛（冇），萝卜也毛（冇），盐也毛（冇），三样都毛（冇），这不是毳饭是什么？"

"冇"乃南方的方言，意思是没有，读音为毛，苏东坡用谐音回敬了一桌毳饭给刘贡父。刘贡父捧腹大笑："我早知道你会报复我的皛饭，没想到是这种毳饭，老兄可谓一毛不拔！"

两人玩笑开过，这才叫仆人端出酒菜，开怀畅饮，尽欢而散，不过东坡算扳回了一局。

这种非载于正史的故事，真实与否无法追究，却是极符合东坡幽默豁达的性格，尤其能从侧面告诉我们：苏东坡对于贫富并不太在意，就算影响了自己的口福也能苦中求乐，坦然面对。

等官的日子终于到头了！皇帝都说话了，苏东坡是否能从此一步登天？不容易！

宋代皇帝的金口并不像今天戏台上表现得那么有效，别说是后宫的一句聊天闲话，就是明令颁旨也未必能使权重的朝臣百依百从。

莫非宋朝的法规对皇帝的权力有什么制约？

首先是宰相这一关，官吏的提拔、任用的推荐权归宰相，而宋朝对宰相的职权并没有明确的规定，所谓宰相，实际名称为“同中书门下平章事”，一般还设有两位副宰相，称为参知政事；下面的户部（财政部）完全独立；御史台独立；主管军事的枢密院独立。这些部门直接对皇帝负责。其他各机构，一般只供赠予空衔之用。

宰相通过知院来领导全国的行政部门，知院由三省侍郎、枢密院太尉组成，通常中书省侍郎与门下省侍郎由宰相兼职。与其说知院是政府内阁，还不如说更像个小型国会，所有的内阁成员知政们都有权提出各种“议案”。在这里，包括宰相在内，大家的身份是平等的，意见的重要性分量相同，决议做出，最后决定权仍然在皇帝手中。

但制度不是万能的，当宰相的能力比皇帝的能力强太多时，情况就会发生变化，尤其是宰相能在思想上左右皇帝时，真正的决定权就掌握在了宰相手中。

这时的宰相权力极大，皇帝的所有政令不经宰相同意，是不好颁布的。看来古时的宰相不大像清朝时，动不动对皇帝自称“奴才”，朝堂上君臣由于政见不合当场吵架是常见现象。

别说宰相，就是负责起草诏令的知制诰，如果对皇帝的某项任命有意见，也可以拒绝撰文。宋朝规定，就算是皇帝也不能强行发布命令。可见古时候的皇权在大多时候是受到一定制约的。当然，也有强势的皇帝不理睬这一套。

一开始苏东坡也认为自己终于能有辉煌的前程了，说话非常自信："敢以微躯，自今为许国之始。"

照理说苏家兄弟参加制科策试，苏轼还入了第三等，应是翰林院的当然人选，可是等拿到任命书，他才发现他被授的第一个官是"大理寺评事，签书凤翔府节度判官厅公事"。

大理寺评事为正八品官衔，而且只是个虚职，苏东坡的实职工作是凤翔府判官，凤翔府的二把手。

苏辙则仅被授了个商州推官的头衔，职务还不如哥哥的。这与负责起草诏令的知制诰王安石有点儿关系，他觉得苏辙在制科策试时专攻人主，锋芒过于外露，应该压一段时间再委以职务。

后来苏辙因为父亲年老，觉得不能留老头独处京师，干脆辞不赴任，留在了父亲身边，一边尽孝一边再等时机。

知制诰王安石对苏东坡的评价还算可以："尔年尚少，已能博考群书，而深言当世之务，才能之异，志力之强，亦足以观矣。"

不过评价归评价，苏东坡的具体工作必须从基层做起，那年代还没有"直升机"突击提干法，当官要由小到大慢慢晋升。

宋代官员外放任期通常为三年，也就是说，东坡在此后的三年将久别父兄。苏东坡携妻带子奔赴凤翔府上任，开始走上仕途。

苏家兄弟感情非同一般，两人自小朝夕相伴，同窗共读十数载，现在身入官场，如人在江湖，一切都身不由己，可谓"相见时难别亦难”！

苏辙送兄嫂赴任直送出京师四十里，但送君千里，终有一别，兄弟俩还是要经受平生第一次分别的悲痛。东坡望着弟弟逐渐模糊的背影，犹如心裂，不由句从口出诗《辛丑十一月十九日既与子由别于郑州西门之外》：

不饮胡为醉兀兀？此心已逐归鞍发。
归人犹自念庭闱，今我何以慰寂寞？
登高回首坡垅隔，但见乌帽出复没。
苦寒念尔衣裘薄，独骑瘦马踏残月，
路人行歌居人乐，僮仆怪我苦凄恻，
亦知人生要有别，但恐岁月去飘忽，
寒灯相对记畴昔，夜雨何时听萧瑟，
君知此意不可忘，慎勿苦爱高官职。

10 凤翔府青年判官

古今官场的职务中，二把手是个相当微妙的存在，一般人都有这样的概念：“宁为鸡头，不为凤尾！”也就是说：要做就做老大，老二这个称呼有点儿……挨骂的味道。

初涉官场的苏东坡要扮演的就是凤翔府二把手的角色，毫无工作经验的他能适应这个职位吗?

其实老二好不好当还有一说：只要你别显得比老大本事大，保持谦虚谨慎的良好工作态度，勤快别争功，二把手的位置还是比较舒服的。当然，如果你眼里一直盯着老大那把交椅，内心深处权欲无止境，就不好说了。所以归根结底，坐在第二把交椅上舒不舒服，要看坐在其上之人的心态好不好。

苏东坡初任的判官职务是凤翔府的副职不假，但宋时对地方官吏的管理与其他朝代略有不同，各省、府的判官也有一定实权。

大宋王朝吸取了唐代藩镇割据为害国家的教训，对各省长官考核节制甚为严格，任期通常为三年，期满便轮调到其他地方，而且副职判官直接由中央任命，称为通判，通判负有监察本州官员的责任，所有公文、奏议也需有判官连署。

至于有些专家说通判相当于办公室主任角色，大概是在臆断或想当然。北宋通判之职是有实权的一州副职。宋朝老赵皇家“武功”不怎么样，文治还是有一套的。

东坡就职的凤翔位于陕西的西部，由于紧挨强邻西夏，其实担当着卫戍边境的重任，举省人力财力消耗甚大，治下人民生活也甚为困苦。

但苏东坡到任后第一年，便建了一栋前有水池，后有亭子的庭院，作为自己的官舍，另有一处上好花园，园内养花三十余种。

由此可见，苏门积蓄甚富，绝无家境清贫一说；还有，初涉国家公务的苏东坡此时并没有像有些传记中所赞的“一心扑在工作上，忧百姓之所忧”。

这是苏东坡的天性使然，吃了皇粮也不忘寄情山水，工作繁忙也善于忙里偷闲。不然，日后遭贬的东坡怎会照样苦中求乐？

尤其是东坡乃性情中人，远离老父、胞弟，更使他需要自我排解寂寞，这从他来凤翔任职后，几乎每月一封书信中可以得到证实。而且就在这些往返需要近月的书信中，东坡兄弟用诗词唱和给后人留下了诸多难忘的佳句，如诗《和子由渑池怀旧》中句：

> 人生到处知何似，应似飞鸿踏雪泥。
> 泥上偶然留指爪，鸿飞那复计东西。
> ……

这首寄给弟弟苏辙的佳作便是一例。诗的前四句，东坡形象地表达了自己对待人生的态度，应对“雪泥”般的尘世，理应“飞鸿”般潇洒，那雪泥上偶然所留的指爪印记，有必要执着地挂在心头吗？人生应如志在九天的飞鸿，不去复计这些地上的东西，未来就在高处、远处！

年方二十四岁的苏东坡，这时的兴趣不会专注在一个好官常爱的那些行动上——出镜访贫问苦，翻越游览太白山和黑水谷的乐趣肯定大于翻阅堆积如山的案卷的乐趣；有时他甚至远赴西安附近的终南山，去看一卷珍奇的手稿，或是一个朋友珍藏的吴道子画像。

难以想象，东坡会经常到老农的稻田泥里，去检查颗粒是否饱满，百姓是否安康。

当然，在基层历练的苏东坡决不会做了和尚不撞钟，判官的本职工作是不能让上司挑出毛病的。所幸判官之职也没什么繁重公务，到南部、东部山中游览数日，对于一个地方上的二把手来说，不是“难得浮生半日闲”的奢望。

这是东坡生平第一次独立生活，虽然有娇妻稚子相伴，但他已尝到做官的味道并不是如梦想的那般美妙。不甘寂寞的苏东坡并不讨厌京师的骚扰杂乱，充任判官、副署公文、审问案件等公务，使东坡感到索然无味。

这个时期的苏东坡内心矛盾多变，有时感觉寂寞，只得举杯面对月影婆娑；但有时又极为关注京师的政治风云变幻。

苏东坡是个诗人，他以诗人的独特视角遥望着动荡多变的朝局。

诗人们涉及政治通常都是可悲的事情。这时的苏东坡还没有成熟老练的居官技巧，他需要忠言箴劝，需要有人能不时地将他从浪漫的天空呼唤回扎实的大地。

妻子王弗在务实际、明利害方面，似乎远胜过丈夫。当然她对丈夫是钦佩的，但她更知道东坡是个年轻英俊的诗人，而诗人在处理人情世故方面往往是愚人。

林语堂先生在评论东坡夫妇时这样说：“才华过人的诗人和平实精明的女人一起生活，往往显得富有智慧的不是那个诗人丈夫，而是平实精明的妻子。”

这话对极了！伟大的诗人在政治上通常难有伟大的业绩，在理财上更是表现得一塌糊涂！

当然，事情也有例外，尤其是诗人兼备了疯子的性格，又掌握了皇帝的权力时，恐怕只能出现两个结局：其一，国破家亡人离索，只留佳句醒后人，如南唐李煜、北宋徽宗；其二，国穷民贫天下乱，五湖四海全神经，例如……多了去了。

说明一下：两种结局都有同一个结果——都是老百姓倒霉。

还有一种惯例：诗人们在家庭婚姻上少有幸福结局。这倒容易理解。诗人只能与爱情结缘，而现实的婚姻却多是爱情的坟墓。诗人进了绝不需要浪漫的家庭，也就如同进了坟墓。不过这不一定是悲剧，因为诗人首先是人，然后才能谈诗。

再有一种例外，就是遇到像王弗这样的妻子。只要她活着，诗人也能获得长期的幸福。若她离去，又是一首诗！

王弗的存在让苏东坡感受到了男女相辅相成的幸运。王弗了解东坡那坦白直爽、浪漫有余又沉稳不足的性格，她用妻子的明智与贤惠中和丈夫的过激之处。

王弗经常提醒苏东坡，现在是独自生活，在外没有父亲照料提醒，出门靠朋友的前提是必须能识别真正的朋友！

有次，苏东坡与来访朋友的谈话被王弗听到，客人走后她告诉丈夫：“你竟费那么多工夫跟他说话，可他只是留心听你要说什么，净说好话迎合你的意思啊。”王弗在知人之明方面胜于丈夫苏轼。

苏东坡不大善于发现别人的短处，这说不清是优点还是缺点，但能有位贤内助时常提醒，绝对是件幸事。

枕头风不一定刮的全是歪风，可以推断，现实中所有一清到底的官员，枕边大概都有王弗这样的好妻子，只可惜许多人不关注这个，致使现代王弗凤毛麟角！

不过，王弗始终遵守妻不干政的格言，对于东坡处理政务从不干涉，而这个时期的苏东坡不免干些自以为是的荒唐公事，有些竟然被百姓们视为功德无量，被朝廷当作政绩。

11　苏东坡不忘童子功

中国古时候没有设置气象局这类的管理机构，也没有气象站这种业务部门，这种高科技业务岗位通常是由朝廷或军事主要官员兼职。比如三国时期的诸葛亮，小说中就大大渲染了诸葛先生对此类业务的精通程度，能道装登坛，借来三天东南大风！

其实这事是周瑜干的，只不过不是借，而是参考了类似于现代气象站的技术，或是求访了当地的老农、渔民等，不然也不会把一场生死攸关的战役计划，制定在说不准的撞大运上。

宋代的官员也要兼职气象预报的活路，尤其是遭遇大旱时，无知的老百姓只能坐等苍天发慈悲，地方官员有守护一方水土及安民之责，当然不能视人民于水火之中而不顾。怎么办？求雨呀！老天或者龙王爷或许卖给当官的面子，这时候地方主官就体会到气象预报工作的重要性了。至于何时投身参与祈雨，却是一门大学问！

你想带头祈雨，还要看各地的风俗，请的并不一定是龙王。凤翔这个地方把布云行雨的工作安排给了山神。你做戏做了大半天，头也磕了，香也敬了，老百姓捐献的猪头三牲等供品，官员们也与山神一块分享了，倘若不见下雨，如何向朝廷及百姓交代？

这时候，朝廷也会把不落雨的责任栽到官员们头上，肯定是你这个地方主官不勤政爱民，惹怒了值班下雨的神灵！没说的，下岗吧，先给神仙、百姓们出口恶气再说！

你别不信，史书记载，就是身为皇帝，也免不了有这冤枉官司。历史中有不少皇帝因为亲自求雨未果而下过罪己诏。看见了吗？连皇帝都动真格的，何况一个低级小官？

你要是精通气象预报这门业务，就能潇洒地避开这个风险，明天有中到大雨？得！出马吧。第二天雨点子一落，大告成功，太守功高！

苏东坡就爱干这活儿，他小时拜过道士为老师，那时练就的绝对属童子功，求雨是道士们混饭吃的重要业务，东坡应该不会忘光这些本领。

再就是东坡与任凤翔府一把手的宋太守关系不错，属通家世交，这种耗费脑力兼体力的工作，他也理应替太守分担，所以一般有了这种显摆的机会，东坡都是该出手时就出手。

这年陕西大旱，久不降雨，庄稼人忧心如焚。除了向神灵求雨，还能有什么妙招？带头求雨当然是父母官的神圣职责。

东坡意识到自己出手的时机到了，他心里也在纳闷，是哪里得罪了神灵呢？不然神明怎么会发怒不下雨？百姓有难，他理当出头，不能让黎民百姓受苦。

苏东坡充分发挥了自己的文采，决心以他那雄辩滔滔之奇才，为百姓祈求普降甘霖。具体措施是：写一份状子呈递给神仙，与主管神灵辩理一番。

太白山上有个道观，据说司雨龙王就住在观前的一个小池塘里，东坡看准了该出手的日子，来到了池塘前，开始说服龙王，当然，祈雨文中免不了要说几句奉承话，戴个高帽，人神一理，最终目的还是要让龙王明白，天旱对龙王也没有好处，不下雨是害人害己的蠢事。这篇名为《凤翔太白山祈雨祝文》的祈雨文条理分明：

> ……乃者自冬徂春，雨雪不至。西民之所恃以为生者，麦禾而已。今旬不雨，即为凶岁；民食不继，盗贼且起。岂惟守土之臣所任以为忧，亦非神之所当安坐而熟视也。圣天子在上，凡所以怀柔之礼，莫不备至。下至于愚夫小民，奔走畏事者，亦岂有他哉？凡皆以为今日也。神其盍亦鉴之？上以无负圣天子之意，下以无失愚夫小民之望。

注意听着：给你龙王一旬的宽限，再不下雨，可就是你无理了，“非神之所当安坐而熟视也”；大家都忙活，这本来就是你的本职工作，“神其盍亦鉴之？”你怎么能旁观？干活吧，上别负圣明天子，下别负愚夫小民。

当月十一日东坡回到城里，十六日下了点儿小雨，也算没过期限，给了点儿面子，但对庄稼来说还是不能解渴，原因何在？有人告诉东坡，这次祈雨效力不大是山神的缘故，是山神嫌宋朝皇帝封的侯爵太小，生气了。

东坡翻开《唐书》[①]一查，发现果然如此。太白山神在唐朝原是封为公爵的，到了宋朝竟被封为侯爵，等于被皇帝降级了，换了谁也不高兴。

---

① 注：《唐书》泛指记录唐代历史的纪传体正史，有《新唐书》《旧唐书》两种。

找到病根就好下药。苏东坡便代当地主官向皇帝草拟了一个奏本，请皇帝恢复山神以前的爵位，然后又与宋太守共同斋戒沐浴，并派特使敬告太白山神，说已经上奏皇帝为山神平反昭雪，恢复了山神的公爵封号。

这下山神应该谅解了吧？东坡再赴太白山，从庙前的池塘里取“龙水”一盆，这下山神、龙王双保险，让哥们儿来个竞争上岗，有竞争才有动力。

十九日苏东坡上山迎“龙水”，一下吸引了几千百姓陪同，也巧了——不，也怪了，“龙水”将到，阴云先来，天空昏黑了！

可是等了好久，硬是不肯下雨，还缺哪道程序？东坡又陪同宋太守到真兴寺去祷告，来了个龙、神、佛三管齐下。

这还不算，东坡又亲自追上地面浮漂的乌云，从农夫手里借了个篮子，用手抓了几把乌云，紧紧藏在篮子之中，并且赋诗祷告乌云：“府主舍人，存心为国，俯念舆民，燃香霭以祷祈，对龙湫而恳望，伏愿明灵敷感。”

伴随着远处隆隆雷声，一盆“龙水”放在祭台之上，东坡开始亲念祈雨妙文。这篇祈雨文至今还保存于东坡文集中。

果然有求必应，暴雨终于落地，各地普沾恩泽。两天之后，又下大雨，接连三日，庄稼终于得救。

后来东坡把后花园的亭子改名为喜雨亭，来纪念这次喜事，并写了一篇《喜雨亭记》，刻在亭上。这篇文章文笔简练，很能代表苏轼文风，文中流露了与民同乐的思想，后世的教师们经常把它作为范文让学生阅读。

东坡对山神的承诺果然兑现，皇帝重封山神为公爵，忽悠谁也不能忽悠神仙不是？

总结这次成功祈雨活动，东坡得出四字心得：心诚则灵！

12 神仙不讲理，心诚则不灵

心诚则灵！

这句真言被广泛运用在各个领域，此真经一经祭出，无不灵验！生了病去庙里虔诚地舍钱上香，一旦病体好转，看，心诚则灵！没看好，甚至翘了辫子，那是病家心不诚所致。

义和团风光时，一般都要上香吞符，大师兄们说这样能刀枪不入！与洋鬼子一对阵，洋枪照样往肉里钻，师兄们说了：“看，小师弟心不诚吧！”而那些侥幸全身归来的拳民，自然是心诚则灵的样板。

但啥事都有另一面，有些事情就是越心诚越麻烦。例如你上了赌桌，你要是坚持心诚则灵，不及时收手，估计到最后连一条短裤也剩不下。

东坡甚是相信“心诚则灵”这句话，对行文祈雨这种冒身险、稳民心的伟大行动乐此不疲。这种跟神仙打嘴官司的习惯他坚持了数任，看来他是真心相信神仙能给人间消灾造福。

在日后的文章中，东坡解释：懂道理是人最起码的本性，神仙当然更懂道理，当然也会听劝，人当然也能以理服神。

勤于神事的苏东坡并没有懒于政事。

其实，刚到任时，苏东坡便做了一件令下级差役都竖大拇指的好事。

凤翔府兼着为朝廷运输岐山贡木的任务：贡木顺渭水放出，押运的就是凤翔府的衙役们，历年来因为水势湍急，不少押运差役丧命，苏东坡到任时，押运贡木已经成了大家畏惧如虎的凶险活路，若不识水性的衙役押运，几乎就等于人亡家破。

苏东坡了解其害后，主持重修了衙规，使衙役们可以自由选择有经验的水工押运，仅这个措施就使伤亡人数减少了一半。

不过后来，东坡关于自然灾祸的看法发生了变化，他在几篇谈到天灾的奏折里都指出：朝廷如果不废暴政缓民困，向神明祷告也不会有用。看来东坡明白了神仙只会照顾以人为本的朝廷，解决天灾的有效手段莫过于先除人祸。

凤翔任上，东坡在次年七月逢旱时又虔诚祈雨，但这次心诚也不见灵验了。直到最后苏东坡把那个在磻溪钓鱼的姜太公都给求到了，难道宋时就有了那句老话：姜太公到此，诸神退位？

至于神通广大的姜太公是否令雨神降雨，史书未载。看来太公也没给面子，若是灵验了，东坡等文人焉会埋没姜太公的功绩？

东坡深信，自己的祷告能感天地、泣鬼神。冥冥之中的神鬼们也善恶有别，所谓妖魔鬼怪也能被说服感化，个别顽固不化的凶神恶煞也是惧怕正人君子的。自古有“邪不侵正也”！

有次苏东坡一行人正在白华山行走，所带随从中有个士兵突然精神病发作，竟然当众脱衣裸奔。那个年代大家都认为，这人肯定是触怒了当地山神，山神让其中了邪。苏东坡便当场行文与山神辩理：

某昔之去无祈，今之回也无祷。特以道出祠下不敢不谒而已。随行一兵，狂发遇祟。而居人曰：“神之怒也”，未知其果然否？

此一小人如虮虱耳，何足以烦神之威灵哉。纵此人有隐恶，则不可知。不然，人其懈怠失礼，或盗服御饮等，小罪尔，何足责也，当置之度外。

窃谓兵镇之重，所隶甚广，其间强有力富贵者，盖有公为奸慝，神不敢于彼示其威灵，而乃加怒于一卒，无乃不可乎？某小官，一人病则一事缺，愿恕之，可乎？非某愚直，谅神不闻此言。[①]

据说苏东坡一行人刚离开山神庙，山神便兴山风扑向众人，一时之间竟然飞沙走石，使人无法睁眼。

对待这个不听劝导的恶神，苏东坡干脆声明：“神还余怒未息？我偏不怕他。”说罢他们继续前行。不讲道理的山神还不更加生气？风势愈大，有人建议回庙里向山神求饶。

苏东坡傲然回答：“吾命由天定，山神若执意发怒，也只好由它。且前行照走，看山神能奈我何？”

据说果然是邪不侵正，风势渐息，那个裸奔的哥们也清醒过来。

别笑话东坡愚昧迷信，那个年代的人们都是如此。其实有时这也不是坏事，人们在道德的约束之外再给自己加上诸多传说中的神来监视自己的行为，对人际和谐应该利大于弊。

就是今天，把希望寄托在诸神身上的人或许也有，一切都以

① 注：文写于李廌（李方叔）所著《师友谈记》。

现实需要为准则。

身在官场的苏东坡信神不信权，对神仙尊敬，却难得对上司尊敬，这大概是由于东坡刚入官道，还不明白上级领导比神仙厉害百倍吧！

苏东坡的好运突然断了气，直接上司、苏家世交宋太守被轮调出凤翔，接任的新太守陈公弼，脾气比东坡还大，名声比东坡还牛。此人是武人出身。

俗话说：秀才遇到兵，有理说不清。其实是说文人与武人很难有效沟通，苏东坡又是怎么与这位武人相处的？尤其是这两位人才还脾气相抵，性情相克。东坡初入官场便遇上了克星！

很难判断这对初出茅庐的东坡是好事还是坏事，因为现在的苏东坡最需要的是历练，尤其是经受一些不伤筋骨的挫折，对苏东坡将来的仕途生涯无疑是有益无害的。

问题在于，苏东坡能否学会适应这位以严厉无情闻名的直接上司呢？

13　第一个对头

新来的凤翔府太守陈希亮，字公弼，严厉刻板，面黑体壮，为官以来，颇负刚正不阿之美誉，曾在长沙任上捕获一个与权贵交往密切的恶僧，一时令全境之人无不惊异。

解释一下：在唐朝，太守即一郡之守，是行政长官的称谓。宋代废除郡制，有州无郡，所以并无太守这个官职称呼。一州的长官叫知州，全名是权知某军州事。不过，北宋时州官们喜欢复古官称，在同僚书信来往时大多自称太守，咱也就“入乡随俗”吧，以下都尊重宋人习惯，皆称太守。

陈太守大概是位无神论者先驱，对于装神弄鬼欺骗老百姓的大师之类深恶痛绝，曾抓捕号称大师的男巫七十余名，这些大师平素愚弄乡民，欺压良善，陈公将他们强行收容，遣返原籍，从不手软。

习武出身的陈公弼执政治军也有一套，据说经他训练的部队堪称铁军！士兵们奉命站定不动之时，敌人箭矢如雨，兵卒们仍能甘当箭靶，屹立不动！能把人训练成一切行动听指挥的铁军，可谓能人！

其实陈公弼与苏东坡是同乡，老家在四川青神，陈太守还与苏东坡的妻子王弗是老乡。陈公弼对东坡这位后辈却甚为不屑，认为他无非是一个少年得意的书生罢了。出水才看两腿泥，有本事还得看工作成绩，捣鼓出几场雨能算什么政绩？

巧了，苏东坡偏是个吃软不吃硬的主！此时的苏东坡已经才名冠天下，又怎会对这位不苟言笑的直接上司俯首帖耳？较量胸中才学，你陈公弼够资格与我苏东坡比吗？

尤其是东坡发觉陈太守改动自己草拟的上奏文稿，内心更加气愤！看来此时的东坡尚不熟悉官员们的“习惯”：不对手下的底稿改动上一言半语，哪怕只改动一两个标点符号，还要当时的官员作甚？

所以，两个不善于妥协通融的硬汉碰在一起，出点“火花”是极为正常的现象。二人之间遇到意见不合，便舌剑唇枪，恶语相向。陈太守往往在苏东坡拜访时不予接见，或者故意使他久候，后来甚至发展到向朝廷上告苏东坡恃才抗命。

苏东坡时年二十八岁，年轻气盛，又怎会服气兵大爷出身的陈公弼？人虽在屋檐下，却偏不低头。平常除非不得不应酬的公务，他尽量不与上司见面，惹不起还躲不起？

人在屋檐下，不低头必然碰头。下级想躲避上级，没那个可能。

一次太守设宴，苏东坡借故不去，陈太守毫不客气下了罚单：八斤铜。

其实这样的罚款，金额不算多，却是会记档的行政处分，这等于轻轻扇了苏才子一个不疼却响的耳光！苏东坡恨极却无奈。

这倒不像大多数一二把手之间的关系：主副职之间的矛盾是天生固有的，但谁不是保持表面的客气？面子还是需要维持的，暗地里免不了相互踢几脚。世上少见像陈、苏这样明面上作对的领导班子。

这个阶段的苏东坡还没有“宰相肚里能撑船”的雅量，遇到能损陈公的机会决不放过。不久，报复的机会来了。

陈太守在公馆造了一座凌虚台，也许是要考察苏状元的才华是否名副其实，便吩咐苏东坡写篇文章，刻在凌虚台的竣工纪念石碑上。这活路对苏东坡来说自然是小菜一碟，东坡却借机发扬了家传绝学——骂人，让陈太守也领教一下东坡家传的旷世骂功!

作文刻石留念之雅习由来已久，这么做无非是为了传之后世，行文当然必须庄重典雅，若能富有诗情画意自然更为得体。苏东坡却不愿意做歌功颂德的事，碑文中他与陈太守开起了玩笑。

因地位所限，当然不能点名攻击上级，苏东坡在这篇叙事碑文中隐藏了对太守的嘲弄，拐弯抹角骂人不难，难在恰如其分、把握分寸，既能出气又不致翻脸最难，绝难之处还在于必须让挨骂者看出来，还无话可说!

至于文章是否被采用，东坡压根就没想这一节，怎会有人愿意将嘲弄自己的文章刻上石碑?

东坡的《凌虚台记》一文中通篇不乏对太守的嘲讽：

> ……而太守之居，未尝知有山焉……太守陈公杖履逍遥于其下，见山之出于林木之上者，累累如人之旅行于墙外，而见其髻也……以告其从事苏轼，而求文以为记。
>
> 轼复于公曰：“物之废兴成毁，不可得而知也。昔

者荒草野田，霜露之所蒙翳，狐虺之所窜伏，方是时，岂知有凌虚台耶？废兴成毁，相寻于无穷，则台之复为荒草野田，皆不可知也。尝试与公登台而望，其东则秦穆之祈年、橐泉也，其南则汉武之长杨、五柞，而其北则隋之仁寿、唐之九成也。计其一时之盛，宏杰诡丽，坚固而不可动者，岂特百倍于台而已哉？然而数世之后，欲其求仿佛，而破瓦颓垣，无复存者，既已化为禾黍荆棘、丘墟陇亩矣。而况于此台欤！夫台犹不足恃以长久，而况人事之得丧、忽往而忽来者欤！而或者欲以夸世而自足，刚过矣。盖世有足恃者，而不在乎台之存亡也。”

亭台落成的喜庆之作，被苏东坡尽情描绘出了将来必然坍塌毁坏之状，此文还嘲笑太守不知所住之地城外有山，确属罕见碑文。

陈公弼身居太守之位却有宰相大肚，竟毫不在意，吩咐工匠对此文一字不改，照原作刻在石碑上。

这就是东坡的幸运之处，陈太守为人磊落，心地并不坏。

从这件事之后，东坡也体会到这位陈领导不是凡品，开始主动修好，二人的关系出现转机，从相互存有敌意变为惺惺相惜。几年之后，他甚至为去世的陈太守写了一篇墓志碑铭。

墓志碑铭相当于我们今天的悼词，人死为大，不损光夸，所以没有悼词说真话。你应人家子侄之辈邀请，为人家写墓志铭，文字当然要多说亡者好话，所以必然陈词滥调满篇，言不由衷。当然，谄媚死者是行文本分。

苏东坡本来最厌恶写此种文章，即使王公贵人相求，也坚决拒绝。东坡一生之中，只写了七篇墓志铭，皆有特别的理由，那便是的确有话要说才写的。为陈太守写的碑铭就是其中一篇。

二人从不打不相识开始，最后似乎成了隔世钦佩的忘年之交。

应该说，苏东坡在凤翔任职，仕途的开头还算不错，这期间的苏辙还没有在自己的为官路上迈出第一步。自东坡离京后，苏辙便一直在京师偕同妻子侍奉老爸苏洵。

苏老泉做官之路也并非一帆风顺。宰相韩琦与富弼等人与苏洵交往一段时日后，对他的看法有些变化，觉得他只是一个喜欢妄论朝政的书生而已，夸夸其谈，道理十足，激情有余，不顾实际——这不正是活脱脱一个现代愤青吗？

这种人才历朝都不敢委以重任，也不能委以重任。书生误国，古来有之！为什么历史上有那么多大文豪、天才诗人终一生也难混得高位？如南唐后主李煜、北宋徽宗赵佶，做了皇帝，他的国家倒霉。

假如让杜甫、李白这种不世天才拜为宰相，对民众来说也未必是好事，欲“使天下寒士俱欢颜”？只能是良好的愿望与梦想。

苏洵的日子过得比较郁闷，曾留诗《九日和韩魏公》中句为证：

佳节久从愁里过，壮心偶傍醉中来。

不过苏洵还是以无与伦比的耐心等来了出头的希望。在宰相韩琦的照顾下，苏洵得到了秘书省校书郎的官职。[①]

① 注：前面有个“试”字，也就是说只是试用。

北宋官制，官员职称前一般要加四字："行""守""试""权"。高职兼低职称为"行"，低职任高职称为"守"，"试"则是"试用"，"权"即"代理"。老苏苦心、耐心、恒心换来了被免试录用，却还是没滑掉"预备"的必要程序——试用。

校书郎为从八品，苏老泉能就此满意？他犹豫几天还是推辞了，不过这次推辞的理由干脆跟朝廷挑明了：官太小，工资太低，高薪方能养廉！文中原句为："实以家贫无资，得六七千钱，诚不足以赡养。"

可官还是要做的，苏洵是一事不烦二主的人，又给韩琦写信："相公若别除一官而幸与之，愿得尽力。"意思是，您要是能另外给我安排个官，我保证好好干。

最后苏洵索性向宰相长叹："……嗟夫，岂天下之官，以洵故冗邪！"就是说，天下这么多的好职位，怎么就不能给我一个适合我的官职呢？

韩琦的确够意思，又帮他弄到了霸州文安县主簿的小官，不需要赴任，工作是留在京师编礼书。好歹也算是国家公务员了，苏洵终于收心，安分编书，这本书就是《太常因革礼》[①]。

苏洵有了稳定的工作，北宋朝局却陡然不稳，仁宗驾崩，新皇帝英宗上台，儿子苏轼也到了任期，回京述职，尤其可喜的是，新皇帝英宗也是东坡的粉丝之一！

看来苏东坡终于熬到了时来运转！

① 注：《太常因革礼》是欧阳修、苏洵参与编纂的宋代礼典，共一百卷。

14　来自宰相的恩宠

北宋的人事政策挺严格，地方官员三年任期一到，朝廷就要依法将他停职停薪，以便考察他的政绩，这叫作磨勘。官员依据考察结果，再经推荐，被另授新职。

官员在职掌权时对他考察？那不过是忽悠老百姓，尤其是让下级来纪检上级，更是花活。

东坡任职期满当然要回京，他的回京使弟弟苏辙获得了自由，老爸能有人照料了。苏辙不久后被委任为大名府推事，当时的大名府也叫北京大名府，在今日的北京以南四百多千米的地方。

在苏东坡离开凤翔府之前，有两件事需要提一下。

第一件事是数月前王弗的哥哥自川中来到凤翔投奔妹夫，这与苏东坡将来的生活关系甚大。

第二件事则是他在凤翔任上结识了两个人，其一是陈糙，苏轼与之不大对眼的陈太守的儿子，此人一身好武功，张弓射得天上飞鸟；其二是邻县的太守章惇，其人富有才华，豪爽大方且胆略过人。这二人都是在此时与东坡交为朋友。我们日后会不断熟悉他们。

新皇帝英宗，是仁宗的堂侄，由于仁宗无后，被收养到宫中做了太子，早年曾任岳州团练使、秦州防御使，也算出身基层。

宋英宗赵曙早就从闲诗文章中对苏东坡十分倾慕，加上太后从老皇帝那里转来的那句“一榜觅来苏门两宰相”的御言闲谈，于是心想：新朝新气象当用新人，破格提拔已赋闲的苏轼吧，便与宰相韩琦商量，对苏东坡委以翰林之职，让他专为皇帝起草诏令，官名就是知制诰，若如此，东坡便如同一步登天，直接进入了大宋中央的决策班子。

宰相韩琦却反对，认为突然让苏东坡居此高位，对苏东坡可不是好事，有文采不等于老练，重用未必适用。这的确是韩琦居官多年的老道之处。

但皇帝毕竟是皇帝，不提拔自己心仪之人总有些不舒服，于是便又一次提议授苏东坡翰林修注，掌管宫中公务以及负责记录皇帝的言行举止。

结果还是没能过了宰相韩琦这一关，韩琦的理由还是与前次差不多：“轼之才，远大器也，他日自当为天下用。要在朝廷培养之，使天下之士莫不畏慕降伏，皆欲朝廷进用，然后取而用之，则人人无复异辞矣。今骤用之，则天下之士未必以为然，适足以累之也。”

这就是说，宰相也认为东坡有“为天下用”的大才，应该留在中央培养锻炼，不过要提拔得让天下士子信服，让他坐直升机直接进中央政府当要职，反而害了他。

修注这个工作与知制诰类似，还是在中央决策班子内，所以不能这样僭越提拔。

最后韩琦给东坡推荐了个活路：进入国家史馆修史。不过要先考一考东坡，这是宋代官员就任新职前的惯例。

这下皇帝终于忍不住了，当场反驳宰相：“试之未知其能否，如轼有不能邪？”意思是，考试是因为不知道这人的才干，苏东坡的才华我们不知道吗？为何还要考？

这话说得够重的，等于当面斥责宰相多此一举，有指责宰相不识人才，故意设绊妒才的味道！

但是新皇帝的金口玉言不如老宰相的话灵光，最后还是按照宰相的意见，苏东坡必须参加上岗考试。考试结果早在预料之中。苏东坡顺利三试过关，正式在国家史馆任职。

苏东坡乐意担任这个新职务吗？如鱼得水！

原来，在史馆工作的官员要在宫中图书馆轮值，苏东坡正能趁此良机饱读珍本书籍、名人手稿、名家绘画等，这为他将来的文学发展打下了稳固的基础，可以说，东坡日后在文学上有如此辉煌的成就，宰相韩琦功不可没！

但此时的韩琦当了东坡仕途上的绊脚石，阻人官路难说积德。苏东坡心里能对这讨厌的韩老头没点儿看法？

东坡是何等人？岂是凡夫俗人能预料！宋史记载，后来苏东坡听说了宰相韩琦当时的表态，慨然感叹：“公可谓爱人以德矣。”意思是，韩公这才是真正的用德行爱护我啊！

能干自己喜欢的工作，实在是人生莫大的幸事，这期间苏东坡寄情诗书，专研书画，操琴怀古，曲酒对月，生活无比适意。

东坡不仅诗词书画承古创新自成一派，对音乐琴律也是造诣颇深，一生留下数十首曲论琴铭，见解独特，新意频出，借琴吟诗抒情怀，常留佳作。

宋仁宗嘉祐八年（1063 年）时，二十七岁的苏东坡所作《次韵子由弹琴》一诗，使我们略能感觉到他早期作品不涉政坛纠纷的潇洒。

琴上遗声久不弹，琴中古义本长存。
苦心欲记常迷旧，信指如归自著痕。
应有仙人依树听，空教瘦鹤舞风骞。
谁知千里溪堂夜，时引惊猿撼竹轩。

但现在朝阙就在身边，苏东坡还能自娱于琴棋书画之中吗？事实是不光“天有不测风云”的政坛风云他躲不开，就是“人有旦夕祸福”的厄运他也绕不过。

自古有“花无百日红”之说，快乐总是短暂的，命运在岁月的流水中打旋，苏东坡适意未久，突然遭遇了人生的巨大悲痛：丧妻！

英宗治平二年（1065年）五月，苏东坡心爱的妻子王弗二十七岁因病早逝，留下六岁的幼子苏迈，这年苏东坡正是而立之年——三十岁。

突然失去了人生的另一半，苏东坡悲痛万分，十年后的绝世之作《江城子》，便是在此刻埋下了思念的种子。

此时的苏东坡面临国事即将堪忧，家事却先愁苦的状况！

就连以不近人情著称的苏洵也对儿媳早殇表达了哀伤之情，他对儿子说：“汝妻嫁后随汝至今，未及见汝有成，共享安乐。汝当于汝母坟茔旁葬之。”

将妻子尸骨送回故乡，让她安息在母亲身旁为伴，当然是东坡所愿，但他没料到，陪伴妻子亡灵回乡的竟然还有自己的老爸！

朝廷没有给丧妻假的规矩，东坡送妻回乡的打算还未及付诸行动，父亲苏洵便于治平三年病逝于汴京，享年五十八岁，苏氏兄弟又得辞官丁忧了。

仿佛苏门家事纷扰预示着大宋王朝的政局动荡，东坡兄弟俩送父亲回故乡眉山安葬的次年，三十五岁的英宗仅坐了三年皇帝御座，便一命呜呼，看来命运向来一视同仁，不关乎身份地位。

英宗的儿子神宗即位，年号改为熙宁。

不过老孙一直也没弄明白，为什么皇帝不遵守自己定下的规矩？老孙从没见到过皇帝停职丁忧的记载，看来圣人的礼法还是要屈从于皇权啊。

15 大宋王朝山雨欲来

东坡此行不比往年赶考被催促，需要日夜兼程，现在他尽可以趁回乡，沿途游览，丁忧期长达两年零三个月，有充足的时间。实际上苏氏兄弟光回乡单程就走了将近一年。

趁苏氏兄弟送老爸苏洵灵柩回乡安葬，我们先来了解一下北宋政权发生的一件大事：王安石变法。

王安石变法动静之大，事实上摧毁了北宋王朝；影响之久，甚至影响着我们的今天——新法中可以看到不少国家行业垄断政策的雏形，甚至国有经济实体与国有银行的影子。

所谓变法，也可以称为改革，就是废除当时正在执行的一些法律，实施一些被认为能富国强民的新法律，这些改革措施，被后世称为“王安石变法”，即王安石建议实施的九条主要新法：均输法、市易法、免行法、青苗法、募役法、将兵法、保甲法、方田均税法和农田水利法。

本文不探讨王安石变法，所以不详细解释这些几百年来争议不断的新法，只谈点儿老孙对新法的感觉：接近提前实行大同社会的初级阶段。

均输法类似国家贸易垄断，市易法即对全国的商贩进行统一管理，保甲法即把老百姓编成十家一组的单位，这些是否像近代的集体经济雏形？另外，俄国的无产阶级革命先驱列宁，就对王安石极为欣赏，把他誉为“中国十一世纪的改革家”。①

变法的缘由需要交代一下：北宋自 960 年宋太祖开国，到仁宗在位的百年间，由于三冗（冗官、冗兵、冗费）的存在，国家已经近乎赤贫。从表面上看，北宋王朝曾是全球最富有的政府，首都东京汴梁的繁华当时是全球第一，但日子怎么会越过越穷呢？

中国自五代残唐纷争杀戮之后，国力尤其是民力，其实一直没能真正恢复，大都市的繁华不过是由农民奇高的税赋粉饰出来的，尤其是北宋的军事力量，在重文轻武的基本国策下，与北方、西方的三大强邻西夏、契丹（后来称辽）、金相比较处于弱势地位。

短期交战之后两国虽订约言和，但那些和约是由宋朝皇帝按年“赐予”别国金银绸缎换来的。大量财帛外流，虽然使国家得到了暂时的安宁，却使朝廷的经费更加捉襟见肘，再加上朝廷的行政队伍存在的三冗问题，大宋皇家实际上处于穷极思变的时刻！

富国强兵谁不盼望？但钱从哪里来？无非一个开源，一个节流，自恃为财务奇才的王安石就是在此内外亟须之时，登上了中国历史的舞台！

王安石的九项新法，其实就是九项生财有道的法门，具体

---

① 注：这句话出自列宁在 1906 年所写的《修改工人政党的土地纲领》一文中的一条注释。

分析却难以冠上“生财有道”四个字。真能生财的仅是农田水利法、方田均税法两项，其他逐项应该称敛财更为确切。

可悲的是，这两项能生财的新法却不是实施的重点，方田均税法自 1072 年颁布实施不到一年就废止了；实施农田水利法时，国家倒是兴修了一批水利工程，使近万顷的田地得以灌溉，但相较于其他新政的弊端来说，老百姓付出的辛劳远比得到的实惠多。

这样，矛盾就会成为必然。王安石认为自己是“因天下之力，以生天下之财；取天下之财，以供天下之费”，新法的反对者甚至大多数老百姓却认为这是“人情咨怨，无不言其害”，由此“民于是益困矣”。

再谈具体点儿，后世最熟悉的变法名词有两个：青苗法与募役法。其实这两个新法的目的都是敛财。

青苗法：历史上哪个年代都有青黄不接的季节，这时的贫下中农免不了向富农、地主高价借粮款，地主们趁机以最小的投资取得最大的利益。王安石在基层工作时便谙熟这一点，颁布的青苗法就是把这块“肥肉”从地主嘴里夺过来，由朝廷获利。

具体措施是：在春耕时由官府借款给农民，收获后由农民还本付息，要说这是仁善之举，还不如说是类似现代银行的商业行为，而且利息也不算低，每季在 20%到 30%之间吧。比如官府投资百万两白银，因为一年两收，年底便可赚五十万两，也就是说年息是 50%左右。注意，这债主是官府，谁若赖账，不要紧，有牢狱、打板子等着你。

募役法：又称免役法，宣布可以由州、县官府出钱雇人服国家兵役、工役，雇役所需银钱由各地按户等高低分摊。这样既避免了农民轮换服役造成军队战力不强，又使政府凭空得了一大笔收入，确属一箭双雕。

国家军队原来是由农民义务兵组成的，现在成了近乎专业化士官生组成的军队，其战斗力当然能大大提高。所以说，新法也并非一无是处，但归根到底还是老百姓多出银子，朝廷增加了收入。

至于其他新法，制定者的愿望是好的，看条文是利国利民，制定时的口号宣传：一切为了天下百姓！

王安石变法最终失败，追究起来，原因就复杂了。新法出台固然有“先天疾病”，但执行新法的过程决定了新法的失败。不管任何法律都需要活人来贯彻执行，而大多数政策到了基层都会走样，这是执行人的通病。唐僧的经文从猪八戒嘴里念出来，能不变味?

归根到底，一切在于王安石上台后组建的官员队伍的素质不高。若从中央到地方都由一帮阳奉阴违的官员组成，欺下瞒上成惯例，不管什么好变法终将成为一纸空文。上有政策下有对策，古即有之。

说苏东坡，离不开他从头至尾都涉及其中的变法，谈变法离不开变法领袖王安石，尤其苏东坡与王安石之间，一生恩怨纠葛甚多，甚至达到故人入土也难释怀！所以，老孙对王安石不得不费墨细描一番。

俗话说，火车跑得快，全靠车头带。这个堪称北宋当时的火车头的王安石，行驶状况究竟如何呢?

16　王安石这个人

中国有个词，叫作盖棺定论，事实上历史中好多人都不易作定论。王安石便是至今未定论的历史名人之一。

王安石的出身也应该归为干部子弟之列，老爸王益是真宗时代的进士，历任县主簿、县令、知州等职，死后葬于江宁（今南京）。

王安石，字介甫，晚年号半山，因被封荆国公，谥号文，世人皆称其为王荆公、王文公；又因其家乡在抚州临川（今江西临川县），而被称为临川先生。

自北宋以来，对王安石褒者少，毁者多，无论是官方的正史，还是民间的小说、戏曲中，王安石不断被全方位演绎，最终被塑造成一个与戏剧舞台上曹操类似的白脸奸臣形象。

一直到了现代，棺木中的王安石才稍稍得以翻身，梁启超作的《王安石传》，通篇为之翻案，尽扫几百年来对王安石的指责，其缺点也开始闪光。

对后世来说，历史人物要么形象高大、受人追捧，要么尸臭不绝、阴魂不散。其实对已经闭眼入土的人来说，搽粉也好，毁容也罢，都没多大干系，史实不会因为后人妄说而改变，但在文人笔下，先人形象无非是先人在后世文人心中的形象。

评价一个人大概三条：道德人品、能耐学识、政治建树。至于性格习惯、处事方式等不过是末节。

王安石在上述三方面都是另类，另类得出类拔萃！

道德人品：王安石可称两个极端。任性放纵、贪污腐败，这些历代官员常见的通病与王安石扯不上干系，就是宋代士子们视为寻常事的纳妾风气，王安石也从不感兴趣，他居官一生不纳妾，实属罕见。

他看不起所有先驱与同僚的施政能力。对于政治信仰，老王的做法是，只此一家，别无分店。他掌权之后竟然把自己编著的《三经新义》中的论点作为科考的标准答案之一。大家应该熟悉有关他的名言："天命不足畏，众言不足从，祖宗之法不足用。"

政治道德也是如此。他二十一岁考中进士，宁愿在偏远的省份当一个小吏，也坚决谢绝朝廷把他召入中央重用的任命，可见不是官迷。

但老王在刚愎自用方面确也冠绝当时。天下之大，王安石大概只相信自己，并且在政见上排除异己。顺我者，小人也昌；不从者，君子也亡。

古时候朝廷唯一专职"批评与自我批评"的御史台，在新法实施后，被他改造为特务机构，原来的御史们全被下放边疆劳动改造。

在能耐学识方面，同代及后人对王安石从无异议。他自己也颇为自负："自百家诸子之书至于《难经》《素问》《本草》及诸小说，无所不读。"①

---

① 注：出自《王安石·答曾子固书》。

据说，王安石每次政治辩论急眼时，会毫不客气地斥责对方“君辈坐不读书”，被噎之人无话可说，政敌们也不得不承认他博览群书。

在诗词造诣上，王安石以博观约取、擅长工巧，在北宋诗坛自成一家，与苏东坡、黄庭坚三足鼎立，成为宋诗艺术发展的顶峰。连神宗皇帝都承认王安石“天下文章第一家”。

他政治上的死敌司马光也承认：“王安石为人并不坏。其问题在于刚愎自用，死后朝廷应以优礼葬之。”

王安石的政治建树不必繁述，不管他的政治理论在实践中碰得如何头破血流，那种不择手段的坚定执着实在令人信服，最起码他没有明哲保身，做领导的传声筒，不担心触动权贵利益，没有睁只眼闭只眼姑息养奸，没有声称贪腐是改革不可避免的正常现象！

实际上假如中国没有这种敢作敢为的“另类”，无尽的黑暗中怎会看到哪怕一线光明？敢为人先，是中华民族的希望所在，甘当被圈养的动物才是做人最大的悲哀。

就是这样一个思想人品都异乎寻常的怪人，东坡的老爸却对其嗤之以鼻。实际上二人接触并不多，苏洵步入北宋官场时王安石并未得势。王安石在仁宗嘉祐四年（1059年）被任命为朝廷的三司度支判官，所呈上的《万言书》仁宗皇帝只是看了看，便放在了一边。仁宗嘉祐六年，王安石升迁知制诰，不到二年便因丁母忧而解官归江宁待业了。

粗看苏洵的《辩奸论》，竟像是因为王安石不注意个人仪表及卫生而开火：“衣臣虏之衣，食犬彘之食，囚首丧面，而谈诗书。”苏老泉也是多事，关注一个与你不相干的人的仪表干吗？

关于仪表，苏洵倒不是凭空捏造，王安石不修边幅等恶习是众所周知的。

据说王安石从来不换长袍。有次朋友们趁他洗澡偷偷换了他的衣服，他竟然没有发觉，是否那些漂亮女子因此而疏远这位极不讲究的书生，以至老王终生与绯闻无缘？

看来也不是这样，有一次，王安石的妻子吴氏考虑到丈夫辛苦国事，疏忽夫妻之事，专门买了个貌美女子回来，晚上，王安石休息时突然发觉床上换人了，惊问："怎么回事？"

买来的女子回答："夫人吩咐奴婢伺候老爷。"

王安石纳闷道："你是谁？"

女子含羞介绍自己："奴家的丈夫在军中主管的一船官麦因沉船尽失，我们家产卖尽也不足以还官债，所以家夫为了凑足赔款卖掉了奴家。"

王安石追问："他把你卖了多少钱？"

"九百缗。"

结果，王安石把她丈夫找到，命女子随丈夫回去，自己夫人买人的钱也没让其丈夫退还。

看见了吗？老王比大多数官员都厉害，能顶得住诱惑。

但这种不近人情，被苏洵视作大奸，认为他无比虚伪："……凡事之不近人情者，鲜不为大奸慝。"有后人说：不幸被老苏言中！

生活上过于另类的确不是好事，王安石就因此吃了暗亏。

王安石不仅衣着不讲究，吃饭更是马虎得让人难以置信。有朋友问王安石的夫人："是否介甫最爱吃鹿肉丝？"

王夫人大感意外道："不会呀，他这人向来不讲究吃，怎么会突然爱吃鹿肉丝了呢？你们怎么会这样想？"

朋友解释道："我发觉他在吃饭时不吃别的盘子里的菜，只把那盘鹿肉丝吃光了。"

夫人有些明白了，道："你们把鹿肉丝摆在什么地方？"

"摆在他正前面。"

夫人恍然大悟道："明天你们把别的菜摆在他前面，看会怎么样？"

朋友依夫人言，第二天把菜的位置调换，把鹿肉丝放在远处，发现王安石只吃靠近自己的那盘菜，竟然没注意桌子上照常摆了鹿肉。

据说此趣事被仁宗皇帝听说了，在宫中搞了一次现场实验：一次宫中赐宴联欢，在用膳之前让大家钓鱼娱乐，把做成小球状的鱼饵摆在王安石前面的金盘子里。王安石大概不是垂钓迷，没等大家的垂钓战果，自己便开吃了，竟将金盘子里的鱼饵全数吞入肚内。

谁知第二天皇帝对宰相说："王安石是个伪君子。人也许误食一粒鱼饵，哪会有人心不在焉地把鱼饵吃完的？"

这事竟造成仁宗皇帝再也不喜欢王安石。

宋时人们一般把宰相尊敬地称呼为相公，宋代的一本短篇小说集中有篇故事名为《拗相公》，就是讲王安石的。一个"拗"字，的确以最简洁的汉字概括了王安石的性格，甚至一生。

神宗熙宁六年（1073 年），苏氏兄弟回到京师，王安石时任参知政事（副宰相），两个天才虽地位悬殊，却不可避免地开始了碰撞。

17　苏东坡与王安石初相较

苏东坡与王安石，在诗词上的风格极像盛唐时的李白与杜甫，一个大刀阔斧，飘逸灵动；一个精工韵律，雅丽奇绝。唐时的李杜以“仙”和“圣”并称，其实把“仙”“圣”两字套用在苏、王头上亦可。

文学方面，大家对东坡的词、王安石的小诗较为熟悉，小学时大概都读过王安石的《泊船瓜洲》绝句：

京口瓜洲一水间，钟山只隔数重山。
春风又绿江南岸，明月何时照我还？

南宋人洪迈的《容斋随笔》记载：王安石数易其稿，为了“春风又绿江南岸”一句，先后用了“到”“过”“入”“满”等十多个字，最后才选定这个“绿”字，诗人精工不苟、刻意出新可见一斑。

王安石选字的故事，影响之广久，远超小诗本身。实际上王安石的另一首绝句影响更大，国人几乎无人不晓！就是他的《元日》绝句：

> 爆竹声中一岁除，春风送暖入屠苏。
> 千门万户曈曈日，总把新桃换旧符。

苏东坡开始卷入朝廷圣旨旋涡，是否像他故去的老爸一般，对准“把新桃换旧符”的王安石本人？不是那样，苏东坡上书反对新法，属于标准的对事不对人。公正地说，就算苏东坡想对王安石横眉冷对，当时也没有那个资格。

那时，两人在各个方面还没什么可能一较长短。

王安石出生于 1021 年，比苏东坡大了 16 岁，事实上不是同辈人，16 年的代沟决定了双方在政治拳坛的地位。

在苏东坡寒窗苦读追求朝廷施舍一官半职时，王安石却不屑朝廷的数次召用提拔；苏东坡初露锋芒时，王安石的文采已经名满天下；宰相韩琦有资格历练后辈苏轼，王安石却在私人日记中轻视地评价韩琦：“韩琦别无长处，惟面目姣好耳。”

王安石在京师被朝廷委任为参知政事（副宰相）高位那一年，正好韩琦被罢相，也正是这一年，苏东坡兄弟永久地离开了故乡眉山。也就是说，此时苏氏兄弟的活路要看王安石的心情了。

简述一下东坡的这次回乡葬父。

苏氏兄弟运送灵柩回川，不惜多费时日，满足了沿途畅游之愿，次年四月才安全抵达故里。老爸的墓倒是不用现修，有先见之明的苏老泉早就为自己修筑了死后的安乐窝，墓穴当然与故妻程氏紧挨。

东坡并未潦草送父亲入土，而是做了两件大事。

其一，在父亲安息的山上种了三千棵松树。真是绿化标兵！

其二，他修了一座专为纪念父亲的庙宇，庙内悬有父亲遗像，另挂上在凤翔任上收罗到的四件宝贝——吴道子画的四张佛像。据说造庙到一半，便耗去了白银五百余两，另一半还是由日后在此礼佛的和尚们筹募完工的。

苏家当时的经济状况到底如何，史载不详，反正当时的苏东坡没拿金钱当回事。

苏洵病逝时，还没驾崩的宋英宗出于对东坡的欣赏，特旨赐给苏东坡白银一百两、绢一百匹，被苏东坡坚决拒绝了。

倒不是东坡不接受皇帝的恩宠，而是儿子有意替老爸实现未竟之宏愿：当上得了台面的官。苏东坡豁上不要钱，也要替老爸讨要个名义上的官职。

这账皇帝算得更清楚，马上以实际行动答复了东坡的申请，颁旨赐死去的从八品小官苏洵为光禄丞这荣耀的官职。苏洵盼官一生，终于在断气后如愿以偿。

神宗熙宁元年（1068年），居丧期满的苏东坡在回京之前还做了件大事：再娶新娘。

东坡的续弦就是前文提到过的王弗的堂妹王闰之，乳名二十七娘，初见苏东坡时闰之是个十岁的女娃，对于年纪轻轻就夺魁天下的姐夫，小女孩当然唯有惊奇，估计连赞赏倾慕也谈不上。

现在她已经二十岁，对才名传遍天下的姐夫早已佩服得五体投地，堂姐撇下东坡早去，闰之芳心暗许极为正常，但不管正史还是逸事里，都没有留下东坡的绯闻。由此可以推定，青年时代的东坡，生活作风方面也是端正的。

现在，东坡父母双亡，自然可以自己择偶了，而续弦王闰之应该是与东坡同住的闰之哥哥撮合的，比东坡小十一岁的闰之成了第二任苏夫人，从此她将在苏东坡宦海浮沉的生活里，扮演甚为重要的角色：一个宁静温馨的港湾！

苏家兄弟回到京师，正值王安石就职朝廷参知政事，并奉准越级进言，不受朝仪限制。

时年新皇帝神宗年方二十，年轻气傲，想有番作为，中兴国力日弱的大宋王朝。对名满天下的王安石，年轻皇帝早就心仪，已经到了言听计从的地步。

而对才名远播的苏东坡，新皇帝虽然不陌生，但此时皇帝选才的标准是政治第一，所以，要看刚入京的苏氏兄弟的政治态度如何。

苏氏兄弟欲避开朝廷已经刮起来的政治风暴是不可能的，他们必须对正在实施的新法表态，这里没有“逍遥派”的位置，或左或右必选其一，东坡官瘾若重，极为简单：支持新政就是了。

此时的王安石对苏东坡的才气颇为欣赏，王安石自负宰相之才，又兼宰相之量，既然不屑理睬苏洵的痛骂，怎会对苏洵的儿子心怀怨气？

刚回京的苏东坡被委任为殿中丞，还是在国史馆工作，论说与宰相副手级别的王安石发生不了矛盾，其时的宰相富弼只是替王安石顶名过渡，朝中的一切权力都在宰相副手——参知政事王安石手里，只要苏氏兄弟安分守己，做个稳当小官不成问题。

假如东坡如此，就不是苏东坡了。仅过了不足两年的安稳日子，苏东坡便直接上书神宗，摆明了自己的观点：反对变法！

就这样，与王安石之间的战火，便由地位不起眼的苏东坡主动点燃。

18　变法之初乱子多

王安石能够执政其实不易，对于留在京师做官，他谢绝任命二十五年之久，但事情就是这么奇怪，你越不愿高升，声誉反而越高，到了仁宗嘉祐五年（1060年），王安石除了文章出名，不贪高位的态度也使他名震京师。

王安石位居太守时政绩有口皆碑，堪称能吏，在辖区内深得百姓爱戴。就任三司度支判官后，所呈上建议改革的万言书不被仁宗重视，他又萌生退意，恰逢母亲去世，便借机辞官守丧，在守丧期满后仍被召入朝。但他又谢绝在京为官，宁愿留在金陵。

若说他是坐以待时，还不如说他不甘居于人下，不愿打杂当副手，不管身居何处，哪怕在偏远的小县做个县令，也算独辖山头，这就是所谓的“宁为鸡头，不为凤尾”吧。

仁宗嘉祐五年，王安石初来京师，无人不视之为奇才，其所作诗文已经流传甚广，且他既有独到见解，又善于言谈。朝中名公巨卿如富弼和文彦博，对他颇有好评，甚至欧阳修也对他有好感。

认为他将会成为大害的人也有，例如王安石的老友张方平及张方平的好友苏洵。估计苏洵对王安石的厌恶与张方平不无关系，以至王安石母亲去世时，只有苏洵拒绝前往悼念，并且写了那篇著名骂文《辩奸论》。

仁宗驾崩，英宗即位，王安石大概由于曾上奏朝廷反对由英宗接班，更加不愿在京师为官。直到神宗表示出对他的欣赏，他才重回京师，就任参知政事的高位。

对王安石进行了一次密谈考察后，神宗皇帝决定不惜赴汤蹈火也要完成王安石的变法计划。至于预料之中的反对，皇帝有心理准备，即便牺牲其他大臣也无不可，结果不幸被新皇帝猜中。

依照王安石的建议，神宗熙宁二年（1069年）二月，制置三司条例成立，东坡的弟弟苏辙便被安排在此司校对文稿；七月开始实行市易法；九月实行青苗法。谁知仅仅数月，朝中大臣对王安石便由期待转为怀疑，进而由怀疑变为反对，伴随着反对呼声的还有内心的恐惧！

除了新法实行后在地方引起的难以避免的混乱之外，王安石的用人政策也令朝中之人不安。

新法实施，排除反对者的干扰并没有不对，但颁布的法律总需要有人去执行，这时的王安石选择官员之标准很简单：首先要政治过关，支持新法！可惜当时政治上过硬的干部，人品上大多有缺陷，这是不可避免的。

王安石就职不久，便大刀阔斧地在各个要害部门大肆清除异己。清洗最为彻底的莫过于首先公开反对新政的御史台的御史们，实际上对朝廷政策提出批评本来就是御史的职责，但敏感时期，有时可能反倒需要装聋作哑。

御史台前后被清理了十四人之多，这些空缺当然需要新人来补充，于是一批善于高喊与朝廷主政保持一致的“人才”被吸纳到执政队伍内。小人混进了改革的队伍，朝廷还不得闹腾得乌烟瘴气？

朝堂开始混乱了，一些贤德干练、深孚众望的大臣开始公开反对王安石。

皇帝也曾疑问："为什么所有的大臣、御史、读书人，都群起反对新法呢？"

王安石回奏道："陛下要师法先王之道，不得不清除这些反对的旧臣。在反新法的旧臣与陛下之间的夺权之争，不会因陛下善良的愿望而得以避免。这是改革派与保守派的生死之战，关乎国家与陛下存亡，是大问题！"

王安石成功使年轻的皇帝相信，目前的混乱纷争是不可避免的，是皇帝与反对皇帝的那批奸邪大臣之间的殊死之战。

朝廷官员被分成左右两派，双方都有自己的领袖人物，左派（变法派）无疑是王安石挂帅；右派（保守派）则由德高望重的军事主官枢密使司马光挑旗。皇帝时常左右游移，但还是偏向王安石居多。

王安石初掌朝政之时，司马光就因一项节俭政策与王安石在御前争吵起来，皇帝想取消春季的祭天大典和赐予臣子银两绸缎的惯例，王安石支持，司马光反对，两人针尖对起了麦芒。司马光情急之下公开指责新法："你的所谓理财，只是在百姓身上多征捐税而已。"

王安石辩解道："善于理财者能使国库充裕而不增加捐税。"

司马光斥责："荒唐！一国的财富是固定的，财富不在百姓手中，便是在朝廷手中。不论你说的话多好听，无非是把百姓手中的钱拿走一部分交给朝廷罢了。"

皇帝开始有几分赞同司马光的说法，新政也暂时搁置了一两个月，但不久便形势大变，皇帝彻底站到了王安石那边，朝中重臣纷纷被贬或自行辞职，新法实施方兴未艾！

被贬官员里面就包括东坡的弟弟苏辙，他先于苏东坡在新法实施的浪潮中翻了船。

熙宁三年（1070 年），苏辙上书神宗极力反对均输法及市易法，认为朝廷若垄断全国贸易，商贩在哪里寻找活路？谁能与朝廷竞争？朝廷也未必有利可图，因为朝廷必须先成立庞大机构，再任命大批官员经商，建筑大批官衙，其结果不是便宜了与官商有私人交情的关系户？官僚作风也将造成物价持续上涨，富了与官府有关系的人，对国家与百姓有百害而无一利！

但此时的皇帝不会理睬苏辙这等小官的说辞，苏辙又致书王安石，更加激烈地指责新法，结果被贬出京师，去河南作了个小推官。

苏东坡恰在左派占上风之时，毅然公开加入了右派阵营。

19　皇帝站队苏东坡

事情起源于青苗法实施中出现的问题。

青苗法在神宗熙宁二年（1069年）九月颁布，实施效果很快反馈到朝廷。事情不大好办，需要借官家高利贷的无疑是穷极的贫雇农，但任何借债都是要偿还的，这就需要类似现代银行的抵押物品或担保，而这些要求都是穷人办不到的。

当时出现了极为正常的现象：急需借贷的穷人，官府不敢贷，官府只敢贷给富农级别以上的富户，但富户又不愿意借对他们无用甚至增加负担的高利贷。

上级把完成贷款数额作为官员的政绩，官员们自然把指标层层向下分配落实，强迫富农贷款，再往后，弄虚作假不可避免。

初掌朝政的王安石无疑乐意听喜报，不爱听忧报。他亲自到御史台对诸御史说："你们意欲何为？你们弹劾推行新政的能吏，却对办事不力者默不作声。"这时作假的官员成了能吏，报告实际情况的人反而被认为办事不力！不听话的御史们遭到了清理。

苏东坡发怒了，书生开始挥毫泼墨！此时的苏东坡只有三十二岁，任职于只限执笔为文的史馆，官卑职微且与行政毫无关系。

但书生意气的东坡管不住自己的笔锋，他连续越级给皇帝上奏折两次，一次是在熙宁三年（1070年）二月，一次是在次年二月。

两封奏折皆写得洋洋洒洒，包罗无限，雄辩滔滔，直言无隐，笔锋所指青苗法以及支持此法的皇帝本人！

这下可不得了！苏东坡是何人？官职虽小，名气却大，再加上他文笔如刀，泼墨似锦，立时在京师甚至全国引起轰动！

尤其奏章中直接点明了此法实施的目的："百姓足，君孰与不足？……臣不知陛下所谓富者富民欤？抑富国欤？"意思是，你想让哪部分人富起来呢？百姓还是国家？

苏东坡上呈神宗皇帝的万言书，阐明了自己的政治理念，文笔也显示了个人气质与风格，有悲伤讥刺，有苛酷批评，坦白直率，异乎寻常；全文论辩是非，引证经史，为文工巧而真诚，言出足以动人，深情隐忧，因事而现。愤怒的争论与冷静清晰的推理交互出现，其机智学问与大无畏的精神，显然可见。

苏东坡上书反对新法之时，正是王安石正式出任宰相之时，对这种刻意"顶风作案"的叛逆，在朝廷中权位凛然不可犯的王安石能容忍吗？

不可思议的是，王宰相并未理睬东坡的越级上书，连行文反驳也懒得做，甚至默许苏东坡得到皇帝的亲自召见！

可见王安石对待苏东坡是有别于他人的，大概这就是惜才吧，又或许王安石自恃东坡不足以动摇皇帝对自己的信任。

王安石在政治、军事等方面，当然主要是经济方面的变法，可谓"事无巨细，无所不包"，这还不算，一项新法又颁布了，这次是教育改革——太学三舍法，内容主要是兴办官学，改革科举制度，尤其是科举考试的内容。新法废除了进士们主要的科考题目——诗词，取而代之的是实事策论——文学要为现实政治服务！

苏东坡照样上书反对，一篇《议学校贡举状》获得了皇帝极高的评价，他本人也得到神宗召见。神宗勉励苏东坡：“尽陈得失，无有所隐。”

但是，朝中有关新法的斗争大局已定，所有反对新法的高官大臣近乎全部撤职，不过王安石有一点还不错，不轻易举刀杀人。

苏东坡明白朝局情况险恶，一切态势都呈现于己不利之状，自己即使不遭大祸，被罢黜也是必然的。

不过苏东坡还是上书皇帝，用孟子的教导提醒皇帝：一是“君权民授”，一是“为政当容清议”。他警告神宗：君之为君，非由神权而得，乃得自民众之拥护，为帝王者不可不知。

第二点，东坡替孟子解释道：为人君者若不容许臣子自由表达意见，焉能得到臣子的支持？一个好政权得以保持，大部分原因在于不同的政见合理发挥功用。

苏东坡在对比了古今历代政权施政的优劣后告诉神宗皇帝：万不可以威权压服百姓使之服从。这是针对谣传朝廷欲恢复肉刑之说。酷刑未恢复，当归功于苏东坡上书神宗的奏议。

神宗皇帝欣赏也没有用，苏东坡所有的上书几乎都石沉大海，新法照样实施。针对皇帝临时颁布的严禁强销青苗贷款的诏书，苏东坡继续上书。苏东坡引用孟子的话说：这如同一个偷鸡贼想改过向善，决定每月只偷一只鸡。

事情就是这么奇怪，苏东坡不但没有遭到罢免，反而被委任了一个可以参政的兼职。苏东坡在神宗熙宁四年一月被委任为告院权开封府推官。

在开封府推官任期内，他出了一道乡试考题《论独断》[1]。此考题不用翻译解释便知，东坡的矛头直指宰相专权！这下终于激怒了王安石。

王安石的报复比苏东坡上书前所预料的还要严重：苏东坡被立即立案调查。

不过立案的理由实在难以让人心服。王安石的亲戚兼随员谢景温挟法诬告，说传言苏氏兄弟运父灵柩乘船回四川原籍途中，曾滥用官家的卫兵，并购买家具瓷器，可能偷运私盐从中牟利。

以经济问题为由，达到政治斗争的目的，这等高招，宋代的官员掌握得极为娴熟。

历朝历代都存在的一个真理：贪腐最遭民众痛恨！

调查是必然的，工作却不是有效的，调查的初步结论很快做出：查无实据，未见苏东坡违法事实。看来调查工作需要长期进行。

不过，有时对官员的审查需要的是过程，不是结果。苏东坡还是引起了皇帝的猜疑。

在司马光被赶出汴京回洛阳之前，皇帝对司马光表示道："苏轼的人品似乎欠佳，卿对他评价过高了。"

司马光替东坡辩解道："陛下是指有人控告他吗？我对他知之较深。陛下知道谢景温为安石亲戚，他控告苏东坡也是王安石煽动的。再者，虽然苏东坡并非完美无疵，但他不比隐藏母丧不报的畜生李定好得多吗？"

---

① 注：全题是，晋武平吴，以独断而亡；齐小白专任管仲而罢；燕专任子之而败。事同而功异，何也？

苏东坡知道，自己离开京师已经不可避免，干脆主动请求外调，王安石也就顺坡下驴从其所请。

按苏东坡的政绩及才能、资历，他应当官居太守才是。皇帝也有此圣意，亲自下旨任命苏东坡为颍州太守，等于苏东坡的官位提升了一个级别。

但圣旨在王安石与谢景温那里卡了壳，哪有被处分反而提拔重用的道理？于是，苏东坡的任命在呈报皇帝御批时，被降了一级：苏东坡就任颍州判官；意外的是皇帝坚持了自己的意见。通判就通判吧，皇帝亲笔改动了任命书，让苏东坡去风景秀丽的杭州做通判。

此通判却非彼通判。颍州是安徽的一个小县，民贫地瘠不说，级别也与苏东坡的老职务凤翔通判相同，杭州却是当时江南最大的都市，苏东坡去杭州做通判，与其说是被处分，不如说被提升了一级！

皇帝与王安石之间的“蜜月”，看来已经不那么“甜蜜”了。

苏东坡对御史的弹劾不屑理睬，甚至不肯修表自辩，任凭朝廷继续调查自己假公济私、贪腐的案件，自己携眷径赴杭州。

20　宰相面前恃才自傲

苏东坡离京之时，王安石主导的《三经新义》[①]已经面世，并且立即成为思想上的官定标准。

《三经新义》一时成为举人们天天读的典章，不过天天读绝对不是因为喜爱，而是如果不仔细领会其中的内涵，就没官可当。这文章是朝廷科举经史理论方面的标准答案，不摘出安石语录填到科考答卷上，还想中进士？真是砌烟囱忘了留掏灰口——门也没有！

把官权滥用到学术上，王安石既不是空前，更没有绝后。清代学者龚自珍所叹：“万马齐喑究可哀！”这种事情在历史上一再上演！

王安石固执地相信，只有自己能准确地解释古籍的思想和政治观念，他认为如何就必然如何，他是在创造性地继承和发展古人学说，自然觉得他王安石的著作才是真理，无懈可击。

苏东坡实在难以容忍这种现象，后来曾写过一首诗，专门表

---

① 注：《三经新义》，经学教材。宋王安石撰《周官新义》，王雱、吕惠卿撰《毛诗义》《尚书义》之合称。这些是熙宁变法的重要理论依据。

达自己对考生试卷上所表现的思想观念呆板雷同的厌恶。

苏东坡毫不掩饰自己对王安石学问上的不屑，好多苏、王之间流传的笑话都来源于苏东坡对《三经新义》的嘲讽，尤其是针对王安石自以为是的“字源说”。

王安石的学问之广的确包罗万象，但他的字源学说纯凭想当然，称为“狂想字源学”兴许更为贴题。王安石却相信这是独得之秘，是对学术上不朽的贡献，苦研不辍直至老年，竟然成书二十五卷，取名《字说》，至今有五十条左右流传下来，不过都成了人们茶余酒后的佐谈笑料。

苏东坡极为善用“反证论法”来嘲弄王安石“字源学”的荒谬。

例如：汉字“鸠”字是“九”“鸟”合成，显然“九”字是表音。这里王安石疏忽了语音学的原理，只是从偏旁字义上来想象汉字的组成缘由。对于“鸠”字，这个理论显然是解释不通的。

据说有一天闲谈时苏东坡问王安石：“为什么‘鸠’字由‘九’‘鸟’二字组成呢？”

王安石一时语塞，苏东坡表情自信而神秘道：“我告诉你为什么！”

王安石：“……”

“《诗经》有曰：‘鸣鸠在桑，其子七兮’，七只小鸟加上老鸟父母两只，不是九只吗？”

王安石当时没回过味来，还在琢磨苏才子的解释有无道理。东坡离去许久，王安石方才醒悟：这小子是在调笑损人呢！

这天，苏东坡态度毕恭毕敬，虚心请教王宰相：“有两个字令学生百思不得其解：‘犇’字与‘麤’字，牛比鹿体壮，鹿比牛敏捷，为什么这两个字各自三字合成一字时，意思全反了呢？”

犇字音“奔”，意思是奔跑快速；麤字音“粗”，意思是粗暴。据说王安石苦思冥想也没能想出个缘由，用他的偏旁会意《字说》确实无法解答东坡的“刻意”求教。

“波”字是由“水”加“皮”组成，“皮”字作为偏旁无疑表音。但王安石没理睬“波”字中“皮”的作用，以丰富的想象解说：“波”者，水之皮也。

苏东坡点头称是：“‘波’若是水的皮，那想必‘滑’就是水的骨了。”此话令王安石啼笑皆非，无法应答。

这个传说还有另一版本：王安石主动戏谑苏东坡，调笑东坡的“坡”字为土之皮，苏东坡反唇相讥：那么“滑”字便理所当然是水之骨了！王安石无言可答，语塞狼狈。

此版本不足信。“东坡”是苏轼数年后被贬黄州时的自号，其时王安石已经被罢黜为民，两人关系已经缓解，不会再上演这种尴尬笑料了。

但王安石当政之时，即便在大庭广众之下，苏东坡也不给这位宰相留任何面子。

《汉书》[①]中记载了西汉大文豪扬雄的一件逸事，说杨雄曾经投阁自杀未遂。宋代已有定论：此事乃史家虚妄编造。

王安石却未细研此记载的真伪。一天，他与众官闲谈讨论起此事，请大家谈谈对扬雄自杀一事的看法。

苏东坡起立发言，有些傻乎乎地问道：“西汉真有扬雄这个人吗？”

此言一出，惹得大家哄堂大笑，王安石之尴尬可想而知。

宋人笔记中的逸事，显示了苏东坡的机智，渲染了苏东坡的幽默，赞叹了苏东坡的不畏强权，但同时也在证实：青年时代的苏东坡的确有点儿狂傲，有些不近人情；也侧面透露了王安石在

① 注：《汉书》，汉代班固编撰，开创了断代史体例。

学术领域并非全才，又过于自信。同时又在昭示：王安石之宰相风度，肚里的确能撑船！

苏东坡在学问上的自信并非妄自尊大，他确实有真学问，才敢不屑王安石。据《耆旧续闻》[①]记载，苏东坡谪居黄州时，一位姓朱名载上的教授来看望苏东坡，语言之间顺口问苏东坡闲时做什么事，苏东坡答："抄《汉书》。"

朱教授恭维："以先生天才，过目不忘，何用手抄？"

苏东坡回答，已经抄三遍了。朱教授疑惑，求得苏东坡所抄《汉书》一看，浑然不知苏东坡抄的是什么，经苏东坡解释后，教授才明白。原来苏东坡手抄《汉书》，第一遍每篇就抄三字，第二遍每篇只抄两字，第三遍每篇仅抄一字而已！

这等抄书有啥用处？朱教授想验证一下苏东坡抄书的效果，谁知不验不知道，一验吓一跳。无论他抽选何字，只要点出那个字，苏东坡便能马上流水般背诵全篇！整部《汉书》，其实都在苏东坡的心中。

既惊奇又佩服的朱教授回家便以此例教导儿子朱新仲：苏东坡这等奇才都不倦抄书，何况你这小子？活到老学到老吧！

两位旷世之才的初次相较告一段落，一个留京继续掌舵操弄北宋这艘千疮百孔的大船，一个品味起了杭州西湖温馨风流的花船。命运就是这样离奇，这样不公，又这样公平！

哪个人能断言，谁的境遇更好些？

冥冥之中有一种无形的力量，在左右着人的命运，或者说在平衡着世间的一切！

---

① 注：南宋陈鹄所著的《耆旧续闻》是一本史料笔记，其中关于南北宋名人言行、逸事及诗词记载颇多，有许多资料常为今天的研究者所引用，非常珍贵。

21　上有天堂，下有苏杭

谈苏东坡离不开谈论杭州，因为苏东坡一生有两任期在杭州做官，尤其后来曾就任杭州太守，对杭州市政建设颇有建树，至今我们仍得以游览东坡任杭州一把手时主持修筑的长堤——后人命名为“苏堤”。

谈杭州又离不开谈西湖，因为西湖被称为杭州的眼睛，清澈妩媚，秀丽动人。实际上西湖堪称杭州的灵魂，设想，假如杭州没有西湖，还能称其为杭州吗？那句“上有天堂，下有苏杭”的名谚其实是对着苏州园林、杭州西湖说的。

神宗熙宁四年（1071 年）十一月二十八日，苏东坡携妻儿来到杭州，新家被安置在西湖南面的凤凰山顶，从此处北望西湖：四周环山，碧水绕翠，犹如一颗巨大的明珠漂浮在山色浮云之中，日烁金光，夜闪银鳞。青天湖底，上下星辰点点；细雨清波，地天水雾茫茫。东西眺望，苍松隐现几处宇庙绿瓦；南北俯瞰，翠竹淹没多少桂树黄花！恍惚之际，谁能分辨仙境人间？

苏东坡此时近乎因祸得福，从此杭州几乎变成了苏东坡的第二故乡。据说东坡本人也认为自己的前世生长在杭州，并且把这种想法体现在他的诗中。

宋人笔记里就记载过苏东坡初次游览杭州寿星院的逸闻：一进门，东坡便称所见景物十分熟悉，甚至告诉同游者，再走九十二级石阶便到向忏堂，结果竟然得到证实！

笔记所载，无法证实是虚构的还是真实的，兴许东坡早就暗游此地，却可以由此得到苏东坡对杭州情感深厚的信息。

一派江南风韵的湖光山色，令初到杭州的苏东坡在诗《六月二十七日望湖楼醉书》中记录下了自己愉快安逸的心情：

未成小隐聊中隐，可得长闲胜暂闲。
我本无家更安往，故乡无此好湖山。

诗人居于杭州，歌于杭州，诗于杭州，酒于杭州。近千年之后，今天你若泛舟于西湖之中，或游于孤山岛、凤凰山之上，或品茗于虎跑梦泉、龙井茶舍之内，“苏东坡”三个字仍会时常在你的耳边响起，好像诗人仍在西湖会酒吟诗。

四川眉山的朋友不要心生嫉妒，实际上如果你今天去杭州游玩，杭州人都不一定承认东坡是四川眉山人，他们更乐意认东坡为乡亲。

苏东坡爱上西湖是很自然的事，美丽的西湖也对才华横溢的东坡情有独钟，西湖以它婀娜的娇躯，启发着东坡这位诗人的联想，诗人更不负西湖美色，甚至以一首绝句《饮湖上初晴后雨》替西湖另起了一个雅号：西子湖。

水光潋滟晴方好，山色空蒙雨亦奇。
欲把西湖比西子，淡妆浓抹总相宜。

古今咏西湖的诗词多得不可胜数，东坡这四句小诗无疑当数其中之最！

寥寥四行短句，描画出西湖的精髓，西湖如吴越时代的美女西施，淡妆粉黛也好，浓抹唇眉也罢，都不能减少她靓丽中的妩媚；而西湖不亚于千年前的西施，不管晴空艳阳，还是细雨和风，无时无刻不展示着她别样的韵味，另类的风情。

诗人赋予了西湖灵魂，非东坡妙思佳句不足以言其美；西湖启发出诗人的才华，非西湖诗情画意不足以尽其才！西湖、西施，恍惚间穿越千年时空；西子、西湖，泼墨时留下百代雅名。

这里，诗人给西湖注入了性别，给西湖增添了灵动，读时你会感觉西湖仿佛一瞬间有了生命，她可以与你含情脉脉，窃窃私语，可以进入你的梦中，你可以纵情扑入她的怀抱，去嗅吻她的芬芳。

我们需要纵观一下宋代杭州城的大环境。

宋时的杭州故城夹于西湖南岸与钱塘江湾中间，杭州城外环筑以高墙，城内河道纵横，河上架以桥梁相通。白天甚早时，湖面上已游船荡漾，湖边即是王公贵人的猎场，不乏公主、贵妇在西湖洗浴游嬉，宋代女子思想行为的开放程度不亚于今天。

杭州城内喧嚣的街道商贩云集，叫卖不断，这里是富商大贾的聚集之地，杭州的丝绸、茶叶已经名冠中华，宋代杭州的繁华不亚于当时的世界第一都市东京汴梁，这些情景到了元代也没变多少，在《马可·波罗游记》中有甚为详细的记载。

初来杭州的通判苏东坡其实是杭州的一把手，因为朝廷新任的太守尚在来杭途中，由苏东坡暂守郡职，直到数月后苏东坡才亲带一批歌伎舞女去苏州迎来太守杨绘。

怎么迎接领导还要出动“娘子军”？这就是北宋独有的官

场风气。公务酒筵命歌伎相陪，是官场生活的一部分，私宴游玩更是离不了红袖添香——这里指的是脂粉舌香。新领导来接任，出动西湖的歌伎舞女迎接是最大的恭敬，这早已形成不成文的惯例。

兴许由于情况的需要，苏东坡才养成了携伎泛西湖，甚至携伎游山寺的业余爱好。

实际上宋时的杭州如果没有了歌伎点缀，才有煞风景呢！尤其西湖上花船似锦，实是给西湖胜景增添了无限遐思，别样韵味，另类风情，花船上，更是配备歌伎给游客游湖助兴。

这就是宋代杭州士大夫不可或缺的西湖生活，大家那时都把湖上游乐看作雅趣，西湖也成为当时官场社交的重要场所。刚步入中年的苏东坡便对诗酒泛舟湖中乐此不疲，不过大家不要往歪处遐想，与歌伎厮混也分为两种：雅趣与艳俗。苏东坡属于前者。

士子们游湖分为两种，一种是带妻妾举家同乐；一种是携伎游湖。这两种东坡都常体验，有时他和妻子儿女一齐去游湖，有时与好酒的同僚召歌伎同游。

西湖的魅力吸引了暂时远离朝堂的诗人，反过来，杭州的山水以她的秀丽多姿安慰了才华横溢的东坡——这位刚在政治大船上主动“落水”的票友政客。

22　和尚妓女同经商

这里要介绍一下宋代名城杭州的两大特产，即两种行当的人，一种全是男人，另一种全是女人——和尚与妓女。

和尚与妓女能扯上关系？对，不但渊源甚久，而且和尚与妓女关系之密切绝对是你我想象不到的！

佛家有语：色即是空，空即是色。

和尚本是空门主人，妓女无疑为艳门主角，空色既然一体，和尚与妓女怎能两家？

不过需要说明一点，宋代的“妓”并不是现代意义上的“妓”，卖艺不卖身或者两样都卖一般靠自觉，顾客想办点儿邪事也不是那么随便，这要看客人的动员能力与经济能力。

宋时高僧和名妓在官方的地位不相上下，或许名妓的地位更高些。高僧出入的门第最高不过宰相级别，名妓有时需要皇帝亲自登门拜访。大宋皇帝徽宗进入名妓李师师的闺房，甚至需要建造地道工程。

杭州是高僧、名妓人才辈出之地，恰这两类高人都属于苏东坡最爱结交之列，歌妓娱乐感官，高僧陶冶精神。在苏东坡看来，感官的生活与精神的生活都不可或缺，两者都是人生的诗歌、处世的哲学。

苏东坡撮合一位高僧和一位名妓见面的故事颇有代表性。

杭州大通禅师乃一位持法甚严、道行甚高的老僧，谁要见他必须先依法斋戒，若是听闻有女人能进他的禅堂，杭州人就会如同听到西湖水干一般嗤之以鼻。

可是有一天，苏东坡与朋友们去逛庙宇，便携带了一位歌伎陪游，到了高僧禅堂，大家都停住脚步看着东坡。谁不知道高僧的习惯？东坡与此老僧相交甚厚，此时突然表现出孩子气的一面："我偏要把女人带进去，且看你会如何？"

不消说，大家就以为人多易"浑水摸鱼"，带着那位歌伎进了禅堂，众人向老僧敬拜之时，老和尚气得几乎要砸了木鱼！这小青年可恶！竟然如此荒唐！

东坡却笑嘻嘻地面对老僧的不悦，反而建议老禅师倘若肯把手中的木槌借给歌伎一用，自己便立刻写首曲儿谢罪。

老僧也许是凡心未泯，好奇心作祟，当真将手中的木槌与苏东坡作了交换。苏东坡当场挥毫，作了一小调《南歌子·师唱谁家曲》，令那歌伎唱给大家：

师唱谁家曲，宗风嗣阿谁，借君拍板与门槌，我也逢场作戏、莫相疑。

溪女方偷眼，山僧莫眨眉，却愁弥勒下生迟，不见老婆三五、少年时。

大通禅师被这类似戏台上小丑的独白逗得大笑起来，后来苏东坡向别人夸口，说他与歌伎向老和尚学到了"密宗佛课"。

世人无法考究这“密宗佛课”是哪些法，甚至连宋人笔记中所载此事的真伪都极难判断，只不过由此得知：和尚与歌伎既有表面上的矛盾，又容易经“高人”调和得以妥协，归于融洽和谐相处。这位高人自然是喜欢与这两个行当的从业人员打交道的苏东坡了。但苏东坡并非专做和事佬，有时也怒开杀戒，为其中一方主持正义。

杭州的和尚未必全是得道高僧，也有痴情淫僧，不能称为善男！

西湖的歌伎更不同于大家闺秀，惯于慷慨施舍，无法视作信女。

有妓女结交了淫恶双兼的和尚，那个和尚就撞到了苏东坡的手里。

杭州通判任上，苏东坡大多做的是法官的活路，东坡的法庭业务我们后文还要专篇叙述，这里只谈与和尚、妓女有关的案子。

灵隐寺有位了然和尚，最喜欢去勾栏院与妓女们一同参欢喜佛，后来迷上了一位叫秀奴的妓女，但这是件费钱的事情。终于，了然和尚钱财花尽，沦落为“鞋儿破、帽儿破、身上的袈裟破”的破和尚，秀奴便不再接待这位衣衫褴褛的和尚情种了。

了然大烦！烦愁之下，他借酒解忧，喝高了，醉醺醺之下去找秀奴，结果吃了闭门羹。这下了然和尚由大烦转为大怒，趁酒劲闯了进去，将秀奴痛扇一顿之后，竟然还不解气，最后把秀奴杀了。

这桩人命官司是苏东坡主审的。

了然和尚对秀奴的爱情颇为另类：他不惜文身表达对秀奴的情感，一只胳膊上刺有一副对联：

但愿同生极乐国，免如今世苦相思。

苏东坡宣判了然和尚死刑时，不禁想起了这副对联，索性把判词写成下面的《踏莎行》小曲格式：

这个秃奴，修行忒煞，云山顶上空持戒。一从迷恋玉楼人，鹑衣百结浑无奈。毒手伤人，花容粉碎，空空色色今何在，臂间刺道苦相思，这回还了相思债。

天才诗人的另类判词，如果在今天庄严的法庭上宣读，估计非让东坡立马下岗不可。但这词曲使苏东坡显得诙谐可爱，咱老百姓也喜欢。

23　西湖歌伎添诗韵

据可查到的记载，中国的娼妓制度始于春秋时期的管仲。老管发明此等“妙招”来激励安抚他的士兵。到了宋代，此制度已经进化为官妓与私娼并存，争相斗艳、各领风骚。

行业发展自有其规律，任何行当都会分出三六九等，同业的哥们、姊妹之间也是等级森严。高级的名妓与普通娼妓大为不同，这些“大姐大”的社会地位几乎不亚于高官公卿。

但是，她们也并非纯靠一脱成名，大部分才艺双绝，有些从业者竟在中国文学史上显露头角，涂抹上重重一笔！其中有些人本就是诗人，还有些人与文人的生活密切相关。

演奏乐器与歌唱受到良家女子歧视，原因是那些歌词大都离不开爱与情，被道德学家们认为对情窦初开的少女有害。结果，音乐歌舞由歌伎舞女保存流传下来。

于是出现了这样一种现象：良家女子们在孔老夫子的教导下才艺天赋逐渐退化，蜕变为只知在家相夫教子的家庭妇女；而妓女们经过残酷的优胜劣汰反而进化为集才艺于一身的艺术人才。你说，那些花心且喜爱猎艳的男人喜欢哪类？

两类女子的发展之路逐渐分割开来，越来越“泾渭分明”，代代延续并加剧，到了苏东坡的年代，生活里，酒桌上，公务间，已经离不开这些女“艺人”。与歌伎舞女们相往来，已经成为宋时官场生活的一部分。

这种现象不仅见于东方文明之中，西方的苏格拉底时代，名女人阿西巴西亚参加男人的宴会已经极为正常。

宋代的歌伎舞女们在酒席间招待应酬，为客人斟酒，为大家唱歌，大部分人不认为她们有下贱之处。

她们之中不乏颇有天赋者，那些爱读书、能写作、擅歌舞的歌伎，多为官员、学者等所藏养，虽非金屋玉食，但待遇绝对不差。

宋代的清规戒律在明面上极为严格：女人不得参与男人的社交活动！而男人在外面混事，对异性又有需求，碍于法规，也就只好在那些职业才女中寻觅快乐了。

大多时候，这种调情逗乐虽属风流却无关淫邪，不过是戏谑而已，算是宋代的夜总会活动吧。歌伎唱的曲子当然离不开情爱，或轻松，或世故，或痴情苦恋，或虚情假意，暗示云雨之情，明言鱼水之欢，都属正常交际。

当时杭州的诗人为歌伎们写诗填词亦属本职业务，即便是不负众望的正人君子，为某名妓写诗相赠也是寻常事。就连贵为宰相的韩琦、欧阳修都曾留下有关歌伎的诗篇；甚至端肃如范仲淹、司马光诸位先贤，也曾写有此类情诗；精忠爱国的民族英雄岳飞，也曾在一次宴席上写诗赠予歌伎。

当然，也有严于律己的道学家，他们表面上的举止符合道德规范，对淫邪敬而远之。例如道学家程颐——苏东坡后来的主要政敌之一，在宋哲宗皇帝十二岁时，他就开始警告小皇帝提防女人的诱惑，结果却不大妙，小皇帝十八岁时反而明白：女人不是老虎，真吃人的是所谓的道学家。

程颐的一个学生曾论“梦魂出窍”，坦白自己曾在梦中找女人。程颐大为惊恐，连喊：“鬼话！鬼话！”

据说大儒朱熹也是深畏女人的诱惑，曾赋诗《宿梅溪胡氏客馆观壁间题诗自警二绝其二》中感叹“黄祸”：

> 十年浮海一身轻，归对梨涡却有情。
> 世路无如贪欲险，几人到此误平生。

苏东坡不屑此类道学家，他好像对之持较为诙谐的看法。在他著的《东坡志林》[①]里，曾写有下列文字：

> 昨日太守唐君来，通判张公规邀余出游安国寺。座中论调气养生之事。余云：“皆不足道，难在去欲。”张云：“苏子卿吃雪啖毡，蹈背出血，无一语稍屈，可谓了生死之际矣，然不免为胡妇生子，穷居海上。而况洞房绮疏之下乎？乃知此事不易消除。”众客皆大笑。余爱其语有理，故为录之。

苏东坡遇有歌伎的酒筵，欣然参与，决不躲避。歌伎舞女们求诗，他也从未推辞过，即兴提笔写在披肩上或纨扇上是经常有的事，如下面的诗《采桑子・润州多景楼与孙巨源相遇》中句即是一例：

---

① 注：《东坡志林》作者为苏轼，载作者自元丰至元符年间二十年中之杂说史论，内容广泛，体现了作者行云流水，涉笔成趣的文学风格。

停杯且听琵琶语，细捻轻拢。醉脸春融，斜照江天一抹红。

美不美？词中何曾感觉有一丝淫邪？

东坡写了不少有关女人的抒情诗，但从来不写艳诗。

宋朝的歌伎们还立了一个绝世大功：宋词能得以与唐诗齐肩媲美，应该有歌伎的一半功劳！

宋词的文字清新活泼，比唐诗更近于口语，词是根据乐谱填出的歌词，所以不说“写词”，而说“填词”。然而宋词的发展却依赖于歌伎，如果没有歌伎们的传唱，宋词怎会迅速普及流行？

对于填词，苏东坡不但精通，而且把此前专供谈情说爱的词，发展成抒发情怀感想的文学形式。但杭州通判任上的东坡，在此期间只是开始熟悉填词，这当然是由于市场需求——歌伎们需要。

没有杭州山水、歌伎风情，东坡能否对填词产生兴趣是难以预料的事，日后名震古今的豪迈雄词《赤壁怀古》能否问世就不好说了。赏析此词请耐心等待后文，此篇咱们专说宋代歌伎与东坡。

根据记载，苏东坡没有迷恋上哪个歌伎，他只是性格随和，喜爱酒桌填词，诗酒寄情，杭州通判任上的他也并没有纳妾藏娇。

虽然此时有两个女人与他的关系特别亲密，即歌伎琴操与小女孩朝云，但才女琴操听从了他的规劝，自己赎身之后出家为尼；女孩朝云，在苏东坡离任杭州那年，被闰之买来，成为婢女，当时才十二岁，后来倒是成了东坡的妾，且等以后专文详述。

多才多艺的苏东坡对文字运用自如，写出的诗句巧妙华美，合规中矩，这使得杭州地方文人对他敬佩万分。东坡的诗句飘逸自然，与家人游湖，他吟出《和蔡准郎中见邀游西湖三首》句：

船头斫鲜细缕缕，船尾炊玉香浮浮。

与官衙僚属同游，他的诗《有以官法酒见饷者因用前韵求述古为移厨饮湖》中句愉快清新：

游舫已妆吴榜稳，舞衫初试越罗新。

与西湖船夫们往来，诗人在《瑞鹧鸪·城头月落尚啼乌》中这样写道：

映山黄帽螭头舫，夹岸青烟鹊尾炉。

这是在描绘船夫的黄头巾，也衬托着碧绿的山光，青烟缭绕之中，仿佛使人看到了西湖的船娘在预备饭菜，助兴诗酒。西湖船上的船娘通常精于烹调，船上的菜肴无不精美非常。

杭州高等名妓婚姻自主，芳心自控，恋爱自由，接客自专，其中有人竟有不寻常的成就，如后来的名妓李师师，与当时的皇帝有了牵连，得以千古留芳名。

说了一通与苏东坡在杭州的生活密切相关的歌伎，现在该说说另一类真正的世外高人——和尚。

杭州和尚的数量虽然少于妓女，但这另类的单身汉部落，却是藏龙卧虎，其中不乏与东坡比肩的趣人韵士。

24 杭州和尚多才情

和尚这个行当令人羡慕：不用种地，不用做工，吃喝不愁，收入不低。虽然中国的和尚曾经自我约束说不娶媳妇、不沾荤腥，有些苦行僧甚至用一些自虐来证实一心向佛，但古代乐于做这个行当的人们还是大有人在——和尚自有后来人！

为什么呢？古代做和尚的不外乎以下几种原因：

一是人们大多需要一种精神寄托，至少古代很少有人能坦然面对自己的死亡，甚至担心自己死后，幸福生活能否来临或继续，所以未雨绸缪，提前修行吧。兴许佛祖能怜其心诚志坚，允许自己永远不做活路白吃干饭呢？

二是人们活着时的需要，现实社会中实在混不下去了，或穷极饿极，或犯了国法，寺庙无疑是最好的免费餐厅或庇护所，在这里虽然寂寞无聊，总胜于成为饿殍或囚徒。

三是人们活着的时候太累了，这里说的累不是指体力劳动或脑力劳动，而是指责任感，对家庭、对社会、对后代、对先人的责任感！这是一种极重的心理责任，把头一剃，点上几个香疤，这些责任便立时卸给了他人，从今往后只对数万里之外，兴许更远的缥缈虚无——佛祖负责，佛祖绝不会亲自前来检查工作，何乐不为?

所以，济南千佛山兴国禅寺门口的一副对联说得甚是:

暮鼓晨钟，惊醒世间名利客;
经声佛号，唤回苦海梦迷人。

伴着暮鼓晨钟，经声佛号，和尚们开始只对自己的肚子负责，多轻松?“苦海”“世间”不缺供养他们的“名利客”与“梦迷人”。

当然，任何工作都需要对社会有实际贡献，和尚干的其实是种思想教化的工作，劝人向善对任何人都有好处，所以和尚也不算白吃干饭。

北宋初期的朝廷对佛教采取保护政策，到了真宗天禧五年(1021年)，天下僧尼已达到四十六万余人，全国寺院近四万座。虽然隋唐为佛教发展的巅峰，但宋朝时期，佛教依旧备受推崇，和尚这个行当继续保持繁盛。

据史料记载，宋代时，环绕在西湖周围的有各式各样的寺庙三百六十处，东坡便是这些旅游景点的铁杆游客。古代的寺庙不收门票，东坡也不会编造名目用公款旅游。

苏东坡本性喜游历，甚至乐于独自一人漫游于山中，在高山之巅，在人迹罕至的水源崖壁上信笔题诗。深山中的寺庙自然成了东坡歇脚品茗的好去处，时间久了，他养成常去古寺名刹游览的爱好，这样一来，许多庙中的和尚、方丈有幸成了东坡的至交。

这些高僧也很够朋友，甚至在苏东坡去世后，还有和尚为东坡宣传，有位老和尚就宣传过自己年轻时在寿星院为僧时的亲历：

一个下午，苏东坡赤背在躺椅上睡觉，当时还是小和尚的僧人不敢走近，从远处偷看这位风流才子的后背时，竟然大有所获！这位大诗人背上有七颗黑痣，排状恰似北斗七星。这证明了什么？证明苏东坡是天上星宿下凡呀，不过是暂时在人间做客而已。

苏东坡爱旅游、常宿寺院之事有他后来写的一首诗为证，此诗《怀西湖寄晁美叔同年》是写给好友晁端彦的：

西湖天下景，游者无愚贤。
浅深随所得，谁能识其全。
嗟我本狂直，早为世所捐。
独专山水乐，付与宁非天。
三百六十寺，幽寻遂穷年。
所至得其妙，心知口难传。
至今清夜梦，耳目余芳鲜。
君持使者节，风采烁云烟。
清流与碧巘，安肯为君妍。
胡不屏骑从，暂借僧榻眠。
读我壁间诗，清凉洗烦煎。
策杖无道路，直造意所便。
应逢古渔父，苇间自延缘。
问道若有得，买鱼勿论钱。

在苏东坡与和尚交往的大量随笔逸闻中，一个叫佛印的和尚最为著名，其实史料记载苏东坡最要好的和尚朋友名叫参寥子，也就是道潜和尚，佛印并不算最重要。但是佛印以风流潇洒出名，与苏东坡在人们心目中的形象极为贴近，所以在通俗小说及传说里，佛印比参寥子更常被人们提起。

或许佛印本身就是一个传奇的人，据说年轻时的佛印根本没有出家为僧的想法，并且出身富贵之家。

另一个更为荒唐的故事是这样说的：佛印的生母是苏东坡的政敌李定的老妈。据说李定的老妈是个放荡不羁的女人，曾有过三个老公，和三个老公各生了一个儿子，这种情况在宋代确实比较罕见。

苏东坡无意中把来京参加科考的佛印推荐给了皇帝，佛印在御前表示自己也与皇帝一样，对佛祖虔诚无比。皇帝大乐，看此人身姿颀长，面容英俊不俗，便开金口说："既然你肯出家为僧，便赐你个度牒吧。"

这下佛印进退两难之下只好答应出家，君命不可违啊！

据说弄假成真的佛印和尚成了风光的和尚，在庐山、黄州时，常有一队仆从侍奉其左右，出游乘骡，出家苦修的生活也很幸福。

传闻佛印才智机敏甚至胜过东坡。一日，苏东坡和佛印游寺院，他俩看见两尊把守大门但面貌狰狞的巨大金刚像。

苏东坡考问佛印："这两尊佛，哪一个重要？"

佛印知道谁厉害，道："当然是拳头大的那个。"

到了内殿，二人看见观音手持一串念珠念佛的法相。

苏东坡又问："自己是佛，还数手里的念珠，何用？"

佛印回答："她也要祈祷求佛呀。"

苏东坡穷追不舍："她向谁祈祷？"

“向她自己祈祷。”

“这是何故？观音菩萨为什么要向自己祈祷？”

佛印一下成了个哲学家：“唉！求人不如求己呀！”

佛桌上有一本祷告用的佛经，苏东坡看见有这样的祈祷词：

咒咀诸毒药，愿借观音力；
存心害人者，自己遭毒毙。

苏东坡大怒：“荒唐！佛心既然慈悲，怎会移害某甲之心去害某乙？若真如此，佛怎会称慈悲？”

随即提笔删改如下：

咒咀诸毒药，愿借观音力；
害人与对方，两家都无事。

据说苏东坡与佛印最爱相互讥讽，妙语频出的对话大都一语双关，例如有个关于“鸟”字的传说。

“鸟”这个字在中国南方的俚语中含义颇为不雅，在南方有些地方话中读音同“吊”，小说《水浒传》中黑旋风李逵就经常骂道：“这鸟人……”由此看出施耐庵家乡也是这样理解“鸟”字的，说白了就是男性生殖器官的简称。

苏东坡用此字开佛印的玩笑。东坡说：“古诗中常将‘僧’与‘鸟’相对。比如，‘时闻啄木鸟，疑是叩门僧’。还有‘鸟宿池边树，僧敲月下门’。我佩服古人以‘僧’对‘鸟’的聪明啊！”

佛印点头称是：“这就是我为何以‘僧’的身份与你相对而

坐的缘由了。”

多数这类的逸事中都是佛印占了上风，胜过了绝顶聪明的诗人苏东坡。估计这些传说多出于佛印本人之口，慧根“天授”的佛印和尚怎么会不懂得如何最大效果地宣传自己呢？

然而，笔记所载逸事趣闻，不足为信。实际上佛印和尚法名了远，字觉老，乃饶州浮梁林家子弟，出家后曾敬业于江州承天寺、淮州斗方寺、庐山开先寺、归宗寺，丹阳金山寺、焦山寺，江西大仰山等知名古刹。结识苏东坡还是在数年后的黄州，与东坡成了真正的诗词知己，酒肉朋友，后文还会细述。

在杭州时，真正与苏东坡往来频繁的和尚有惠勤、惠思、清顺、可久、守诠、思聪、道潜（即参寥子）等，这些高僧几乎都是苏东坡的诗客词友，多与东坡相交于文墨，往来于诗词。宋词的辉煌也有他们一功。

说到宋词，苏东坡是从何时倾心于此呢？

25　做通判的东坡没接触过宋词

据包括林语堂在内的许多名家查证，苏东坡被贬黄州时发现了词，开始喜欢上词，证据是东坡到黄州的第二年才开始大量填词。

不过老孙估计是翻译之误，是否把林先生的原作“杭州”译作了“黄州”？

因为三年的杭州通判任期内，东坡累有以词赠歌伎的记载，再说，堪称词宗的苏东坡，对宋词的传承发展居功至伟，焉能对西湖歌伎们在耳边吟唱的词毫无兴趣，塞耳闭目不察？

不过那时的词从歌妓的红唇中吟出，也只是一首首抒情的诗，歌词中大量出现的无非“香汗”“乱发”“春夜”“暖玉”“削肩”“柳腰”“纤指”等。

宋词得以脱离柔靡伤感的陈词滥调，要归功于苏东坡。一个旷古大词家，接触词这种形式，应该不会错过西湖上的词曲，不会拖到四十岁后，才突然熟悉了词的格律，写出了绝代名词。

更为直接的证据，就是苏东坡填于密州太守任上的两首名词了。两首词的词牌都是《江城子》，一首是我们前面欣赏过的

《夜记梦》，另一首则行文豪迈，快乐心情见于字里行间，即《密州出猎》。

连东坡咏明月思念弟弟的千古绝句《水调歌头·明月几时有》也是写于东坡被贬黄州之前的密州任上，此词咱们后文专篇赏析。实际上苏东坡任杭州通判的三年内曾填了数十首词作，就连离任杭州前往密州的途中，苏东坡还寄词《沁园春·孤馆灯青》给弟弟苏辙，表达自己的思念之情：

孤馆灯青，野店鸡号，旅枕梦残。
渐月华收练，晨霜耿耿，云山摛锦，朝露漙漙。
世路无穷，劳生有限，似此区区长鲜欢。
微吟罢，凭征鞍无语，往事千端。
当时共客长安，似二陆初来俱少年。
有笔头千字，胸中万卷；致君尧舜，此事何难？
用舍由时，行藏在我，袖手何妨闲处看。
身长健，但优游卒岁，且斗尊前。

这首词便是东坡于神宗熙宁七年（1074年）所填，词人东坡由景入情，忆昔叹今，以真挚的语言向自己的亲人娓娓谈心。

词人以“孤馆灯青，野店鸡号，旅枕梦残”开篇，数语之间即绘声绘色地描画出一幅旅行晨图。词人眼中的月光、山色、晨霜、朝露，此刻已注入自己的生命，这带着兄长真情的“世路无穷”，使他像是回到了与弟弟“当时共客长安”的少年时。

这里的长安其实虚指东京汴梁，词中的“二陆”，实指吴亡后来到洛阳的西晋诗人陆机、陆云兄弟。词人以此来比喻自己和弟弟苏辙。

“有笔头千字，胸中万卷；致君尧舜，此事何难？”

当年东坡兄弟俩也是怀着远大抱负来到京师，对于“致君尧舜”建功立业，充满信心和希望。

但现实中，词人深感对朝廷政治的陌生，兄弟俩都在新法变革中落马翻船。东坡把《论语》中“用之则行，舍之则藏，惟我与尔有是夫”以及《左传》中“优哉游哉，聊以卒岁”化入词中，结尾又融入了牛僧孺的诗句“休论世上升沉事，且斗樽前见在身”。

全词透露出词人对自己怀才不遇的无奈，最后流露出姑且保全身体，诗酒度年华的意味，其实这是一种潇洒的自嘲，通过填词来直抒胸臆。东坡正开创着宋词言志抒情的先河。

词中东坡对经史子集信手拈来，连杜甫诗句中“读书破万卷，下笔如有神”的名句都借意于词中，尾句还巧妙化用杜甫《漫兴》中“莫思身外无穷事，且尽生前有限杯”的诗句。

东坡活用典故，别出新意，选句组词之功力，在本词中的表现可谓淋漓尽致。

对于填词，东坡早就精于此道，事实上他任杭州通判的三年中也留下了不少佳作美词。

据不完全统计，东坡就任当年便作《浪淘沙·昨日出东城》《浣溪沙·徐邈能中酒圣贤》《荷花媚·霞苞露荷碧》；次年作《行香子·一叶舟轻》《祝英台近·挂轻帆》《瑞鹧鸪·城头月落尚啼乌》等篇。

神宗熙宁七年（1074 年）东坡的词曲创作收获最丰，作词《动金船·无情流水多情客》《少年游·去年相送》等五十余首。

篇幅所限，不能在此一一列举，仅举一例，苏轼所作的《少年游·润州作代人寄远》供大家赏玩：

去年相送，余杭门外，飞雪似杨花。
今年春尽，杨花似雪，犹不见还家。
对酒卷帘邀明月，风露透窗纱。
恰似姮娥怜双燕，分明照、画梁斜。

这是任杭州通判的东坡在四月初因赈济灾民赴润州（今江苏镇江）公出时所作，词人巧妙地将自己化为心爱的妻子王闰之，以妻子的口气来思念自己，实际上却是寄托自己对妻子的思念。东坡的构思别具一格！

词中首句即点明了夫妻别离的时间——“去年相送”；分手的地点——“余杭门外”；分别时的季节——“飞雪似杨花”。

大雪纷飞却要远赴他乡，表示了自己“公身不自由”的无奈，而闰之冒寒相送，使这种凄凉气氛平添难舍余味，令我们也感到了夫妻情深。

次句对应，同样是时间——“今年春尽”；季节是——“杨花似雪”；可是去年送别的丈夫至今“犹不见还家”。

杨花飘絮时，残春已将尽，离人不得见，怎不牵奴心？

诗经小雅中的《采薇》之“昔我往矣，杨柳依依；今我来思，雨雪霏霏”的意境，被词人信手融入词中，“雪似杨花”与“杨花似雪”，比拟公正精巧，绝妙好词，令人拍案叫绝！

东坡继而转向月夜，以“对酒卷帘邀明月，风露透窗纱”之画意，着重刻画妻子对月思己的寂寞惆怅。这里词人巧借唐代诗仙李白的“举杯邀明月，对影成三人”之名句，想象妻子正在卷帘，招明月作伴，怎奈风露透过窗纱，凉意扑入襟怀。

尾句尽情描绘了妻子思念丈夫的孤独幽怨，“恰似姮娥怜双燕，分明照、画梁斜”，姮娥即嫦娥。这里姮娥象征一轮明月，连月亮都怜爱双栖的燕子，把余晖斜斜洒向画梁上的燕巢，柔情蜜意感动当空明月！怎不使爱侣羡慕双燕依偎？

词人由实入虚，以虚抒情，渲染了妻子的孤寂无伴，而自己对爱妻的思念自不必多言。全词并无一字明写自己的情感，我们却真实触摸到了词人的情怀。这种高超的艺术手法，怎能不产生强烈的艺术感染力？作者在用反证法轻轻拨动读者的心弦。

大家能通过此词体会到东坡对妻子王闰之的真实情感，也能感觉到闰之对东坡的一往情深。

作为苏东坡继室的王闰之，却不像东坡的亡妻王弗那般聪慧，也不像继任的东坡夫人王朝云那样多才，王闰之最明显的特点是贤惠。

26　通判杭州时的家庭生活

很早时流行这样一句话：每个成功的男人背后，都有一位贤惠的女人！此言不虚，古代多少贪官污吏走上刑场的旅途，起点其实是枕边的美人！

仕途早中期的苏东坡，枕边也未缺美人，幸运的是，苏东坡的妻子优秀而贤惠，这绝对是运气，或者说命运眷顾了苏东坡，而东坡的三个妻子，却是风采各不相同。

前文已经简单介绍了苏东坡的结发妻子王弗，以后咱们再细述东坡的第三任妻子王朝云，现在来了解一下当时正在杭州陪同东坡生活的王闰之。

王闰之与堂姐王弗不大相同，王弗非常聪慧，虽不识字，却有过耳不忘的本领。据载，每当东坡读书时，她便陪伴在侧；苏东坡偶有遗忘时，这王弗竟能从旁提醒，东坡惊喜之余，问她其他书中内容或诗句，凡是东坡朗读过的书籍，她都能略知一二，这不得不让东坡刮目相看。

作为王弗的堂妹，王闰之没有这个本事，但年龄小苏东坡十一岁的王闰之绝对称得上贤妻良母型配偶，在相夫教子上表现得尤为突出。

苏东坡现在是杭州二把手，迎来送往的官场生活，身边免不了有歌伎美女环绕，这就需要妻子的绝对信任。王闰之知道自己嫁的是个什么样的人。

一个人人喜爱的诗人，一个名扬天下的天才，而且是级别不低的朝廷官员。关键是这个做官的丈夫，性格还有别于常人。

王闰之与东坡相处几年之后，逐渐了解了丈夫的性格：既才气焕发、愤世嫉俗，又学识渊博；既有性情乐观豁达、随遇而安的一面，又有固执己见、反应激烈的另一面，这些，王闰之都要适应，不可能改造丈夫，让丈夫来适应自己。

但是，再贤惠的妻子在对待丈夫与其他女人交往时也会心胸狭窄，“酸”之极表示爱之深，恰好苏东坡性情恣意，喜爱寻欢作乐，杭州的官场生活又使得他身边围绕着美女歌伎，妻子如何应对此等尴尬？

这方面，苏夫人无比聪明，她不会把丈夫反推入歌伎的怀抱，因为她明白，好丈夫绝不是妻子管出来的！对东坡这样的男人，最有效的管理就两个字：信任！

王闰之只需做一个不经常抛头露面的妻子。她已经为丈夫生了两个孩子，加上堂姐王弗留下的苏门长子苏迈，她现在是三个孩子的母亲，养育、教育这三个孩子就是她需要做好的首要事情。

苏东坡到任杭州一年，杭州又换了新太守。新太守陈襄也是饱学之士，与苏东坡性情极为相投，尤其是陈太守也喜好官妓陪同游玩，这下东坡遇到了志趣相投之人，当时杭州通判府集体旅游式办公愈加盛行。

王闰之看得开，对于丈夫经常给歌伎题诗，她也不认为不妥。王闰之知道丈夫不会迷恋那些逢场作戏，如此又有何妨？

所以，当听说苏东坡与一位名叫琴操的歌伎交往甚密时，她也没有大惊小怪，而是选择了沉默，知夫莫若妻，虽然琴操聪慧非凡，诗词与佛学一触即通，但没能让苏东坡拜倒在石榴裙下，反倒与苏东坡成了文学上的知己。

这对琴操来说算不得是好事，苏东坡经常把白居易所写歌妓末路凄凉的诗句念给琴操听，琴操竟然被东坡度化，皈依佛门，终生为尼！

王闰之对丈夫接触其他女人表现出支持的态度，王朝云就是王闰之以妻子身份替丈夫买来的侍女，进而成了侍妾。王闰之曾公开发声："春月色胜于秋月色，秋月令人凄惨，春月令人和悦。"这里的"春月"二字别有意味。

反过来苏东坡在与其他女子交往中，也就没什么必要对妻子隐瞒了，苏东坡对自己的"不检点"爱好也留了诗《初自径山归述古召饮介亭以病先起》中句：

惯眠处士云庵里，倦醉佳人锦瑟旁。

东坡好酒，王闰之也很理解他。苏东坡在密州任上时，因为朝廷又公布了一个税赋新法，东坡心情不好，偏偏孩子还要来牵衣哭闹，东坡不由得发火骂孩子痴傻。王闰之这样劝丈夫："你比小孩还痴，为什么不开心饮点儿酒呢？"

王闰之把酒杯斟满酒放在东坡面前，令东坡十分感动。后来，东坡曾写诗说自己妻子比好酒诗人刘伶的妻子更贤德，据记载，刘伶的妻子不许丈夫喝酒。

苏夫人本身也是进士的女儿，也能读会写，但是她只乐于下厨为东坡做家乡川菜，做丈夫爱喝的姜茶。

对于诗人丈夫文学上的成就，王闰之没当作宝贝，以致后来苏东坡因乌台诗案入狱，王闰之竟然怨恨起给丈夫带来灾祸的诗文手稿，索性一火焚之，致使东坡诗稿被烧掉十之八九，给后世留下了无尽遗憾！

实际上东坡也没有辜负妻子的信任，据宋人袁文《瓮牖闲评》[①]记载：

> “坡倅杭日，与刘贡父兄弟游西湖，忽有一女子驾小舟而来，见东坡，自言：‘少年景慕高名，以在室无由得见。今已嫁为民妻，闻公游湖，不避罪而来。善弹筝，愿献一曲，辄求一小词，以为终身之荣，可乎？’东坡不能却，援笔赋此词与之。”

竟有女子主动慕名献身！而东坡坐怀不乱，赠词一首。

苏东坡对王闰之评价也相当到位，曾专作《蝶恋花·泛泛东风初破五》夸赞妻子：

> 泛泛东风初破五。
> 江柳微黄，万万千千缕。
> 佳气郁葱来绣户，当年江上生奇女。
> 一盏寿觞谁与举。
> 三个明珠，膝上王文度。

---

① 注：《瓮牖闲评》作者为南宋袁文。本书专以考订为主，八卷。此书久佚，今本系清代修《四库全书》时从永乐大典中辑出。此书中所引资料皆他书所无。

放尽穷鳞看圉圉，天公为下曼陀雨。

词中“三个明珠，膝上王文度”，便是称赞王闰之对三个儿子一视同仁，疼爱不分彼此。

后来王闰之去世，东坡“泪尽目干”，亲自撰写祭文，向妻子承诺：“惟有同穴，尚蹈此言”，并将王闰之的灵柩留在京西寺院里停放了十年。东坡去世，弟弟苏辙终将两人合葬，实践了东坡祭文中“惟有同穴”的承诺。

东坡任杭州通判时，并非整日诗酒游玩，不理政务。事实上他还是比较敬业的，只不过此时的通判相当于杭州接待处处长兼杭州法院法官，而他竟能办公不忘游玩，别出心裁地把法庭设在了美丽的西湖岸边。

27　东坡判案法也容情

总的说来，苏东坡任杭州通判期间公务不甚繁忙，除不时因公外出，大部分时间干着杭州市政接待处长的活路。

这也难怪，杭州胜景名冠华夏，当时的京师大员谁不想公费到杭州来几趟？找个理由容易得很，比如开个会议、考察、学习什么的。苏东坡恰又名动京师，这些大人物来到杭州，自然要来拜访，苏东坡是逃不过，须得出面接待。

这其实不是易干的活路，对身体影响极大，“三高”——高血糖、高血脂、高血压貌似也未放过苏东坡。

宋人笔记中记载，苏东坡有段时间大肚便便，至于后来有记载东坡五缕胡须，面目清瘦，那是他不掌权了，被排挤，自然会如此。

其实任杭州通判时的苏东坡，对这些迎来送往的“任务”深恶痛绝。

此段时间，东坡做过开挖溏镇运河的督监、赈济灾民的官方代表、检查劳改犯的巡视，但主要工作还是做法官，因此少不了坐堂问案，挥毫判词。

前文说过，苏东坡审案判案，习惯直接把办公桌搬到西湖边上，这个也是有记载的。宋人的史料笔记《梁溪漫志》里边记载：“至冷泉亭，则据案判决，落笔如风雨，纷争辩讼，谈笑而办。”

西湖边的小雨伴着东坡落笔如雨，湖面上浩渺的烟气淹不过案中的迷雾。东坡办公，公私兼顾，上班不误赏美景，的确羡煞众人！

苏东坡判案经常把法理和人情结合到一起，有时竟是人情重于法理。据宋代史料笔记《春渚纪闻》记载：

有两个人把官司打到了东坡的湖边法庭。这桩官司是有关民间借贷的民事诉讼，原告是一个富有的绸缎商，被告是个经营扇子业务的生意人。原告诉被告向其借了大概价值两万铜钱的绸缎，用来制作扇子，现已逾期没有偿还，绸缎商请求法庭主持公道，予以追索。

东坡听完被告答辩，知道借贷属实，但被告并无赖账不还的主观意愿。事由是制作扇子的被告的父亲去世，丧事花去了一大笔钱；因丧事错过了扇子的销售旺季，恰又赶上这年夏天雨水多于往年，造成解暑纳凉的扇子滞销，是非人力所能抗拒的自然因素使他无力如期还债。

苏东坡提笔作判不犹豫。欠债还钱，合理合法，绸缎商起诉并无不当，但被告确属情有可原，如判令被告强制归还，小扇子商人必将被逼家破人亡。可绸缎商虽富，财富也是辛苦所得，他同样需要继续经营生意过活。

判被告当堂还钱，于情不忍，于心不愿；不判立即偿还，于法不容，于理不通。

犹豫再三，东坡举笔难落，思来想去，情法两难。

看着笔尖上欲坠的滴墨，东坡突然灵光闪现，当即令被告速取扇子二十把到庭，扇子商人不明所以，只得依从法庭要求，回家取来如数凉扇，交到庭上。

主审法官苏东坡欲将判词书于扇面之上，二话没说拿起判笔在扇上狂书一气，不多时，墨迹遍凉扇，随即他吩咐被告收回扇子，并嘱咐道："你马上去变卖，每把索价不得低于一千钱，这些凉扇变卖所得应该在两万钱上下，你将银钱还了原告，就此结案。"

扇子商贩心有疑虑地接过扇子，举目一看，扇面上画上了石头、枯树、竹子、兰花之类。他心想：每把凉扇价值不过两文，怎会有傻人出资千钱来购买？就算今日杭州人全都变成疯狂的傻瓜，二十把扇子，每把卖上一百钱，也凑不上两万钱巨资呀！

但是法官的话还是要听的，小贩怀着无奈的心情走出法庭，谁知周围早就聚集无数看热闹的闲人围观了，他们对苏东坡的举止言语感到兴奋不已，见商贩在湖边出货，便一拥而上，开始了抢购！

这是官方定价，不容打折或抬价，所幸大家还知道规范自己的行为，自觉排起了长队，每人一把，不许多购。就这样，只有二十人成为幸运儿，据说排在第二十一位的那位仁兄回家就上吊了，幸而被及时抢救过来，脱了险。

仅一会儿工夫，两万钱到了扇子商贩手里，不，到了原告绸缎商手里，这下原告、被告皆大欢喜，被告当然更喜，无债一身轻。

这件事记载在宋代史料笔记《春渚纪闻》里，绝非杜撰，老孙只是叹息，这扇子商贩怎么不给自己留一把呀，此纪念品必将成为传家之宝，要流传到今天，无疑是国宝级别的文物了。

举此例子无非是说东坡判案首先依据法律，欠债还钱的天理国法不容违背，但妙在东坡能够理论联系实际，公正地使原告和被告都获得了尽可能公正的结果，而且这个结果对双方都有益，避免了官司常见的两败俱伤的结局，这才是真正的以人为本。

东坡的湖边法庭设立久了，西湖妓女也难免“光顾”，当然，也是来打官司，例如请求脱籍之类的业务。在宋代，妓女们都是在国家编制的，想改行，需要向法庭申请脱籍。

东坡代理郡守的那几天，有个艺名叫“九尾野狐”的歌伎，知道苏东坡对歌伎慈悲为怀，趁机提出脱籍申请，她觉得成功概率肯定大!

“九尾野狐”走入东坡的湖边法庭，以自己已经年龄偏大，不再适应歌伎工作为由，提出脱籍诉讼，东坡体谅歌伎半生辛苦，没有功劳也有苦劳不是?便慈悲地打开了善门，赋诗判决：

五日京兆，判状不难。九尾野狐，从良任便。

五日京兆便是代理郡守五日之意，但就是这五天的一把手，也要替歌伎做点儿力所能及的好事。

但也要看对谁，如果真的不符合歌伎改行的硬条件，东坡也不会废国法徇私情，东坡也挺坚持原则的。

“九尾野狐”脱籍成功，使另一名周姓歌伎看到了改行的希望，也趁机向法庭提出脱籍改行，但此周歌伎正值妙龄，色艺冠杭州，被称为“西湖花魁”，东坡实在惋惜周歌伎的天赋被埋没，大好青春，岂能浪费?提笔赋诗下判：

慕周南之化，此意诚可嘉，空冀北之群，所请宜不允。

周歌伎只得继续操旧业。

由此可见东坡做事极有原则，不会枉顾法度，也不会“意气用事”。苏东坡的判词诙谐调侃，有意将判词成诗。但东坡此间的诗词并非全是风花雪月，大部分是借景抒情，甚至影射朝局，怜恤贫民、囚徒，这给他将来的仕途埋下了巨大隐患，甚至威胁到了他自己的生命！

28　埋下了焚烧自己的火种

苏东坡在杭州通判任上过的是他这一生中最适意的时光，日后他重回杭州就任太守，也没有此时的日子过得安逸。这期间东坡在文学上收获颇丰，留给后人许多诗词名篇。

不过其间的作品大都是他率性为之，即景即情，随意出句，墨迹所留，遍及杭州名寺险山、歌伎衣带、故人书信、花船酒桌……只是性情黑字留在白纸之上，并非好事。诗句中对新政的不满、对贫民的怜悯甚至对囚徒处境的实话实说，给自己挖下了陷阱。

任杭州通判期间，一些文学同好前来杭州凑趣，苏东坡自然乐意陪同游湖，诗酒会友。常来杭州的有官、有民、有僧、有道，不能一一列举，甚至连八十余岁的老翁也成了苏东坡的至交好友。

据传，四川绵竹文人张先，字子野，在诗词文方面成名早于东坡数年，世人谓之乐府体诗泰山北斗。自来杭州一见东坡，张先立时倾慕起这位三十余岁的后生，二人关系发展迅速，竟成为忘年交。

苏东坡作一首词《江城子・江景》，记录了自己与张先同游西湖的情形：

凤凰山下雨初晴。水风清，晚霞明。一朵芙蕖，开过尚盈盈。何处飞来双白鹭，如有意，慕娉婷。

忽闻江上弄哀筝。苦含情，遣谁听！烟敛云收，依约是湘灵。欲待曲终寻问取，人不见，数峰青。

据说苏东坡对这位前辈好友难有尊敬，原因是张先虽年逾八十岁，却有一身令世间男人无限眼红的本事，依旧花心不退，色欲不减！张老先生照样娶了一位十八岁的美貌少女为妾，并且带来杭州对苏东坡显摆。

苏东坡见此老牛啃嫩草之事，心中颇不以为然，遂作诗赠张先，以示嘲讽：

十八新娘八十郎，苍苍白发对红妆。
鸳鸯被里成双夜，一树梨花压海棠。[①]

梨花以素白著称，海棠则以鲜红娇嫩闻世，东坡在这里暗讽张先这个白发老头娶少女为妻，有违伦理！

不过此事载于野史，尤其诗虽巧妙，但“压”字用得暧昧，恃才孤傲的东坡应该不会如此低俗吧。

姑且认为真有其事，但东坡将这种歪才用于赋诗填词，尤其将对时政的不满发泄于诗词之中，更是给正在紧盯自己的政敌提供了绝佳“弹药”。

---

① 注：有一说此为宋代佚名所作。

当时王安石新法正在实施，新法规定，盐类商品由国家专卖，这里不说此政策于国于民有甚大利的政治问题，只说因此法令，出现了一种新的职业——私盐贩子！

东坡任通判杭州之时，仅杭州一地便有在押贩私盐的囚犯一万七千余名。

东坡在寄给好友的诗《腊日游孤山访惠勤惠思二僧》中这样起句：

天欲雪，云满湖，楼台明灭山有无。

朋友和诗寄回，苏东坡答和诗《李杞寺丞见和前篇复用元韵答之》寄回去，起句：

兽在薮，鱼在湖，一入池槛归期无。

朋友再和，他又寄了第三首名为《再和》，起句：

东望海，西望湖，山平水远细欲无。

第四首《游灵隐寺，得来诗，复用前韵》的起句如下：

君不见，钱塘湖，钱王壮观今已无。

此诗后来就给苏东坡惹出了大麻烦，第二首起句被指责描写了监狱中被鞭打的囚犯，以及囚犯的妻子儿女也被关入监狱的事；第三首起句明显是在嘲讽朝廷的新法使水运凋零；第四首起句则干脆明说社会今不如昔了！

在苏东坡看来，人民现在陷于水深火热之中，所以，他一边写令人心旷神怡的田园诗篇，一边用寥寥几个字夹带出“人如鸭与猪，投泥相溅惊”的愤世之句！

从杭州到富阳的途中，他一开始在《新城道中二首》里写天空放晴，清新可喜的诗句：

东风知我欲山行，吹断檐间积雨声。
岭上晴云披絮帽，树头初日挂铜钲。
野桃含笑竹篱短，溪柳自摇沙水清。
西崦人家应最乐，煮芹烧笋饷春耕。

转眼之间，他便在另一首田园诗《八月十五日看湖五绝》中写道：

东海若知明主意，应教斥卤变桑田。

又有诗作《山村五绝》中句：

岂是闻韶解忘味，迩来三月食无盐。

后来，这些诗作的内容，被指责为：“其他触物即事，应口所言，无一不以讥谤为主。”[①]

① 注：此句为“乌台诗案”中，监察御史对所找苏轼的诗研读后，对其上奏的弹劾语之一。

这倒没有冤枉苏东坡，他诗中描写农民正在吃竹笋，说竹笋虽好吃，但是没有咸味，因为“迩来三月食无盐”，其中原因明了：当时的朝廷专卖食盐扼杀了盐业。

在一首描写水车泻出水流的诗中，他起的题目是《吴中田妇叹》，但全诗描绘的几乎是一幅农民受难图：

今年粳稻熟苦迟，庶见霜风来几时。
霜风来时雨如泻，杷头出菌镰生衣。
眼枯泪尽雨不尽，忍见黄穗卧青泥。
茅苫一月陇上宿，天晴获稻随车归。
汗流肩赪载入市，价贱乞与如糠粞。
卖牛纳税拆屋炊，虑浅不及明年饥。
官今要钱不要米，西北万里招羌儿。
龚黄满朝人更苦，不如却作河伯妇。

此诗易懂，不用讲解，大家可以想象到，不和当时朝廷倡导的主调，强行赋诗必然有天会倒霉！

苏东坡在这段时间写了数百首诗词，不好确定哪种意境是东坡诗词的主要基调，但不管是启人灵思的山水诗词，还是荡气回肠的爱情诗词，都带有诗人戏谑讽刺的句子。

东坡的诗词，轻松愉快时能惹人大笑，辛酸凄苦时能令人落泪。可是在表面的嬉笑欢乐之下，在筵席上的嬉闹打趣之下，却能感到诗人的不安、隐忧和伤感。

在他朗朗笑声的歌里，能听到他的怒吼与叹息！东坡的笔下：在鸳鸯的鸣声之外，能听见牢狱中的呻吟；在水车的摇动声中，能听到乡村老妪的悲叹；在湖面花船的喧哗里面，能听到歌伎绝望的幽怨。

即使是给钱塘江潮的弄潮儿写的快乐诗歌，字里行间也不无流露对当时北宋朝政的嘲讽；在日后引起是非的一首诗里，他挖苦了当政者，把他们比作夜鸮。

根据记载，东坡的一位朋友是岭南的太守，路过杭州时告诉东坡："我被夜鸮逐回矣。"

苏东坡当时不解："你说的夜鸮是什么意思？"

太守回答："一只燕子和一只蝙蝠争吵起来。燕子认为日出是一天之始，蝙蝠则认为日落是一天之始。它们僵持不下，只有去请教凤凰。路上它们遇见一只鸟，那只鸟对它们说：'近来大家都没有看见凤凰。有的鸟说它请假不在，有的鸟说它正在睡觉。现在夜鸮代理凤凰的职务。你们去问它没有用。'"

东坡听罢，赋诗《径山道中次韵答周长官兼赠苏寺丞》给朋友：

年来战纷华，渐觉夫子胜。
欲求五亩宅，洒扫乐清净。
……
独游吾未果，觅伴谁复听。
吾宗古遗直，穷达付前定。
……
奈何效燕蝠，屡欲争晨暝。
……

这类挖苦嘲讽的诗句多得不胜枚举，都被苏东坡的政敌们收集齐全。

苏东坡的一位好友王诜好心办了坏事，他把这些诗词刊印了出来，东坡诗词一时传遍天下！当时，苏东坡家喻户晓，名声远播，当时的北宋执政者把苏东坡的不安分看在眼里，记在心上，暂时置之不理，因为朝局在这三年中发生了剧变，当权的已经不是王安石，王安石被罢免了。

29　王安石被罢观朝局

王安石的新政从神宗熙宁二年（1069 年）开始，风风火火、磕磕绊绊、勉勉强强坚持了七八年。

人怨自不必说，朝中名臣宿老几乎都反对，当然他们也尽数被赶出京师，这些人不足以动摇王安石在朝中的地位，或者说王安石在皇帝心中的地位。

其要害在于，如果皇帝失去了耐心呢？前文说过，从苏东坡离京任职这件事上，皇帝与宰相王安石之间的不愉快已经初显，从那之后，国家、朝局的混乱愈加不可收拾。

最先被中止的是“方田均税法”及“保马法”。所谓“保马法”，就是把朝廷的马匹强制寄养在老百姓家里；“方田均税法”则类似于把农民组织起来向国家纳税。

当时所有的集体制度对百姓而言，无非是多榨取些而已，百姓不可能从中获得幸福，只能乖乖交出自己的一切供当权者索取！

神宗熙宁五年（1072 年），又一项新税法公布实施了，即为“方田均税法”，该法称为“全民财产申报法”更为名副其实，林语堂先生把它称作“所得税”法，因为新法登记国家所有田亩，整理田籍，以实现征收税赋的目的。

这下全国上下闹得鸡犬不宁！据史载，此法公布之后，“尺椽寸土，检括无遗，至鸡豚亦遍抄之”。

这样做的害处是，北宋朝廷近似于在强迫百姓造假！

毕竟，老百姓更在意自己能不能吃饱穿暖，因此不得不上有政策，下有对策。

社会道德的沦丧一旦成为普遍现象，时局将变得更加风雨飘摇！

不过此法在苏东坡的治下没有得到实施。苏东坡称其不合法理，拒绝推行。苏东坡在力所能及的范围内保护了辖区的百姓，却给自己留下了祸患。

不过祸患提前降临到了法度的制定者王安石头上。

不管王安石的新法对国家多么有利，它不得民心的现实都是客观存在的，要想维持不得民心的制度，唯有加强特别机构的权力以增强统治，并控制舆论。这些，宰相王安石一直在努力！

他不是一个人在战斗！一批甘心效忠他的同党占据了御史台，神宗皇帝的耳朵开始充斥着新法的颂歌。但皇帝也想知道天下百姓是否真的拥护自己及新法。于是，神宗成立了自己的工作组，派人去暗访，查明真相。

但是，这些“特派员”无非是那些太监或把“万岁”喊得响亮的官员，哪个不是善查风向的高手？他们当然知道皇帝内心赞成变法，就向皇帝报告百姓喜爱新政的消息，说：“税吏一到，人民欢呼，吾皇之德福泽天地，功在千秋！”

但文武大臣们还是前赴后继地上书反对新法，其中就包括苏东坡兄弟俩。尤其是青苗法，怨声满朝堂。神宗皇帝开始动摇了，有意中止青苗法。

王安石觉察到神宗皇帝欲敲退堂鼓，遂以退为进，请病假休息——撂挑子了！这下不得了了！连反对派领袖司马光都开始呼吁："士夫沸腾，黎民骚动。"怎么办？大臣们讨论此情势，一致主张让宰相王安石销假。

宰相被劝回朝堂，看来动摇王安石的地位不容易。

宰相那么牛？然而，有时一个意外的自然现象，尤其是自然灾害，就可能令宰相失势。

神宗熙宁六年（1073 年），南岳华山山崩，皇帝大为惊恐，依照宫廷惯例，迁到另一宫殿暂住，以示敬畏神灵，并且下令以粗粮三餐上进御膳。这时皇帝还处于把祸端归于自己的阶段。

说来也怪，自此年夏季到次年春季，全国大部分地区竟然一直干旱不下雨，皇帝不知如何是好，甚为忧愁，只好问计于宰相王安石。

王安石回答得极为爽快："旱涝乃是天灾，在尧汤之世也曾发生。吾人之所能为者，只是力行善政而已。"

宋神宗终于把天灾联系到了人祸，忧心忡忡地说："朕担心的正是此事，现在所行之法是善政否？百姓对商税法怨言甚多，宫内人人皆知，连太后、皇后也早有听闻。"

另一位大臣冯京在场，对宋神宗的见解附议道："臣也听说了。"

王安石冷笑道："为什么我没听人说过怨言？冯大人之所以能听到，大概是因为对朝廷不满的人都围在你身边吧？"

这话太狠了！冯大人恨不得割掉自己的舌头。

宋神宗默然无语，像是同意了宰相的话。

王安石根基就那么坚实？事情的发展令人始料未及，当朝宰相竟然栽到一个宫廷门吏手里！一个小人物，举手之间改变了一批大人物的命运。

这个小人物名叫郑侠，时任皇宫的门吏，郑侠为人确有侠胆，他亲眼看见大批百姓逃荒，心中气忿，便画了几幅《流民图》，辗转呈献给宋神宗。

《流民图》上画的是农民裸露上半身，在狂风暴雨中挣扎跋涉；还有半裸的男女正在吃着草根树皮；更有百姓项戴铁链，扛着瓦砖薪柴去卖了缴税。

皇帝竟然被感动得掉下泪来！恰又出了两个令人不解的天象：惊人的警示星出现，中岳嵩山崩陷。宋神宗追究缘由，废止了多项新法。

以上这些都没有直接导致王安石被罢相，罢相的真正原因是皇太后的一句话。

宋神宗把郑侠的《流民图》带到寝宫，被皇帝的祖母看到了，曹太后开始干政："我听说百姓因为免役税和青苗贷款苦不堪言，看来我们不应擅改祖制。"

宋神宗辩解道："实行新法也是为民谋福，并无害民之意。"

太后教导孙子："我知道王安石确有大才，但是他在朝中已然树敌甚众，为了他自己，还是暂时解除他的职务为好。"

宋神宗还是难舍王安石，道："但是在满朝大臣之中，唯有王安石愿意身当大任啊。"

宋神宗的弟弟歧王此时顺口插言道："陛下应当听从太后的话。"

宋神宗大怒："好啊！朕不会治国！这皇位让给你坐？"

歧王惶恐伏地："臣弟万死不敢有这个想法。"

皇太后脸色铁青："这些乱子都是王安石惹出来的，你看着办吧！”

第二天一早，宋神宗即颁下圣旨：王安石罢相出京，贬为江宁知府！商法、青苗法、免役法、保甲法、土地登记等八种新法暂停推行。

然而更出奇的事情出现了——天空开始下雨！

难道真是老天爷高兴了？

人怨是真，天怒未必！就像地震、洪水、流星雨赶在一年之内，巧合罢了。

30 大起大落方识真小人

王安石推行新法，有赖于他提拔了一些新人，但就是这些一步登天的新贵，使变法越来越像一场闹剧。

王安石执政期间，主持御史台的是御史中丞李定及王安石的亲戚谢景温。

李定为了能继续当官，隐瞒母丧不报，朝野皆鄙视其为人下流，无异禽兽；谢景温则为求自己被提拔，把妹妹嫁给了王安石的弟弟，也弄得舆论大哗。这两人是新法的坚定支持者，所以也得到了王安石的支持，而王安石因为此二人，不知失去了多少人的支持。

王安石的两个助手，吕惠卿和曾布，他们在王安石掌权期间的表现还是不错的，至少对王安石的新政的支持从未动摇过，但神宗皇帝突然罢免王安石，两人几乎同时变了嘴脸。

还有个重要人物叫邓绾，因公开说过一句名言而名留青史："笑骂从汝，好官须我为之。"这里的"好官"可不是通常意义的优秀干部，而是只要能让我做官的人就是好官。只要达到了目的，被嗤笑、谩骂算什么？随便！

这个要官不顾颜面的家伙也是新政的支持者，并得到了王安石的破格提拔。邓绾就是摸准了这样一点：只要对新法大唱颂歌，就是正确的升官之道！

他上书神宗，夸赞皇帝有贤良辅佐，新法的颁行使“民莫不歌舞圣泽”；这种大好形势“以臣所见宁州观之，知一路[①]皆然；以一路观之，知天下皆然”。真是什么好听说什么，哪怕信口胡诌。

邓绾通过对王安石“贻以书颂，极其佞谀”，争取到了王安石的极力举荐，以至神宗皇帝紧急“驿召对”，要他火速进京。这次召见原本只是准备给他官升一级，为宁州知州。

还要回地方去？邓绾特不高兴，干脆对宰相发牢骚：“皇上急召我来，乃使还邪？”原来，他来的时候根本没打算回去。

大家问他：“君今当作何官？”他厚脸回答：“不失为馆职。”这是直接伸手要官了。

第二天，他居然真的升为“集贤校理”了，邓绾的同乡人都替他难为情，骂他是无耻之徒。邓绾毫不在乎，并说“笑骂从汝”之千古名言来回敬同乡。

人不顾颜面，神仙也难管！

吕惠卿和邓绾都属于此等神仙也难管之人。王安石去职后，两人同去见神宗，哭得鼻涕一把泪一把，悲从心出！两副极为“动人”的面孔终于感动了皇帝。吕惠卿得以官拜副相参知政事。

吕惠卿与曾布一向相互不服，这时的代宰相韩绛不过是个摆设，实际吕惠卿成了朝中第一人，二人的交恶顿时摆上台面，在一阵“狗撕猫咬”中，曾布垮下台来。

邓绾何等人？当然主动投靠吕惠卿，两人结成牢固的统一阵

---

① 注：路，宋朝行政区划，相当于后来的省。

线，向王安石的残余势力开刀了。

门吏郑侠扳倒了王安石，但郑侠献画非法滥用了驿站的驿使，郑侠因此在御史台受审。

吕惠卿趁郑侠案罢黜了王安石的弟弟王安国，又与邓绾合谋，把王安石牵连进山东一个亲王的谋反案中。王安石被控与叛逆合谋，证据是他与其中一个逆贼是朋友。

王安石虽然被贬，外任江宁，但余威仍在，岂是几名旧部新贵所能撼动的？再加上王安石与谋反案确无干系，经过调查，王安石竟因祸得福。

神宗熙宁八年（1075 年）二月，王安石被召回京，重任宰相。

邓绾后悔不已，忍住几分尴尬，火速背弃吕惠卿，重投王安石麾下。为了再得王安石的青睐，他决定用吕惠卿做自己的垫脚石，暗中和王安石的儿子王秀勾结，控告吕惠卿勒索华亭商人五百万缗。

这下该吕惠卿倒霉了。朝廷贬谪吕惠卿为陈州太守，邓绾已经得罪了吕惠卿，如何能让其轻易逃过？遂联合朝臣吕嘉问请求重审此案，将吕惠卿羁押至京师的御史台监狱中。吕惠卿不死，邓绾睡不安稳。

但是神宗皇帝和王安石对邓绾的人品已经清楚，对变节背信的邓绾早已厌腻了，还是将他罢官斥退。邓绾的仕途就此结束！

新政使朝中官员内斗不休，许多官员纷纷落马，副宰相吕惠卿被关在御史台监狱候审。谁知，监狱中的吕惠卿竟能狠狠地反咬王安石一口！

这一口，竟将重新上台的宰相咬回平民，造成新法永久性废止。

至此，王安石对仕途意冷心灰，宰相回归文人。

原来，吕惠卿多年来作为王安石的亲信，保存了王宰相的一些私人信件，原准备用于敲诈，现在到了鱼死网破的关头，他把这些信件呈递给神宗皇帝，控告王安石图谋不轨。因为有几封信上有王安石这样的批示：“无令上知此一帖。”此句话的意思是，不要让神宗皇帝知道这个帖子！

神宗皇帝对宰相曾有欺瞒自己的行为十分愤怒，第一次对王安石发了脾气，但朝中无人辅佐，皇帝还是舍不得再次罢相。

王安石痛骂不肖子，不该背着他胡乱攻击、招惹吕惠卿，但儿子怎知吕惠卿手中握有父亲的把柄？王秀受父亲斥责之后心中憋闷，立刻病倒，不久背上生出恶疮。

王安石虽是个狠人，却信奉佛祖。他请和尚诵经，请医生开药，却还是无法留住儿子性命，王秀最后还是命归黄泉。

王安石经历了白发人送黑发人的打击，对人生大彻大悟，对政治也感觉厌倦，呈请辞官归隐。

神宗皇帝大概也厌倦了，颁旨允许他在熙宁九年（1076 年）十月辞去职务，但仍给他保留了几个爵位。

王安石此次下台，并非遭受罢黜，乃是主动退休了。

后来王安石又被恩封为荆国公，从此成了王荆公，但不涉政务的王安石还是单人独驴闯江湖，倒也逍遥，素来与他政见持异的苏东坡，却还在官场上经历着波折与煎熬。

多年后两人重会金陵，双眸交汇时，心情复杂，不过环境不同了，一切都在变化，昔日的政敌也能成为朋友。

31　升官未必真提拔

欢乐的时光总是过得飞快，苏东坡在杭州惬意地生活着，恍然三年将过，按大宋的干部任免制度，他就要期满离任了。

对于未来的期许，苏东坡有意北归，以便能与弟弟苏辙团聚，其时苏辙正在山东齐州（今济南）任书记，即会议记录员。于是东坡便提前呈请朝廷调自己去山东的州县任职，还请求把自己安排在东州。

当时正值混乱的北宋朝廷回复东坡，照准，调令下来，苏东坡却被任命为山东密州太守。

虽然都在山东，但密州与齐州相距近千里，需要横跨整个山东半岛。

宋代的官，不是凭职称定高低，苏东坡由通判晋升太守，表面看是按照惯例升了一级，但像东坡曾任职的凤翔通判与杭州通判一样，虽都是通判，权力却天差地别，类似今天的直辖市与县级市官员的区别吧。

东坡虽名义上升任密州太守，但即将到任的密州是很穷的地方，靠近东海，在宋时算僻壤之乡，只长麻、枣、桑等树，此地百姓的生活贫困，与杭州的都市生活有天壤之别。

当时新法实施，地方官员的薪俸降低。苏东坡在《后杞菊赋》的序言中写道：

> 而余仕宦十有九年，家日益贫，衣食之奉，殆不如昔者。及移守胶西，意且一饱，而斋厨索然，不堪其忧。日与通守刘君廷式，循古城废圃，求杞菊食之，扪腹而笑。

这里能看出两点：一是苏东坡不是会敛财的贪贿官员，杭州的富庶之地出了个穷官，到了密州这穷地方，更不会成为有钱的官；二是按东坡的生活习惯，来到密州暂时还不大适应，东坡以喜好吃肉等美食著称，“移守胶西，意且一饱，而斋厨索然，不堪其忧”，大概指的是肉食，否则凭一州太守之尊，总不会连面食都不够吃吧？

假如真到了太守家断粮的地步，当地的百姓又该如何存活？再说，凭东坡随便泼墨就值金银铜钱的本事，还能穷困潦倒至邀上本州通判，去人家丢弃的废苗圃里采菊果腹充饥？

由此看来，只有一种可能：密州缺肉，东坡不能每日以肉食下酒。

这点从日后苏东坡带头出城围猎，百姓倾城而动，也能看出点端倪。猎取野味就是为了取肉解馋，否则费那么多人力干吗？

此次围猎，东坡填词《江城子·密州出猎》纪念：

> 老夫聊发少年狂，左牵黄，右擎苍，锦帽貂裘，千骑卷平冈。为报倾城随太守，亲射虎，看孙郎。

酒酣胸胆尚开张，鬓微霜，又何妨！持节云中，何日遣冯唐？会挽雕弓如满月，西北望，射天狼。

这是神宗熙宁八年，东坡因旱去常山祈雨，归途中与同官梅户曹会猎于铁沟，写了这首围猎词。

词中作者此时不满四十岁，却自称“老夫聊发少年狂”，左手牵黄犬，右臂托苍鹰，哪有一丝老态？随从武士个个也是“锦帽貂裘”，千骑奔驰，似闻马嘶，何曾有半点穷困之相？

全城百姓盛意出动助兴，词人却以少年英主孙权自比，也要学当年孙权射虎，一显身手，以报答百姓对自己这个地方官的支持，尽显东坡之“狂”劲与豪情。

东坡为人本就豪放不羁，再加上酒酣，更加豪情洋溢了，“酒酣胸胆尚开张”！ 词人酒酣之后，猎兴益浓，年事虽高（古时有“人到七十古来稀”之说），其实三十八岁只是中年而已，作者鬓发虽微白，却仍希望朝廷能像汉文帝派冯唐持节赦免魏尚一样，对自己委以重任，让自己赴边疆抗敌。

到那时，词人将投笔从戎，挽弓如满月，以抗击西夏和辽国的侵扰。

此作是千古传诵的东坡豪放词代表作之一。词人以描绘普通的围猎，抒发自己兴国安邦之志，拓展词境于猎场之外，提高词品于游玩小道，作品融叙事、言志、用典为一体，风格豪放，角度独特，层层渐进，由行动至心理，一展词人视国为家，志在千里的家国情怀。

此时北宋正处于西夏、辽国的夹击之下，边境几乎从未有过安宁，而战局却小胜虽多、大败不断，曾有与西夏一战覆没四十万大军的败绩！

东坡手书此词前夕，北宋皇帝刚命宰相韩绛割河东宋地八百里给辽国！而西夏出兵交趾，趁火打劫，攻占了北宋的钦州、廉州。

国破家何在？文人心戍边！

但是，由吕惠卿当权的北宋朝廷却强制实行新税法，其赋重已非民众所能负担。东坡曾写诗描述：绕城而走，多见孩童死于道边，自己与同僚埋葬尸体，人人热泪盈眶！几年后，他曾在一封信里提起自己救了三四十个饥饿的孤儿，在家里抚养。

现实总是令人心酸，凄惨的环境却能激发诗人写出最好的诗篇！按国人的标准，这一时期，东坡的诗词才算臻于化境，达到境界。

东坡的悼妻词《江城子》便是作于这个时期，世人公认的最好的中秋明月词《水调歌头·明月几时有》，也是在这个时期创作的。

32　但愿人长久，千里共婵娟

明月几时有？把酒问青天。
不知天上宫阙，今夕是何年？
我欲乘风归去，又恐琼楼玉宇，高处不胜寒。
起舞弄清影，何似在人间！
转朱阁，低绮户，照无眠。
不应有恨，何事长向别时圆？
人有悲欢离合，月有阴晴圆缺，此事古难全。
但愿人长久，千里共婵娟。

《水调歌头·明月几时有》这首脍炙人口的旷古名篇，是苏东坡于宋神宗熙宁九年（1076年）八月十五，“丙辰中秋，欢饮达旦，大醉，作此篇。兼怀子由”，怀念弟弟苏辙之作。从全词的字里行间竟能嗅到郁郁酒香，隐隐仙气，以及东坡的醉态蒙眬，思绪飘荡九天！

全词构思奇幻，豪放旷达，情韵兼胜，境界壮美，卷舒自如，颇有“逸怀浩气，超乎尘垢之外”。全篇尽是佳句，在格调上则是“一洗绮罗香泽之态，摆脱绸缪宛转之度使；登高望远，举首高歌”[1]。

老孙发觉苏东坡有两大明显特点：其一，但凡醉后，必有佳作，美酒酿仙句，醉意吟神词，好像天才是被酒熏出来的；其二，东坡赠给弟弟苏辙的诗词，大多是神来之笔，能把对兄弟的感情，升华到探索人生哲理的高度，醒世妙句，自然天成。

东坡的这首醉酒之作，便是集二者合一之大成！

全词围绕中秋一轮明月展开，从天上到人间，浪漫抒情，令读者几欲“乘风归去”；空间与时间信笔穿越，思绪遨游天下，祝福送给人间：“但愿人长久……”

词人开篇即问：“明月几时有？”此句化用诗仙李白的“青天有月来几时？我今停杯一问之”之诗意，向青天问句高歌，把思绪引向亘古苍穹，一时对太空仙宫充满疑惑：“不知天上宫阙，今夕是何年？”

数语之间，笔锋夭矫回折，跌宕多彩，突兀挺拔：“我欲乘风归去，又恐琼楼玉宇，高处不胜寒！”

词人对月宫仙境产生向往，也有疑虑，使我们隐隐感觉到了东坡出世、入世的矛盾心理：“起舞弄清影，何似在人间？”词人执着人生、热爱人间的情感跃然纸上！

下阕开始，词人融入写意，化景物为情思，将身化为当空皓月，神游九州：“转朱阁，低绮户，照无眠！”

词人由化身月光游历人间的浪漫景象，从月叹人：“不应有恨，何事长向别时圆”；承“照无眠”上句，笔势淋漓顿挫，惋惜月少了人情，增添“人不如月圆”之惆怅，一泄作者对亲人的

---

① 注：北宋的胡寅在《酒边词序》中所评语。

思念之情。

“人有悲欢离合，月有阴晴圆缺，此事古难全”，富寓哲理，遐思中矩，这里并非词人对人生悲欢离合之命运的解释，而是抒发作者对人生的洒脱、旷达的襟怀——齐宠辱，忘得失，超然物外，使人嗅到浓厚的庄周气息。

我们不难从中体会到东坡眼中北宋的社会不平、人间万象、百姓悲怨，而东坡把这些“人祸”同月之圆缺并论，视为一体，却让我们感觉到词人只是想要求得心理安慰的无奈。

“但愿人长久，千里共婵娟”，此句使词人境界瞬间升华！苏东坡在向人世间所有离别的亲人，已不仅限于自己的弟弟，发出诚挚的慰问和祝福，全词顿时呈现温馨意蕴。

全词笔法大开大合，笔力雄健浑厚，笔意冰清灵动，笔锋婉转惊绝！

词人对美好人生的向往，对生活的祝福，既富于哲理，又饱含深情。

我们能感觉到人间天上没有不同，世事纷杂错综繁复，变化万千，唯有无处不洒的月光，无所不在的人性永恒不变！

本词是东坡哲理词的代表作，一首明月词，体现了东坡对永恒的宇宙和复杂多变的人类社会的综合理解，词人的世界观，通过对圆月的观察得以展现，通过对人生的叹息得以抒怀！

壮哉东坡！伟哉东坡！词人俯仰古今之变迁，感慨宇宙之流转，厌恶宦海浮沉，志在孤高旷远！

神仙般的意境氛围中，词人参悟出深沉的哲学。东坡在揭示睿智的人生理念，努力促使人性与宇宙、自然、社会的高度契合——幸福在于希望，希望在于和谐。

《苕溪渔隐丛话》[①]有云："中秋词自东坡《水调歌头》一出，余词俱废。"

"余词俱废"，是说自东坡明月词出世，其他以中秋为题的词都可弃之。当然这话说得有些过了，但东坡此词高出其他词一筹确实无疑。甚至后人有句：自东坡中秋词之后，无人再咏明月矣！

至于苏东坡在诗序中所说大醉所填此绝世之词，是不相干的，苏东坡数杯即大醉，却不影响他的任何情绪，有时甚至文思更加泉涌！

《能改斋漫录》[②]记载，苏东坡在知定州军州事任上时，宴会上一群文人，并有官妓陪于身侧，众人求苏东坡即兴填词，苏东坡醉后泼墨，文不加点，无片刻停顿，填词《戚氏·玉龟山》[③]：

玉龟山。东皇灵媲统群仙。绛阙岧峣，翠房深迥，倚霏烟。幽闲，志萧然。金城千里锁婵娟。当时穆满巡狩，翠华曾到海西边。风露明霁，鲸波极目，势浮舆盖方圆。正迢迢丽日，玄圃清寂，琼草芊绵。

争解绣勒香鞯。鸾辂驻跸，八马戏芝田。瑶池近、画楼隐隐，翠鸟翩翩。肆华筵。间作脆管鸣弦。宛若帝所钧天。稚颜皓齿，绿发方瞳，圆极恬淡高妍。尽倒琼壶酒，献金鼎药，固大椿年。缥缈飞琼妙舞，命双成、奏曲醉留连。云璈韵响泻寒泉。

浩歌畅饮，斜月低河汉。渐绮霞、天际红深浅。动

① 注：《苕溪渔隐丛话》是创作于南宋时期胡仔编撰的中国诗话集。

② 注：《能改斋漫录》，笔记集，南宋吴曾撰，共18卷，分13门，为后世文史研究者重视。

③ 注：此词意指周穆王与西王母相会之事。

归思、回首尘寰。烂漫游、玉辇东还。杏花风、数里响鸣鞭。望长安路，依稀柳色，翠点春妍。

东坡随写，歌伎随唱，歌声停时，东坡填词随毕。如此才思，如此醉中随笔！

无怪当时一州传为佳话，竟成举州盛事。

33　朝廷对东坡开始关注还是头疼

苏东坡在密州任上赋诗填词集为一册，经朋友刻印得以流传天下，该诗集取名为《超然集》[①]，我们品味过的《老三篇》均收入其中：《江城子·十年生死两茫茫》《江城子·老夫聊发少年狂》《水调歌头·明月几时有》。

两篇《江城子》风格大异，一首至凄至情，一首豪放不羁，而《水调歌头》则隐隐有脱俗超然之气韵，像是在表明年近四十的东坡，开始收敛内心的火气，心境愈发安详平和甚至顺时知命。

许是为了见证这渐变的性情，苏东坡在密州建了个纪念性质的建筑物，取名“超然台”，他在密州所写的诗集就是取此台名。

神宗熙宁九年暮春，苏东坡登超然台，眺望春色烟雨，触动乡思，写下了《望江南·超然台作》一曲：

春未老，风细柳斜斜。试上超然台上望，半壕春水

① 注：1082年，陈师仲出版了《超然集》和《黄楼集》。

一城花。烟雨暗千家。

寒食后，酒醒却咨嗟。休对故人思故国，且将新火试新茶。诗酒趁年华。

苏东坡建台，由其弟苏辙题名“超然”，乃取《老子》“虽有荣观，燕处超然”之意。莫非此时的苏东坡已经沉浸于生活乐事的享受之中，开始洒脱的超然人生？

真的有这种意思。苏东坡开始对陶渊明的诗极感兴趣，在他的《西斋》诗里，可以看到他宁静满足以及对静谧的欢喜，其意境与大自然浑然一体，一派田园诗韵，生意盎然。

西斋深且明，中有六尺床。
病夫朝睡足，危坐觉日长。
昏昏既非醉，踽踽亦非狂。
褰衣竹风下，穆然濯微凉。
起行西园中，草木含幽香。
榴花开一枝，桑枣沃以光。
鸣鸠得美荫，困立忘飞翔。
黄鸟亦自喜，新音变圆吭。
杖藜观物化，亦以观我生。
万物各得时，我生日皇皇。

估计陶渊明在世，也只能叹服东坡诗意的超然世外。在《吏隐亭》中，诗人苏东坡这样吟道：

纵横忧患满人间，颇怪先生日日闲。

昨夜清风眠北牖，朝来爽气在西山。

北宋朝廷纷乱的政局与远在密州的东坡似乎已经无关了，他仿佛从文学中获得了精神上的解脱，或者说升华。这种升华似白云无心，飘然而出。

诗人苏东坡在《望云楼和与可洋川园三十首》中叹息：

阴晴朝暮几回新，已向虚空付此身。
出本无心归亦好，白云还似望云人。

潇洒的诗人使人羡慕，超脱的词客令人向往，幽默的太守惹人喜爱，苏东坡的迷人之处在于，他集潇洒、超脱、幽默于一身。

北宋朝中的政敌不会忘记苏东坡，少数仍在位的朋友更不会忘记苏东坡。

神宗熙宁九年是个政局变幻莫测的年份，王安石、吕惠卿、曾布等朝中重臣先后失势，尤其是王安石，复相不久再度罢相，没人能知道这个国家下一步会执行什么政策，地方官员更无法预料自己今后的命运，苏东坡也不能。

于是，一纸调令颁下：苏东坡被调离密州，改派其任职河中府太守。实际上，苏东坡的密州太守任期未满，此次不是正常调任。但是下级必须无条件服从上级，连询问缘由的资格也没有。

神宗熙宁十年正月，苏东坡途经济南回京述职，当时苏辙全家都在济南。由于王安石在熙宁九年十月彻底失势，苏辙认为法令制度的改革时机已到，携带表章先行回京，在济南迎接东坡的是三个侄子，两家人久别重聚，自然格外欢喜。

宋代时济南就是大城市，相比密州，新鲜有趣多了。

苏东坡在此停留盘桓一个多月，才带领两家人去往京师。

宋制中，地方长官就任新职，必须先到京师晋见皇帝，大概如同今天提拔某同志时，会有上级找去谈话，有些重要地方的官员还会得到皇帝的亲自召见，所以苏东坡必须先赴汴京述职。

正在京师的苏辙出京三十里迎接哥哥及其他家人，这时他们突然接到一个奇怪的命令：不许苏东坡入京觐见！

这仿佛在告诉苏东坡，北宋朝廷政局与你苏轼无关，一边站着吧！进京都不允许，还谈什么重用？

其实，王安石虽下台，神宗皇帝也明令停止了多项新法的实施，但朝中执政的还是王安石的旧部，朝中还是支持新政的人说了算。而苏东坡是反对新政的主力，执政者自然惧怕他滞留京师带来不利。

至于神宗皇帝，估计不方便与苏东坡见面。苏东坡是由于反对新法被赶出京师的，而被苏东坡指责的几项新法已经被皇帝终止，难道要皇帝向东坡认错不成？

当然，神宗皇帝或许根本不知道有这样一条不许苏轼入京的命令，对于一个地方太守的觐见，皇帝未必关注；苏氏兄弟只好折回，住在了东城外的姻亲范镇家。

不知道是否由于苏辙提前在京师做了某些活动，或其他原因，等待允许入京觐见的苏东坡突然接到朝廷的调令，将他调到河中府的任命取消，改任徐州太守。

徐州处于山东、江苏交界之地，是个规模大于河中府数倍的大州，军事位置极为重要。

苏东坡接令就任的是徐州太守兼任军事长官，莫非朝廷要重用苏东坡了？

不过苏东坡没有急于赴任，而是先在范镇的东园给十八岁的儿子苏迈成了婚。

苏辙的任命也下来了，他被派到河南商丘作通判，这里距东坡任职的徐州不算太远，苏辙索性暂缓去商丘报到，随兄长一起去了徐州。兄弟俩在徐州同住三个月之久，苏辙才到商丘接任。

苏东坡在上任徐州太守之后，才明白了上级派他来执掌这个鲁南、苏北重镇的目的所在：朝廷是派他到徐州救灾的。

徐州不仅是地控鲁南苏北的大城市，军事上还是个四战之地，地势上位于黄河故道不远，南部云龙山耸立，北面即为急流，历朝历代，此地洪灾频繁，是个兵祸天灾经常发生的地方。

这次苏东坡遇上的是水火轮番出现的天灾。先是久旱无雨，东坡身为太守，自然要带头去位置较远的沂山龙祠祈雨，谁知这次极为灵验，祈雨后，大雨普降，旱情得以缓解，老百姓无不歌颂太守恩德，此事远播京师，朝中东坡好友，翰林学士李邦直专门寄诗给东坡致贺，东坡按照老习惯回诗相和。就是这首抗天灾的和诗，几乎给东坡带来了灭顶的人祸！

和诗《和李邦直沂山祈雨有应》中有如下大不敬之句：

半年不雨坐龙慵，共怨天公不怨龙。
今朝一雨聊自赎，龙神社鬼各言功。

看来此时的苏东坡并未超然出世，而是比以前更加洒脱，更幽默了，竟然跟天上的龙神开起了玩笑！可是，“须知人间也有龙，假龙竟比真龙凶。更怕龙廷多蟹将，横行八方尤威风！”

此事以后细述，先来了解治水救火的苏东坡。

34 形象工程——黄楼

苏辙陪哥哥苏东坡一块度过了初任徐州的前百日。

苏门这两兄弟挺另类：哥哥东坡眼界开阔、嫉恶好辩、行为甚至有些天真烂漫、不顾后果；弟弟苏辙却是沉稳寡言、做事务实、言谈谨慎。

对待朋友，东坡一贯直言无隐，戏谑随意，谈笑风生之中往往隐藏惊人的双关语；苏辙偏对东坡这种性情甚为担心，多次提醒哥哥要注意祸从口出，有时甚至伸手去掩哥哥的快嘴，以示其要“三缄其口”。

对于弟弟的劝诫，苏东坡这样解释自己的行为：“我当然清楚自己一向出言不慎。可是如果发现不对之处，就像在饭菜里找到苍蝇，当然要拣出扔掉。”

苏辙则尽力劝兄长要明白无事是福，“一日空闲长似两日”，若人生七十岁都身处空闲，实际等于活了一百四十年。这是求长寿最易之方。

不过看苏东坡一生的行为，照样我行我素，也许只有这样一个无拘无束的苏东坡才是真正的苏东坡，是我们所认识的苏东坡。

当然，任何人都会遇到本心与得失的矛盾，一方面要保持英雄本色，另一方面要明哲保身。在苏东坡一生的宦海生涯中，这样的冲突矛盾经常遇到，但这时的苏东坡才更显其本性，也许苏东坡天生便有一股宁折不弯的本性。

说到为官一任造福一方的政绩，苏东坡在徐州任上表现得最为突出。数年之后，苏东坡就是有表现的愿望，恐怕也没这个机会了。

苏东坡到任徐州三个月后，一场百年不遇的洪水突降徐州！

距徐州以北约五十里处的黄河决堤，苏东坡的前任太守曾设法疏浚过这黄河故道，但是空费钱粮五百万钱，堤坝也没能筑起，工程的负责官员引咎辞职，畏罪自杀。

唐代李白就留下了“黄河之水天上来”的诗句，现在从天而降的黄河水在徐州境南脱缰失控！汹涌的黄河水迅速淹没了几百里农田。洪水首先灌满了徐州南面的梁山泊，顺京杭大运河、微山湖直冲徐州，到徐州城边，绕城南下，被城南的山地所阻，于是洪水积存量高涨，大水围城月余，城外水深竟达两丈九尺！

一州太守如同航海中的船长，乘客都可以弃船逃生，唯有船长不能，作为一艘海船的老大，与海船共存亡是最起码的要求。

苏东坡此时也表现出了与徐州共存亡的勇气。大水围城期间，苏东坡奋不顾身，抢救城池，几十天未曾回家，与士卒们一同住在城墙上的棚子里，监督加强外圈城墙。

城内的富户欲借浮物逃难，苏东坡担心大量逃亡引起全城人心惊惶，于是在城门下耐心劝阻他们：“我不走，你们也不要走。”太守以身作则，效果事半功倍，徐州城内人心遂安。

自古水火无情，盘旋数日的洪水即将越过东南外城的城墙，苏东坡率领军民加固城基，增加墙高。按最保守估算，增高城墙工程浩大，防水新墙需长九千八百四十尺，高十尺，厚二十尺。欲紧急完成这项工程，需要数千人之众。

徐州驻有不在太守统帅行列的北宋皇家禁卫军——武卫营。苏东坡蹚水踏泥亲赴军营去见武卫营统领，恳求他们协助筑堤抗洪。武卫营统领被苏太守所感动，不顾朝廷法令，即禁卫军只听从皇帝一人命令，欣然应允道："大人亲自监工，我们自然应当尽力。"

"军民团结如一人，试看天下谁能敌"，关键时刻是子弟兵救苦救难。

苏东坡率领军民紧急修筑城墙的同时，派出军队在徐州北方向开挖沟渠，准备把洪水引入黄河旧道（黄河在中国历史上曾改道多次）。

这场大水围困徐州城长达四十五天之久，直到十月初五，黄河被引回旧水道，在靠近海州处东流入海，徐州城才算解除了危机。据《宋史》载："使官吏分堵以守，卒全其城。"

洪水终于消退，百姓欣喜若狂，东坡也高兴地吟道："入城相对如梦寐，我亦仅免为鱼鼋。"

徐州百姓欢天喜地，感谢太守使全城得救。但苏东坡对临时的堤防并不放心，连夜修表呈奏朝廷，附以详细的数字说明，请求朝廷拨款，重建石头城墙，以防患于未然。

朝廷正挖空心思给百姓增加赋税，哪有余钱大兴土木？苏东坡空等好久，才醒悟朝廷的难处，于是修改了原来的奏请，建议改用坚硬的木材加强堤防，不再用石头。这下能节省大宗银钱。皇帝特颁圣旨对他嘉许。

次年二月，北宋朝廷拨给徐州铜钱三万贯，米粮一千八百石，民工七千二百名，在徐州外城东南建筑了一道木坝。

新建的外围城墙上，东坡兴工建造了一座楼，纪念抗洪胜利。此楼一百尺高，名为“黄楼”，后来“黄楼”一词成了苏东坡在徐州所作诗词总集的名称。

不过这确实属于地道的“形象工程”，北宋朝廷有限的筑坝资金用在修建高楼上是否合适？这就是古今不同之处了，修楼与抗洪有极大关联。

抗洪救灾最需要的是万众一心，古代没有任何广播电视对此事进行宣传，依靠什么稳定民心？这就需要一种心理上的慰藉。中国古代许多地方修塔镇水就是这个意思，苏东坡修黄楼，其意义也在于此。

拿中国古代独有的宇宙论来解释，宇宙中万物由金、木、水、火、土五行所构成，五行中的每一行都代表一种性质，如：坚硬、生长、流动、热、重等，这些性质都具有一种宇宙本质的意义，不但指物质的宇宙，也指生命的功能与人的特性行为，甚至可以用于男女的婚配。一切生命离不开五行的交互，万物相生相克。

每一行皆有其专属颜色，以象征这种元素的性质，黄代表土，黑代表水，黄土可以克服水，黄楼之命名即含有克制水患之意。

这个行为也不仅是为了坚定民心，鼓舞士气，有了这个楼，就有了绝对的制高点，一旦遇到水患、兵势、军情等，方便观察，这便是有利的地势。

估计还有一个古今同理的好处：每逢救灾抢险，除国家拨款外，一般都要发动人民捐助，倒不是北宋朝廷紧盯百姓瘪瘪的钱夹，而是借此凝聚民心，以示朝廷与灾民患难与共，一方有难八方支援。

就是现在，修建庙宇也能引起百姓的关注，本人工作过的地方附近，就建了一个精致的小庙，投资巨大，可是没动用国家一分钱，全是由当地老百姓自愿捐助而建成，只是难以判断这是一种悲哀，还是一种感动？因为当地的小学校舍远没有这庙宇辉煌威武。

老百姓对修建镇水的黄楼，肯定会比捐助修堤更热情。

苏东坡对筑堤建楼花费了半年心力。神宗元丰元年（1078年）九月初九重阳节，黄楼举行盛大的落成典礼，徐州全城人前来参加。新落成的黄楼耸立于东门，高一百尺，下面立有五十五尺高的旗杆。楼的形状犹如一座宽广的佛塔。

众人欣喜登楼，一览四周景物：早晨浓雾笼罩，过往船只桨橹吱呀作响，身处黄楼，犹如置身于海船！雾散日出之时，遥见远方渔村错落如画，山峰峻岩峻峨似刻，波涛澎湃之声与近处的鹅鸭嬉戏之声交互相闻，此情此景，怎不使诗人添诗意，文人增文思？东坡欣然提笔，赋诗《九日黄楼作》祝贺：

去年重阳不可说，南城夜半千沤发。
水穿城下作雷鸣，泥满城头飞雨滑。
黄花白酒无人问，日暮归来洗靴袜。
岂知还复有今年，把盏对花容一呷。
莫嫌酒薄红粉陋，终胜泥中事锹锸。

苏东坡还写了一篇文章记此盛事，刻之于石。那块刻了东坡雄文的石碑却经历非凡，后来苏东坡遭贬，所有带苏东坡名字的石碑都奉命被毁坏，其时的徐州太守只好把这块石碑投入护城河。

时间久了，老百姓已然忘记了禁令，而皇家也开始搜集苏东坡的墨迹手稿，这时的徐州太守苗仲先把此石碑打捞上来。

苗仲此人是个经商高手。他暗中把碑文拓了数千份后，突然向诸同僚宣布道：“我竟然忘记，禁止东坡碑文的法令尚未取消呀，这个碑应当毁坏才是。”

石碑被依法毁坏，碑文拓本的价钱自然大涨，苗太守发了一笔大财。

作为徐州太守的苏东坡显示了自己在处理应急事务方面的能力，朝廷也特旨嘉奖抗洪抢险英雄苏轼，赞扬他“亲率官吏，驱督兵夫，救护城壁。一城生齿，并仓库庐舍，得免漂没之害”。

看来苏东坡要在徐州任上时来运转了！

35 诗人太守多雅客

此时，苏东坡的主要精力都投入对徐州的治理上，抗洪筑堤的成功，使他在徐州更加受人欢迎，其名气已不仅限于诗词文赋，一些旧识文友、慕名诗客渐渐向徐州城聚拢。

这时的苏东坡做官近乎事无巨细，一概躬亲，他的足迹已经踏遍辖区全境，甚至包括徐州的监狱牢房，这在宋代为太守者，怕是绝无仅有的。

此刻牢房内关押的囚犯多数是赖账之人。穷苦的农民偿还不起政府依据青苗法借贷给他们的本金及利息，自然要被依法索债；拖欠国家税赋的“刁民”，被关起来做苦役顶税；逃避兵役的穷人，因交不起赎身的银子沦为囚犯。

苏东坡没有权力释放或减轻这些囚犯的处罚，除了上书朝廷历数新法的弊端外，只能亲身视察监狱，并加派郎中为囚犯治病。

当时的宋朝有法令：地方长官鞭打犯人致死者，太守必须受罚，但犯人因病致死或照顾不善而死者，无人过问。

苏东坡注意到了这项法令的漏洞，严禁虐待囚犯，那些囚犯的家属对苏东坡自然非常感激。

作为兼领地方军事主官的徐州太守苏东坡，对治军也有一套。

大宋的军队与北西两面的异族敌国的兵卒没有不同，士兵酷爱酗酒、赌博，但徐州的地方军队自苏东坡到任后，就杜绝了这些军中陋习。苏东坡严禁军中士兵赌博饮酒。他在给皇帝的奏章中汇报当地军队“熟练技艺为诸郡之冠，陛下遣使按阅所具见也”。

宋军还有一条荒谬的军令：低级士卒因公出差，官家不予旅费。这样一来，等于当穷兵越当越穷。想富起来的大头兵只有“开小差”，沦为盗匪。这军令等于是逼兵为盗。

苏东坡认为只要北宋朝廷每年多花几百绢钱，就可以改革这项陋规，新规落实后，逃兵确实减少了。

此时的苏东坡好像成了极为务实的好官，成天忙于政务、军务，简直不像那个爱好诗酒玩乐的苏东坡了。

其实苏东坡对待工作与生活有自己的一套法则：忙里不忘偷闲，苦中照样求乐。繁忙的公务并不影响苏东坡接待四方朋友，甚至照样携伎游玩，诗文会友。

据《墨庄漫录》载：“徐州有营妓马盼者，甚慧丽。东坡守徐日，甚喜之……”

东坡极喜欢这位“甚慧丽”的营妓马盼儿，盼儿多才，能模仿一笔东坡字体，几乎可以乱真。苏东坡手书《黄鹤楼》碑文尚未完成之时，马盼儿便先手书了“山川开合”四字碑文传了出去，后来苏东坡看到了这个“东坡碑铭”，竟略加润色认可了，流传后世的黄鹤楼碑文的“山川开合”四个大字，其实是妓女马盼儿所写。

在苏太守的《次韵王巩颜复同泛舟》中，这样形容徐州任上，怀念在杭州的日子：

沈郎清瘦不胜衣，边老便便带十围。
蹀躞身轻山上走，欢呼船重醉中归。
舞腰似雪金钗落，谈辩如云玉麈挥。
忆在钱塘正如此，回头四十二年非。

中间四句，东坡直言不讳地描绘自己外出“观政”时顺便探寻名胜，与朋友海阔天空“谈辩”之快意跃然纸上，“舞腰似雪”的金钗，令太守想起当年压得船重的西湖佳丽。四十二岁的徐州太守不减杭州通判时的风流！

现在的苏东坡名气日增，举国皆知。自欧阳修去世后，大宋文坛盟主之位，非苏东坡莫属。一些文人儒生皆以“夫子”称呼苏东坡，有名震一方的文人主动拜在东坡门下，以能成为苏门弟子为荣，被后世称为“苏门四学士”的其中两位，就是这个时期拜入苏东坡门下的。此二人便是宋代著名的诗词大家——秦观和黄庭坚。

黄庭坚在苏门四学士中年龄最大，日后竟成了江西诗派的鼻祖，当时人们常以苏黄并称，苏东坡对黄庭坚的评价是：“诗思高旷，数百年来未之见也。”

黄庭坚写了两首诗，将苏东坡比之为高崖上的青松，自己则为深谷里的小草，希望自己将来能和青松比高，并毛遂自荐，此后终身以苏门弟子自居。

秦观后来的名气直追苏东坡，尤其是明代冯梦龙小说《三言》问世后，“苏小妹三难新郎”的故事逐渐传入民间，新郎正是秦观——秦少游，苏小妹即是纯杜撰的苏东坡的小妹妹。

正史中，秦少游也是位风流潇洒的词人。结识苏东坡时，秦观尚未应科举，身无功名，但是风流倜傥，有不少的红颜粉丝，甚至秦观死时，曾有一歌伎为他自尽，愿相从有情人于地下。

秦观的词清新柔媚，直追柳永，很得苏东坡喜爱。秦观对苏东坡甚是佩服，辗转来到徐州拜师，写诗致意："生不愿封万户侯，但愿一识苏徐州。"

秦观与黄庭坚，再加上苏东坡之前相识的张耒与晁补之，就是著名的"苏门四学士"。

不过老孙需要说明一下，这几位苏门弟子曾同为国家史官[①]，领学士衔，都自认师承东坡，当时及后世天下人公认为"苏门四学士"。

但苏东坡从来没有以"师"自居过，甚至从没承认收过这四位被朝野称道的文豪为徒。甘居苏门弟子的四学士在苏东坡有生之年，却是自愿同苏老师患难与共，荣辱同当。

来投奔苏太守的人中还有一位值得一提，这就是诗僧参寥子，也就是和尚道潜，道潜和尚此人得以流传至今不是因为精研佛法，而是以诗词闻名，苏东坡对其诗作的评语是："诗句情绝……见之令人萧然！"

这个极重道义的和尚，与苏东坡的友谊一生不破，尤其是在苏东坡最艰难的日子里，参寥子一直相陪东坡左右，从未弃离。

苏东坡交友，从不在意对方的地位高下及行当贵贱，和尚、

---

① 注：秦观曾官至太学博士，国史馆编修。黄庭坚曾任北京国子监教授、校书郎等职。晁补之，曾任国子监教授、校书郎等职。张耒，曾任著作佐郎、秘书函、史馆检讨等职。

道士、歌妓、高官，在他眼里没有区别。苏东坡对弟弟苏辙说的几句话最能体现这一点："吾上可陪玉皇大帝，下可以陪卑田院乞儿。吾眼前见天下无一个不好人。"

这点苏东坡却错了。须知，陪玉皇大帝未必就是伴君如伴虎，陪田园乞儿也不一定就近墨者黑，但有一种人绝对需要远离，就是小人，苏东坡周围有很多这种人。

东坡所认为的"眼前见天下无一个不好人"，很快使他吃尽苦头。这个世界上的人从来就是由好人与坏人共同组成的，大概这就是中国古老的阴阳互补理论吧。二者缺一不可，相互依存，直到永恒！甚至那个"坏"字出现的频率可能还要多一点儿，不是有句老话吗？"变坏易，学好难"。

36　苏门师徒趣事多

咱们中国的老祖宗历来讲究师道尊严，民间有话云：“一日为师，终身为父！”这个优良传统延至今天。

我国古代的课堂纪律之严格大概能称冠全球。师生能无拘束地讨论问题吗？鲜见！学生与老师相互开玩笑？哪位老师愿意丢脸！

宋代的苏东坡却没有这么在乎师徒身份，作为苏东坡的学生是无比幸福的，可以随意打趣老师，从字体到文章、相貌，甚至嘲讽几句也没关系，损老师几句，他兴许更高兴。

作为书法家的苏东坡字体特点就是肥腴、扁平，这展现了东坡偃卧的笔法，尤其转折处，着墨甚重，从而产生一种奇特的侧笔效果，显得卧而不倒，重而不软。

门下弟子黄庭坚却字如其人，其书法线条古拙直拗，长线短笔，形成独特的“辐射体”，像是刻意展示书者为人倔强孤傲。

《独醒杂志》[①] 中记载了一段苏东坡与弟子黄庭坚的趣闻：

---

① 注:《独醒杂志》为宋史料笔记，成书于宋淳熙十二年（1186年）。宋曾敏行撰。

苏东坡开玩笑般点评黄庭坚（字鲁直）的书法："鲁直的字确实清峻有力，但是笔势未免太瘦了，就像树梢上挂着一条蛇。"

黄庭坚点头称是："夫子的字，我自然不敢多加评论，只是觉得有些扁平，好像石头下面压着一只癞蛤蟆。"

师徒二人对视一眼，一同哈哈大笑，却没有记载过苏东坡有不悦。

宋人笔记《侯鲭录》中记载，黄庭坚调侃老师苏东坡："从前，东晋的王羲之写了字去换鹅，被人戏称为'换鹅书'；当今的韩宗儒却是为嘴馋爱先生之帖，每得到你的一幅字，就要到殿帅姚麟家换几斤羊肉，因此先生的字应该为'换羊书'了。"

东坡听后哈哈大笑，却将此话记在了心头。原来韩宗儒甚有小聪明，经常给苏东坡写短信，笃定东坡不会失却礼数，连封回柬也不给，而韩宗儒接到东坡的手书，立即去换全羊，解馋下酒。

又一次，韩宗儒手简给东坡，希望东坡能够回信，得到东坡的亲笔字，他派来的人催促东坡回字，苏东坡笑着说："回去告诉你家老爷，今天本官断屠了。"

对学生的作品，苏东坡也是随意调侃，并且不分场合。有次苏东坡参加润州太守的宴会，当然也少不了歌伎陪酒助兴，大概是为了显示大家欣赏苏门弟子，诸位歌伎唱的是黄庭坚的《茶词》："一杯春草解留连佳客。"

东坡作捻须生气状："却欲留我在这里吃草吗？"

诸歌伎站在东坡后面大笑，倒在苏东坡所坐的胡床上，致使胡床经不住几位"千金"重压，折了床腿，连苏东坡也摔倒在地上，众人哄笑尽兴而散——此事记载在宋人笔记《诚斋诗话》中。

《邵氏闻见后录》中还记载了这么一段苏东坡与弟子秦观的逸事：

秦少游胡须浓密，苏东坡故意询问弟子留这把无用的大胡子干吗？秦少游饱读诗书，机敏过人，顺口背诵出一句论语：“君子多乎（胡）哉？”

谁知道苏东坡立即回一句孔夫子语录：“小人樊（繁）须也！”

这几乎是一副天生的绝对，上下联皆出自论语，诙谐巧妙，一语双关，词性、平仄、无不浑然天成！只是此记载出自宋人的见闻录，无法证实此事的真假。

其实，今天好多大师、大家，照样以此为据为东坡画像，推断苏东坡胡须稀疏。

东坡的弟子们爱调侃老师也是师承，大概是苏东坡“以身作则”。

据《东坡志林》载，老师欧阳修对学生苏东坡说：“从前有个人，乘舟遇风，晕船病倒。一位大夫从船舵之上刮下浸有水手汗水的木屑，制成丹药，喂此人服用后，竟药到病除。此方看似荒唐儿戏，其实药效奇绝。”

苏东坡点头称是：“照先生此论断，以笔墨灰泡水，便可治昏聩懒惰；由此再推断出，喝了伯夷的洗手水，则可治贪婪；吃了比干的剩菜，可疗奸佞；舔了樊哙的盾牌，可以治疗胆怯；闻了西施下的饵，就可以治疗恶疾了。”

欧阳修闻言，不由喷饭，师徒二人一笑留佳话！

看来宋时的师徒关系远不如今天严肃，开些风雅的玩笑大概是老师与学生都喜欢做的事情。

学生与老师开玩笑无伤大雅，老师与学生调侃也未必失了身份，平辈之间的诙谐幽默之言更平添趣味。但是，有些人是嘲讽不得的，能当面嘲笑的唯有朋友。

苏东坡就是没铭记以上真言，由此结仇留患，食了恶果。

东坡的朝中政敌御史中丞李定的儿子路过徐州，苏东坡按地方惯例设宴招待了这位李公子，谁知李公子受宠若惊，竟认为这位大人对自己极为敬爱，酒桌上不厌其烦地索求苏东坡墨宝，苏东坡答应得甚是爽快，却只顾自饮，不见动笔。

李公子是个不看眉眼高低的实在哥们儿，一再提醒苏大人不要贪杯，误了写字，东坡一本正经地请教李公子："相书上说，人中每长一寸，可多得百年阳寿，公子听说过吗？"

李公子老实回答："没听说过。"

苏东坡点点头："就是啊，要是真有这个说法，古时的彭祖该是个啥样的长脸呆汉？"

据古书记载，彭祖活了八百岁，若按相书上的话推论，其人中应长八寸。看似苏东坡笑彭祖长脸，实讽李公子是呆汉。李公子再呆傻，这时也品出味来了，满脸通红，逃席而去。

此事载于《诚斋诗话》[①]，没有续载李定及儿子经此事后的反映，但肯定恨透东坡了。至于后来李定铁心想除掉苏东坡则是正史所载，起因是否与这次徐州做客有关，就不好说了。

苏门学风使人向往，东坡行事令人瞠目。自古祸从口出，文人却是留言于白纸黑字。从来苍蝇不叮无缝蛋，东坡这颗"蛋"何止几条裂缝？自其杭州任上至今，行文诗句，随心胡为，已不知给暗中的仇人留下了多少把柄！

祸源大多出于无心，讥讽却是下笔有意。东坡给自己惹祸始于杭州，令人叹息的是，首支暗箭并非来自政敌仇人，竟是出于自己的同事好友，历史上公认的大人物！

有时候，大人物也做小人勾当。

---

① 注：《诚斋诗话》是南宋杨万里所撰诗话。

37 伟大的科学家并非善类

沈括是北宋伟大的科学家，苏东坡在史官任职时的同事，但宰相王安石对沈括的评价却不怎么样："沈括壬人，不可亲近。"

沈括所著的《梦溪笔谈》在中国历史上有着非常重要的地位，沈括可称才华横溢，并且精通天文、律历、音乐，甚至卜算，而且文笔甚佳，是一位集文学造诣与科学成就于一身的奇人。

据说，这位奇人还有更奇的一面——人品极差！

其实细察中外历史，这没有出奇之处，科学家不光造福世界，有时也作恶。

早在神宗熙宁六年（1073年），苏东坡任杭州通判期间，这位大科学家沈括因公出差杭州，临行时皇帝对苏东坡旧情未泯，嘱咐沈括带些苏东坡的新作回京，沈括不负圣命，确实尽心收集了苏东坡的诗词文稿。

沈括与苏东坡相会杭州，东坡设宴盛情款待老同事沈括，两人畅谈甚欢，气氛融洽。临行时，沈括笑眯眯地请求东坡手书近日所作诗词歌赋数首，以作留念，依依之情溢于言表。

然而，聪明的沈括是在尽心收集苏东坡对朝廷不满的证据，以期能立些微功，至少对自己在政治上进步，也能起点儿作用不是？

回京后，沈括便将苏诗一一细读琢磨，亲笔加注，找出了不少所谓的对北宋朝廷不满的弦外之音，然后上呈给了皇帝，举报苏东坡是异己分子，对现实不满，隐讳攻击朝廷，实在是可忍孰不可忍！咱有第一手证据。

那时的沈括在皇帝眼里没多少分量，沈括的奏折并未引起神宗皇帝的关注，苏东坡暂时幸运逃过一劫，有惊无险。

苏东坡得知后，也没有当回事，反倒诙谐调侃："这下不愁皇上看不到我的诗了！"

估计苏东坡当时没有预见到此事的凶险。这是个信号啊！是政敌们不会放过他的信号。有这个先例，日后小人们会挑梁而上，沈括的这一枪，给京师想要算计苏东坡的政敌提供了样板，苏东坡被击中只不过是时间问题。

在诗词歌赋方面历来我行我素的苏东坡，在政治上也是如此，甚至对政治风险反应迟钝。他政务照理，游乐如常，诗酒依旧，好客热情不减。

自号清虚先生的王巩，乃宋真宗时宰相王旦的孙子，其间来看望苏东坡，竟携一整车家酿美酒相赠，还携带三个爱妾：英英、盼盼、卿卿。苏东坡在《百步洪涛》序言中，照样对其爱妾开玩笑，描写王巩携带梨涡美女下险滩，自己则身披羽氅立身黄楼高处，俯瞰他们漂浮于水面，自己望之若仙，如太白再临人世。

在这里提到王巩及其爱妾，是因为王巩后来被东坡拖累，由潮州知府被贬谪到地处岭南荒僻之地的宾州。王巩受贬时，其爱妾柔奴对王巩真情依旧，始终追随，竟感动得苏东坡给其柔奴填词，此词咱们后文专篇赏析。

东坡在徐州任上得了孙子，孙子生于八月十二，这年中秋之夜，他写了一首诗《中秋见月和子由》，叙述如何度过佳节：

明月未出群山高，瑞光千丈生白毫。
一杯未尽银阙涌，乱云脱坏如崩涛。
谁为天公洗眸子，应费明河千斛水。
遂令冷看世间人，照我湛然心不起。
西南火星如弹丸，角尾奕奕苍龙蟠。
今宵注眼看不见，更许萤火争清寒。
何人舣舟临古汴，千灯夜作鱼龙变。
曲折无心逐浪花，低昂赴节随歌板。
青荧灭没转前山，浪飐风回岂复坚。
明月易低人易散，归来呼酒更重看。
堂前月色愈清好，咽咽寒螿鸣露草。
卷帘推户寂无人，窗下咿哑惟楚老。
南都从事莫羞贫，对月题诗有几人。
明朝人事随日出，恍然一梦瑶台客。

后来此诗寄给了弟弟苏辙。从诗中，我们能感觉到一股凄凉冷清！让我们不由得猜测，这时的苏东坡已经隐隐觉得祸患不远了？

“一杯未尽银阙涌，乱云脱坏如崩涛”之际，却有“明月易低人易散……咽咽寒螿鸣露草”的感叹，对“明朝人事随日出，恍然一梦瑶台客”的收尾句，似乎只能用来解释诗人内心的不安。

用苏东坡的话说，过去他对生活的态度是疾恶如仇，遇有邪恶，则“如蝇在食，吐之乃已”，以这种性情应付险恶的政治旋涡，到目前为止还能安然无事，应该是苏东坡命运中的偶然，同时也在昭示，翻船才是必然。

朝廷现在的褒奖说明不了什么，徐州任上的良好政绩也帮助不了苏东坡，隐患还是隐藏在苏东坡的笔尖以及他那张管不住的嘴。

神宗元丰二年（1079年）三月，苏东坡又给自己酿祸成灾。

这年，他调任到江苏太湖之滨的湖州，这里的富庶超过徐州，像是朝廷为褒奖东坡在徐州的政绩。按北宋惯例，新任的湖州太守要上表谢恩奏章，谁知苏东坡又借机向新政开炮了。

苏东坡离开徐州去湖州上任时，对倾心治理的徐州难舍难分，毕竟苏东坡在此地为抗水灾劳心费力，耗尽心血。东坡临行留词《江城子·别徐州》：

天涯流落思无穷。既相逢，却匆匆。携手佳人，和泪折残红。为问东风余如许，春纵在，与谁同？

隋堤三月水溶溶。背归鸿，去吴中。回首彭城，清泗与淮通。欲寄相思千点泪，流不到，楚江东。

38 不惹大祸不罢休

大宋朝廷现在是新人执政——即所谓的“新政”。

新法大部分被神宗皇帝废除或暂停，目前的新政实际上是一只新酒瓶，里面盛的酒水已经变味，换成了老酒为主，掺上少许新酿。新法仅剩方田均税法及募役法寥寥几项。

北宋真正的东家神宗皇帝决定着一切。神宗皇帝对苏东坡欣赏的态度从未改变，甚至更加欣赏。

过去，身为地方主官的苏东坡不断上表，每次皇帝看了他的表章，都要向侍臣赞美苏东坡之大才不可多得。

对苏东坡来说，这反而不是幸事。树大都要招风，才华让北宋皇帝佩服，招惹的就不一定是风了。

虽然现在变法的领军人物有的失势，有的退隐，但朝堂上决定政策执行大权的还是王安石时代提拔上来的所谓“新进”。很不幸，这些人在才智上连二流也够不上，人品上却堪称卑鄙无耻方面的一流“大师”！

其中就有王安石时代发迹的李定和舒亶，这类人有个共同点：唯利是图、见风使舵！新法或旧法对他们来说无所谓，只要能继续当官、升官就行，凡是妨碍他们升官的都是他们的敌人。像苏东坡这样被皇帝欣赏的反对派，危险更大，应该说目前苏东坡是北宋朝堂掌权者的死敌！

现在回味一下，这些人以前曾下令不准苏东坡进京师！看来当时他们对苏东坡还是比较宽容的，处于压制阶段。压制是必要的，万一苏东坡真被皇帝蒙召当权，他们可就有危险了。

而今苏东坡一些暗含反对北宋朝廷的诗作，真凭实据地掌握在朝堂上的这些小人手里。他们一直没对苏东坡下死手，是感觉苏东坡的威胁还不大，区区一个地方官员影响不了朝堂，但是假如这个人被皇帝看重，可能挤进高层呢？那么隐患即成了现实的威胁，继续置之不理就是对自己不负责任了！

由此看来，皇帝对近侍们多次夸赞苏东坡，无异于苏东坡的催命符，欣赏苏东坡的神宗皇帝在不断提醒朝廷大员们：你们要小心了！大才子东坡危险大！

至于苏东坡经常习惯性地说几句过分的话，不满朝廷的当权者们，重臣们还能容忍。你单纯地在诗词中发点牢骚，说些下层人民由于捐税、征兵带来的疾苦贫穷，大人物们可以装聋作哑、置之不理，毕竟蚂蚁缘槐夸大国，蚍蜉撼树谈何易？权当是你的几声凄厉、几声抽泣吧。

苏东坡调任湖州太守，例行公事的到任谢恩表，成了引发朝廷震动的导火索。按惯例，上表谢恩的官员本应只是略叙一下为臣者过去无政绩可言，再叙皇恩浩荡，以此美差相赐，实在令微臣感激涕零，言不知所以，决心肝脑涂地，以报君恩之万一等。

但是苏东坡来了个另类谢恩：“伏念臣性资顽鄙……知其愚不适时，难以追陪新进，察其老不生事，或能收养小民。”

“新进”一词，本来出自王安石口中，是王安石在指责那些突然升迁却无能的后辈。这一名词已经被固定为代表无能，过去新政内部的朋党之争，都是这样辱骂对方的。

现在这个敏感字眼出现在苏东坡谢恩的表章里，意思没变，味道大异！

中国古代的一些文人学者，因为大家都明白的原因，在措辞造句上发明出一种极其微妙又难以捉摸的表现手法，而古代的某些读者在阅读时也养成一种习惯——乐于在字里行间寻求“另外含义”。

东坡表章中“新进”，另外含义是什么？

苏东坡的谢恩表章按朝廷惯例公告天下，这是宋代朝廷的“新闻简报”。偏偏凡是苏东坡所写的文字，最惹天下人注意，这次“新闻简报”中苏东坡的谢恩表使那些朝中的“新进”成了天下人的笑柄。

本来朝中的重臣认为，担任地方官的苏东坡是不可能再惹是生非了，这个不安分的地方官却在大胆暗示：现任朝臣在“察其老不生事，或能收养小民”，朝廷中有人恐慌了。

天下因此表章闹得沸沸扬扬，京师更是剑拔弩张，远在湖州的苏东坡却优哉游哉！

到达湖州不久的苏东坡很喜欢这个新职位，常和长子苏迈去城外的山林间漫游，有时还携带弟弟苏辙的女婿、女婿的弟弟等人同行。

在苏东坡记游飞英寺的诗中，他说自己“莫作使君看，外以中已非”，此时的苏东坡关注的不是朝局，更无心于自己的命运，反倒关心家人、朋友更多一些。

东坡的好友、画竹名家文与可去世，苏东坡痛哭三天，写下了一篇奇思幻想的笔记《文与可画筼筜谷偃竹记》，来记述他与文与可的友情，追念当初与好友之间的趣事，将哀痛隐藏在文字外。

东坡这篇悼友笔记另类诙谐中见真挚，像是在表达自己之生死观的豁达，让人在微笑中感觉到了丝丝凄凉。东坡文美如此！

最值得后人佩服赞叹的关键，不是文章本身，是东坡写此文时，心情已然大变。因为他接到了弟弟派人送来的火急书信，信中说北宋朝廷派来逮捕他的官差，已经在京师通往湖州的路上了！

39 大祸临头时的苏东坡

神宗熙宁元丰二年（1079 年）六月，一个不大知名的御史何正臣在苏东坡谢恩表中有了惊人的发现，他发现其中有四句话涉嫌蔑视朝廷！这还了得？弹劾苏东坡的奏章首次摆上了龙案。

数日之后，御史舒亶也找到了几首苏东坡写的反诗，内容就是前面提到过的关于农民不堪青苗贷款及其造谣说农民三月无盐吃。当然，还有那个燕子与蝙蝠争论的大不敬寓言。

舒亶送上弹劾表章，正式弹劾苏东坡不忠君主，借诗诬蔑北宋朝政。随同，弹劾表章又附呈了苏东坡印的诗集，白纸黑字，铁证如山！

御史中丞李定跟风，也来呈上表章，列举了苏东坡的四大罪状，建议朝廷依法严惩苏东坡！这等大逆不道的狂徒，不杀不足以平民愤！

御史台弹劾地方官员是分内职责，神宗皇帝再欣赏苏东坡也要表态，大概出于弄个水落石出的愿望，于是便批复御史台，可以把苏东坡免职，传唤进京，调查一番。

李定请求，一路上苏东坡必须关入监狱过夜。神宗皇帝不许。看来这时皇帝对苏东坡还无成见。但御史台发出的命令，还是将湖州太守苏东坡押解入京受审。去湖州执行皇命的皇甫遵是个极其能干的官吏，当即偕同他的儿子和两个御史台的兵丁，火速出发赶往湖州，至于为什么出公差还要带着儿子，大概是借北宋朝廷付旅资之机去免费旅游吧。

这事被苏东坡的好友王诜得知了，就是前面提到过的印了苏东坡诗集的好友。王诜赶紧派人去给苏东坡的弟弟苏辙送信。苏辙大惊，立刻派人急赴湖州去告诉苏东坡，双方几乎是同时从京师出发。

由于皇甫遵的儿子在靖江突然染病，耽误了半天的行程，于是苏辙的信差先赶到了湖州。

不过苏辙的信使没有说被控告的罪名的轻重，接到这个犹如五雷轰顶的消息，苏东坡立即请假，吩咐由湖州的祖通判代行太守之职。看来这时的苏东坡还是把工作放在了首位。

据苏东坡的朋友孔平仲记载，京师的官差到达湖州时，祖姓通判正好在场，京师来的皇差身穿官袍，足登高靴，站在庭院中，手执笏板，御史台的两个士兵分立两旁，身穿白衣，头缠黑巾，眼睛里凶光闪动。

孔平仲的记载是听祖通判事后描述的，说整个太守官衙的人慌作一团，不知会有何事发生，而苏东坡吓得不敢出来，在屋内与通判商量，还是祖通判说："躲避朝廷使者无济于事，最好还是依例迎接。"

东坡又与通判商量应当怎样出来，据祖通判说，是苏东坡觉得既然自己被控，就不应当穿着官衣出来，是祖通判认为他还没正式被控，应当着正式官服出现。于是，东坡才穿上官衣官靴，手执笏板来到庭中，祖通判与官衙们则头戴小帽，排立于苏东坡身后。

两个士兵手执御史台的公文，紧握一个包裹，似乎其中藏有刀剑。官差面目狰狞，默不作声，气氛紧张万分。

苏东坡首先说话："臣知多方开罪朝廷，必属死罪无疑，死不足惜，但请容臣归，与家人一别。"

皇甫遵淡然回答："并非如此严重。"

这时通判向前迈一步道："我相信必有公文。"

皇甫遵侧目而问："他是何人？"

祖通判回禀了自己的身份，士兵才正式递交公文。

通判打开一看，原来只是一份御史台的普通公文，免去苏东坡的太守官位，传唤进京而已。

这祖通判的描述有些替自己"搽粉"之嫌。从不将生死荣辱放在心上的苏东坡，怎会在乎起自己被召进京？并且遇事还不如自己的副手镇静，诸事还需要副手通判指点迷津？

尤其是苏东坡已经得信，井然有序地请假卸任，而通判此时却蒙在鼓里，连谁将被捕也不知道。

百姓慌乱有可能，大家慌乱可以理解，唯有苏东坡慌乱不可思议，此时已经倾心佛法的苏东坡不会那么在意生死，这是祖通判把临危的苏东坡"加工"过了。

不是老孙凭空臆断，有苏东坡在笔记上的记载为证。据载，京师来的皇差允许苏东坡出发前归看家人，并且收拾行李。苏东坡回到家时，全家人正在大哭，苏东坡却笑着向家人讲了个笑话，笑话如下：

大宋真宗皇帝要在民间访求真正大儒，有人推荐了杨朴。杨朴实在不愿意出山，但是被迫在护卫之下启程前往京师见皇帝。

真宗皇帝问杨朴："朕听说你会作诗？"

杨朴不愿做官，欲掩饰自己的才学，便回答："臣不会。"

真宗皇帝也极为聪明，开始迂回询问："朋友们送你来时，是否有赠给你几首诗？"

杨朴老实地回答道："没有，只有拙荆作了一首。"

真宗皇帝点点头："是什么诗？可以告诉官家吗？"

于是杨朴把临行前夫人作的诗念了出来："更休落魄贪酒杯，且莫猖狂爱咏诗。今日捉将宫里去，这回断送老头皮。"

据苏东坡的笔记中记载，苏夫人闰之听见这首诗，不由得破涕为笑。

就算是苏东坡为了安慰妻子，临难不忘讲笑话，却证实了此时的苏东坡不仅镇静如常，而且幽默不减，诙谐依旧！怎么能如祖通判描述的那样慌乱得连穿什么衣服都不知道，索性来个无用的耍赖不出屋门？

按孔平仲的记载，开船之后不久，船停在太湖上修理船桨，苏东坡曾想跳水自杀。因为苏东坡不知道朝廷会判他什么罪，尤其怕自己的案子会牵连朋友，把眼一闭跳入水中，不知能救下多少人，反倒省事。但他再一想，倘若如此，必给弟弟招致麻烦，所以才作罢。

这事倒有旁证，根据苏东坡给北宋皇帝上的奏章中说，在扬州渡江时，他确实想跳入江中。由此可见，苏东坡并不在乎自己的生死，更不会被惊吓得手足无措。

根据湖州县志记载，老百姓都出来看太守启程，男女老少皆泪如雨下，唯有京师来的官差与士兵态度蛮横无礼。后来苏东坡在上哲宗皇帝书中，也说他们逮捕太守犹如捕盗。

苏东坡的长子苏迈陪同父亲一同入京，临行时，甚至还有苏家聘请的私塾先生王适兄弟和陈师锡给东坡设酒筵饯别。苏东坡全家是后来才赶到京师的。

之后入京的王闰之在丈夫走后做了件事，是有先见之明的故意为之还是惊恐所致不好说，兴许是愤恨苏东坡那些肇祸的诗稿，竟然把苏东坡大部分与友人的通信和手稿一把火烧掉！以致后来东坡发现残存诗词、信件、手稿等不过三分之一。

事实证明王闰之烧对了。家里人入京到了安徽宿县时，御史台派人截住了他们的座舟，搜查他们的行李，找东坡的诗稿、书信等罪证。

也许不管烧掉或留存都没多大干系，因为苏东坡终归是免不掉牢狱之灾了！

由于苏东坡特殊的名人身份，苏东坡的案子成了轰动全国的政治大案！此案后来被称为“乌台诗案”。

40 优秀的“犯人”苏东坡

所谓“乌台诗案”，指的是苏东坡在御史台的监狱中受审，审理的是关于诗的案子。“乌台”是御史台的别称。汉代时御史台外的柏树上有很多乌鸦，所以人们称御史台为乌台。

御史台在宋代的职能之一是监察文武百官。不过御史台没有独立办案权。只审查，判决只能建议，决定权归上面，上面是宋代皇帝。

苏东坡这个案子是地道的政治案件，案件内容其实无关紧要，重要的是苏东坡这个“犯人”的身份，是当政的新法实施者对强大的反对派开刀的标志。所以，苏东坡从开始就成了双方在政坛上较量的焦点。

杀了苏东坡，尤其能牵连出一批与“新进”持不同政见者，当然是新政的大胜；保住苏东坡，能让苏东坡无罪开释，无疑是保守派的大胜，说明夺回政权还有希望。苏东坡不过是枚棋子罢了。

这时宋朝皇帝表现得很暧昧，基本上是默许御史台对苏东坡的逮捕、关押甚至残酷逼供，有点儿把苏东坡放在炼狱中试金的意思，也可能是准备彻底清洗反对新法的势力，欲拿苏东坡杀鸡儆猴。北宋天子的心思谁也弄不明白。

八月十八日被送进御史台监狱的苏东坡，更不知道自己即将面临什么，不过他发过多少牢骚大体心中有数，哪些文字犯禁更是清楚。苏东坡也有着最坏的打算。

如何应付漫长的过堂审讯？这是苏东坡首先需要面对的课题，或许只能依靠天分了。

苏东坡对付审讯也有自己的风格。他把受审当成讲课，给审讯者们细细地讲解自己的诗词内涵、典故出处、作品背景。受点儿苦是免不了的，却因此留下了详尽的审问记录，使后人得见东坡对自己诗句的阐述分析。

苏东坡不否认他在杭州时的诗作表达了对现实的不满，坦然承认自己对青苗法之弊端曾出怨言，对农民连盐都吃不上确实怜悯，凡是弹劾表章中对他的指控，他基本能回忆起来，并一概认账，除了坚决否认与朋友们交流过讽刺北宋朝政的诗词。苏东坡担心朋友们被无辜牵连。

但是没有用，北宋皇帝下令凡与苏东坡交换过诗文的人，都得把手中的诗文呈上备查。苏东坡的朋友们还是有三十九人被牵连进案子，一百多首诗被作为了证据。

受到牵连的人中，官位最高的是司马光，苏东坡寄赠给司马光一首诗《司马君实独乐园》：

……

先生独何事，四海望陶冶。

儿童诵君实，走卒知司马。

……

抚掌笑先生，年来效喑哑。

御史们说这首诗讽刺新法，苏东坡则供认不讳：“此诗云四海苍生望司马光执政，陶冶天下，以讥讽见任执政不得其人。又言儿童走卒，皆知其姓字，终当进用……又言光却喑哑不言，意望依前上言攻击新法也。”这简直是在借招供为司马光重登相位大造舆论。

牵连的人多了也有好处，北宋皇帝处理此案时不得不格外谨慎，尤其是里面还牵扯上神宗皇帝的亲妹夫、驸马都尉王诜。作为苏东坡的挚友，他曾和苏东坡交换过各种礼物，当然还有苏东坡的一些大不敬的诗词。

这是一场马拉松式的漫长审讯。

仔细分析哪些诗作应被视为毁谤北宋朝廷，哪些不应被视为，颇不容易，绝大部分还要细听作者自己的解释。

不过苏东坡并未过多隐瞒，对内容的解释也没有强词夺理，避重就轻，大都干脆承认是在讥讽新政，这是经苏东坡亲笔画押过的口供：“入馆多年，未甚插进，兼朝廷用人多是少年，所见与轼不同，以此撰作诗赋文字讥讽。意图众人传看，以轼所言为当。”

四十多天的审讯，其实相当于苏东坡在陈述新政的种种弊端，每一句“诽谤”都需要诗人举例说明所见社会实情，至于苏东坡最后认罪，人们反而不怎么关注了。当然，御史台的大人们关注。

有趣的指控多多，例如写两株老桧树的一首七律。诗中有句：“根到九泉无曲处，世间惟有蛰龙知。”

这还了得？龙是皇帝的象征，皇帝正在位，应当说有龙在天呀，怎么成了蛰龙了？这不是咒皇帝命归九泉了吗？

在一首写牡丹花的诗内，诗人叹造物之巧，能创造出牡丹种类如此繁多的句子。御史们则解释为：此诗讽刺北宋朝廷当政者制定如此多的捐税。

苏东坡在《菊赋》的序言里提到过吃杞菊的苦籽，御史们认为是苏东坡在讽刺全国百姓贫穷，尤其是抱怨北宋朝廷给官吏的薪俸微薄。

虱子多了不咬人，债多了不愁，罪证多了不惊心。苏东坡是指罪就认，但绝对不说甘愿伏法，请求给予宽大处理、永不翻案的话来。

宋代一般要拾掇这类犯人，总要先找点儿生活作风方面的问题，有可能的话，还会与贪腐挂上钩，这样的罪犯才会臭不可闻、恶贯满盈，被钉在了耻辱柱上。

但苏东坡的案子没有这方面的记载，连传闻也没有，是宋代御史们政治上的手腕不够，还是苏东坡在这方面无懈可击？看来应该是后者，苍蝇再多，也没法死盯东坡这只钱、色都无缝的“好蛋”。

至于审查历史档案，宋代人当然也会这一手，不过东坡的个人档案实在清白无瑕，仅受过两次罚红铜八斤的违纪处分，家庭出身也属三代根正，老爸在行文中骂过宋朝宰相的事也没被翻出来当罪证。

在狱中的苏东坡境遇如何？诗人后来曾留句：“狱吏稍见侵，自度不能堪”，看样子乌台狱中的狱吏还有虐待犯人的喜好。

不过也有相反的记载：苏东坡受审如上班讲课，入牢如住星级宾馆。没写错吧？没有！关押苏东坡的牢房如同现在的宾馆标准间，不是条件优越，是相当优越。

不过，这不是由于御史台的官员们实行人道主义，或者是天良仍在，慈悲无限，而是因为苏东坡混下的好名声，这帮了他的大忙。看守他的狱卒中有一名“苏粉”。

41 乌台皇家监狱的“幸福”生活

御史台的监牢里有个狱卒心肠特好，知道自己负责的牢房里关了闻名天下的苏轼，感觉就像将心中的偶像请进了自己家，他对苏东坡十分恭敬，允许东坡的家属自由送饭；知道苏东坡是四川人，甚至每天晚上给苏东坡烧热水洗澡。

苏东坡的儿子苏迈每天都能到监狱看望父亲，也会给素以美食家著称的老爸送饭。苏东坡爱吃猪肉，爱吃烤羊，爱吃各种稀奇古怪的荤素食物，尤其爱吃鱼，这点咱们以后专篇细讲。

宋人笔记《扪虱新语》及《善诱文》都记载了苏东坡和儿子约好只送蔬菜和肉食，倘若听到坏消息便送鱼来。

打官司没有不花钱的。有天苏迈要离开京师去借钱，他把送饭这件事委托给了一个亲戚，但忘了告诉亲戚关于鱼的约定，结果亲戚知道东坡喜好吃鱼，便准备了一条鲊鱼，这下可苦了东坡。大惊之下，东坡认为大概凶多吉少了。

话不多说，抓紧时间写遗嘱吧，人家苏东坡的遗嘱都是七言律诗，诀别诗《狱中寄子由二首·其一》《狱中寄子由二首·其二》两首写给了弟弟苏辙：

圣主如天万物春，小臣愚暗自亡身。
百年未满先偿债，十口无归更累人。
是处青山可埋骨，他年夜雨独伤神。
与君世世为兄弟，更结来生未了因。

柏台霜气夜凄凄，风动琅珰月向低。
梦绕云山心似鹿，魂飞汤火命如鸡。
眼中犀角真吾子，身后牛衣愧老妻。
百岁神游定何处，桐乡知葬浙江西。

这两首诗措辞悲惨，东坡在感谢弟弟，说自己一家十口全赖弟弟照顾，自己这孤魂野鬼虽然免不了青山埋骨，听雨泣风号，却挂念弟弟“他年夜雨独伤神”，唯一的愿望就是世世为手足，“又结来生未了因”。

狱卒把这二首遗嘱诗转给苏辙，令苏辙伏案而泣，不能自抑。

但可以得出结论：苏东坡的狱中生活并不那么困苦，家人甚至亲戚都可以送饭入狱；监管也不是那么严格，还能往外送诗词之类的信件。

也可以这么认为：苏东坡自知不妙，却更加聪明清醒，诗中首句便开言“圣主如天万物春”，有拍北宋皇帝马屁的意味，这在苏东坡的诗作中极其罕见。不过，你早干吗去了？

这无疑是苏东坡明智地意识到，此诗肯定会被狱卒依监规上缴给高层，甚至皇帝本人，此类语言一经龙目，想必龙颜大悦，再加上兄弟亲情凄苦溢于诗外，说不准皇帝感动，自己的案子就有了转机。

事情往后的发展也是如此，皇帝看了，果然十分感动，这对案件最后的判决帮了大忙。

但是御史们此时肯定是坚决避免打虎不成反被虎伤，不置苏东坡于死地，谁睡觉也不得安稳。所以他们在收集罪证方面挖空心思自不必说，狱中的监视也是外松内紧，一旦找出确凿的罪证，苏东坡就死定了。

据《春渚纪闻》记载，苏东坡曾对左藏副使刘景文说：“乌台狱中的一天晚上，暮鼓敲过，我正要睡觉的时候，忽有两个人走进牢房，一言不发，往地上扔个小箱子作枕头，躺下就睡。我以为他们也是囚犯，便没有理会，躺下睡去。四更时分，有人推醒我向我恭喜。我侧身相问，只听到回答：‘安心睡吧。’两人说完带着箱子神秘离去。”

“这是因为在我刚受弹劾之时，舒亶等辈数次上奏皇帝，让皇帝下旨杀我，可皇帝并无杀我之意，所以暗中派宫中太监到狱中观察我的举动。来人到了我的牢房后，见我鼻息如雷，回奏皇帝说我睡得沉稳安静。皇帝对左右说：‘朕知道苏东坡于心无愧！’所以后来我才被宽恕，被贬谪到黄州。”

由此记载可以推断出，苏东坡在晚上睡觉时也有人监视，北宋皇帝都能派人夜宿御史台狱中观察他，御史们岂不更是方便？

我们也可以看出，苏东坡没觉得坐牢像塌天，生死关头也没耽误他夜晚呼呼大睡。假如他当时是在装睡，那更说明苏东坡非常机警，从没有过破罐子破摔的心思，一直在创造出狱的机会。

就是对狱中的看守，苏东坡也没放弃过替自己辩护的机会。前面提到过苏东坡写两株老桧树的“根到九泉无曲处，世间惟有蛰龙知”诗句，当时的副宰相——参知政事王珪这样向皇帝解释：“陛下飞龙在天，轼以为不知己，而求知地下之蛰龙，非不臣而何？”

神宗皇帝并不糊涂，当场嗤之以鼻：“诗人之词，安可如此论？彼自咏桧，何预朕事？”

王珪闹了个大红脸，没趣地退下，当时在场的章子厚也替苏东坡解释，这两句“反诗”终于没被定为罪证。事后章子厚不由感叹道：“人之害物，无所忌惮，有如是也！”此事记载在《石林诗话》。

据《苕溪渔隐丛话》记载，此事被看守苏东坡的狱卒知道了，便悄悄地询问苏东坡：“这诗句真是在讽刺皇帝吗？”

苏东坡淡然一笑：“王安石诗中有句‘天下苍生待霖雨，不知龙向此中蟠’，讽刺的就是这里面的龙啊。”

估计苏东坡的这个辩护词到了当权的王安石信徒那里，也只能苦笑作罢，总不能再把退休的老丞相给抓进来吧。

其实苏东坡认罪也好，辩解也罢，对他的命运都关系不大，决定苏东坡命运的是北宋皇帝，而皇帝又是被多方势力包围，左右摇摆，大人或小人们在皇帝耳边较量吹风的强度，决定着犯人苏东坡的生死。

42 生死关头，北宋皇帝脚踩两只船

御史台狱中的苏东坡成了神宗皇帝的一块心病！

细致的审问期很长，令御史们前后忙碌了四十多天，十月十三日审理才算终结，御史们将罪证确凿的案子送呈给神宗皇帝御览，现在就看皇帝的决断了。

是福不是祸，是祸躲不过。狱中的苏东坡此时也安下心来。自己的命运吉凶从表面看取决于神宗皇帝，其实不然，是取决于朝中两派的势力斗争。

这时赶上后宫太后大丧，朝中的所有大事必须为丧事让路，苏东坡的案子也不会例外，这使苏东坡在狱中过起了清闲而不安的日子，是死是活看来遥遥无期，据说这时的犯人心情最烦躁，不知此时的苏东坡心情如何？

从上文中苏东坡的睡眠质量来判断，苏东坡确实与常人不同，依旧吃饭倍儿香，身体倍儿棒，最起码睡觉倍儿香！

监牢外面苏东坡的至亲好友们也没闲着，大家都在为苏东坡能活着出来尽着最大的努力。想让苏东坡掉脑袋的人不少，努力保住这颗聪慧脑袋的人也有。然而这些跟被剥夺了一切人身自由的苏东坡没多大干系，等待判决的犯人只能眼望铁窗："头颅何时有？把酒问青天！"

御史们审理出的罪行够砍下苏东坡十次脑袋。

苏东坡写给驸马都尉王诜的诗里，竟有造谣当今百姓"救荒无术归亡通"之句，还说百姓坐听"鞭笞不呻呼"，又说什么"虎难摩"，这不是在指责朝廷为政贪婪吗？

该犯在密州写给朋友李常的诗中道："洒涕循城拾弃孩。"意思是，遗弃的男女婴都饿死于路也！

给朋友孙觉的诗中，暴露出北宋朝廷的一方长官竟然相约不谈政治，苏东坡与其在一次宴席上约定谁谈政治，罚酒一杯。难道当时的北宋政坛就那么黑暗可怕吗？

在给曾巩的诗中，苏犯公开说厌恶那些"聒耳如蜩蝉"的小人，这是在指谁？给张方平的诗里，犯人把北宋朝廷比为"荒林蜩蚻乱"和"废沼蛙蝈淫"，又说自己"遂欲掩两耳"；在写杭州观潮时，苏犯说："东海若知明主意，应教斥卤变桑田"。

刘恕被罢官出京时，苏轼竟承认很佩服这位朋友，赠《和刘道原见寄》诗云：

敢向清时怨不容，直嗟吾道与君东。
坐谈足使淮南惧，归去方知冀北空。
独鹤不须惊夜旦，群乌未可辨雌雄。
庐山自古不到处，得与幽人子细穷。

韩愈的《马说》中说伯乐过冀北之野，而现在冀北骏马皆空，这里当然是指满朝已无真才贤士；后面更是明说刘恕鹤立鸡群，暗喻"独鹤"贤人与"群乌"小人，隐含之义昭然若揭。直指在朝的官员皆为庸庸碌碌、群乌之辈，午夜长鸣而不“惊夜旦”非“鹤”刘恕莫属了。《诗经》《正月》曾有两句‘具曰予圣，谁知乌之雌雄’之句，这就是在说朝堂上只剩下一群好坏难辨的乌鸦吗？

给刘恕的第二首诗《和刘道原寄张师民》中有句：

腐鼠何劳吓，高鸿本自冥。
颠狂不用唤，酒尽渐须醒。

庄子曾讲述，自己谢绝楚王请去做高官，告诉楚王的使者一个故事：一只专吃腐肉的乌鸦，找到了一只腐败的老鼠，乌鸦正叼着腐败的老鼠在一棵树上享受美味，这时一只仙鹤从乌鸦旁边飞过，乌鸦以为仙鹤来抢它的美味，便发出尖叫想把仙鹤吓走，但是仙鹤高飞到白云中去了。

这首诗中的比喻可以看出，苏东坡对朝廷极为不敬。他以前把北宋的当政者比为鸣蛙，比为鸣蝉，比为夜鸮，现在又比喻为吃腐鼠的乌鸦！他的诗中还有些竟谩骂朝中高官为“沐猴而冠”，真是不杀不足以平政敌之愤！

但朝中时局对御史们也有不利之处。现在遇有国丧，按旧例北宋皇帝会大赦天下，苏东坡如被赦免了怎么办？“新进”本打算趁苏东坡案发，正好借此机会一网打尽朝中反对派，倘若这大赦帮了倒忙，心血岂不白费了？

李定和舒亶非常郁闷，干脆防患于未然，由李定提前奏上一本，对有可能被大赦的要犯，力请皇帝一律不得赦免；舒亶更狠，进奏皇帝将威望极高的司马光、范镇、张方平、李常和苏东坡加另外的五个同案犯，一并处死！

这就杀人欲广、欲速则不达了，杀一个苏东坡倒罢了，牵扯上这么多名人、大人物干吗？皇帝怎会舍得？

杀苏东坡一人也并非易事。仁宗的皇后曹太后生前就过问过这个案子，亲自与神宗皇帝求情："苏氏兄弟二人中进士之时，先帝曾高兴地说，他那天为子孙后辈物色到两个宰相之才。听说苏轼因写诗而受审，莫不是有小人跟他做对？在政绩上找不到苏轼的问题，现在却因诗入罪于他，这样的控告无法令人苟同。我是不中用了，陛下可千万别冤屈了好人，会被老天不容的。"

神宗皇帝的确有过放苏东坡一马的想法，当副相王珪说："苏轼内心有谋反之意"的时候，皇帝不以为然："他纵有其他过错，绝无谋反之意，你为何这么说？"

虽然当场驳斥了王珪，但到了朝堂之上，神宗皇帝没有显露出一点儿赦免苏东坡的意思。满朝文武哪个不是观风使舵的高手？"胆小鬼"们无人敢进言，敢说话的御史们又都是东坡的对头，谁也不给皇帝台阶下，皇帝尴尬了。

其实在朝廷执政的最高层，也意见相左。不过，在没看清楚神宗皇帝真正的态度之前，没有人敢表态，就是有人想为苏东坡求情，也是拐着弯表达自己的意思。

宰相吴允趁与皇帝闲谈时，规劝神宗皇帝赦免苏东坡："陛下认为魏武曹操是个怎样的人呢？"

神宗皇帝最讨厌的就是被史书称为篡汉的曹操，当时就不屑地给魏武定性："何足道也！"

宰相等的就是这句话，立即接话道："陛下以尧舜为法，薄魏武固宜，然魏武猜忌如此，犹能容祢衡，陛下不能容一苏轼何也？"

神宗皇帝无语。

决定苏东坡生死的关键时刻到了，但朝中大局无疑对苏东坡的命运是不利的，为苏东坡“上眼药”的人多，出药方救苏东坡的人少，这行为特别容易理解。本来在北宋朝中当政的都是些新政“精英”，人数比例在那儿摆着呢。

虽然神宗皇帝内心不想置苏东坡于死地，但是皇家最顾及脸面，最忌讳承认抓错人，谁能在关键时刻给皇帝弄把梯子，让皇帝下这个台阶？

43　老将出马，一个顶俩

苏东坡在押已经四个月，狱外的朋友们的援救已经尽了全力。关系太亲密的，比如苏辙，属被牵连之列，是说不上话的，再说现在案子卷宗已经到了神宗皇帝那里，能直接进言皇帝的是少数几个人，而这几个人大都是“新进”，也就是苏东坡的死对头。

苏东坡在狱中写给弟弟苏辙的两首诗辗转上缴到神宗皇帝那里，皇帝看后也感凄苦苍凉，又感受到苏东坡对皇帝的忠贞之意，于是更下不去手杀掉苏东坡了。

神宗皇帝派到御史台监狱的暗探也带回了对苏东坡有利的回奏，说苏东坡心怀坦荡，在狱中都能安心熟睡。皇帝不由得暗恨苏东坡胡写那么多该杀头的诗词干吗？难道是“牢骚太盛防肠断，风物长宜放眼量”吗？不能随便释放，也不能轻易杀掉，真是进退两难！

神宗皇帝怎能就这样饶过苏东坡以及他的那些同案犯？苏东坡写的不敬的言论太多了呀，且影响极坏，范围极广，不出重手镇压一下，又怎能得到朝堂安定？

神宗皇帝才打算咬牙决断，那御批“照办”二字却犹如魔鬼的手印，直入脑海。谁都知道，只要这个“血印”一留，顷刻会腥风劲吹，一场劫难是躲不过了！

御笔画个圈圈也不容易，神宗皇帝举笔便出现慈圣光献太后临终时的嘱托。曹太后清楚自己死后会大赦天下，挣扎留句：“不必赦天下凶恶，但放了苏轼足矣！”

神宗皇帝为天下孝子表率，太后的遗嘱怎忍不理？

为苏东坡说情也是大有门道的，第一要看是谁出面说情，第二要看用什么理由说情，把握不好这两个分寸，恐会适得其反。

此时因反对新法被闲置在南京的张方平与苏门关系非同一般，据苏东坡《张文定公墓志铭》所书，张方平的曾祖母也姓苏，苏轼、苏辙俩兄弟称张方平为表叔，此亲戚关系不见正史，也许是八竿子打不着的亲戚，但张方平对苏家父子三人都有举荐之功是证据确凿的，苏东坡也素以师长待之。

苏东坡犯案，张方平首先被牵连进案子，此时的张方平却不顾个人安危，很快上表为苏轼喊冤。

奏章按规矩必须由南京地方政府转交北宋朝廷，但是南京的官府不敢转递，张方平索性派自己的儿子张恕专程进京送奏章。恰这位小张性情老实懦弱，到了京师，看见御史台就怂了，更别说进皇宫了。他犹豫徘徊无数日，始终也没能把老张的表章交到神宗皇帝手里。

后来苏东坡看到了张方平表章的副本，竟吓得伸着舌头半晌没缩回去。后来弟弟苏辙对人们说，哥哥庆幸这表章没送上去，假如张恕真一横心上表了父亲的奏章，哥哥还不一定会得到啥结局呢！

原来张方平表章中有这样的话：“苏轼其文学实天下奇才

也！”这还了得？身为犯人，本事越大北宋朝廷就会越害怕，这等于老张好心办坏事，是在推动神宗皇帝杀掉苏东坡。

据《甲申杂记》[1]记载，御史中丞李定就甚懂得这个道理。虽然他一再建议神宗皇帝早开杀戒，但也公开在人前叹息苏东坡之大才，甚至发自内心的赞扬苏东坡为奇才也！

听到这话的人谁敢答话？李定不厌其烦地解释："（苏轼）虽二三十年所作文字诗句，引证经传，随问即答，无一字差舛，诚天下之奇才也！"

相信这种话传到神宗皇帝耳朵里，对苏东坡绝对有害无益，而李定又落了个识才、惜才的名声，一箭双雕之花活也！

神宗皇帝赵顼更是迟迟不对苏东坡的生死表态了，除了御史台众口一词要皇帝杀掉苏东坡稳定朝局外，还有另一层原因。

神宗皇帝素有变革之志，然而在推行新法的过程中异议不断，这让好胜的皇帝有了强烈的挫败感。

神宗皇帝决定拿出皇帝权威，以更为强硬的手段来推行新法，对于那些胆敢反对变法的官员，要毫不留情地予以严惩，而闻名全国的苏东坡刚好赶在这风口浪尖上，皇帝此时也真有杀一儆百之心。

神宗皇帝心中的天平左右摇摆，苏东坡的性命处于正中，两边分别为生死路！往哪边滑，就看哪边能继续加砝码了！

最关键的时候，一介草民的一封奏章送到了京师，是已被罢相闲居的王安石的奏章到了。

从江宁寄来的奏章极为简单，王安石以平民身份为东坡开脱："哪有国家正在用人之际，反而为文字这种小事去杀有才华

① 注：《甲申杂记》，作者为王巩。宋代文言逸事小说。

的士子的道理呢？”

此事记载在宋人周紫芝的《诗谳》中，文中原句是：“岂有圣世而杀才士者乎？”

老将出马，一个顶俩！神宗皇帝总算等到了下台的梯子。要知道，王安石虽然退休，毕竟是新法的老祖级别的人物，朝中信徒芸芸，天下门生众多，说句话还是有不少人关注的。王安石的奏章立即被发给朝臣讨论，变法的鼻祖都说话了，下面的信徒立即鸦雀无声，神宗皇帝终于能决断了。

平民王安石能抛弃政见，为昔日政敌说情解难，可见王安石之胸襟非同一般，人品可称高洁，这也为日后二人成为私交好友奠定了基础。

神宗皇帝要杀苏东坡，不比饶过苏东坡容易，不说新旧宰相先后出面讲情、太后遗嘱赦免东坡，就是祖制这一关，神宗也不易过。大宋太祖赵匡胤曾盟誓：“不得杀士大夫及上书言事之人，子孙有渝此誓者天必殛之。”

圣谕终于颁下，苏轼被贬往黄州，充任团练副使，本州安置，不准擅离此处，无权签署公文。

受到“乌台诗案”牵连的人中，被处理最重的是驸马王诜，因为曾泄密给苏辙，而且调查他时，他不及时交出苏轼的诗文，被削除一切官爵；其次是王巩，被御史台贬谪到岭南荒僻之地宾州任职；再就是苏辙，因奏请北宋朝廷赦免兄长，自愿纳还一切官位为兄长赎罪，虽没有搜到严重的毁谤诗词，但由于家庭连带关系，仍遭受降职处分，调任筠州酒监。

三十九个被牵连进案子的人中，二十九人受到明令处分；张方平、司马光和范镇都是罚红铜三十斤，其余人等各罚红铜二十斤。

不管御史台的人满不满意，轰动天下的乌台诗案还是就此落下帷幕，苏东坡全家就要奔赴黄州了。

如果说人生本来就是波浪形的轨迹，那么这时的苏东坡无疑处于两个浪头之间的谷底。

但对苏东坡来说，只不过是仕途上的谷底，文学功业方面却是站到了新的起点。

很难说“乌台诗案”对中国的历史是不幸还是大幸，对于后世的文人而言，“乌台诗案”最后的处理结果已经相当温和了。

清代学者龚自珍曾在《咏史》中叹：“避席畏闻文字狱，著书都为稻粱谋。”

44　本性难改的快乐诗人

宋神宗元丰二年（1079年）十二月二十八日，苏东坡在监狱中度过四个月又十天后终于出狱了，据说最知道自由可贵的就是蹲过大牢的人。论说死里逃生的苏东坡更应该珍惜这种自由。

但中国不是有句老话“江山易改，本性难移”吗？刚从“乌台诗案”中脱身，诗人就开始作诗了。当晚，苏东坡灯下挥毫赋诗：《十二月二十八日，蒙恩责授检校水部员外郎、黄州团练副使复用前韵二首》。[①]

其一：

百日归期恰及春，余年乐事最关身。
出门便旋风吹面，走马联翩鹊啅人。
却对酒杯浑似梦，试拈诗笔已如神。

---

① 注：一说为《出狱次前韵二首》。

此灾何必深追咎，窃禄从来岂有因。

其二：

平生文字为吾累，此去声名不厌低。
塞上纵归他日马，城东不斗少年鸡。
休官彭泽贫无酒，隐几维摩病有妻。
堪笑睢阳老从事，为余投檄向江西。

前首看来有些调侃意味，据明代文人瞿佑撰在所撰《归田诗话》中分析，这是因为韩文公韩愈因上《论佛骨表》，被唐宪宗远谪为潮州刺史，临行留诗《左迁至蓝关示侄孙湘》给侄孙湘云：

一封朝奏九重天，夕贬潮州路八千。
欲为圣明除弊事，肯将衰朽惜残年。
云横秦岭家何在？雪拥蓝关马不前。
知汝远来应有意，好收吾骨瘴江边。

韩愈又写《题临泷寺》：

不觉离家已五千，仍将衰病入泷船。
潮阳未到吾能说，海气昏昏水拍天。

韩愈的诗句读之令人凄然伤感，一派被贬之后的苍凉心境，想必此刻的苏东坡突然想到自己与韩文公境遇何其相似？于是提笔和韵。

但是境遇虽相似，留墨却不同。东坡诗则狂放不羁，出狱即云：“却对酒杯浑似梦，试拈诗笔已如神。”感觉这苏东坡好像没拿一百四十天的大狱当回事，已经开始对酒如梦、下笔如神了！

细品此诗，却又不仅于“如神”，而是东坡心境表达。“百日”的牢狱归来竟感到春风吹面；余年竟然逢上了乐事；走马得意竟然联翩；“鹊啅人”三字不免又有嘲讽乌台御史们的嫌疑了；虽然说着“此灾何必深追咎”，却笔下不忿“窃禄”之人。

后一首更是有刻意恶搞的文风，明知“平生文字为吾累”，却声称“此去声名不厌低”，思绪竟然飞到了塞上，不屑留在城东玩些少年斗鸡玩狗的把戏，自嘲贫无酒，却笑老从事，被贬向江西，却称有人投檄所致，依然不改幽默诗人之本性。

诗中的“少年鸡”用典明显：唐代玄宗喜好斗鸡，弄臣贾昌在七岁时因为善于驯养斗鸡，得到了玄宗的宠信，升任五百小儿长。人称“神鸡童”，社会流传“生儿不用识文字，斗鸡走马胜读书”之句。

贾昌娶妻潘氏，潘氏深得杨贵妃宠爱，夫妻受宠长达四十年，这些斗鸡高手而发迹宫廷的弄臣和伶人，当然可以引申为北宋朝廷当政的那批人，御史们如较真，肯定又是告东坡诽谤。

“窃禄”之句，乍看是在谦虚自己无才为官，唐人杜荀鹤《自叙》诗：“宁为宇宙闲吟客，怕作乾坤窃禄人。”但是“窃禄”一词还有出处，王安石、欧阳修在自己的诗作中都曾把北宋朝中吃白饭的无能朝臣比作“窃禄人”，这诗句如到了御史台，肯定又会怀疑东坡在指桑骂槐。

据《孔氏谈苑》记载，“苏子既作此诗，私自骂曰：‘犹不改也。’”也就是说，苏东坡写完这两首大作之后，不由得苦笑自嘲：“老苏你真是不可救药！”

苏东坡奉旨被贬出京，时间上不同于以往的正常调动赴任，而是即刻就要出京，那得把家人留下，由弟弟苏辙照顾，随后再去黄州团聚，自己和长子苏迈提前离开京师，启程前往黄州。苏迈其时已经二十一岁，照顾父亲没有问题。

出发那天是元丰三年（1080年）正月初一，这是中国旧历的新年，即春节，半是北宋国家公务员、半是囚徒身份的苏东坡，此时的心情可想而知，连全家过个团圆年的资格也没有，实在可怜。

有老师在讲座时说，苏东坡现任的黄州团练副使，等同于当地民团的副团长，并且没有薪水。不过老孙实在没有查到苏副团练停薪留职的官方记载，仅是在后人笔记中有一句“绝薪”的字样，作不得数。没工资还被贬的官员靠什么生活？而且被贬的官员不是被发配的囚徒，北宋朝廷可不管牢饭。

并且团练副使也应不是当地民兵副团长。唐代团练使地位略低于节度使，等同于防御使，有都团练使、州团练使两类。到了宋朝，州团练使是从五品官员。苏东坡是黄州团练副使，虽属不在本州任职统兵的武人虚衔，但地位也是相当于一州通判的。

看过《水浒传》的朋友大概记得武松发配孟州时的情形，那个恶霸蒋门神依仗的就是妹夫孟州张团练，可见团练使也是在编的地方军职，并且权力不小，不然不需要朝廷专门提及“不得签署公事”。

苏东坡只身入狱，全家随后被抄，经济拘谨是肯定的，要不然也不需要儿子苏迈去借钱了。不过，只要东坡出狱，生活应是没问题的。要知道，此时的苏东坡已经名满天下，其书画作品，众人已经求购若狂。宋人笔记记载，东坡在扇子上画些草、竹、乱石便立时价值千钱；回封书信，其字也能换只烤羊。苏家再穷也不会饿肚子的。

不过从现在起，苏东坡需要重新给自己定位。他已经不是一方太守，而是明令不准办公的小吏，一般人的心理上肯定会有极大的失落感，大家不是都爱发奋感慨，“大丈夫不可一日无权，小丈夫不可一日无钱”吗？

钱、权俱损的苏东坡可不是一般人，事实上他根本没有出现情绪上的波动，这是苏东坡的天性使然。苏东坡是一个天生洒脱之人，官爵高下，俸禄厚薄，在他看来无关紧要。这才是一个人真正的不凡之处！

快乐的心情只是人对外界信息的感觉而已，不同的人对快乐的感受程度不同，对环境与物资的需求、依赖的感觉也就各有不同，锦衣玉食未必能使人心情快乐；困苦的日子未必就让人心情苦恼；一个达观的人不会关注自己在社会中属于哪一阶层；一个“上可以陪玉皇大帝，下可以陪田院乞儿”的人，才是真正的非凡之人！

这有证据：六年之后，苏东坡接到复其衔朝奉郎的诏令，任登州军州事后，给王巩的书简中说：“谪居六年，无一日不乐，今复促令作郡，坐生百忧。正如农夫小人，日耕百亩，负担百斤，初无难色，一日坐之堂上，与相宾飨，便是一厄。”

赞哉东坡！

现在的苏东坡才是最接近平民的，回归了他最可爱的本来面目，国人、文人大都由心里赞美他：篱边采菊、牛背横笛、渔樵吟唱、田垄吟诗等，也许这就是我们内心深处的自己吧。

在此之后的几年里，苏东坡将这样活在我们心底的赞美声中。

45　三教合一贯太虚

“乌台诗案”令苏东坡经历了惊心动魄与死里逃生，如果说这种经历都不能使他接受教训，只能说这位拗文人的执拗劲要超过“拗相公”了，苏东坡是怎样看待自己目前的处境呢?

苏东坡在《黄州安国寺记》中做了详尽的记载：

> 其明年二月，至黄。舍馆粗定，衣食稍给，闭门却扫，收召魂魄。退伏思念，求所以自新之方。反观从来举意动作，皆不中道，非独今之所以得罪者也。欲新其一，恐失其二。触类而求之，有不可胜悔者。于是喟然叹曰：“道不足以御气，性不足以胜习。不锄其本，而耘其末，今虽改之，后必复作。盍归诚佛僧，求一洗之？”得城南精舍曰安国寺，有茂林修竹、陂池亭榭。间一二日辄往，焚香默坐，深自省察，则物我相忘，身心皆空，求罪垢所从生而不可得。一念清净，染污自落，表里翛然，无所附丽。私窃乐之。旦往而暮还者，五年于此矣。

从上文中可以看出，苏东坡行程月余到达黄州，虽然人生地不熟，但吃住还是没有问题的。像苏东坡这样的全国名人，真的是“天下谁人不识君”？于是，宾客还是不断，以至需要自觉“闭门却扫，收召魂魄”。这里的“收召魂魄”无非是东坡自己修身养性之意。

这是北宋皇帝在宣布对苏东坡的处分决定时的明令：“黜置方州，以励风俗，往服宽典，勿忘自新。”

不让工作，又不许“乱说乱动”，看来苏副使是被送来接受“再教育”了！

但苏东坡自我反省，却难以明白自己究竟做错了什么。经过不停地反思，他才算知道自己“从来举意动作，皆不中道”。冰冻三尺非一日之寒，东坡心中有数，自己得罪权贵也不是“今之所以得罪也”。所以，怎么办？洗心革面，重新做人？

不行！“欲新其一，恐失其二”，有得必然有失！苏东坡感叹自己“道不足以御气，性不足以胜习”，就是说他道行还不足以忍气吞声，性情暂时还战胜不了习惯，“不锄其本而耘其末”，则是表示自己没修炼到家，强行管住自己的口舌笔锋，属于本末倒置；“今虽改之，后必复作”则表达了自己肯定会屡教不改，继续作案；最后感叹干脆差归诚佛僧，求一洗之吧，此谓：放下“秃笔”，立地成佛也！

所幸当时的黄州太守徐君猷很照顾苏东坡，知道这位团练副使是奉诏不干工作，合法带薪休长假，就给他安排了一套“城南精舍”，上头下放来的官员总要照顾一二。

苏副使的新公寓在定慧院，后移居安国寺，里面自然环境还说得过去，“有茂林修竹、陂池亭榭”，苏副使“间一二日辄往焚香默坐，深自省察，则物我相忘，身心皆空”，这是说，让苏大人自己在这儿做思想斗争吧，但即使让苏大人四大皆空也没有用，还是“求罪垢所从生而不可得”，看来让灵魂深处自省很不容易！

化外佛家圣地，环境改造俗人。“一念清净，染污自落；表里翛然，无所附丽”，然而，被改造的“下放官员”苏东坡最会苦中求乐，竟然“私窃乐之”。这简直是住进了疗养院！

进得三宝殿，却非烧香人！住在寺院的人未必就成了和尚。

苏东坡由京师来到黄州，并非像一些师者们说的那样落魄、穷困潦倒。东坡在笔记中哭穷，那是他在与做太守时的风光相比较得出的结论，算不得真实写照。证据是，哪有穷人发配还羡慕人家能随身携带几名侍女的？

苏东坡于元丰三年（1080年）一月赴黄州，途经麻城岐亭，赠陈慥一首《临江仙·细马远驮双侍女》：

（龙丘子自洛之蜀，载二侍女，戎装骏马，至溪山佳处，辄留，见者以为异人。后十年，筑室黄冈之北，号静庵居士。作此纪之。）

细马远驮双侍女，青巾玉带红靴。溪山好处便为家。谁知巴峡路，却见洛城花。

面旋落英飞玉蕊，人间春日初斜。十年不见紫云车。龙丘新洞府，铅鼎养丹砂。

诗人由别人想到自己，却叹新洞府中轮到了自己“铅鼎养丹砂”。东坡作的这首词虽透出几丝不平之气，却也见几分“溪山好处便为家”之安逸。

安国寺中，苏东坡好似着迷上了青灯古佛，莫非暮鼓晨钟当真能唤回苦海梦迷人？

东坡不是世间名利客，经声佛号只能催促他深思人生的真谛。香烟缭绕中，诗人逐渐获得了心灵上的真正安宁，武职的东坡在文学修养上开始升华，他之后的作品明显疏远了政治，融入了可爱的大自然。

由于自小的熏陶，苏东坡原本就喜欢道家，这也许是诗人的天性使然，东坡骨子里有一种庄周的潇洒与超脱。和尚庙中，团练念开了佛经，攻读起禅义，研究起易理，复习起儒学。

集三教的学问于一身，这或许是苏东坡塑造自我的起步。苏东坡将水火相容，又注入了一股天地真气，三者合一贯太虚！

佛教禅理和儒家思想与水火相似：儒家务实，佛法务虚。若是大家都来当和尚，则人类必然绝种灭亡。

在佛家看来，人生既然只是一种幻觉，当然可以置社会而不顾，一切空空才是佛家的真谛；而儒家则是极力改造人们的思想为现实服务，时刻教导百姓要下级服从上级，各个阶级安分守己，做好自己该做的事，社会才能和谐有序，这两家高论其实水火不相容。

苏东坡自幼被灌输的是儒家大道，这是文人的骨头，改变怎易？但中年后的苏东坡却把佛理拿来做血肉，用来柔和自己的灵魂，吸进与吐出的却是一股道家清气。他在行动上也是尽量适应自然，笑对生死。万物归无极。

可以说，格格不入的三家之论，在苏东坡身上和平共处了，这是否就是矛盾的统一？

此时的苏东坡，行文似乎也有矛盾之处。在他给朋友的书信中，对自己的描述有些判若两人。

在给挚友李常的信中，苏东坡这样写道：“吾侪虽老且穷，而道理贯心肝，忠义填骨髓，直须谈笑于死生之际，若见仆困穷便相于邑，则与不学道者大不相远矣……看讫，便火之，不知者以为诟病也。”

时任参政谏议执事的章子厚，曾经写信劝过苏东坡要认清形势，改过自新。对这位朋友，东坡写了一封非常真诚的回信，悔过之意，溢于言表：“平时惟子厚与子由极口见戒，反复甚苦，而轼强狠自用，不以为然。及在囹圄中，追悔无路，谓必死矣。不意圣主宽大，复遣视息人间，若不改者，轼真非人也……与病狂之人蹈河入海者无异。方其病作，不自觉知，亦穷命所迫，似有物使。及至狂定之日，但有惭耳。而公乃疑其再犯，岂有此理哉……”

可以看出，大难不死的苏东坡圆润多了。

46 孤独诗客暂时的清闲

苏东坡与儿子远离家人独居黄州达四个月，家人由弟弟苏辙带领来到黄州，这是远途搬家，而非轻松旅游，苏辙要带着两家几十口人乘舟南行，前往遥远的江南新任高安酒监。

依照林语堂先生介绍，酒监的职位并不像我们想象得那么好，只相当于官营的一个酒馆经理而已。也有学者认为，酒监是北宋朝廷专门设置的监督官员酗酒问题的人。

老孙认为不是如此。没有史料证明宋代政府曾开办“官营酒馆”。宋代朝廷不监督官员饮酒，只是对酿酒的作坊设官员管理而已。

两家人在九江分别，苏辙把全家留在九江等候，自己去送哥哥的家眷。他带着嫂嫂王闰之及朝云还有两个孩子，顺长江西行前往黄州，直到当年五月二十九日才与哥哥重聚。

黄州地处长江边，在宋代还是个相对偏僻的地方，气候潮湿多雨，小城人民穷陋。

苏东坡来到黄州第一件事，当然是向黄州太守报到。幸喜黄州太守徐君猷十分钦佩苏东坡，甚为热情地接待苏东坡，并常以酒宴相邀；不远的鄂州朱太守是苏东坡的旧友，常送来酒食。所以，虽然与寺院的僧侣搭伙吃饭，苏东坡还是能不断佳酿、荤腥。

在等待家眷四个月的时间里，苏东坡的日子过得安逸舒适，既不用早起点卯，也不需夜晚加班，每日早睡迟起，雨浓听涛于江岸，日高漫步于林间，喜好探胜寻幽的苏东坡，不会老纠缠于乌台噩梦，而是在享受生活："难得'殷勤昨夜三更雨，又得浮生一日凉'。"

与遭受牢狱之灾前相比，苏东坡的心情还是有所不同的。苏东坡在湖州任上仅三个月即被捕，其间曾作一首《南歌子·山雨潇潇过》：

山雨潇潇过，溪桥浏浏清。小园幽榭枕苹汀。门外月华如水、彩舟横。

苕岸霜花尽，江湖雪阵平。两山遥指海门青。回首水云何处、觅孤城。

欢快的湖州太守眼中，"月华如水、彩舟横"江中，意气风发"回首云水何处"，神游天边"孤城"！

次年二月，苏东坡刚到黄州，填词《南歌子·感旧》，文笔相近，意境却大异：

寸恨谁云短，绵绵岂易裁。半年眉绿未曾开。明月好风闲处、是人猜。

春雨消残冻，温风到冷灰。尊前一曲为谁哉？留取曲终一拍、待君来。

此时的东坡虽有“绵绵”“寸恨”，却能“闲处”沐浴“明月好风”，只是眼前的“春雨”能“消残冻”，实难消解内心深处的思亲之情，以至宴席酒歌难欢畅，口边咽下“曲终”之末句，以待他日君来。

此时的苏东坡思念的是亲人，需要的是朋友。

以前的苏东坡善于忙里偷闲，现在则是苦中求乐。扔不掉笔杆的苏东坡在此期间更有佳作。不过，一样的歌曲，各人唱出的感觉则不同，同样的诗词在不同的人眼里，意境也是各有体会。

此期间的苏东坡，曾在黄州定慧院寓居作《卜算子·黄州定慧院寓居作》，词牌下有黄庭坚（鲁直）题跋作注：“东坡道人在黄州时作。语意高妙，似非吃烟火食人语。非胸中有万卷书，笔下无一点尘俗气，孰能至是。”

> 缺月挂疏桐，漏断人初静。谁见幽人独往来，缥缈孤鸿影。
>
> 惊起却回头，有恨无人省。拣尽寒枝不肯栖，寂寞沙洲冷。

不评论黄庭坚对东坡《卜算子·黄州定慧院寓居作》的赞誉，老孙认为，此词中的苏东坡尽显一派凄冷神色：眼中一片疏桐枝头，冷挂一弯缺月，耳边更漏初断，万籁无声，词人幽幽，独自往来于初静时分，似孤鸿影吊，思绪缥缈！

词人回头往事，不觉惊起心中有恨，奈何寥落黄州，无人晓得其之怨苦，情寄寒枝，沙洲冷落，拣尽疏林梢，却难觅栖处，只因拣不尽那无尽的寂寞！

不少名师专家、后世文人墨客，大都断定被贬谪荒远的苏东坡此刻政治失落，情绪颓废，家境困苦，食居无着，只得寄居寺庙，寄情于文墨，着迷于宗教，以求为重伤的心灵找到一点儿寄托。

实际上把官位视作腐鼠的东坡，怎会在意地位的高下？远离了朝中的喧嚣，几乎等同于洗净了一身泥污。居宿林间山寺，苏东坡求之不得，这等于在洗涤诗人的心灵，东坡是在“暮鼓晨钟洒心雨，经声佛号化冰清”。

苏东坡自己承认，“俸入所得，随手辄尽”。也就是说，苏东坡不善理财，薪俸发下来便顺手花光。可见苏东坡既不在乎权位，更不在意金钱。最使苏东坡牵挂的是什么？是亲情、友情，或者还有爱情。此时，弟弟、儿子及妻子闰之与小妾朝云还在风霜旅途。

苏东坡初到黄州时给朝中的章子厚的信中说，苏辙家产远不如自己，应是被众多子女拖累而致。其实当时的清官没有不穷的，贪官没有不富的！

苏东坡的原信《与章子厚书》摘要：

……而子由有七女，债负山积，贱累皆在渠处，未知何日到此。见寓僧舍，布衣蔬食，随僧一餐，差为简便，以此畏其到也。穷达得丧，粗了其理，但禄廪相绝，恐年载间，遂有饥寒之忧，不能不少念。然俗所谓水到渠成，至时亦必自有处置，安能预为之愁煎乎？初到，一见太守，自余杜门不出。闲居未免看书，惟佛经以遣日，不复近笔砚矣……

粗看东坡的哭穷，甚至最怕家眷来到黄州，些许薪俸不免养家难，自己布衣素食，随和尚蹭饭，怎么都好说，只怕全家一到，“遂有饥寒之忧”，只能盼着“车到山前必有路”吧，总不能为将来的贫穷，现在就开始发愁吧？

自己这“下放官员”，到黄州报到之后，一直闭门不出，在家光看书不写字，厌倦时有佛经解闷，不再动用笔砚了。

这里，苏东坡把自己描绘成老实接受改造的乖孩子，实际上并不是如此。苏副使经常出门散步，也不断赴宴欢酒，笔砚中出笼的诗词一篇也没少，看来没有每天“惟佛经以遣日”。苏东坡这是在有意给京师塑造形象而已。

这也说明，在凤翔结识的好友章子厚，现在已经投身到新政一派，与苏东坡的关系出现隔阂，苏东坡已经不能与之赤裸坦诚地交心了。

苏东坡成了一块吸引文人的磁石，在黄州，他很快告别了寂寞凄冷，除了妻妾双全的温暖之家外，苏东坡的其他挚友诗客也陆续来到黄州，有些人竟是专为陪伴苏东坡而来。

47 适合人类居住的“城市”

苏东坡全家来到黄州，苏东坡的僧侣生活自然就结束了。徐太守给苏轼一家安排的新居是一所靠近江边的官方驿亭——临皋亭。

对于临时新居，苏东坡这样描述：“……寓居去江无十步，风涛烟雨，晓夕百变。江南诸山在几席，此幸未始有也。”

看来从不大在意生活环境的苏东坡对新家甚是满意，给好多朋友的信中都提到了临皋亭：“临皋亭下不数十步，便是大江，其半是峨眉雪水，吾饮食沐浴皆取焉，何必归乡哉！江山风月，本无常主，闲者便是主人。问范子丰新第园池，与此孰胜？所不如者，上无两税及助役钱耳。”

信中提到的范子丰是范镇的儿子，可以想象接到此信的范子丰啼笑皆非的神色。被贬谪僻壤的苏东坡，竟然在得意地夸耀自己不用缴纳两税规费！

虽然是调侃的意味，却也可见苏东坡此时的心境：能超脱到以江山风月的主人自居，谁能不佩服，进而羡慕这位自称闲者的诗人？

诗人也需要吃饭，历来“进口”重于“出口”，妻妾儿女一大家人的苏东坡首先要考虑的，是全家的生计。

这时的苏东坡好像突然成了理财专家，成了一个合格的家长。

“理财专家”苏东坡开始用诗人的风采，计划全家的经济支出，在给弟子秦少游的信中，苏东坡得意地夸耀自己管理家庭财政的水平：“……初到黄，廪入既绝，人口不少，私甚忧之。但痛自节俭，日用不得过百五十。每月朔，便取四千五百钱，断为三十块，挂屋梁上。平旦用画叉挑取一块，即藏去叉。仍以大竹筒别贮用不尽者，以待宾客。此贾耘老法也。度囊中尚可支一岁有余，至时，别作经画，水到渠成，不须预虑。以此，胸中都无一事。”

也就是说，苏东坡现在还有铜钱积蓄五六万之多，每天挥霍一百五十文也能坐吃山空一年有余，一百五十文钱在当时的黄州能买多少东西呢？

那时的黄州地区盛产橘子、柿子等果品，地处江边，水运方便，运费低廉，一斗米大约才值二十文；羊肉味美不亚北方的牛肉；鹿肉甚贱，鱼蟹几乎不论钱买，尤其便宜的是猪肉！

当时的猪肉能便宜到何种程度呢？据后世文人笔记中载，苏东坡曾作打油诗《猪肉颂》一首，来纪念黄州的猪肉价廉物美：

黄州好猪肉，价贱如泥土。
贵者不肯吃，贫者不解煮。
早晨起来打两碗，饱得自家君莫管。

上面的打油诗的确没有一丝东坡的气息，估计是后人牵强附会硬栽到苏副团练身上的，这可能是因为苏东坡一生都对猪肉情有独钟，所以流传下来许多好玩的段子，都和猪肉有关。

据载，苏东坡发现黄州猪肉便宜之后，喜出望外，亲自操刀，宰猪烹饪，与友人共享，于是当地老百姓就将苏东坡做的肉称为“东坡肉”。

此载有令人疑问之处，据《善诱文》记载，自从苏东坡在乌台狱中被鱼惊吓留句“魂飞汤火命如鸡”之后，再不食活物。并不是说苏东坡就此戒荤腥，而是苏东坡只吃别人宰杀好的鸡鸭鱼肉。这有点儿掩耳盗铃的幽默：哪有生吞活物的狠人？

对此，苏东坡的解释极为有趣。自己只不过是把肚皮施舍给了生灵，做它们的棺材而已，让那些牲畜家禽安葬于学士腹中，也不算折辱了它们——最高明的食肉者宏论！

今天“东坡肉”名扬华夏，尤以杭州为最，大家也都承认，这是苏东坡后来任杭州太守时所发明的绝佳的猪肉烹调食品。其实对猪肉的做法，苏东坡早就精通，见载始于徐州太守时。

根据《徐州文史资料》《徐州风物志》《徐州古今名馔》等文中记述，苏太守领导的抗洪救灾胜利，全城百姓感谢苏东坡治水有方，实乃与徐州人民共悲欢的好官员，纷纷杀猪宰羊，担酒携菜上门慰劳。

苏太守推辞不掉民众的盛情，便收下猪肉，并亲自指点家人制成红烧肉，再回赠给参加抗洪的百姓。民众食后，都觉得此肉肥而不腻、酥香味美，一致称此肉为“回赠肉”。此后，“回赠肉”在徐州一带流传，并成为徐州传统名菜。

黄州期间的苏东坡确曾亲自动手烹饪红烧肉，并将经验写入《食猪肉诗》中，“东坡肉”就此得以发扬光大。

后来苏东坡重回杭州任职当地长官，组织民工疏浚西湖，筑堤建桥，使西湖旧貌换新颜。杭州的百姓体谅苏东坡辛苦不亚于徐州民众，也是抬猪担酒来给他拜年。

苏太守收到后，还是重复昨天的故事，指点家人将肉切成方块，烧得红酥酥的，然后分送给参加疏浚西湖的民众品尝，大家吃后无不称奇，从此把他送来的肉都亲切地称为“东坡肉”。

可见，“东坡肉”奠基于徐州，发展于黄州，成名于杭州，辉煌于当时。

东坡喜欢肉食还有一证，他的居处喜欢栽些青竹，曾作诗《于潜僧绿筠轩》：

> 可使食无肉，不可居无竹。
> 无肉令人瘦，无竹令人俗。
> 人瘦尚可肥，士俗不可医。
> 旁人笑此言，似高还似痴。
> 若对此君仍大嚼，世间那有扬州鹤？

后来人们将此诗演化，成了如此模样：“无竹令人俗，无肉使人瘦，不俗又不瘦，竹笋焖猪肉。”

此诗演化得甚为有趣，将雅俗物结合在一起，不管东坡是否议论过竹与猪，能以肉对竹入句诗词，可见东坡吃肉几乎成瘾。

黄州这方风水宝地，景色优美，交通便利，环境肯定也是从未被污染，更难得米粮鱼肉物价如此之低，如果参评“适合人类居住的城市”，其当入选无疑。

从居住到饮食，初到黄州的苏东坡几乎如同旅游休假，不过这情形不会长久，被贬就是被贬，北宋朝廷下放官员的目的，就是让其反省自己的言行，改正身上的问题。苏副团练还是扑下身子务农去吧。

48　东坡居士的诞生

“东坡”这个字号之所以能得以流传后世，就是因为团练苏副使在黄州办私人农场的缘故。二十年来，一直追随苏东坡的好友马梦得（字正卿），给苏东坡弄到了几十亩荒地，是为了帮助苏东坡养家糊口还是支持他躬耕田陇老实反省？兴许二者俱有，因为苏东坡之前常称愿意辞官做农人，马梦得此举，这大概也是为了照顾苏东坡的心愿吧。

这块地位于黄州城东不远，地处东坡。据《二老堂诗话》载，苏东坡一向欣赏唐代大诗人白居易。当年白居易任忠州刺史时作有一首《步东坡》中有句：

> 朝上东坡步，夕上东坡步；
> 东坡何所爱，爱此新成树。

忠州、黄州两地时隔不同朝代，却都是诗人被贬之地，凑巧又都是在两州城东，所以苏东坡就给这块荒地起名为“东坡”，并干脆自号“东坡居士”。

无心插柳柳成荫，黄州城东的这片荒地身价陡增，估计今天成了绝对的黄金地段！

东坡居士此时的境遇真的不易养活全家，现在已经有十几张嘴等着吃饭，除了大儿子苏迈，还有两个儿子苏适和苏过，一个十二岁，一个十岁；除正妻王闰之外，据苏东坡自己札记中说“有妾数人”。传说苏东坡的妾室有七人，其中朝云最漂亮、最聪明、最年轻。

此传说没有考证价值，就算作通判、任太守时有过几个侍妾，估计此时也必然散去了。宋代的侍妾几乎是一种临时职业，可以辞职不干，这种职业的人一般可以同享乐不能共患难。

据史载，苏东坡老年被贬惠州时，几个侍妾都离他而去，只有爱妾朝云随同。

其实苏东坡中年时围绕在他周围的女人，大都算不上侍妾，据《轩渠录》中记载，苏东坡家中的女人多是歌舞伎，用来照应客人的，苏东坡把她们戏称为“搽粉虞候”。

虞候——官员们的跟班是也。被发配到黄州改造的苏东坡，怎会为自己配备这样的人？

即便如此，东坡居士支应全家的开销也是相当拮据的，而且《避暑录话》中有“子瞻既绝俸，而往还多贫者”的字样，绝俸不合常理，但这时与苏东坡频繁往来的都不是富豪是肯定的。

这个给东坡弄到开荒土地的马正卿，几乎相当于苏东坡的家庭成员，二十多年始终陪伴着苏东坡，是其铁杆粉丝，也是位能陪同偶像共患难的宋代追星族。苏东坡曾在诗中感叹：“可怜马生痴，至今夸我贤。”

家中还养着一人，就是东坡的眉山同乡，名叫巢谷，特意来担任苏东坡孩子们的家庭教师；再有苏东坡的大舅哥，现在也在苏家生活；弟弟苏辙的几个女婿也轮流来此探望他。这样，东坡居士的家中还要多算上几口人需要供养。

造成经济紧张的原因还有一大项——接待客人。

据《避暑录话》中载："子瞻在黄州及岭表，每旦起，不招客相与语，则必出面访客……"这就是说，现在的东坡居士还是个不甘寂寞的名誉居士，家中不来宾客，心中难受，就主动出去做客。

现在苏东坡家中的客人大多是些稀奇古怪的人物，其中有两个闲云野鹤般四海遨游的道士。因为这时的苏东坡对长生的奥秘甚感兴趣，听闻道士们对这类事情很有研究，所以游方道长成了苏家的常客。

其实，说白了，这些野鹤道士有点儿像流浪四方的乞丐，但是乞丐如有才，神仙也难挨。与苏东坡交往的乞丐道士自然都有点偏才，除了研究长生大法外，一般还兼职文人墨客的身份，东坡居士是躲不过"出血"做施主的。

除了道士，苏东坡还乐意招揽和尚。做这职业的人也是白啃别人的主儿。诗僧参寥子在这期间看望东坡，在苏家住了一年之久，应该都是苏东家管饭的。

东坡最好的朋友是陈慥，当年苏东坡在凤翔曾和他父亲陈公弼虽不是一个系统的上下级关系，却同陈太守的儿子结成了莫逆之交；恰巧此时陈慥的家离黄州不远，两人自然来往不断。有关这陈慥与东坡的逸事咱们后面还要专文细讲，这里专说接待。两人频繁地相互做东是免不了的。

基本上可以这样说，苏家的宾客几乎从未断过。有段日子东坡得了红眼病，大概意识到这病传染性极强，就闭门拒客休养了一段日子，结果差点儿招得好友前来开追悼会吊唁他。

有这样一段“警世名言”：如果你打算一天不安生，那就请客一次；准备劳累一个月，就装修房子；打算辛苦一年，就动工盖房子；想要麻烦一辈子，那就找个小老婆！

很不幸，这几样苏东坡占全了！

苏东坡几乎天天请客；装修房子自己动手；当年在东坡动工盖房子，直到次年二月才在雪中竣工，因此起名为“雪堂”；小老婆就是侍妾，朝云不就是吗？

所以，东坡的麻烦天天有、月月有、年年有、一生有！解释一句，朝云这个小老婆却是找对了，在日后帮苏东坡解决了不少麻烦，可见警世名言也不是全对，也有例外时。

这样一看，苏东坡的收支入不敷出就成为必然，解决赤字唯有开源节流，这两项措施苏东坡都采取了。

节流简单，除了前面介绍过的，苏东坡把每月的消费资金四千五百钱分成三十包，挂在梁上，每天按既定计划叉下一包花光外，又自行规定：“东坡居士自今日以往，早晚饮食，不过一爵一肉，有尊客，盛馔则三之……”

节俭的生活依旧能称为幸福生活，看你的指导理论基础是什么，如果按照“忙时吃干，闲时吃稀，不忙不闲，半干半稀”的理论，苏东坡现在的生活应该属“浪费等于犯罪”的奢侈生活了。不过东坡的理论好像更高明些：“一曰安分以养神；二曰宽胃以养气；三曰省费以养财。”

办东坡农场就是开源。苏东坡筑水坝，建鱼池，整荒地，种蔬菜，甚至自打水井灌溉庄稼，高地播种小麦，低洼储水栽稻，一派“火红的年代过火红的日子”的景象，“自己动手，丰衣足食！”

庄稼活，不用学，人家咋着咱咋着。苏东坡虚心向当地老农请教种植技术。一位有经验的老农告诉他，小麦耐旱，应该种在高处，天暖麦苗疯长，就必须让牛羊啃去初茬。冬尽春来，重新钻出的麦苗才能茂盛粗壮，才能丰收。

东坡以此照做，等到小麦收获，果然如此，苏农民对老农无限感激。

当农民的日子好过吗？苏农民回答："把俺的脸晒黑了！"有苏诗《次韵孔毅父久旱已而甚两三首》中的诗句为证：

去年东坡拾瓦砾，自种黄桑三百尺。
今年刈草盖雪堂，日炙风吹面如墨。

做农民的心情舒畅吗？苏农民回答："种地的感觉好极了！"也有上面苏诗中的诗句为证：

沛然例赐三尺雨，造物无心怳难测。
四方上下同一云，甘霔不为龙所隔。
蓬蒿下湿迎晓耒，灯火新凉催夜织。
老夫作罢得甘寝，卧听墙东人响屐。
奔流未已坑谷平，年苇枯荷恣漂溺。
腐儒粗粝支百年，力耕不受众目怜。
破陂漏水不耐旱，人力未至求天全。
会当作塘径千步，横断西北遮山泉。
四邻相率助举杵，人人知我囊无钱。

49　一首短诗留下两个成语

陈慥，字季常，自号龙丘先生，在凤翔时与苏东坡结成好友。现在两人居住近了，相互走访是自然的事，不过陈慥的家境要比苏家优越许多，也幸福许多。幸福的主要因素是陈慥娶了个能给他带来幸福感的强势太太。

这种幸福生活在今天司空见惯，但在宋代属比较难得一见。陈慥的夫人是位天才般的丈夫管理者，这直接导致陈慥惧内之名名震一方，甚至后来名垂千古！这就要感谢苏东坡了。

我们的文里有大量成语，所谓成语就是大家给予认可，并且能表达丰富意思的词。一般每个成语背后都有一个典故，或者说是故事，就像大家现在读到“折戟沉沙”这个词会想到杜牧，继而联想到的大概还有东坡的《赤壁怀古》。

有个现在不大常用的成语：季常之痛；有个常用的成语：河东狮吼。两个成语都出自苏东坡与这位龙丘先生陈慥。

陈慥是个极不安分的人，喜好宴请各类宾客，尤爱蓄纳歌伎舞女。偏陈夫人柳氏是个大醋坛子，最怕丈夫接触异性，影响了两人之间的感情。

夫妻之间，爱得越深管得越严。陈慥接受了多次再教育，时间一长，也就习惯成自然了，他也就逐步被锻炼成名噪大宋的“妻管严”名人。

苏东坡常邀陈季常出门游玩，柳氏担心丈夫与妓女调情鬼混，一般是防患于未然，不准他乱说乱动。可怜的丈夫只有指天发誓，如他在外与女人寻欢作乐，便认罚认打，柳氏又碍着苏东坡的面子，只好揪着心答应。

可惜这柳氏简直是阿加莎·克里斯蒂[①]的前生，侦查能力极强，只要老公做了坏事，没有一次能瞒过老婆。柳氏发现老公果然违誓，公然堂而皇之招女郎陪游，回来当然要动用家法。

陈慥最怕老婆的铁手铜牙，只能苦苦哀求，表示从此改过自新，重新做人。根据坦白从宽的原则斟酌，柳氏对他的责罚很多时候被改判为在池边罚跪。

苏东坡来访，看到陈季常这副辛苦样子，实在替好友不忿，又觉得男子汉大丈夫受这等耻辱，的确好笑，便经常讲些“夫为妻纲”的大道理给柳氏听。岂知夫妻之间的家务事，佛祖也插不得手，反而使柳氏觉得是苏东坡把丈夫教坏的，索性多次将丈夫软禁在家，有时一关就是月余。

据《墨庄漫录》记载，陈季常也是位爱面子的大丈夫，便推说身体不适，在家养病，老实了一段时间。但陈慥素来以善于养生闻名一方，“自谓吐纳有所得”，这久病不能痊愈、养生没能养胆气，却瞒不过东坡。苏东坡鉴于好友身体倍儿棒，吃饭倍儿香，却托病不出家门，便修书一封寄给了“病”中好友，书中

① 注：英国女侦探小说家，剧作家。代表作《东方快车谋杀案》《尼罗河上的惨案》等。

曰："审柳夫人时须用医药，今已平安否？公暮年来想渐求清净之乐，姬媵无新进矣！今一病弥月，夫人复何所念而致疾耶？"从此"季常之疾"便成了惧内的代名词。

陈慥也是诗文俱佳之辈，又素以饱读禅学自得，偏学问不壮男儿胆，只要听到妻子轻咳一声，便觉声如雷鸣；夫人大吼一声，龙丘居士竟然会浑身发抖，拄不住手中拐杖，实在是天性如此，众人都知道不可救药了。

苏东坡也无奈了，只得写了首打油诗给惧内的好友，一来调侃陈慥如此怕妻，二来也有对柳氏不满之意，诗《寄吴德仁兼简陈季常》中曰：

> 龙丘居士亦可怜，谈空说有夜不眠。
> 忽闻河东狮子吼，拄杖落手心茫然。

柳氏乃河东人士，诗中的"河东狮子"则意指柳氏，后人用"河东狮吼"四字来形容妻子凶悍，陈季常也幸运地凭借"夫以妻凶"而名传千古也。

有好事文人专门创作了《狮吼记》戏剧，将这感人的"爱情恐怖剧"搬上了舞台，剧中"跪池"一折，便是专讲柳氏的故事。

剧中给了人们陈季常为什么这样服从管教的合理答案。原来柳氏在陈季常当面撒谎之时，边哭边道出训夫秘诀："若还违拗些，天吓！我不刎便吊！"

一哭二闹三上吊，女人之"法宝"，一经祭出，所向披靡。大丈夫闻之，谁能不丧魂落魄？

不过话说回来，如果柳氏照古礼为妻之道去做，对丈夫百依百顺，任由陈慥浪荡，恐怕不会有好结果，还不如"河东狮吼”“妻管严”呢。

相比之下，苏东坡的家庭生活是另一种幸福，苏诗人曾专门留句：“子还可责同元亮，妻却差贤胜敬通。”

敬通便是著名的东汉学者冯衍的字号。苏东坡在这句诗后加注脚说：“仆文章虽不逮冯衍，而慷慨大节乃不愧此翁。衍逢世祖英容好士而独不遇，流离摈逐，与仆相似，而其妻妒悍甚。仆少此一事，故有胜敬通之句。”

看来，苏东坡一生先后三个妻子，却没遇上一个凶悍嫉妒，这不能不说是作为丈夫的幸运。

可以推定苏东坡妻子王闰之没有这“河东狮子”的威风。这时，杭州时买来的丫鬟朝云早就升格为妾。朝云十二岁入苏门，现在已经长大成人，年方二十一，而且天资极佳，在刚身归苏门时，不少人为她作诗，把她描写成多才多艺的杭州歌伎。

但实际并不如此，从苏东坡写的文字上看，朝云是来到苏家才开始学习读书与写字，之后成为才女乃是出自苏门，也可以说，她是苏东坡亲自教出来的女弟子，亲自训练出来的红颜知己。

黄州时的苏东坡可能没有了杭州通判时的声色雅趣，一段时期，他更喜欢独自行动。这时的苏东坡更像身居世外的陶渊明，芒鞋竹杖而行，与渔樵为伍，消磨一日的时光。

有时他也会被醉汉东推西搡或粗语相骂，但诗人却以此为乐，醉了随地而卧，美美地在草地上睡一觉，自称“自喜渐不为人识”。

是苏东坡老实接受改变了？绝非！接受改造的苏东坡有时竟趁酒性私宰得病的耕牛，结伙酗酒至晚，有夜晚翻越城墙跑回家的不良记录。

有时东坡也雇一叶小舟，过江去看朋友，逢上风雨江面不能回家，便在外住上数日。这是北宋朝廷法令绝对不允许的行为。

50 一个和尚与两个诗人

要清楚苏东坡初来黄州那几年的心境，从两年后苏东坡的一首短诗中可以感觉到。

神宗元丰六年（1083年），东坡的爱妾朝云生了一个儿子，起名遁儿。生下三天后洗礼，苏东坡写《洗儿诗》一首，以纪念或者说自嘲：

> 人皆养子望聪明，我被聪明误一生。
> 惟愿孩儿愚且鲁，无灾无难到公卿。

望子成龙乃为人父母之天性，世上少有巴望着自己的孩子愚且鲁的，这里诗人把情形给形容反了：只有又愚又鲁的孩子，才能无灾无难到公卿。这就是此时苏东坡眼中的北宋朝廷，多么令人无奈又悲哀的现实！

苏东坡也在这里给自己被误一生定了因由，是被自己的聪明所误，所以才接受教训，不认同“人皆养子望聪明”的行为，唯愿自己的孩儿愚且鲁！

查慎行在《补注东坡编年诗》中说："诗中有玩世疾俗之意。"

不大对头！东坡这哪是在玩世疾俗？简直是在直接指责北宋朝廷的用人政策呀。我们品味到的只有诗人的痛心，甚至连惯有的超脱也都没有了！看来苏团练并没有从"乌台诗案"中接受教训。

对于处在此时状态中的苏东坡来说，北宋朝局已是远在天边的事情。但是，此时的苏东坡已不是刚出道的"愤青"，心理成熟程度甚至逾越了生死大关，偏偏骨头里并不安分，这需要有一种洒脱的行为来消解别人看不到的郁闷，这时候，道士与和尚帮了忙。

在黄州的苏东坡，开始花费更多的时间来研读佛经，也许他想从佛经里寻找缥缈的来世。只不过有些想法，老孙却难以得到解释。莫非爱吃猪肉的苏东坡，那时也听说过"酒肉穿肠过，佛祖心中留"之名言吗？

很难想象苏东坡一手攥只红烧猪蹄，一手翻阅佛经的样子。不过，经老孙推理，这种镜头应该会有的。

估计苏东坡喜欢的还是沉浸在佛经前的那份恬静居多。从他在潮州韩文公庙碑中所说来看，他对人生的态度与佛法梵音几乎格格不入："浩然之气……不依形而立，不恃力而行，不待生而存，不随死而亡者矣。故在天为星辰，在地为河岳。幽则为鬼神，而明则复为人。此理之常，无足怪者。"

这哪有一点儿尽今生修为以求来世的影子？

苏东坡大量阅读佛经，好像更多是为了研读禅理。苏东坡对禅学机辩的兴趣远远超过佛经本身。对于和尚这种专业宗教人士，苏东坡与之交往，大多是将其视为世外的朋友、文友、诗友。

前文提到过的道潜大、尚参寥子来到黄州，林语堂先生的《苏东坡传》中说他与苏东坡相识于徐州，二人一见如故，从此便开始了一生的交情。

经查并非如此。据宋人笔记《冷斋夜话》中记载："吴僧道潜，有标致，尝自姑苏归湖上，经临平，作诗云：'风蒲猎猎弄轻柔，欲立蜻蜓不自由。五月临平山下路，藕花无数满汀洲。'坡一见如旧，及坡移守东徐，潜往访之，馆于逍遥堂，士大夫争欲识面。"

当时东坡正通判杭州，这里的"坡一见如旧"中的"旧"字，应该不是见诗，而是见人才能"如旧"。后面的"及坡移守东徐，潜往访之"，一个"及"字，透露出东坡曾与参寥子在杭州会过面的信息，所以参寥子才能远赴徐州往访故人。

徐州苏太守安排老友居住在逍遥堂，士大夫们显然早就从太守口中得知这位诗僧的大名，所以才能"争欲识面"，假如一个普通的游方和尚来拜会太守，估计徐州的士大夫们难得理会这位来打秋风的出家人。

时间空闲、行动自由的参寥子，在黄州陪伴了苏东坡一年多，终究因不愿意远离俗友，干脆在长江对岸下游不远的九江庐山落脚。

道潜大和尚号参寥子，钱塘人，是中国历史上有名的诗僧，苏东坡特爱其诗，说其诗"无一点蔬笋气，体制绝似储光曦，非近诗僧可比"。

参寥子从余杭到徐州来拜望苏东坡时，苏东坡仅安排了老友于逍遥堂休息，自己还在官邸宴会宾朋同僚。苏东坡趁酒兴遣那位能模仿自己墨迹的官妓马盼盼，持纸笔去参寥子住处求诗，参寥子意走神驰，一挥而就《口占绝句》：

寄语东山窈窕娘，好将幽梦恼襄王。
禅心已作沾泥絮，不逐春风上下狂。

苏东坡见之大喜：“我尝见柳絮落泥中，私谓可以入诗，偶未曾收拾，遂为此人所先。”

据《冷斋夜话》中记载，当时“一座大惊，自是名闻海内”。这也从侧面证实，参寥子成为和尚中的明星是从那天开始的，在这之前，其大概还不为“士大夫争欲识面”。

另据《宋诗纪事》卷九一载，苏东坡曾以彩笺作墨竹赠官妓，参寥子因之而作《题东坡墨竹赠官妓》。

小凤团笺已自寄，谪仙重扫岁寒枝。
梢头余墨犹含润，恰似梳风洗雨时。

苏东坡后来曾作《参寥泉铭》一篇。其铭文：

在天雨露，在地江湖。皆我四大，滋相所濡。
伟哉参寥，弹指八极。退守斯泉，一谦四益。
予晚闻道，梦幻是身。真即是梦，梦却是真。
石泉槐火，九年而信。夫求何信，实弊汝神。

铭文中的“余晚闻道，梦幻是身。真即是梦，梦却是真”，即是苏东坡在追忆黄州时的一段梦境。

据载，神宗元丰三年（1080 年）东坡谪居黄州，参寥子不远千里去访，留期年。一日，东坡夜梦参寥子携诗来见，觉后只比其饮茶两句：“寒食清明都过了，石泉槐火一时新。”梦中苏东坡问："火固新矣，泉何故新？"参寥子师答："俗以清明淘井。"

近在咫尺，白天伴游尤嫌意未足，夜晚还要对诗斗嘴于梦中，可见诗人与和尚的交情非同一般。

此铭文得以问世，是因为哲宗元祐四年（1089年），苏东坡知守杭州，那时参寥子住在孤山智果精舍，在寒食那天接待了时任杭州太守的苏东坡。

苏东坡见"舍下旧有泉出石间，是月又凿石得泉，泉更清冽。参寥子撷新茶，钻火煮泉，适符九年前所梦"。苏太守感慨万千，提笔写下这离奇的《参寥泉铭》。

据说东坡还多次与和尚好友结伴渡江，登庐山游玩。僧俗相互斗文争艳，不过这些"据说"大都载于野史中，假如也能视作依据，那苏东坡多次远赴庐山却并非全是为了游山赏美景。庐山的开先寺中，还居住着另一位大名鼎鼎的和尚：佛印。

51 佛印大和尚的智商问题

前文中已经信手写过几件苏东坡与佛印的逸闻，但两人真正频繁交往却是从黄州开始的。

据载，佛印和尚是宋朝一位很了不起的高僧，以精通佛学、文学而名闻全国，高僧小时候就是一个神童，三岁能诵《论语》，五岁能诵诗三千首，后来则《诗》《书》《易》《礼》《春秋》五经皆熟，成人后更是精研诸子百家，出家后住云居山四十余年。苏东坡被贬谪黄州时，佛印正住庐山，因此常相往来。

佛印与苏东坡的往来大多是逸闻。所谓逸闻，无非是当时及后世的人把一些有趣的传说用笔记的方式记载下来，可信度大都需要斟酌。有些逸闻甚至不用推敲，便可以断定是好事者信口胡诌。

据说这位天才禅师还是个酒肉和尚，荤腥不忌，嗜酒能诗，与东坡之间的逸事大多与酒肉甚至妓女有关。

例如有一笔记中记载，佛印在苏东坡任职杭州通判时曾专门来访，那时朝云年方十三，还是丫鬟身份，在旁边陪同接待高僧。

苏东坡显摆自己的婢女多才，对佛印夸耀：“此女颇能对句，汝可出一对试之。”

佛印和尚不大相信，见朝云正隔纱纬半卧床头，于是即景出对：“碧纱帐里卧佳人，烟笼芍药。”

谁知佛印正在池边洗面，朝云随即答句：“青草池边洗和尚，水浸葫芦。”

对仗工整，出句诙谐，不动声色地调侃了这位头上“光葫芦”的佛印和尚。佛印啼笑皆非，却不大服气，于是继续出联测试：“无山得似巫山秀。”

大概瞧朝云稍有迟疑，苏东坡抢先答对：“何叶能如荷叶圆。”

得到这稍缓片刻的宝贵时间，朝云心中已有下句，对曰：“何水能如河水清。”

“无山”对“巫山”，“何叶”对“荷叶”，“何水”对“河水”，全都谐音相同，一位才子，一为高僧，一个丫鬟，三人对句竟能平分秋色，看来朝云也是位宋代女神童。

可惜这逸闻属杜撰，因为东坡的笔记记载，朝云初来苏门连字都不识，又怎能出口成章对句呢?

还有一个记载：佛印和尚曾专门顺长江来黄州苏东坡家做客，留宴东坡专门待客的雪堂，当地一位艺名月素的官妓，主动来做陪同。

大概苏东坡觉得召妓陪和尚有点儿不雅，便板脸相问：“尔来为何？”月素小姐欣然回答：“闻大人款客，故来侍宴。”

以被贬官员的地位招待佛家高僧，怎能让官妓陪宴？苏东坡准备谢绝这位姑娘的热情服务。但出于对女同胞的尊重，逐客也要找个说得过去的理由吧？于是苏大才子灵机一动，决定以自己最擅长的文采难退这位风尘中的姑娘："我有一令，道得出许坐。不然请回。"

作为主人的苏东坡出了道难题：

酒又香，肴又馨，不唤自来是青蝇。
不识人嫌生处恶，撞来楚上敢营营。

佛印和尚不甘示弱，续令：

夜向晚，睡欲浓，不唤自来是蚊虫。
吃人嘴脸生来惯，楞腹贪图一饱充。

谁知月素也非凡品，顺口答妙句：

绮筵张，日将暮，不唤自来是月素。
红裙一醉又何妨，未饮哽论文与句。

东坡大喜，还顾什么影响？即令月素入座作陪。

原文抄录一记载：佛印斋中，有二古松。扶疏清韵，忽被风折其一。东坡过访，佛印曰："吾咏松诗已成一联，学士为我足之。'龙枝已逐风雷变，减却虚窗半日凉。'"东坡续之曰："天爱禅心圆似月，故添明月伴清光。"

如苏东坡之大才，怎能对出如此下句？下句与上句不光平仄不对，明显词意、词性也不对，根本不能称之为对联。明显也是后人杜撰。

还有个传说就更离奇了。

佛印禅师在冬天到苏东坡家里来，晚上苏东坡竟安排侍妾朝云来服侍这大和尚，朝云真的遵命来到了佛印禅师的临时禅房。大和尚吩咐朝云："去拿一个茶壶，装满水，还有一把葵扇，一篮火炭，七个火炉，一起搬到这里来。"

朝云按和尚的吩咐把东西备齐了。

"好，现在你把七个火炉都烧起火，然后用葵扇让炉中的火炭燃起来！"佛印禅师低声细语地吩咐朝云。

佛印禅师环视热烘烘地烧着的七个火炉，继续吩咐朝云："现在你把茶壶放在第一个火炉上煮，等到茶壶里的水煮开了，滚一会儿，再放在第二个的火炉上；再滚了一会儿，再放在第三个的火炉上；依次放置，直到第七个火炉。"

朝云照做，一遍过后，禅师继续指导朝云："还是跟刚才一样，再做第二遍，第二遍做完，再做第三遍，第四遍，第五遍……一直做到天亮。"

朝云完全照佛印禅师的话去做，周而复始地把茶壶依次放在七个火炉上煮，准备就这样一直工作到天亮。

一个茶壶的水毕竟有限，在七个火炉上面轮流煮，水自然越来越少，还没有煮到天亮，茶壶里的水就被熬干了，"扑通"一声，壶底被烧爆裂了。

闭目念经的和尚睁开眼睛一看，对朝云说："你不必害怕，这是必然的结果，现在你可以回房睡觉了。"

第二天早上，苏东坡问朝云："昨天晚上，大师跟你说了些什么话？叫你做了些什么事？"朝云便把昨晚的情形，一五一十说给苏东坡听。

聪明的苏东坡领会到了，和尚指挥苏之爱妾把一个茶壶在七个火炉上轮换着煮的用意。这是在暗示他与七（妻）妾的必然结果。

被贬黄州的苏东坡竟还能携带七妾？那北宋朝廷不是故意让苏轼这罪臣来黄州这安乐窝享温柔乡来了？也亏得无聊的人能有这离奇的杜撰。

不过杜撰的逸事也能引起读者的兴趣，有时人们反而更加相信这些根本没发生过的逸闻。人们有时了解名人的事情只不过是为了娱乐自己，与其说关心历史，不若说是为了满足好奇心；离奇与真实哪个更重要？不好说。

苏东坡与佛印斗智机辩的逸闻更多，大部分都是和尚为胜利者，不过你如果把文中人物的名字互换一下，也一样成立，胜负也就自然易位了，有些逸闻甚至只要颠倒一下次序，我们就可以随意决定两位古人谁的智商更高一些。

52　大和尚对决小姑娘

在逸闻传说中，苏东坡与佛印是一对挚友，更是两个相互较量智力的冤家，大约是人们为了凑趣，竟扯出一个“苏小妹”，让三个人共演一台戏。

苏小妹是明人冯梦龙的小说《醒世恒言》中的一个人物，身份是苏东坡的妹妹，长得美丽可爱，并且聪明机智，还是苏东坡的学生——才子秦少游的妻子，所以才有了《苏小妹三难新郎》那段难忘的传奇故事。

故事中的苏小妹新婚之夜不让新郎上床，出了三道难题来难为秦少游，否则新房的防盗门便不摘保险链！

第一题是苏小妹出了一首绝句：“铜铁投烘冶，蝼蚁上粉墙。阴阳无二义，天地我中央。”

秦少游曾假扮云游道人在岳庙化缘，去偷看苏小妹。此四句每句是个字谜，合在一起便是“化缘道人”四字，这是苏小妹在故意嘲笑新郎官呢。她要求新郎也作一首符合出题之意的绝句。秦少游便于月下取笔，写诗一首于题后：

“化工何意把春催？缘到名园花自开。道是东风原有主，人人不敢上花台。”

这是藏头诗，连在一起也是“化缘道人”四个字，秦新郎顺利闯过第一关。

第二题也是四句诗，暗藏着四个古人：“强爷胜祖有施为，凿壁偷光夜读书。缝线路中常忆母，老翁终日倚门闾。”

秦少游提笔便写下了：孙权、孔明、子思、太公望四人，三关过了两关。

第三题出现了麻烦，苏小妹出了个看似容易的七字上联：“闭门推出窗前月。”

秦少游想在新娘面前显显才学，不愿意对上平俗的下句，可是想对出巧妙的下句，却不大容易，他左思右想，不能决断。

耳听得谯楼三鼓，新郎构思不就，愈加慌迫。大舅哥苏东坡于对面楼上望见秦少游在庭中团团而步，口里只管吟哦“闭门推出窗前月”七字，并且不住比画推窗之势突对少游，更可能是对小妹起了恻隐之心，便取一小石子投向院中的鱼缸。

鱼缸水面之天光月影，纷纷淆乱，新郎顿时醒悟，遂援笔作对：“投石冲开水底天。”

就此，苏小妹与秦少游终于皆大欢喜，一对鸳鸯总算游嬉在一张床上。

还是有点儿可惜，苏东坡没有这么个妹妹。东坡与弟弟苏辙的来往书信现存数百封，都没有提到过有一个妹妹。所有的史料、宋人笔记也没有提到过秦少游和苏东坡有这层当紧的亲戚关系。

秦观初见到苏东坡时已经成亲，夫人叫徐文美，与老苏家不相干；那时的苏东坡唯有一个一奶同胞，就是他的弟弟苏辙。

不过这也不妨碍人们继续演绎苏小妹的故事，尤其是与苏东坡兄妹斗嘴的逸事更多。

例如说苏东坡曾调侃妹妹的额头稍突，口念：“未进门前三五步，额头已到大堂前。”

妹妹则以牙还牙，当场续句回敬：“去年一滴相思泪，至今尚未到腮边。”

哥哥还不算完，抓住妹妹眼窝深这个特征，继续写道：“几次拭泪深难到，留却汪汪两道泉。”

妹妹则马上嘲笑哥哥的胡子遮住了嘴，回敬苏胡子：“几回口角无觅处，忽听毛里有声传。”

苏东坡曾出过一个由词牌组成的上联难为苏小妹：“水仙子持碧玉箸，风前吹出声声慢。”

小妹苦思无对，恰巧月光下小丫鬟端来酒菜，她灵机一动对出了下句：“虞美人穿红绣鞋，月下行来步步娇。”

故事虽然绝对属杜撰，但对联相当巧妙，上下联嵌进词牌六个：水仙子、碧玉箸、声声慢、虞美人、红绣鞋、步步娇。

据传，苏小妹与大和尚佛印也曾过招。

佛印和尚来苏家做客，与东坡酒后谈经论道，被躲在屏风后的苏小妹听到这大和尚的信口所言。她感到这个和尚在借酒劲说大话。这是个信佛的和尚，却往嘴里塞鱼肉，灌烧酒，这哪里是在敬佛？

苏小妹想教训一下这个“非正规”和尚，于是便走到酒桌前，写了个上联：“人曾为僧、人弗能成佛”。

苏小妹是在讥笑大和尚口嚼酒肉念弥陀，虽然落发为僧，但心不诚，岂能成佛？

胸藏翰墨的佛印和尚是何等人？立即续联回敬小妹：“女卑为婢，女又可称奴。”他这是在讥讽女流终是奴婢。

胡扯的东西难以作数，前面提到过，朝云调侃佛印“水浸光葫芦”那件逸事，有些版本就是把女主角朝云换成了苏小妹。

其实人们凭空造出来的苏小妹，身上有许多使人羡慕的特点，其中就有朝云的影子，又有苏东坡的风采，让人们喜爱的苏东坡有一个美丽、智慧而风趣的小妹妹，大概是人们内心的愿望。大家宁愿忽略历史真实也愿意保留自己的乐趣。

这个虚幻的苏小妹，老孙就不多谈了，逸闻趣事更多的佛印却是个史有所载的大和尚，而且与苏东坡之间的趣事大多见于宋代文人的白纸黑字中。不过要说明一点，史书记载的白纸黑字，也难说里面掺了多少水分，更不用说那些凭自己兴趣留下的笔记了。

可以肯定一点，大和尚今天如此出名，无疑是沾了苏东坡的光。实际上人们更多时候是把他作为苏东坡的陪衬，不管两人斗嘴胜负如何，真正的主角还是苏东坡。

53　传说中的挚友冤家

苏东坡与大和尚佛印之间的逸事实在太多了，如果全部罗列出来，绝对能单独成书。老孙只有拣一些可能大家都知道的事情说了，怎么？都知道的还用你说？对！写历史文章就是如此，史书中从未记载的事件绝对没有！

说史如果漏下了大路货，是万万不能的！大家宁可重复了解自己知道的事情，也不能饶恕作者疏忽那些读者早就听说过的故事。事情就是这么怪，看历史读物的人很少“喜新厌旧”，大家反而更喜欢关注皆知的旧闻。

介绍逸闻最大的好处就是不必那么认真地分辨真假，更没有必要注明确凿的出处。佛印与东坡的嘴官司很多是难辨真假，出处更是五花八门。

但流传最广的无疑是一句话：“八风吹不动，一屁过江来。”

据说苏东坡在黄州时有一天突发诗兴，作了一首赞佛的诗：

稽首天中天，毫光照大千；

八风吹不动，端坐紫金莲。[①]

苏东坡反复吟哦自己的新作，觉得非常满意！此诗貌似赞佛，隐隐有诗人傲然时世风雨，不屑人生伏荡的意味。

这时东坡想，身为专业研究佛理的好友佛印和尚如果看到这首诗，一定对自己这个业余礼佛人口服心服，便把这首诗抄在诗笺上，用信封封好，叫人送到长江南岸，去征求佛印禅师的意见。

佛印拆信一看，是一首具有偈语意味的绝句，不发一声，提笔在诗笺的下端，批上“放屁”两个大字，交给人带回黄州。

其实东坡这首诗写的还算过得去，把佛比喻为“天中天”还是首创，天是人所尊敬的，而佛更为天所尊敬，所以被称为“天中天”，颇有新意。

“毫光照大千”则是说佛的慈悲光芒，遍照大千世界；“八风吹不动”，一语双关，既有肖然自然界八面风雨之表象，又有佛家所指称、讥、毁、誉、利、衰、苦、乐八种俗风的禅意，这“八风”是人生必然经历的炼狱，有谁能无视称颂赞美、讥嘲诋毁、名誉利禄、苦乐享受？这个人必然成佛了。

唯有佛，方能不被八风所动，端坐紫金莲！一派莲花台上的无上庄严之宝相。

可是，佛印这位佛家弟子却给这首佛的颂歌，手批“放屁”二字。

佛可忍，俗不可忍！

苏东坡本来以此诗喻己超然境界。佛在心中，咱已非俗客，

---

① 注：该诗句选自苏东坡的《东坡志林》。

已达到了心能转物而不为物转的地步。看到佛印批语，东坡不由恼火。岂有此理！

再仔细地推敲自己的诗，东坡找不出新作的毛病。东坡决定亲自过江跟这不讲理的和尚评理。

苏东坡上了庐山，气呼呼地要找和尚算账，哪知佛印早已吩咐侍客僧说今天不见客。

苏东坡与大和尚何等关系，怎会理睬这不见客的推辞？他不管三七二十一，强行闯关直奔佛印的方丈室。正要举手敲门，他忽然发现门扉上贴着一张字条，上面端正地写着："八风吹不动，一屁过江来。"

苏东坡顿时警觉，心中暗叹自己被这和尚算计了！

佛印的言外之意昭然："你赋诗说自己能够不为称、讥、毁、誉的各种境界所动，为什么被那区区'放屁'两个字激得过江来和我评理呢？"

苏东坡坦然回家，再修佛功。

人们大都评述这时的苏东坡还没修炼到家，自持力与常人无异，研究佛学，重理论而轻实践是不行的。

其实换位思考，佛印何尝不是修为尚浅？一个出家的世外高僧与一个俗家之人争什么高下长短？看来还是五内未净！

大和尚争胜之心不仅于此。

一天傍晚，东坡与佛印泛舟长江。时值深秋，金风飒飒，水波粼粼，大江两岸，景色迷人，一僧一俗把风饮酒于波涛之间，心中甚是畅快。

佛印向东坡索句。苏东坡向岸上看了看，用手一指，笑而无语。佛印举目，只见岸上有条大黄狗正狼吞虎咽地啃骨头。

佛印稍一寻思，明白了苏东坡在开和尚的玩笑，呵呵一笑，把手中题有苏东坡诗句的折扇抛入水中。

两人心照不宣，抚掌大笑。

看来大家都明白，又斗了个平手。原来两人是作了一副双关拟音哑联。

东坡的上联是：狗啃河上（和尚）骨。

佛印的下联是：水流东坡诗（尸）。

就此推定佛印未能脱俗也许不公，估计两人更多的是在享受机智游戏的乐趣。僧俗二人也许都是意在文字，不在胜负，意气化于诗意中。

还有一篇苏东坡与黄庭坚同访佛印的记载。

佛印请苏东坡给自己新竣工的卧房起个雅号，苏东坡应允，起名“增通轩”。佛印不解其意，东坡解释：增者——增长智能，通者——通畅释机。

佛印大喜，请苏东坡题字。旁边的黄庭坚品出了邪味，出面揭发：“你不要听他的，他这是在骂人呢！”

佛印茫然，黄庭坚正解：“四声调韵有载：增怎赠贼，通统恸秃，轩显现歇。”

顺序切到最后一个入声字，乃“贼秃歇”也。

三人皆大笑。可见大家都无斗气之意，只是乐于这种文字游戏罢了。

东坡与佛印的关系，说是文友、诗友可能更合适。佛印诗才据载不落于以诗僧闻世的参寥子，佛印与东坡的友谊也不仅于两人之间，甚至还包括地方的最高长官——黄州徐太守。

有记载说东坡与佛印曾同访徐太守，恰好主人不在家，二人便留诗，题在徐太守家的花园墙上。

苏东坡的诗：

我来亭馆寂寥绕，深锁朱扉不敢敲。
一点好春藏不住，楼头半露杏花梢。

佛印的和诗：

门掩青春春自绕，未容林下老僧敲。
输他蜂蝶无情物，相逐偷香过柳梢。

徐太守回家之后，客人已去，见到墙上的题诗极为叹赏，便柬约二人次日再来游园。第二天两人都来晚了一会儿，徐太守便不等客人到来，自行在两人诗后和韵续诗：

藏春日日春如许，门掩应嫌俗客敲。
准拟花前拼一醉，莫教明月上花梢。

三首同韵诗，意境皆非凡！看来在文学诗词面前，和尚、谪臣、高官的水平都被拉平，真正的文友之间，友谊是纯洁的。文学能超越世俗，打破人与人之间的界限。

54　道家、道教、道士

前文说过，黄州时的苏东坡最需要朋友，而这时苏东坡结交的朋友又是来自三教九流，儒、道、佛、俗，咱们说过了和尚，歌伎也说过了，文人也谈了不少，妻妾也曾涉及，现在不妨谈谈道士。

谈道士不能不先说说道教，因为道士这类人组成了唯一的中国本土宗教——道教。

老孙先说明，道教与道家是两码事，二者之间的关系连传承也谈不上。虽然道教也是举着道家始祖老子的招牌，但两家尊敬这位创始人的目的与规格根本不是一回事。道家尊黄帝、老子为创始人，并称黄老，那是在尊敬自己的理论奠基人；道教是把李耳老者封成了神仙，是拿来作供奉用的。

具体说，道家是哲学流派，而道教是宗教信仰。道家是在倡导自然的世界观和方法论；而道教则是研究如何躲避死亡的大法。道家是在学习如何融入自然宇宙，道教却是在修炼如何抗拒自然规律。

都是“道”字，其实并不同，一个就存在于人间，一个却必须寻觅于神界。“家”与“教”，没有“道”字掺和就是一个名词：家教；跟“道”字搭伙，就成了人神不同路，同源不同归了。

苏东坡幼时的启蒙老师就是一位姓张名易简的道士，所以苏东坡对道教的兴趣可以说是根深蒂固；之后他接受的无疑是系统的儒家教育，所以在苏东坡内心的儒家土壤里深埋着道教的种子。

学问渐成，苏东坡几乎精研了道家学说，道家的哲理无疑又对苏东坡道儒合一的精神世界进行了一番洗礼。这时的苏东坡脑海深处的道教其实又拌入了道家的调料。

佛教思想大大熏陶了苏东坡自不必说，但是苏东坡接触到的佛教无疑是中国化之后的佛教。这时的佛教已经被中国道教影响甚大，两家为了争信徒、抢饭碗，相互争斗、诋毁是免不了的。但争斗是争斗，相互学习借鉴也是顺理成章的现象，实际上道教的许多法门脱胎于中华佛教。

从苏东坡留下的作品看，他的道家风骨卓然；但从苏东坡在黄州时的行为上看，他着迷的却是道教，对长生不老极感兴趣。

神宗元丰三年冬至开始，苏东坡曾在一家道士观里闭关修炼七七四十九天。苏东坡的《安国寺记》中透露，当时闭关修炼的他大部分时间都在练习打坐，练的是道教的辟谷术和气功。

其实，自称“龆龀好道”的苏东坡有个道号，叫作“铁冠道人”，据宋洪迈《夷坚志》丙志卷十三中记载：“坡在海上常自称铁冠道人。”

但后来苏东坡对道教的兴趣，主要体现在炼丹这种硬功夫上。

按照道教的说法，人经过修炼是可以不死的，甚至能飞升成仙，具体修炼一般又分两种：修炼法术与炼制丹药。

法术部分大约是魔术与画符相结合的东西，极容易忽悠人，但无法蒙自个儿；丹药却是先忽悠自己，再蒙别人。

丹药是需要炼出来的，而炼丹又可以分为两种：一种是练内丹；一种是炼外丹。

练内丹好像与练所谓的气功差不多，是练肚脐以下部位，腹腔里有怀上内丹的位置，一般外人是无福看到的，只能听炼丹人自己的一面说辞，炼丹人大多都能描述得像模像样，煞有介事。

外丹就是大伙都能目睹的实在玩意了。炼丹家们把炼金术与长寿的愿望结合，把朱砂等天然矿石用火冶炼，得到的实物一般是圆形颗粒状的含汞合金，这就是传说中的长生不死药了，说它是毒药也无不可。据说一旦服用，便可骑鹤升天。

当然，一般服丹之人都是坚持吃到断气为止，不过大师们不说那是死，说成是成仙的形式，被毒死的高人遗体是成仙成功后丢下的臭皮囊，对仙人已经没有多大用处了，就如蚕蜕、蛇皮，或者如一双无底旧鞋，不丢弃又能怎样？

据宋人笔记《龙川略志》说：苏东坡在黄州就引进了“道士”这种人才，其中一个道士叫乔今，据说这老道大约有一百三十多岁，还被驴踢死过一回，后来他又从坟里复活，爬出来了，再后来从坟墓里钻出来的这位老兄竟改行做了和尚！

又据说，听到这个“昨天的故事”的人们中，有一个还是官家子弟——兴国太守朱彦博的儿子。为了证实儿子没有撒谎，这位太守父亲还对乔今的坟墓开棺验尸，结果只发现了一根手杖和两块不知属于何种动物的腔骨，尸体当然不见了。于是朱太守宣布：“道士乔今复活成为和尚，不是传说，是真事。”

东坡与道士的故事真的不是传说，其书面证据一直保留到了今天。苏东坡曾给武昌的朱太守写过信，向他请教过炼丹的方子；在东坡写的一首诗里，也说在自己的家临皋堂里已经辟室一间，炉火齐备，炼丹设备俱全。在给好友王巩的信里，苏东坡大谈炼丹心得体会，并索寄朱砂：

> 安道软朱砂膏，某在湖州服数两，甚觉有益。到彼可久服。子由昨来陈相别，面色殊清润，目光炯然。夜中行气脐腹间，隆隆如雷声。其所行持，亦吾辈所常论者，但此君有志节能力行耳。粉白黛绿者，俱是火宅中狐狸、射干之流，愿公以道眼看破……
>
> 近有人惠大丹砂少许，光彩甚奇。固不敢服，然其人教以养火，观其变化，聊以怡神遣日。宾去桂不甚远，朱砂若易致。或为致数两，因寄及，稍难即罢，非急用也。穷荒之中，恐亦有一二奇士，当以冷眼阴求之。大抵道士非金丹不能解化，而丹材多出南荒。故葛稚川（葛洪）乞岣嵝令，竟化于广州，不可不留意也。
>
> 陈璞一月前，直往筠州见子由，亦粗传要妙，云非久当来此。此人不惟有道术，其与人有情义……道术多方，难得其要，然以某观之，惟静心闭目，以渐习之……似觉有功。幸信此语，使真气雲行体中，瘴冷安能近人也。

这证实了苏东坡的确对寻求长生之术十分执着，也说明苏东坡着迷道教，为的不是精神的不朽，而是身体的不朽。

不过，身体既然只不过是个臭皮囊，而精神经过修炼，早晚会抛下这个臭皮囊高飞而去。那么，追求自己身体的不朽又有什么意义呢？

这里，苏东坡显然又回到了俗人的本质：期望延缓衰老，增长寿命。

苏东坡曾根据道教理论写过一篇《养生论》，甚至后来还写了续篇《续养生论》，关于炼制外丹，苏东坡还写了两篇札记，一篇叫《阳丹》，一篇叫《阴丹》。

可以说，苏东坡一生都在追求能长生不死的“仙丹”，不过他的不死之药追寻之路，却没有达到走火入魔的地步。苏东坡更为关注的还是合乎情理的长寿之道。

曾有一个姓张的人向他求教长寿良方，他就写出下面的四句话：“无事以当贵；早寝以当富；安步以当车；晚食以当向。”并且留注解释：“夫已饥而食，蔬食有过于八珍。而既饱之余，虽刍豢满前，惟恐其不持去也。若此可谓善处穷矣，然而于道则未也。安步自佚，晚食为美；安以当车与肉为哉？车与肉犹存于胸中，是以有此言也。”

由此可见，铁冠道人苏东坡，对道家研究的是哲学；对道士热衷的是诗文交友；对道教，不过是把它作为自己养生之道的一部分，着迷的是道教对长生不死的承诺。

这种愿望，高人都不能避免，古时的皇帝更加不想死，秦皇、汉武、唐宗，宋祖还没等到年老，就丧命于“烛光斧影”的疑案之中，假如熬到老年，估计也免不了找几回长生不死之药。

时代的局限，算不得瑕疵，苏东坡修道炼丹的无效行为也并非出于无知，兴许这也是伟大诗人在享受生活的一部分。

东坡只是在追求长生的过程。证据是，苏东坡从未把活着作为目的，所有的诗词文章中都找不到恐惧死亡的字眼，他是用对人生的理解升华自己的作品，这从他着墨于赤壁的“两赋一词”中可以清楚地看出来。

55　绝代文章出黄州

唐人刘禹锡写过一篇极为有名的短文《陋室铭》。铭文首句则是："山不在高，有仙则名；水不在深，有龙则灵。"

其实铭文中的"仙""龙"什么的大家谁见过？山也好，水也罢，实际上还是因为"人"的原因而出名，地不在偏，有"人"则名！当然，此人必须是位名人。

黄州这个地方，因为宋代名人苏东坡在此地居住过五年，因而大大增加了知名度。黄州自宋之后成为名地，头功当然应该归于苏东坡。

不过，宋代之前，黄州知名却是因为城西北不远的一片石壁，名曰"赤壁"。出黄州古城汉川门，北面一山陡峭如壁，因山石颜色赤红，故名"赤壁"，实际史载地名为"赤鼻矶"。

自东汉之后，一场知名的战争引起众多人关注赤壁，因为这场大战的名字被命名为"赤壁之战"，大家开始争夺这战事的发生地。黄州这地方也有个赤壁，所以宋之前是以赤壁知名。

但是，长江南北沿岸，以"赤壁"命名的地方有多处，其中以咸宁蒲圻的"周郎赤壁"和黄州的"东坡赤壁"最为有名，蒲圻赤壁出名因周瑜，黄州赤壁得以留名无疑是因为苏东坡。

至于真正的古战场到底是在蒲圻赤壁还是在黄州赤壁，这战地之争由来已久，据史料记载，这场争论最迟从唐朝就开始了。

不过现代史家大多已经认可咸宁蒲圻“周郎赤壁”才是真正的赤壁大战发生地，蒲圻为了避免长期争论不休，干脆改名为“赤壁市”。需要说明，黄州是现在的黄冈市，文史工作者并不认可，他们至今还怀着文武赤壁一肩挑的梦想。

任职黄州时的苏东坡不是考古工作者，宋时的相关争论还不像今天这般基本定论。所以被“荣幸”下放到黄州的苏东坡，对心目中古战场遗迹赤壁格外垂青，多次专门乘舟畅游赤壁，有时竟是流连忘返，月夜泛舟，诗酒凭吊古人。

其实，血腥的战争发生在哪里并不那么重要，黄州的伟大也确有接待过苏东坡之成分，其景色与传说启发苏东坡写出了几篇精彩的作品：一首词《念奴娇·赤壁怀古》；两篇赋《前赤壁赋》和《后赤壁赋》。

聊苏东坡，假如聊成了通篇的诗文赏析，那就是另一本书了。但是，苏东坡的主要著作不能不涉及，毕竟东坡是以文著于世，所以只能简单到不能再简单地来分析他的著名篇章。

两篇《赤壁赋》原文长些，如果通篇翻译成白话文，所占篇幅实在太大，既有拿古文混稿酬之嫌疑，朋友们也未必有兴趣及时间赏读变了味道的“原作”，老孙就不干这出力不讨好的活路了，仅做些简略赏析说说自己的读后感吧。

《赤壁赋》严格说来应该归纳为赋体散文——文赋。文赋是宋代出现的一种新文体，大概属于多种文体的“杂交品种”吧。以散文语言为主，借鉴汉大赋的主客问答的结构和押韵格式，又有六朝抒情小赋的骈偶句式。与严格意义上的赋体相比，它更为散化；与散文相比，它又改变了惯常以议论、说理、叙事为体式的特点，并且借用了诗歌的意境来传情达意。

神宗元丰五年（1082年）七月十六初秋之夜，苏东坡与道人杨世昌及几位好友乘一叶扁舟，在长江上品酒赏月，舟行赤壁，面对月上东山，水光接天，美酒半酣之际，东坡挥毫写下千古名篇《赤壁赋》：

壬戌之秋，七月既望，苏子与客泛舟游于赤壁之下。清风徐来，水波不兴。举酒属客，诵明月之诗，歌窈窕之章。少焉，月出于东山之上，徘徊于斗牛之间。白露横江，水光接天。纵一苇之所如，凌万顷之茫然。浩浩乎如冯虚御风，而不知其所止；飘飘乎如遗世独立，羽化而登仙。

于是饮酒乐甚，扣舷而歌之。歌曰："桂棹兮兰桨，击空明兮溯流光。渺渺兮于怀，望美人兮天一方。"客有吹洞箫者，倚歌而和之。其声呜呜然，如怨如慕，如泣如诉，余音袅袅，不绝如缕。舞幽壑之潜蛟，泣孤舟之嫠妇。

苏子愀然，正襟危坐而问客曰："何为其然也？"客曰："月明星稀，乌鹊南飞，此非曹孟德之诗乎？西望夏口，东望武昌，山川相缪，郁乎苍苍，此非孟德之困于周郎者乎？方其破荆州，下江陵，顺流而东也，舳舻千里，旌旗蔽空，酾酒临江，横槊赋诗，固一世之雄也，而今安在哉？况吾与子渔樵于江渚之上，侣鱼虾而友麋鹿，驾一叶之扁舟，举匏樽以相属。寄蜉蝣于天地，渺沧海之一粟。哀吾生之须臾，羡长江之无穷。挟飞仙以遨游，抱明月而长终。知不可乎骤得，托遗响于悲风。”

苏子曰：“客亦知夫水与月乎？逝者如斯，而未尝往也；盈虚者如彼，而卒莫消长也。盖将自其变者而观之，则天地曾不能以一瞬；自其不变者而观之，则物与我皆无尽也。而又何羡乎？且夫天地之间。物各有主，苟非吾之所有，虽一毫而莫取。惟江上之清风，与山间之明月，耳得之而为声，目遇之而成色，取之无禁，用之不竭。是造物者之无尽藏也，而吾与子之所共适。”

客喜而笑，洗盏更酌。肴核既尽，杯盘狼藉。相与枕藉乎舟中，不知东方之既白。

苏东坡这是在用文赋的文体写与友夜游赤壁的记叙文。

作者自“与客泛舟游于赤壁之下”起句，笔锋陡转，绘出一副山水墨画：清风、白露、高山、流水、月色、天光，跃出笔端。举目神游，月光皎洁，雾江茫茫，诗意缕缕：“纵一苇之所如，凌万顷之茫然”，“秋水共长天一色”之意境喷薄而出。

月色山水惹人醉，东坡信笔由江天转入扁舟：与客扣舷高歌，乐极之间，却着意带出悲凉的箫声，悲喜转折之际，犹如拨动读者心弦，直令人魂魄飘摇，逾越千年时空，与诗人共醉！

似听见仙音入耳，“如怨如慕，如泣如诉，余音袅袅，不绝如缕”，那一曲洞箫，凄切婉转，悲咽低回，使人由欢乐转入悲凉，读者心境也不由得随之波澜起伏，感慨欲泣。

作者随即引出与客人对话，其实是在一吐自己对人生感叹，由自然景物转向千年之前的历史古风。顺借当年曹操《短歌行》之句，追述魏武雄风：破荆州，降刘琮，由浩荡江水激荡出浩荡曹军；战船千里相连，战旗遮天蔽日；曹操志得意满，趾高气扬，船头饮酒，横槊赋诗，可谓“一世之雄”！

斯人如今安在？“托遗响于悲风！”

在《赤壁赋》中，东坡借客之口，流露尘世无常，伟功虚幻；转笔挥毫，感慨陈述，抒己见以宽对方：以江水、明月为喻，感叹逝者如斯，而未尝往也；“盈虚者如彼，而卒莫消长也”。

作者随后告诉我们，天地间万物各有其主，个人何必强求？自然山水，享者皆是主人，江上的清风有声，山间的明月有色，我们要学会拥有；江山无穷，风月长存，天地无私，声色娱人，我们徘徊其间，为何不能自得其乐？

此情此景缘于李白的《襄阳歌》：“清风朗月不用一钱买，玉山自倒非人推。”东坡给予了提炼深化。同舟人谛听作者宏论，转悲为喜，随即开怀畅饮，“相与枕藉乎舟中，不知东方之既白”。

文章骤然而止，余音似乎仍在。苏东坡借写游赏之乐，实际抒发自己忘怀得失，超然物外之意跃然纸上。

清代方苞评论《赤壁赋》：“所见无绝殊者，而文境邈不可攀，良由身闲地旷，胸无杂物，触处流露，斟酌饱满，不知其所以然而然。岂惟他人不能模仿，即使子瞻更为之，亦不能如此适调而畅遂也。”

这评价几乎旷古绝今：就算苏东坡自己再写，肯定也达不到如此境界，何况他人？

说这句话的时候，方苞先生早就知道，苏东坡还真的模仿了一篇自己的文章。三个月之后，他又作一篇《赤壁赋》，这就是《后赤壁赋》。

是否苏东坡准备超越自己？

56　姊妹篇中的妹妹篇

初冬，看来苏东坡对前次夜游赤壁、趁酒行文并不足兴，携客再游赤壁，与三个月前一样，还是挥毫泼墨，一篇《赤壁赋》的续文《后赤壁赋》，就此问世。

是岁十月之望，步自雪堂，将归于临皋。二客从予过黄泥之坂。霜露既降，木叶尽脱，人影在地，仰见明月，顾而乐之，行歌相答。

已而叹曰："有客无酒，有酒无肴，月白风清，如此良夜何？"客曰："今者薄暮，举网得鱼，巨口细鳞，状似松江之鲈。顾安所得酒乎？"归而谋诸妇。妇曰："我有斗酒，藏之久矣，以待子不时之须。"于是携酒与鱼，复游于赤壁之下。

江流有声，断岸千尺；山高月小，水落石出。曾日月之几何，而江山不可复识矣。予乃摄衣而上，履巉岩，披蒙茸，踞虎豹，登虬龙，攀栖鹘之危巢，俯冯夷之幽宫。盖二客不能从焉。

划然长啸，草木震动，山鸣谷应，风起水涌。予亦悄然而悲，肃然而恐，凛乎其不可留也。反而登舟，放乎中流，听其所止而休焉。时夜将半，四顾寂寥。适有孤鹤，横江东来。翅如车轮，玄裳缟衣，戛然长鸣，掠予舟而西也。

须臾客去，予亦就睡。梦一道士，羽衣蹁跹，过临皋之下，揖予而言曰："赤壁之游乐乎？"问其姓名，俯而不答。"呜呼！噫嘻！我知之矣。畴昔之夜，飞鸣而过我者，非子也耶？"道士顾笑，予亦惊寤。开户视之，不见其处。

前后《赤壁赋》时隔三个月，但文体相同，着墨点相同，景物相同，地点相同；作者心情相仿，眼中环境相近，行文文风一致，说是作者有意传承续作也无不可。

但前后赋的意境却大相径庭。前赋由景入情，从外到内，抒怀咏志，谈玄说理；后赋叙事写景，由江登岸，重于游记，收尾缥缈。

《后赤壁赋》与前赋开篇即不同，竟先细写了泛舟游江之前的准备活动：时间、行程、同行人。初冬月夜有客到，诗酒赏月正当时。

可是面对着月白风清之如此良夜，却无佳肴美酒，再游赤壁竟赖于夫人的远见照顾："我有斗酒，藏之久矣，以待子不时之需。"众人才得以成行。看来这《后赤壁赋》的"文功章"上也应该有女人的一半。

诗人简略写景、叙事、抒情，寥寥三笔，忽然泼墨般道出赤壁的崖峭、山高、空清、月小；江水缓流出赤壁之初冬夜景，主人留客于弃舟，只身登岸攀崖游山。一时间山川寒寂，安谧清幽，“履巉岩，披蒙茸，踞虎豹，登虬龙；攀西鹘之危巢，俯冯夷之幽宫”。

景物奇异惊险，令人一展胸臆，作者独临绝顶：“划然长啸，草木震动，山鸣谷应，风起水涌！”顶天立地的感觉刚涌上心头，谁知作者笔意骤转，文中陡现丝丝凄冷：“予亦悄然而悲，肃然而恐，凛乎其不可留也。反而登舟，放乎中流，听其所止而休焉。”

这当是将陈子昂“念天地之悠悠，独怆然而涕下”之意化在文中，“一览众山小”之时，获得的反而是无限的惆怅，神来之笔！短文中将“意料之外，情理之中”信手拈来。

文似看山不喜平，全文高潮已过，顺势转入低调：“时夜将半，四顾寂寥。适有孤鹤，横江东来。翅如车轮，玄裳缟衣，戛然长鸣，掠予舟而西也。”简直是奇峰突起，竟然飞来了一只孤鹤前来凑趣，读者一时如被带入魔幻之中，东坡此时欲表达什么？

这是为了最后的那舟中一梦，游后入睡的作者在梦乡中重会了孤鹤，孤鹤竟是道士幻化！赋文收篇，南柯梦醒，让读者隐隐感到了压抑的现实。收尾句“开户视之，不见其处”，作者、读者一片迷茫，唯有悠悠思绪不断。

《后赤壁赋》全文可称句句如画、字字似诗，明显让人感觉到了作者真挚的情感，但后赋所流露出的莫名的神秘色彩，为全文减色不少，也许是苏东坡刻意如此，但总得说，与前赋相较，还是显得有些逊色。

前后赋相比，在描景上可以说是平分秋色，都具诗情画意，仲夏与深秋的山水特征，在作者笔下得到了生动、逼真的描摹，给人以自然美的享受。前赋是“清风徐来，水波不兴”“白露横江，水光接天”；后赋则是“江流有声，断岸千尺，山高月小，水落石出”。

对照两篇文赋创造的境界，却是两般境地，甚至颇多矛盾之处。前赋更具哲理，并且余味悠长，寓意深远；后赋则行文赋淡文浓，叙事由实转虚，风格略显消沉。

前赋结尾，苏东坡借文中之客听了作者的一番谈话后，转悲为喜，开怀畅饮：“相与枕藉乎舟中，不知东方之既白。”既照应了开篇，又极写游赏之乐，而置于忘怀得失、超然物外的境界。

《后赤壁赋》收尾中，苏东坡和文中之“客”却见“适有孤鹤”，且睡后“梦一道士，羽衣蹁跹”，这平添了几分神秘的收尾却难说为文章增色，兴许这更是作者内心深处真实情绪的流露。

《古文观止》比较两赋，道前赋“写实情实景，从‘乐’字领出歌来”；后赋“作幻境幻想，从‘乐’字领出叹来”。

《东坡文论丛》中有人认为，“后赋更着力于意境的创造，写得含蓄、深沉，比前赋由议论‘化妆’的主客问答或许略高一筹。”

苏东坡自己曾对《赤壁赋》附跋解释：“轼去岁作此赋，未曾轻以示人……多难畏事，钦之爱我必深藏之不出也。又有《后赤壁赋》，笔倦未能写，当俟后信。”

谈论苏轼文赋者多重视前赋而忽略后赋，或以前赋涵盖后赋，看来是有其道理的。人们在欣赏文章时大多难以喜欢凄冷的色调，更难以乐意被作者诱入迷茫之中。

相比之下，苏东坡在同期所吟唱的另一旷古奇文《念奴娇·赤壁怀古》，更使后人青睐，一曲高歌，竟成千古绝唱！那一声“大江东去”的呐喊，至今回响在人们耳边。

57 浪淘尽千古风流人物

聊人说事的场合，接连不断的谈诗论文，兴许有些朋友要腻烦了，但是老孙的确无奈。苏东坡于同一时期、同一地点的作品还是一气呵成说完为好，尤其是《赤壁赋》与《赤壁怀古》，大家若能对比欣赏，大概更能了解一个立体的苏东坡。

词与赋，同是以赤壁为题，俱写赤壁景色，都在缅怀和赤壁有关的古人，然而细品两文，便会发现它们同中存异。

大江东去，浪淘尽，千古风流人物。
故垒西边，人道是，三国周郎赤壁。
乱石穿空，惊涛拍岸，卷起千堆雪。
江山如画，一时多少豪杰。

遥想公谨当年，小乔初嫁了，雄姿英发。
羽扇纶巾，谈笑间，樯橹灰飞烟灭。
故国神游，多情应笑我，早生华发。
人生如梦，一樽还酹江月。

这首《念奴娇·赤壁怀古》上、下阕分别写景、抒怀，开篇即一扫平庸气氛，使人顿时觉得惊心动魄，心胸瞬间开阔！

从“大江东去”起句，词人笔意如同笔下的江水，浩浩荡荡，滔滔不绝，气势奔放。接着词人便以大写意的笔法描绘了自己眼中的赤壁：乱石突兀参差，陡峭奇拔，气势飞动，高耸入云；俯视大浪东卷，层层叠叠，如玉似雪，惊涛拍岸。词人浓墨似泼，壮阔豪迈，绚丽雄奇，千堆雪飞动，一笔画江山！

词人正在大开大合书景，突然似椽之笔轻提，婉转之间唤出三国周郎，邀来小乔初嫁，淡墨细描儒雅，弯锋浓墨风流，飒爽英姿之青年主帅宛然如在，羽扇轻挥之间，“樯橹灰飞烟灭”。

收句由赞生叹，词人黯然自己早生华发，透出一股对岁月的留恋。但是，虽明知人生如梦，只不过一声叹息，“一樽还酹江月”之际，词人把愿望赋予江上明月，自己壮心未泯，夙志犹存之意，昭昭若现，一派乐观旷达风采，文尽意犹绵绵。

描近景，追古人，叹自我。词人气势磅礴，雄壮豪放，无怪后人评苏词：“自有横槊气概，固是英雄本色！”

然而《赤壁赋》写景则不同。作者泛舟江上，正是初秋时节，秋风徐徐，大江水波不兴，风平浪静，茫茫薄雾似托起皎洁秋月，水天相接，晶莹透明，赤壁夜景一片空明柔美。这里，作者显然在怡情于山水，洒脱于江月，字里行间，心境闲适潇洒。

《赤壁赋》中也追忆了赤壁的历史人物，但更换了敌对双方主帅，词中忆周瑜，赋中写曹操。

词中的周瑜风韵无限，姿态英俊，风采动人，面对强敌，谈笑自若，刹那间，胸中自有百万雄兵！

赋中的曹操“破荆州、下江陵”，旌旗蔽空，势不可当；曹操面对长江，横矛吟诗。作者极力渲染曹操不可战胜的赫赫声势之后，却突然反问一句："而今安在哉？"

东坡当然清楚那场战事的结局，在叹问失利的曹操安在之的同时，自然也会想到，胜利的周郎如今安在？故一时发出"哀吾生之须臾，羡长江之无穷"的哀叹。

赋中的作者，情感发展一波三折，显得深沉蕴藉；而词中的作者却尽显思想旷达，情绪乐观，一派雄壮豪放。

古人曾评东坡词："词是赤壁，心实为己发。周瑜是宾，自己是主，寓主于宾"；而《赤壁赋》中的曹操却是宾主都难以沾边，失败英雄曹操在文中担当的是反衬，作者用败者引发悲情，由悲生叹。

人生短暂，宇宙无穷，是赋中的哲理。

江山依旧，英雄长存，是词中的激情。

至于《赤壁怀古》的风格，南宋人俞文豹所著《吹剑续录》中一则记载最为明了："东坡在玉堂，有幕士善讴，因问：'我词比柳词何如？'对曰：'柳郎中词，只好十七八女孩儿，执红牙笏板，唱杨柳岸，晓风残月'；学士词，须关西大汉，执铁板，唱'大江东去'。公为之绝倒。"

连苏东坡自己都对此评价曰"为之绝倒"，还用我们这些后人多说什么？

58　黄州气象台

前面谈了苏东坡于黄州赤壁的“两赋一词”，苏子奇文中除了隐隐显露的空蒙失落之意，更多的是重笔浓抹从现实中解脱的心情与超然潇洒。

赤壁词、赋均问世于神宗元丰五年（1082 年）下半年，这只能解释东坡在这期间或之前的心理及变化，若要了解整个黄州时期苏东坡的情况，还要浏览一下他在这时期的其他作品。

神宗元丰二年（1079 年）苏东坡于乌台出狱，死里逃生的苏东坡有一股浊气积淤在胸，当天便提笔写下两首带着讥讽北宋朝廷高官意味的诗。这时的苏东坡心中不忿，也甚于庆幸。

初到黄州的苏东坡孤身居于陌生之地，全家安居黄州之后，必然会产生巨大的经济支出，腰包拘谨倒还在其次，对全家人的责任感使东坡不能安心务农，老实劳作，此时苏东坡的境遇与缕缕不绝来探望的朋友相比，几乎已经处于最底层，豁达的诗人心中不免时感失落。

神宗元丰四年（1081 年）春问世的《水龙吟 · 次韵章质夫杨花词》较能表达苏东坡此期间的心情：

似花还似非花，也无人惜从教坠。
抛家傍路，思量却是，无情有思。
萦损柔肠，困酣娇眼，欲开还闭。
梦随风万里，寻郎去处，又还被、莺呼起。
不恨此花飞尽，恨西园、落红难缀。
晓来雨过，遗踪何在？一池萍碎。
春色三分，二分尘土，一分流水。
细看来，不是杨花，点点是离人泪。

素以填词豪放著称的苏东坡此刻却来了一首婉约之作，《水龙吟》中，词人将片片杨花赐予生命与灵魂，幽怨缠绵而又空灵飞动，化无情之花为有思之人，婉转之间，“梦随风万里，寻郎去处，又还被、莺呼起”，将唐人金昌绪《春怨》的诗意化在词中（《春怨》原句：“打起黄莺儿，莫教枝上啼。啼时惊妾梦，不得到辽西”）。

东坡咏物生动真切，言情缠绵哀怨，好像是在叹息天下人眼拙情薄。若说词人在倾注自己怜惜杨花的缕缕深情，不如说词人在匠心独具的悲哀自己，虽萦损柔肠，困酣娇眼，欲开还闭，却无奈不恨此花飞尽，借意怜惜落红，曲笔传情杨花。

东坡曾自注：“杨花落水为浮萍，验之信然。”而那“春色三分，二分尘土，一分流水”之想象，由悲哀杨花的归宿，转化为惜春的匆匆之情，惜水流逝之意。

这时的苏东坡是在怜惜杨花，还是在怜惜自己起伏的人生？又或者在怜惜自己历经风雨的“杨花”命运？

苏东坡的人生不似杨花任飘落。来访朋友的慰藉，黄州徐太守的“相待如骨肉”（东坡自语），生活的相对安逸，似乎给苏东坡的心情带来了少许的平静。但他此后所填的《定风波·莫听穿林打叶声》一词，却能感觉到词人还是在呐喊命运的不公：

三月七日，沙湖道中遇雨。雨具先去，同行皆狼狈，余独不觉。已而遂晴，故作此词。

莫听穿林打叶声，何妨吟啸且徐行。竹杖芒鞋轻胜马，谁怕？一蓑烟雨任平生。

料峭春风吹酒醒，微冷。山头斜照却相迎。回首向来萧瑟处，归去。也无风雨也无晴。

全词乍看一派无喜无悲、胜败两忘的意味，好似词人通过野外途中偶遇风雨这件小事，给人们诠释人生哲学和处世之道，其实细读，我们感觉到的就不止这些了。

此时的苏东坡已经开始反思自己逢遭厄运的因由，得到的却是表面淡然后的不悔与桀骜。这正是苏东坡被贬黄州时的心情：有安逸也有失落，有消沉也有狂放，有豁达也有怨恨，有苦涩也有快乐。

生活的安静不能平息情绪的波动，苏东坡北望京师，朝局冷落了才子；远眺爱弟，命运隔离了亲情。他心中不时泛起对现实世界的厌恶，彻底解脱的出世意念，自然也会产生于酒浓寥落时，所以他在以豪放的姿态写出《赤壁怀古》旷古奇作的同时，也写下了清旷飘逸、不满世俗，具有期望置身事外味道的名作《临江仙》。

神宗元丰五年（1082年），苏东坡于深秋之夜在雪堂开怀畅饮，醉后返归临皋亭住所，酒醒之际，寂寥涌上心头，挥毫写下该词《临江仙·夜归临皋》：

夜饮东坡醒复醉，归来仿佛三更。家童鼻息已雷鸣。敲门都不应，倚杖听江声。

长恨此身非我有，何时忘却营营。夜阑风静縠纹平。小舟从此逝，江海寄余生。

首先可以看出，此时的苏东坡行动相当自由，不仅能携客驾舟夜游长江不归，还能于城外的东坡雪堂酒宴至深夜三更回家，估计是他与当地官员关系密切而得到如此待遇。东坡是在北宋朝廷挂了号的下派官员，根据朝廷明旨，其行动是受到限制的。

从该词看，苏东坡这回确实有点儿喝高了，仿佛三更之句有点醉眼蒙眬的意味，甚至一觉睡醒了还在复醉，看来深夜敲门都不应，也是努力回想才忆起来的事情。

家中还养着仆人、家童是写明的，虽然鼻息已雷鸣，但由此可见，这时的苏东坡经济拘谨已经大大缓解，而且情绪已经归于泰然，没喊开大门也没有生气，干脆一个人倚杖听江声去了。

词人以动衬静，托出一派夜静人寂。潇洒的词人也寂寞，旷达的东坡也惆怅。一声叹息："长恨此身非我有，何时忘却营营？"这是词人化用庄子"汝身非汝有也"之意境。东坡精研道家著作可见一斑。

神与物游之间，词人开始幻想了："小舟从此逝，江海寄余生。"其渴望出世隐居之意昭然若揭，可惜贬谪官员没这个资格！

就这样，也差点儿惹出了麻烦。据宋人笔记中《避暑录话》载，苏东坡作了上面的词之后，不知怎么给热衷于小道消息的人们传成了苏东坡"挂冠服江边，拏舟长啸去矣。郡守徐君猷闻之惊且惧，以为州失罪人，急命驾往谒，则子瞻鼻鼾如雷，犹未兴也”。

据说此事还传到了京师北宋皇帝的耳中，皇帝闻听默然许久，大概是心稍愧疚吧。实际上皇帝已经不愿意苏东坡“江海寄余生”了，内心多次有了重新起用苏东坡的念头。

然而黄州的苏东坡却是越来越习惯近似回归大自然的生活，几乎要唱出“黄州是个好地方”的小调来，小调肯定唱过，歌词不一定如老孙杜撰这般。较能代表苏东坡此时心情的苏词，便是神宗元丰六年（1083 年）六月所写的《鹧鸪天·林断山明竹隐墙》。

> 林断山明竹隐墙，乱蝉衰草小池塘。
> 翻空白鸟时时见，照水红蕖细细香。
> 村舍外，古城旁，杖藜徐步转斜阳。
> 殷勤昨夜三更雨，又得浮生一日凉。

词中一派词人雨后游赏的欢快，闲适心境随墨飘逸。

全词由游赏时所见村景着笔，续写游赏所见夜雨之后的景物细韵，接着进入角色，杖藜徐步于古城旁村外斜阳，尾句将喜雨赋予生命，尽情抒发了自己得雨后新凉的欣爽，令人读来情景婉转，如随其后，回味无穷。

现在的苏东坡活活是陶渊明再世，历经了过多风雨，心态上好似已经“也无风雨也无晴”了。

59 美酒色香润佳作

宋人笔记《蒙斋笔谈》[①]中记载："苏子瞻初谪黄州，布衣芒蹻，出入阡陌，多挟弹击江水，与客为娱乐，每数日必一泛舟江上，听其所往；乘兴或入旁郡界，经宿不返，为守者极病之。"

擅自跑出州界旅游，而且经常夜不归宿，这哪是被贬的？简直是回归自然来做旅游健身消费的。无怪为太守者，即地方最高长官徐君猷极为担心了。不过不要紧，徐太守待东坡如同骨肉，苏东坡不会连累这样的好官员。但是，大错不犯，小错不断也是免不了的。

上有政策，下有对策。北宋朝廷要求的纪律再严明，到了地方也只不过是一句漂亮的空话。天高皇帝远的黄州，是当地一把手说了算，苏东坡相对舒适的被贬生活得益于上司的刻意照顾。

苏东坡违纪深夜出游是经常发生的事情，前面说过的两赋及酒醉夜归之作《临江仙》，都是东坡给今人留下的书证。好像苏东坡自己并不遮掩这些。神宗元丰六年（1083 年），他干脆又写

① 注：宋代叶适的《岩下放言》，在《稗海》本中被改为《蒙斋笔谈》。

了一篇《记承天寺夜游》，还刻意在标题中注明“夜游”，这篇游记在后世影响甚大，甚至被许多大师级别的人物列在东坡赤壁前后赋以及《赤壁怀古》的后面，称之为黄州时期的四篇佳作。

不过，也许是老孙学浅无知，对这篇游记研读了无数遍，怎么仔细阅读附带联想，都没能发现这篇游记重于其他作品的分量何在，其文甚短，不妨将《记承天寺夜游》原文照录：

元丰六年十月十二日夜，解衣欲睡，月色入户，欣然起行。念无与为乐者，遂至承天寺，寻张怀民。怀民亦未寝，相与步于中庭。庭下如积水空明，水中藻荇交横，盖竹柏影也。何夜无月，何处无竹柏，但少闲人如吾两人者耳。

前面的类似跋文部分，是介绍与好友张怀民夜游承天寺的起因及过程，就不做评判了，仅将这短得不可思议的正文翻译成白话：庭院中的月光宛如一泓积水清澈透明，水中藻、荇纵横交叉，其实都是绿竹和翠柏的影子。哪夜没有月光？哪里没有绿竹和翠柏？只不过缺少像我们两个这样的闲人而已。

这篇夜游笔记怎么看也不过属于只有两句话、三十七个汉字的随笔，正文还没有前面的跋文长，随笔以近乎吝啬的文字交代的承天寺庭院中的积水、藻荇、竹影、夜月、松柏，用来衬托来此夜游的两人是真闲人。

作者没有刻意寓意什么，更没有抒发情怀与哲理，甚至谈不上思想，谈不上厚重，连游记似乎都算不上。

至于说包含着悲凉之感，还不如说显露出作者安闲自适的心境更为恰当，作者能得暇领略这清虚冷月，应该是略带清冷仙气的安慰。

此文确属能以短小精悍而创纪录的优美随笔。不过，要说能与苏子的赤壁游记相比肩，老孙也难以认同。

苏东坡爱自然，也爱生活，善文章，更精于诗词，甚至我们可以感觉到诗人把诗赋当作品酒的佳肴，或者反过来理解，苏东坡杯中的美酒润色了主人笔下的佳作。

谈到苏东坡好酒，不妨谈点儿苏东坡的酒仙风范。东坡爱这一口酒毫无疑问，从他难以尽数的诗作中，都能看到他乐于品尝美味，享受美酒的记载。

不仅于此，我们甚至还能从苏东坡的笔记中得到不同时期酒量大小的信息。

从现在能查到的资料看，苏东坡少年时并不善饮酒，他曾说“吾少时望见酒杯而醉”；后来凑巧在盛产西凤美酒的陕西凤翔和酒风盛行的山东密州做官，并留下过“明月几时有，把酒问青天”的豪迈诗句，喜好这杯中之物是自然的合理嗜好。但他的酒量仍然够不上一流的酒客级别。

来到了黄州，似乎是为了更为洒脱的心境，也可能是环境改变了人，苏东坡酒量大增，据他自己介绍：“而今亦能饮三蕉叶矣。”

三蕉叶能盛多少酒？老孙实在不能估计，也没查到有关这个量具大小的记载。根据陆游《幽事》诗“酒仅三蕉叶”中的“仅”字看，好像分量也不算多；清代周天藻《病中遣兴》诗中也有句：“量减三蕉众所知，兴来时复一中之。”这里有把“蕉”理解成“杯”字的意思，但从苏东坡略带得意的口气分析，应该不算少量。芭蕉叶就够大的，如果是美人蕉的叶子呢？那酒量就更海了，反正要是一蕉叶盛不下二三两酒，那就根本不值得苏东坡一提。

这情形容易理解，好酒量多是被环境锻炼出来的。

大家都知道这么一句经验之谈：喜酒、闷茶、窝囊烟。其实酒的功能远不止助兴喜宴，苦闷时也有独自喝闷酒的说法；窝囊人办了窝囊事照样变成酒鬼；甚至古代砍头的刑场上也少不得此味，大多时候不仅刽子手需要借酒壮胆，被砍头的人也能有机会品尝一碗送行酒。

酒这东西，一位现代诗人这样形容："她具有水的外形，火的性格！"这是一种水火交融、利害参半、成事有时、败事有余、极难贴上好坏标签之物。

这是一种类似炸药的东西。作孽不少，立功也甚伟，就看主人怎样发挥它的功效了，很多时候关键在于灌进肚子里的分量，恰如其分最难把握。

苏东坡大概有着一种天生的本能，多数时候都能把握住饮酒的分寸，东坡的饮酒观是饮酒不求量，但求趣。

东坡诗中曾有句："我饮不尽器，半酣味尤长""偶得酒中趣，空杯亦常持"。看来半酣就是苏东坡所把握的分寸，得趣就是苏东坡的目的。

不过，既然这种分寸极难把握，爱好此道的苏东坡也不是仙人，那么有时出点儿格也属常事，所以出现醉卧途中草地、半夜回家之类的事情也就不足为怪了。对苏东坡来说，抵挡美酒、美食的诱惑，可能比抵挡权力的诱惑还要难些。

苏东坡不仅对美酒情有独钟，据载，东坡对自己动手酿酒也产生过极浓的兴趣。黄州盛产柑橘，苏东坡就搞过用蜜橘酿酒的试验，可惜诗人的酿酒技术实在属于票友档次，所酿之酒的质量不过关，竟导致朋友们饮后纷纷腹泻，一时成为酒桌旁的笑谈。

总的说来，黄州时的苏东坡对待美酒还是以助兴居多，美酒进口，奇句出口，当然，充当下饭的佐料也是美酒的功能之一。据东坡在札记里写道："东坡居士酒醉饭饱，倚于几上，白云左绕，清江右洄，重门洞开，林峦岔入。当是时，若有思而无所思，以受万物之备。惭愧！惭愧！"

据说有这种现象，好酒的人不馋。真正的酒客举杯时，注意力就集中在手中液体的飘香上面，下酒菜是不大讲究的。这点苏东坡就做不到，与品味美酒相比，他对品尝美食可能更感兴趣。

前面说过苏东坡喜食猪肉，实际上苏东坡应该是家禽、野味都喜欢，尤其对鱼这种出于水中的美味，好像更为青睐。

60 诗人与鱼的交情

东坡好鱼，记载甚多，鱼成为苏东坡餐桌上的美味毫不奇怪。在苏东坡的眼中，鱼不仅可饱口福，垂钓时还可以用来怡情调趣，泛到心头时可以入句填词赋诗。文人的手眼里，一般都是一物多用的。

黄州处于长江岸边，苏东坡本来就没具体工作，上下班几乎都属闲暇无事，所以他经常身披蓑衣兼职渔夫，垂钓于江边或驾一叶扁舟，自己钓的鱼摆上餐桌，绝对是件极爽的事情。

但美食这种东西，也有美酒的脾气，除了需要控制数量之外，也是有所为有所不为，不该喝的酒如穿肠毒药，不该尝的美味却是真正的毒药。例如苏轼诗作《惠崇春江晚景》中味美却有剧毒的河豚。

竹外桃花三两枝，春江水暖鸭先知。
蒌蒿满地芦芽短，正是河豚欲上时。

这首逍遥自在的七言绝句，从侧面证实了苏东坡确曾冒死品尝过河豚，因为诗中极为清楚地显示了诗人适逢“河豚欲上时”的欢快心情。

稍后再谈苏东坡与鱼的故事，先挤空谈一点儿老孙对上面短诗的感觉。

苏东坡用短短的四句七言，描摹出春天给人的欢快，竹笋、肥鸭、野菜、芦芽、河豚，美味迭出！平淡而清丽的水墨山水图，尽情让人分享了诗人悠然自得的感觉；这首诗，鱼是主要配角，所以不得不侃几句东坡笔下的河豚，但更令人梦中念叨的却是那句“春江水暖鸭先知”。

有关苏东坡对鱼的情有独钟，还不止垂钓、品尝，很多时候还乐于违反圣人“君子不近庖厨”的教导，亲手下厨加工美味，并且还把鱼的烹饪方法、品鱼的心得体会留在诗文中。

在《鱼蛮子》一诗中，苏大厨师告诉人们应该这样做鲂鱼、鲤鱼：

> 擘水取鲂鲤，易如拾诸途。
> 破釜不著盐，雪鳞芼青蔬。

过于口淡了吧？搭配点儿青蔬，色、味都讲得过去，做鱼不放盐？那雪鳞再好看还能味美？哦，鱼做熟了再加盐。

在《煮鱼法》一文中，东坡说：“子瞻在黄州，好自煮鱼。其法：以鲜鲫或鲤治斫冷水下入盐于常法，以菘菜心芼之，仍入浑。葱白数茎，不得搅半熟，入生姜、萝卜汁及酒各少许，三物相等，调匀乃下。临熟，入橘皮线，乃食之。”

这有点儿像在编写烹调专业书，不过也的确惠及了后人。这种烹鱼方法，至今仍被眉山一带的老百姓所保留，取名为“水煮鱼”，或者是“江水煮江鱼”。

后人严格按照东坡的食谱，鱼去鳞，剖腹，掏出内脏，用刀在鱼肋两边各轻划五刀以便入味，入沸水，文火久煮，配料还要加些姜、葱、橘皮等，起锅时方入盐。鱼汤酽而白，鱼肉而嫩，汤尤为鲜美。人称“东坡五柳鱼”，又称“东坡鱼”。

其实各地都有不同做法的东坡鱼，现在我们能品尝到的东坡鱼就有东坡糖醋鱼、东坡鳊鱼、东坡墨鱼、东坡鳜鱼、东坡鲥鱼、东坡鱼头、东坡鳆鱼、东坡鲈鱼，等等，炸、烹、煮、蒸不一而足。

不知后人把烹调方法改进了多少，也照样挂上“东坡鱼”的招牌，有利于增加销售额，凭菜的名字在心理上增加美感也有可能，但主要作用，我想应该还是在缅怀先贤吧。

苏东坡在任登州太守时吃了鲍鱼，赞不绝口：“膳夫善治荐华堂，坐令雕俎生辉光。肉芝石耳不足数，醋芼鱼皮真倚墙。”

东坡在《过新息留示乡人任师中》中写道：“怪君便尔忘故乡，稻熟鱼肥信清美。”

在前文介绍过的《后赤壁赋》中，东坡不是也没忘记鱼吗？“巨口细鳞，状如松江之鲈”

在《浣溪沙·渔父》中写了“西塞山边白鹭飞，散花洲外片帆微，桃花流水鳜鱼肥”。

黄州时东坡所作的《鳊鱼》，开始怜悯这些美味：

晓日照江水，游鱼似玉瓶。
谁言解缩项，贪饵每遭烹。
杜老当年意，临流忆孟生。
吾今又悲子，辍筋涕纵横。

实在说不清苏东坡在指责鱼儿无知贪饵，还是在感叹世人如鱼，或许是在“见鱼思前”，叹息自己。

后人本事大，就是不沾边的长江墨头鱼，也能与名人扯上关系。

苏东坡出生的四川眉山，就有这样的民间传说：苏东坡常在江水中洗笔砚，将鱼染成黑色，故人们称之为“东坡墨鱼”。

但有记载说，有一种鱼苏东坡是不吃的，便是娃娃鱼。

宋人笔记《画墁录》[①]记载过苏东坡曾说过，有次在长江钓到了一条四只腿爪的怪鱼，长得像鲇鱼，会在地上爬行，有人说这是条鲵，苏东坡便把它送回长江放了生。东坡说自己不敢吃它，可是连身带剧毒的河豚都敢品尝，又怎会怕尝这东西？

有关五柳鱼改名“东坡鱼”也有一种传说。

苏东坡做好了一盘五柳鱼，刚端上桌，好友佛印和尚来了。大概这五柳鱼个头不大，也可能是苏东坡刻意与和尚开个玩笑，据说苏东坡顺手将这盘鱼搁到书架上去了。那意思大概是，“好个赶蹭饭的和尚，我偏不让你吃，看你能怎么办！”

佛印和尚眼贼尖，没看见苏东坡就先瞅准了那盘鱼，大和尚心里说：看咱和尚怎样叫你自己拿出来。

佛印一副虚心求教的样子：“贫僧小弟今日特来请教一字。”

“何字？”

“姓苏的‘苏’怎么写才正确？”

苏东坡一听就明白这和尚想玩花活。凭佛印的学问，还能专程来询问这等刚入小学的问题？有名堂也要装糊涂，不然就玩得没意思了。

---

① 注：《画墁录》为宋人张舜民撰。

东坡便认真配合大和尚的表演，回答："'蘇'字上面是个草字头，下边左是'鱼'，右是'禾'字。"

佛印接着又问："草字头下面，左边是'禾'字，右边是'鱼'呢？"

"那还念'蘇'啊。"古时确实有这种写法。

"那么把鱼挪到草字头上面呢？"

苏东坡更会紧密配合："那可不行，那就不成字了呀。"

佛印哈哈大笑，用手指着藏鱼的书架："那就把鱼拿下来吧。"

苏东坡现在真正明白了，这酒肉和尚说来说去还是要吃他的那盘五柳鱼。

两人大笑，一盘鱼也就"二一添作五"了。

时隔不久，佛印听说苏东坡要来回访，也照样蒸了一盘五柳鱼，顺手将鱼放在旁边的罄里。

故事情节的发展应该是那盘鱼早已被苏东坡觉察，当然还必须装着不知道。

还是过去的故事：来求教、救助。

苏东坡说："我想了副对联，现在只有上联，下联一时想不出好句子。"

佛印这次当然也配合东坡了："请说上联。"

苏东坡煞有介事地回答："上联是'向阳门第春常在。'"

这是一副老掉牙的对联，七岁学童也无人不知。大和尚虽然不知道苏东坡葫芦里卖的是什么药，却不假思索地顺口说："下联乃'积善人家庆有余'。"

苏东坡佯装惊叹："高才，高才！原来你罄（庆）里有鱼（余）呀！那还不赶快端出来？"

佛印这才恍然大悟，苏东坡在扮演馋猫，打着鱼的主意。当然，也是“有鱼同享”了。

但是，那一般都会有的套路，两人大笑，却是稍耽搁了一会儿。和尚还想嘲笑一下馋鬼，见这条清蒸的西湖鲜鱼两面各划了5刀，便笑眯眯地建议：“咱和尚是有条五柳鱼，不过这条五柳鱼既然给你‘钓’到了，不如改叫‘东坡鱼’算了。”

据说从此以后，人们才把五柳鱼又叫东坡鱼，大和尚给鱼赐法名之后，这道西湖菜名气也越来越大，直到今天，仍是杭州西湖边各酒楼的一道名菜，其味道鲜美，喷香诱人，深为游人所喜食，不过价格也是不菲，老孙狠心忍痛才算品尝了几回。

说几句上面的“苏”字：繁体字写法为“蘇”，但也有“蘓”这个字。据说杭州西湖苏堤景点的“苏堤春晓”的碑文，是清帝康熙御笔亲题的，被毁坏前的原碑文就是用的后面的“蘓”字。

因为康熙皇帝听说苏东坡爱吃鱼，而且每次吃鱼的时候，假如侍者把鱼放在左边，他可以把整盘鱼吃完，如果放到右边则生气不动筷。因为苏东坡是左撇子，放右边，他进餐不方便。

据说连康熙也不敢坏了苏门规矩，有意把鱼写在右边，以此纪念这位数朝前的苏文公。又据说就是因为这件逸事，后来碑上这个“蘓”字才被编入了《康熙字典》，正式成为汉字中的一个正确字。

61　离开政治的日子真幸福

前面几章专门谈了苏东坡的“进口”业务，酒类商品就不再多说了，还是补充点儿食品质量方面的记载。苏东坡虽偏于肉食，但后人所烹调的所谓东坡肉，肯定不被那时的东坡喜欢，现在的东坡肉实在太肥腻了，适合长膘。

关于这一点，苏东坡把预防现代“三高”的养生之道，写在了墙上、门上，来提醒自己，劝诫他人：

出舆入辇，蹶痿之机。
洞房清宫，寒热之媒。
皓齿蛾眉，伐性之斧。
甘脆肥脓，腐肠之药。

可见黄州时的苏东坡并不大喜食红烧肉之类的健脑补品，东坡也曾留有《养生》笔记跋文，向后人介绍了自己的食谱：

夫已饥而食，蔬食有过于八珍。而既饱之余，虽刍豢满前，惟恐其不持去也。若此可谓善处穷者矣，然而于道则未也。安步自佚，晚食为美；安以当车与肉为哉？车与肉犹存于胸中，是以有此言也。

由此可以看出，苏东坡并无偏食的毛病，进餐荤素皆可，一切随着环境来，只要感觉舒适，步行也能体会到坐车的滋味，素食也能品尝出肉的味道。

这实际上是在提醒人们，心情最重要，快乐只赐予容易满足的人。

大多时候，苏东坡觉得自己现在的衣食足堪自给，过得几乎是神仙般日子，甚至有了乐不思蜀的想法，他曾心满意足地写道：“某现在东坡种稻，劳苦之中亦自有其乐。有屋五间，果菜十数畦，桑百余本。身耕妻蚕，聊以卒岁也。”就是说不走了！哪里黄土不埋人？

与初到黄州时相比，苏东坡开始享受每一天的快乐，优美的景色、时间的闲暇、想象的自由、晴空月夜、雪冬酷夏，都成了诗人快乐的源泉。其实，幸福本来就只属于知足者。

苏东坡的《初到黄州》一诗就体现出他这种知足者常乐的性格与心境：

自笑平生为口忙，老来事业转荒唐。
长江绕郭知鱼美，好竹连山觉笋香。
逐客不妨员外置，诗人例作水曹郎。
只惭无补丝毫事，尚费官家压酒囊。

诗意一派宠辱不惊，感觉不到一丝怨恨与苦闷，嘲笑自己

“老来事业转荒唐”，更显诗人的豁达幽默。

不过乍看首句，好似苏老先生实在命苦，竟然一生都在为糊口而操劳忙活，也可以理解为东坡嘴馋，为了口腹之欲，可以荒唐地不辞劳苦沿绕城的长江品尝鱼美，跋山只为得到笋香入口。

其实不是这么回事，这“为口忙”实是自责祸从口出，这是东坡在幽自己一默。

万事看开的苏东坡好似个地道的农民，每天除了游山玩水、待客、访客外，就一心扑在自己的自留地里。对，他除了经营东坡农场还有美化自己雪堂室内、室外的环境；他在院子里种上松、柏、梅、竹等花木。雪堂内四壁全部画上雪花，堂内外的环境被他装扮得素净典雅，雪堂也因此得名。

据说黄州徐太守曾对这种装修效果有意见，嫌东坡的居所冷清萧瑟，问他：“满眼看见的都是雪，莫不太过寂寞冷清？”

苏东坡则手指院中花木，口中得意吟出：“风泉两部乐，松竹三益友。”

这意思很清楚：清风习习、泉水叮咚便是两曲优美的音乐，四季常青的松柏、竹子及傲雪绽放的梅花，便是严冬相伴自己最好的朋友。据说松、竹、梅被世人合称为“岁寒三友”，就是源于东坡的这两句讲解。

政治好似暂时冷落了苏东坡，但可以肯定的是，命运并没有冷落诗人，甚至可以说，苏东坡的乌台诗案、黄州被贬，反而成就了苏东坡，最起码是惠及了我们后人，得以有幸领略到东坡风采！

高官甚至皇帝，历代出了多少？而在黄州制造诗文奇迹的人唯有一个，那就是苏东坡。

与北宋政坛斗争保持了距离，苏东坡的诗词文赋得以净化，那缕缕清气也只有来自没有污染过的纯净山水，本色的质朴只能来自竹林田园。正是由于东坡与权力“分居”，才换得清风阵阵，直到今天，直到永远。

能启发诗人灵感的不仅有青山秀水，还有日常的柴米油盐茶，诗人给我们留下妙句趣语，这点我们后文还要专篇细说，现在仅举一两个例子。

据宋人笔记《竹坡诗话》[①] 载，有位姓何的秀才给苏东坡送来一种油果，挺对东坡的口味。

苏东坡便问：“这东西叫什么名字？”

何秀才据实回答：“还没有名字。”

苏东坡追问：“为甚酥？（为什么这么酥脆）”

何秀才灵机一动，笑着说：“就叫它‘为甚酥’吧。”

同时期，一位潘姓长官送给苏东坡一坛村酒。可能是酿造技术不大过关，东坡品尝后觉得酒味有点儿淡，便与潘长官开玩笑：“你这酒看来错灌进了水呀。”

一天油果吃完了，村酒尚余好多，苏东坡便戏作一诗，寄给了何秀才：

畅饮花前百事无，腰间惟系一葫芦。
满倾潘子错着水，更乞何郎为甚酥。

寄诗句索要好吃的，估计东坡肯定能如愿得美食。

上面是苏东坡以物作诗，下面说个因事出句的例子。

---

① 注：《竹坡诗话》是一部诗话著作，为宋代周紫芝撰。

据《道山清话》[1]载，苏东坡有天在玉堂读杜牧之《阿房宫赋》，被杜赋文采感动，夜深不寐，反复吟诵。正好有两个巡兵在门外说悄声话，苏东坡就留意了一下他们说些什么。

巡兵甲："夜这么深了苏公还不睡，只管念来念去，念这东西有甚好处？"

巡兵乙："也有那么一两好句。"

甲发怒："你懂甚好坏？"

巡兵乙："我喜欢他念的那句'天下人不敢言而敢怒'。"

堂内的苏东坡不由叹道，没想到这位兵汉子也有点鉴赏能力呀，随即吟诗：

银烛高烧照玉堂，夜深沦茗读阿房。
文章妙处无人语，赖有缇兵说短长。[2]

这绝句就不品读了，只是老孙注意到，苏东坡的内心看起来并不像他表现得那样洒脱，也是有心事的。

试想，既然苏东坡对《阿房宫赋》这么着迷，那么《阿房宫赋》写的是什么？是感叹昔日辉煌一时的阿房宫难敌一烛，不可一世的秦始皇今成尘土的必然结局，苏东坡应该是心有所感，叹息世事无常有道，尤其是被门外巡兵欣赏默记住的那句"天下人不敢言而敢怒"。

同病相怜！黄州的苏东坡实际上也是不敢言而敢怒。

---

① 注：《道山诗话》，小说，属清代内府藏本，不著撰人名氏。
② 注：句出《东坡诗话》中。

62 苏东坡与朝廷谁也没有忘记谁

东坡在黄州这种犹如世外桃源的幸福生活，令他看来已经心平气和，行动上大体安分守己，行文出句好像也能遵守“莫谈国事”的基本原则，对于国计民生，黄州的苏东坡真的“事不关己，高高挂起”了吗？

雾里看花，水中望月，这都不是事物的本来面目。苏东坡内心深处不是一如他嘴上怎么说、笔下怎么写、行动上怎么做的那样，这从他少数诗作的只言片语中能够感觉出来。

从东坡雪堂到城中临皋亭有一段泥泞路，苏东坡把它命名为“黄泥板”，并且曾醉后写出了一曲歌赋，取名为《黄泥板词》。

全文除了“醉汉”眼中细腻的景物外，东坡还用几乎是写生的笔法刻画了自己醉卧路边，青草作褥、石块为枕，衣服都被露水打湿的形象。

神宗元丰四年（1081年），也就是苏东坡安居黄州的次年，北宋大将鄜延经略安抚副使种谔，于无定川以七军方阵大败西夏军八万余人，“死者横数十里，银水为之赤”，而远在黄州的“罪臣”苏东坡竟能写诗《闻捷》赞叹：

闻说官军取乞誾，将军旗鼓捷如神。
故知无定河边柳，得共中原雪絮春。

据说此诗传到前方，大宋将士传诵不绝。然而北宋其他文人几乎对此大捷没有反映，也没有诗篇流传下来。可见，反而是“收心养性”的苏东坡更加关心国家边防！

这就是理想与现实出现碰撞时的无奈。这时的苏东坡思想上应该是矛盾的，也可以说黄州的苏东坡行为上有些任性荒唐之处，只是为了排解这种矛盾带来的痛苦。

他写过一篇关于牛肉与酒的短文，句出《东坡志林》：

今日与数客饮酒而纯臣适至。秋热未已而酒白色，此何等酒也？入腹无脏，任见大王。既与纯臣饮，无以依，西邻耕牛适病足，乃以为肉。饮既醉，遂从东坡之东，直出春草亭而归。时已三更矣。

关于苏东坡喝私酒、杀耕牛，在城门已关闭之后才醉醺醺地爬过城墙而回的传说，就是好事的后人甚至某些教授、名师根据此篇“交代”推理出来的。春草亭位于城外，临皋堂位于城内，不爬城墙怎能三更回城？

不过老孙认为，醉汉还是叫开城门的可能性最大。苏东坡在黄州是何等名声？连“巡兵”都主动背诵他阅读的文句，城门守卫又岂能不给苏名人这点儿面子？何况他还是当地最高长官的好友，小兵们敢招惹吗？

再说了，好像苏东坡没练过什么轻功绝技，不是武侠小说中的主角，别说深夜喝醉，就是青天白日再灌上两罐饮料，你让

“苏大侠”空身爬城墙看看？

所以，有些分析，就算出自大师级人物笔下，也做不得定论，还是自个儿琢磨的事更可靠。

所以，有些分析说黄州的苏东坡已经安于现状，思想趋于虚幻缥缈的“梦幻”“色空”，这种说法也是需要斟酌的。

苏东坡现在还是一名北宋官员，只不过临时被贬到了黄州反省。苏东坡还在关注着北宋局势，只不过出言下笔谨慎了许多而已。

实际上，北宋朝廷中的政敌、神宗皇帝本人与黄州的苏东坡，他们谁也没有忘记谁。

据宋人笔记《却扫编》①记载，来到黄州后的苏东坡也是要继续向北宋朝廷上交“检讨书”的，甚至还要对自己以前执政一方时的疏忽负责。他曾专门上表皇帝，为自己在徐州任上疏忽镇压“妖贼”谢罪，可是现在实在无实职可免，所以他在谢表中有“无官可削，抚已知危”的字样。

北宋神宗皇帝看到这里，不禁失口而笑，说道：“怎么，怕挨棍子了？”

可见，东坡被贬谪，对于他来说是人生的一大坎坷，是件大事，但在半生都“会当凌绝顶”的神宗皇帝心目中，实在算不得什么，甚至在赶走苏东坡之后，皇帝还能有心情开犯罪降职官员的玩笑。

据史载，神宗皇帝进膳时有歌舞伴餐，歌女们一旦唱到苏东坡的歌词时，“帝必投箸不能食”，抚案叹息不已，环顾左右，凝眉自问：“苏子瞻到哪里了？”看来皇帝对苏东坡的喜爱倍儿铁，

---

① 注：《却扫编》为南宋徐度撰。《却扫编》多载宋代典制，具有较高的史料价值。

感情发自内心！

《宋史·苏轼列传》中有这样的记载：苏东坡离开京师后三年，皇帝曾经准备重新起用他，吩咐当时的执政班子主要成员王珪、蔡确“国史至重，可命苏轼成之”。

王珪是“乌台诗案”中迫害苏东坡的主将之一，哪里会容得苏东坡东山再起？他面露难色，建议任命曾巩负责修国史的重要工作，结果神宗皇帝还是依从了副宰相。

据《玉海》① 载，曾巩主修的《太祖总论》并没有获得神宗皇帝的认可，还是被免职了，于是皇帝亲自手书御札，安慰苏东坡：“苏轼黜居思咎，阅岁滋深，人才实难，不忍终弃。”神宗皇帝这种态度，苏东坡还能不动感恩之心？

实际上，据神宗皇帝的近侍传出，皇帝特别喜欢苏东坡的诗词，时常以阅读苏东坡的作品作为消遣。每逢皇帝对进御膳不感兴趣，一般都是被苏东坡大作给感动得心思难平，所以茶饭不思。

据《苏长公外记》载，有次神宗皇帝诵读到苏东坡的《明月几时有》中的“又恐琼楼玉宇，高处不胜寒”之句时，慨然长叹：“苏轼终是爱君！”

《行营杂录》② 中曾有神宗皇帝与近臣议论苏东坡的记载。

神宗皇帝问：“苏轼能与哪位古人相比？”

一个近臣回答：“颇似李白。”

神宗皇帝却摇头：“不然，李白有苏轼的才分，学问却比不上苏轼！”

---

① 注：《玉海》是一部规模宏大的类书。编撰者是南宋的王应麟。

② 注：《行营杂录》作者为宋代赵葵。

连大唐诗仙李白的才学都在苏东坡之下，可见苏东坡在神宗皇帝心目中的位置了。这神宗皇帝也算是铁杆苏粉了！

神宗皇帝曾多次明令起用苏东坡，都被当时北宋执政的新政班子所阻挠，圣意没能如愿。

有一次神宗皇帝甚至把写着官职名称的木牌发给臣下，其中一个“中书舍人翰林学士”的牌子就是填写的苏东坡的名字。

圣旨不能不遵，但苏东坡的政敌们就是有办法违旨，用上了推诿大法——研究研究！这招百试百灵，神宗皇帝也没辙，最后还是被“研究”得不了了之。

虽然普天之下，莫非王土，却不是“率土之滨，莫非王臣”，就连近在咫尺的御前王臣们都可以不予理睬神宗皇帝的圣意，天高皇帝远的黄州也就只能不像“皇土”了，像什么？黄州犹如苏东坡个人的一方乐土！

63 被贬官员身边也能享“陪侍”

偏远的黄州毕竟是大宋天下，一些宋代官场的习惯或者潜规则不可避免地在黄州流行。

前文说过，大宋官场的接待工作是需要官妓出场服务的，这是宋朝官员们相互交流工作经验的需要，还是有官商、巨富们埋单来支持官府工作？不知道，反正黄州的官员以及“白领”们只要上酒桌，必定召妓陪酒助兴。

不仅私人宴会需要歌舞伎们的服务，工作餐也有官妓服务到底，服务到家。女性娱乐从业者们的职称叫“营妓”，这名称有点儿配备给宋时行营将士的意思，但一般还是陪文人的时候居多，普通士兵肯定没有这个待遇，也没有召妓陪酒的闲钱。

苏东坡虽然是从上边下来的贬官，但从职务上来说还是属于北宋朝廷官员阶层，并且担任的还属军职，即使不让他掌军办公事，地位不知比营妓高了多少级。所以，他还是有资格享受营妓们的“陪侍服务”。

据宋笔记《春渚纪闻》[①]载，苏东坡在黄州的日子里，经常有歌舞伎围绕在身边。苏东坡酒醉之际时常泼墨，给营妓们题诗，在营妓们的持扇上题字赠画，“亦时有之”。

有个姓李名琪的营妓，年少聪慧，经常给东坡提供服务，却一直没好意思向苏东坡索要墨宝，心里很不是滋味，直到苏东坡即将离开黄州，她才抓紧机会在送行宴会上，向苏东坡提出了心中久藏的愿望，而且是在东坡酒酣时提出来的。

苏东坡乘兴命其磨墨，挥毫于李琪姑娘的帕巾之上，诗文两句：“东坡七载黄州住，何事无言及李琪？”

随即他把笔一扔，与其他陪客趁酒劲高谈阔论去了。

苏东坡也经常写两句诗，但是这次不同，大家怎么品味也觉得苏东坡给李琪姑娘的题诗太过平淡，相互疑问：“语似凡易，又不终篇，何也？”

酒场临散了，李琪姑娘实在忍不住了，跪拜在地，求苏先生再给续上两句，苏东坡大笑：“哎呀，差点儿忘了出场了。”随即他提笔又续写两句：“恰是西川杜工部，海棠虽好不留诗。”

这下犹如奇峰突起，画龙点睛，东坡肉入了盐，味道立变，全诗陡然趣味盎然。诗圣杜甫一生没留下咏海棠的诗句，苏东坡把李琪姑娘比作没入杜诗的海棠花，不动声色地褒奖了这位营妓。

当然，全体酒客一起鼓掌击节，举座皆欢。

老孙插句闲话，杜甫没写过海棠属实，传说是因为杜甫的母亲乳名“海棠”，诗圣也要避讳不是？其实传说当不得真。宋代之前，别的诗人也没有咏过海棠，连李白、白居易等也没有以海

---

① 注：《春渚纪闻》，笔记集。北宋何薳撰。自父去非，曾由于苏轼的荐举而得官。

棠入过诗，难道人家的老妈都起过海棠这个小名？

继续谈黄州的营妓。

据记载，像这类官宴，让营妓来招待北宋官员是正常现象，而苏东坡也经常赴私家宴会，那场合“营妓陪侍”现象更是合法合情的压轴节目了。

宋人笔记《遁斋闲览》[1]里说，苏东坡参加私宴更是有舞伎伴酒，歌伎助兴。

苏东坡常去一个“豪客”家饮酒，就是花钱大方的富翁家里做客饮酒，这位豪客每次都找来歌舞伎十余名招待偶像苏东坡。

这里面有位营妓艺名“媚儿”，貌美如花，体态柔润，极善歌舞；偏生得身高体长，声如洪钟！到了今天，大概是位难得的服装模特吧。可那位豪客偏好这一口，竟然特别宠爱媚儿。

媚儿也向东坡求诗，苏东坡与这位豪客关系挺铁，已经到了相互开玩笑的程度。善谑幽默的苏东坡给媚儿施舍了这样两句诗：

舞袖翩跹，影摇千尺龙蛇动。
歌喉婉转，声撼半天风雨寒。

过分了，直把一个女同胞羞得逃席而去，估计那位豪客好友也高兴不到哪儿去。

大概有人要谴责这被贬的苏东坡苦中求乐、不能洁身自好了，其实个体行为是环境造成的，小环境又源于大环境。苏东坡本来就以风流倜傥著称，诗、酒、女人本来就是近亲，东坡现在还没意识到这种行为的剧毒之处，没能严格自律情有可原。

---

① 注：《遁斋闲览》，笔记著作，宋陈正敏撰。

宋朝的风气哪里比得上现代文明？孔夫子的教育那时深入人心，女人与小人被纳为同类，只不过是供男人娱乐的工具。

大宋的大环境就是如此，法律允许蓄妾，尤其苏东坡身处的黄州小环境更是。当地最高长官徐君猷最乐于此道，在这方面可谓身体力行。

《挥尘后录》[①] 里透露："君猷后房甚盛！"苏东坡遇上徐太守，关系又"情同骨肉"，还能不学点儿好友的生活作风？

但也是这位"后房甚盛"太守的一个后房，名字叫"胜之"的姑娘，以实际行动教育了苏东坡。

胜之姑娘服务于徐君猷太守时，由于表现出色，别说太守本人了，就是苏东坡也对她相当垂青，曾专门填词《减字木兰花·胜之》一首嘉奖这位胜之姑娘：

> 双鬟绿坠。娇眼横波眉黛翠。妙舞蹁跹。掌上身轻意态妍。
>
> 曲穷力困。笑倚人旁香喘喷。老大逢欢。昏眼犹能仔细看。

原文还有两首，是一并鼓励徐太守麾下表现最佳的三名小妾，因为其他两位姑娘没留下吸引眼球的故事，只抄出胜之姑娘的赞歌吧。

神宗元丰七年（1084年），徐太守最宠爱的胜之姑娘与苏东坡重会于别人的酒桌，身份已是苏东坡另一好友张方平儿子张厚

---

① 注：《挥尘后录》，王明清撰，成书于南宋光宗绍熙五年，仍以杂记宋代朝野故实为主，大抵为耳闻目睹。

的爱妾，徐君猷刚病逝，这位胜之姑娘便对继任丈夫张厚撒娇弄情，海誓山盟，兴奋足尺加五！

苏东坡曾亲眼目睹胜之姑娘对徐太守的情意绵绵，誓死从一。借酒品味，东坡越寻思越不是滋味，索性放声大哭，哭得几乎天地失色，却没有使徐太守原妾动容分毫，人家还是微笑服务于新丈夫，不动声色于形，不愧前情于心，不愧名“胜之”！

诗人痛哭，确属罕见，想来这胜之姑娘对新旧丈夫的“感情”着实触动了诗人的心弦。

东坡情激大恸之时，岂能无诗？一曲《西江月·别梦已随流水》吐露心声：

别梦已随流水，泪巾犹浥香泉。相如依旧是臞仙。人在瑶台阆苑。

花雾萦风缥缈，歌珠滴水清圆。蛾眉新作十分妍。走马归来便面。

好友君猷才去，其爱妾拭泪的手帕还如经泉湿，人却已经逍遥在瑶台阆苑也！昨日犹梦，尽花雾缥缈，歌清依旧，实空圆水滴；新描的蛾眉艳妍扎眼，移情别向真如走马般迅捷啊！

事实教育了苏东坡。从那时起，苏东坡再也没有纳过妾，连蓄养婢女丫鬟也从此力戒，重生了一位迟到的“纯情”苏东坡。

但是，就像任何行当里都有好人坏人一样，并非所有的歌伎、婢妾们都如徐、张的那个小妾，坚定不移跟着老公的也有，像东坡的小妾朝云就是一例。还有位歌妓，竟然能感动得苏东坡主动填词相赠。

事情发生在数年后的哲宗元祐元年（1086年），受苏东坡的乌台诗案牵连，被贬谪到地处岭南荒僻之地的宾州王巩（字定国）北归。几遭杀身之祸的王巩受贬时，其红颜知己歌妓柔奴毅然随行到岭南。现在挚友归来，苏东坡当然甚为兴奋，设宴招待王巩与歌妓柔奴（别名寓娘）。

席中苏东坡问及岭南风土气候，询问柔奴能否习惯，柔奴淡然回答：

“此心安处，便是吾乡。”

苏东坡被柔奴身处逆境而安之若素的风采感动了，随即填词《定风波·南海归赠王定国侍人寓娘》，赞美这女中侠姐柔奴：

常羡人间琢玉郎，天应乞与点酥娘。
尽道清歌传皓齿，风起，雪飞炎海变清凉。
万里归来颜愈少，微笑，笑时犹带岭梅香。
试问岭南应不好？却道：此心安处是吾乡。

歌伎感动了词人，词人受教于歌伎，红尘之中有丈夫，烟花巾帼亦英雄！妓女才子，公仆主人，哪里能分出贵贱？谁能断高下？

白居易《初出城留别》中有句：“我生本无乡，心安是归处。”《种桃杏》中有句“无论海角与天涯，大抵心安即是家”，柔奴的回答，或许受到了上面诗句的启发，但苏东坡的借用，是否在回忆自己在黄州时所得到的人生感悟？

但现在黄州的苏东坡的确有点儿心安了，提前来到“此心安处是吾乡”！苏东坡准备拿黄州作故乡了。

但现实最爱开玩笑，大多时候都与人们的心愿反着来，人生命运的转机或沦落，有时仅仅源于一个偶然。

64　难舍难忘的地方

苏东坡已经“此心安处是吾乡”般准备从此安居黄州。此时的苏东坡心胸确实已经无奈得开阔知足，这从他于黄州后期的一曲《满庭芳·蜗角虚名》中可以明显地看出来。

蜗角虚名，蝇头微利，算来著甚干忙？事皆前定，谁弱又谁强。且趁闲身未老，尽放我、些子疏狂。百年里，浑教是醉，三万六千场。

思量。能几许，忧愁风雨，一半相妨。又何须，抵死说短论长。幸对清风皓月，苔茵展、云幕高张。江南好，千钟美酒，一曲《满庭芳》。

东坡用《庄子》[①]中的一个寓言故事来形容功名利禄的虚幻，眼光轻蔑，口气疏狂，一反诗词状景抒情的套路，却以罕见的说

① 注：《庄子》为战国时期的思想家、哲学家、文学家庄周及其后学所作的著作集。

理抒怀；其理含哲，其怀畅阔，寓理于情，续情于理，情理交融，奔放舒卷，词人飘逸旷达的内心世界尽显词中。

词中的苏东坡宠辱皆忘，超然物外，对北宋朝廷政治派系内部倾轧的厌倦开篇即见，词人已醒悟，人间名利皆梦幻，且趁未老须疏狂。莫如余生“浑教是醉，三万六千场”，笑对清风皓月，痛饮“千钟美酒”，一曲《满庭芳·蜗角虚名》歌罢，脱尘世羁绊于江南好山水，又何须抵死说短论长？

词人看似已从人生矛盾的困惑中解脱，超脱的出世意念收于尾句，应该是把黄州安处为吾乡了。

五年的岁月将过，苏东坡对黄州的水土已服，气候已惯，安心劳作于此地，也属安度晚年。正在他心方平、气已和之际，北宋朝廷意外颁令：苏东坡改过得力，从宽处理，重新安排工作，离开黄州来汝州吧。

对苏东坡来说，这应该是个意外；对京师的神宗皇帝来说，应该是数次偶然心动，逐年积累之决断；对苏东坡在北宋朝中的政敌来说，却是无奈中应对皇命的折中结果。

前文说过，苏东坡曾因眼疾闭门谢客月余，有人路过黄州，怀疑苏东坡已逝，一而十，十而百之后，被许昌的好友范镇听说，要来黄州吊唁，结果被家中的子弟们劝住。他预先来人送书信查询，才算没有留下尴尬的笑料。但此事也传到了神宗皇帝耳中。

据《春渚纪事》记载，神宗皇帝听说东坡已逝的消息后沉痛不已，立即询问左丞蒲宗孟。宗孟回奏：“日来外间似闻此语，亦未知是实。”

正在吃饭的神宗皇帝投箸不食，叹息冉三，连说：“人才难得！”

后来确信传来，苏东坡仍然活蹦乱跳，神宗皇帝大慰之际，传明札给黄州的苏东坡："苏轼黜居思咎，阅岁滋深，人才实难，不忍终弃。"并且因黄州确实离京师太远，谎信难辨真伪。既然赦罪复职通不过，那就调在近处吧，所以苏东坡接到了转任汝州团练副使的调令。

一次偶然的眼病，竟然导致自己调离黄州，这是苏东坡无论如何也预料不到的。

但对于苏东坡来说，虽然是从遥远的黄州调到离京师较近的汝州，但罪名并未撤销，官职仍是个"不得签书公事"的州团练副使，实际地位没有任何实质上的改善，到了汝州还是被贬官员的身份。

走与不走，不是苏东坡能自主的，苏东坡没有抗旨违命的资格。但离开黄州他确实舍不得，五年来辛苦经营安乐窝不容易啊！对那东坡农场更是难以割舍，还有更为重要的社交圈子、人际关系。人能日久生情，何况朝夕相伴五年的黄州的一切！

东坡的心情矛盾又复杂。把他改调汝州，虽然名义上还是在贬谪中，但能换一个美丽而富裕的城市了；就近京师，政治上的转机肯定大于偏远的黄州。东坡犹疑不决，走留两难。

抗命唯有装病，但这样做明显辜负了神宗皇帝的一番好意。思虑再三，苏东坡终于决定遵奉圣命，放弃黄州的山水、朋友、农舍以及数年的辛勤耕耘。

俗话说故土难舍，此时的黄州在苏东坡心目中无异于故土眉山，狠心告别黄州之际，诗人心情激荡，思绪翩跹，他能赠给这第二故乡什么？唯有提笔挥毫，作歌留句，黄州的告别词《满庭芳·归去来兮》：

元丰七年四月一日，余将自黄移汝，留别雪堂邻里二三君子。会仲览自江东来别，遂书以遗之。

归去来兮，吾归何处？万里家在岷峨。百年强半，来日苦无多。坐见黄州再闰，儿童尽楚语吴歌。山中友，鸡豚社酒，相劝老东坡。

云何，当此去，人生底事，来往如梭！待闲看，秋风洛水清波。好在堂前细柳，应念我、莫剪柔柯。仍传语，江南父老，时与晒渔蓑。

苏东坡在此时无疑将蜀中故里等同于湖北黄州，首句“归去来兮”，借用了陶渊明《归去来兮辞》首句，暗蕴思归不得归，有家不能回的惆怅。叹息自己“百年强半，来日苦无多”的同时，抒发五年来黄州对自己的深厚情谊，一句“相劝老东坡”，尽显词人旷达超脱外的那份苍凉！

东坡向送别的黄州父老倾诉自己离开的无奈，向待闲看的秋风、洛水、清波倾注自己的留恋之情。堂前细柳似乎有情留客，词人给予回报，嘱咐邻里乡亲莫折堂前细柳，寓深情于字里风物，恋雪堂于行间缠绵。

东坡对前来告别的朋友承诺：“我还会回来的。”尾句恳请父老不时为自己晾晒渔蓑，言外之意深沉蕴藉，含蓄委婉中可见情真意切，至此词人的依恋之情动人肺腑、回味悠长。

别了，赤壁的冷月；别了，雪堂的暖炉；别了，东坡的葱绿；别了，临皋的红泥；别了，寺院缭绕中的青烟；别了，江水旋荡出的激情；别了，黄州！

65　横看成岭侧成峰的最高层

安居黄州五年的名人离开，应付诸多送行宴会是肯定的。朋友们的私宴饯行自不必说，官方也免不了为他设宴告别，题字留念当然也是躲不过的应酬。前文说过的歌伎李琪收到的“海棠虽好不留诗”，便是苏东坡在官宴上的大作。

北返汝州的旅途，是苏东坡难得的自由行动时间，他决定趁此机会去筠州（江西高安）探望思念已久的弟弟苏辙，全家则由儿子苏迈留在九江照料，待自己从筠州回来后，再同赴汝州。

东坡的人缘没得说，送行的当地人士几乎遍及黄州各界，除了近邻好友，甚至还有不少不沾边的陌生人、农夫、乡绅，更有十九人甚至一直随船送到慈湖，有三个朋友更甚，竟一直陪同到九江。

这三人好像代表了苏东坡的三界好友：一个和尚，一个俗世文人，一个道士。

和尚是道潜和尚参寥子，俗人是老朋友陈慥，道士便是自称“一百三十岁”的乔令了。

别人都还好说，那老得几乎不能再老的道士却是个累赘。这位绝对高龄的道人，需要人专门照顾呀，尤其是这老头还是个各种宠物爱好者，随身携带了各种鸟兽动物。所以苏东坡被迫绕行了百多里的陆路，转道兴国，委托兴国的一位好友代为照料老人。

只要是旅行，哪怕是被贬去服刑地，苏东坡都忘不了游玩赏景。这次时间富裕，苏东坡便偕同参寥子、陈慥、乔今等人一同游庐山数日。这的确是一个稀奇的旅游队伍，和尚、道士、文人、官员，组成了这大出风头的旅游团。

当时庐山有多处寺院，和尚数百，这支旅游团引起了极大的轰动，和尚中早就盛传苏东坡大名，现在来到了身边，谁不想一睹偶像风采？

看来苏东坡也没有辜负大家的期盼。游庐山之余，苏东坡赋诗三首，其中一首直到今天还被冠为描写庐山最好的诗——《题西林壁》：

横看成岭侧成峰，远近高低各不同。
不识庐山真面目，只缘身在此山中。

四句短诗，用东坡的话来形容，便是真正的“出新意于法度之中，寄妙理于豪放之外”，此诗可称语浅意深，因物寓理，由淡泊见深邃，寄至味于淡泊。

诗人没有像其他诗人那样就山咏山，而是在引导人们思索。大家所看到的万千异态不过是一斑局部，想了解庐山的本来面目吗？那就必须超然于庐山之外，统观全貌。诗人将诗圣杜甫“一览众山小”的余味巧妙地寓藏于诗内。

后两句奇思突发，意境浑然托出，激起人们多少回味和深思！诗人在提醒人们，在认识周围的事物时，莫要“身在此山中”，若要识得“真面目”，便不能被“远近高低各不同”的幻觉所迷惑，旁观者需要统揽全局，真相其实隐藏在“横看成岭侧成峰”的背后。

苏东坡不是在歌咏庐山的奇伟景观，是在以哲人的思绪告诉我们对真理的认识；诗中的谷峰奇秀在给人以美感之外，又在启迪着人们的理性心智。

小诗不小，百读不厌，含蓄蕴藉，思致渺远。

那么，这次苏东坡调任汝州，是否也是北宋朝廷政局的“横看成岭侧成峰”所致呢？“只缘身在此山中”的苏东坡，能识目前北宋朝局的“庐山真面目”吗？

看来不容易，北宋朝廷对待苏东坡的态度也是“远近高低各不同”，政敌们与神宗皇帝的态度绝对相反，想在背后捅一刀子、置苏东坡于死地的人有的是。

虽然属于平调汝州，但勉强遵旨的苏东坡却不能不感激皇恩浩荡，照规矩必须上表谢恩。据《春渚纪闻》载，苏东坡的谢恩表到了神宗皇帝御案，皇帝看过后，对周围的侍者及群臣感叹：“苏轼真是奇才！”

这时就有个大臣及时上奏：“臣观苏轼表中，还是口出怨言啊。”

神宗皇帝愕然：“怎么这么说？”

“谢表之中，言说他和其弟弟考过殿试，并列策论贤科，却用‘惊魂甫定，梦游缥纷之中’语句，这不是说他们本是合法做官，以诗词坦白批评朝政的策论考中，现在却是以诗词批评朝政而受惩处，这怎么能是他的错？这是在诿过于圣上啊！”

神宗皇帝略一思考，慢条斯理地发话：“朕已灼知苏轼衷心，实无他肠也！”

上言中伤东坡的大臣这才尴尬地闭口退去。

可见此时的神宗皇帝已经彻底改变了五年前的态度，对苏东坡不仅是宽大为怀，准备再做处理，而且决定重新起用苏东坡。这次移调汝州只不过是个信号，苏东坡翻案有望，出头有日！

但是，神宗皇帝欣赏也没用。神宗皇帝这位“苏粉”绝不是今天才进入角色的，甚至苏东坡在乌台狱中等待判决时，皇帝就欣赏苏轼，结果还是免不了贬谪东坡。苏东坡的命运实际上还是决定于北宋朝廷的施政方针，新法的命运决定着苏东坡的政治命运，只要朝廷还在实施新政，苏东坡被重用？没戏！

诗酒旅游庐山之后，参寥子决定留在九江庐山，苏东坡前往高安与四年不见的弟弟苏辙相会，这次相会却留下了一段更为离奇的传说。

宋人笔记《冷斋夜话》载，就在苏东坡来到高安的前一天，苏辙做了个奇梦，梦见他与当地的云庵和尚及圣寿寺的聪慧禅师一起去迎接一位前辈高僧五祖戒禅师。离奇在于，当天与聪慧禅师、云庵和尚一交流梦境，聪慧禅师和云庵和尚当夜竟然也做了同样的梦！三人一夜同梦，还不离奇？

更离奇的事情出现了。三人大奇之时，苏东坡的书信到了，说现在已经来到奉新城，不日即可相见也！

于是一俗两僧在城南建山寺迎接苏东坡。当三人把这种奇特现象告诉东坡之后，大奇的苏东坡说出了更为不可思议的事情。

苏东坡八九岁时曾多次做梦自己是个和尚，又听老妈说过，是梦见一个独眼和尚来家……才怀孕的！

聪慧禅师大惊失色：“五祖戒禅师就是瞎了一只眼啊！陕右人，晚年来到高安，现在圆寂五十年了。”

这下该四个人同时大惊大奇了。苏东坡今年刚好四十九周岁，这东坡不是五祖戒禅师转世还能是哪位仙人？

笔记最后记载，从此苏东坡一概和尚穿着，再没换穿过其他服装，并且后来还作偈《南华老师示四韵，事忙，姑以一偈答之》一首：

恶业相缠五十年，常行八棒十三禅。
却著衲衣归玉局，自疑身是五通仙。

这记载没有推敲的必要，纯属杜撰。苏东坡没穿过其他衣着？要说没着过和尚服饰倒有可能。日后苏东坡被晋升为三品大员，成天上朝办公，还能一身袈裟伴君王？

实际上，出城八里来迎接东坡的也不是什么和尚、禅师，而是苏东坡的三个侄子。不管怎么说，久别的兄弟终于团聚了。

苏辙现在是筠州酒监，酒监的活路性质也清楚了。这是苏辙自己说的："……昼则坐市区鬻盐、沽酒，税豚鱼，与市人争寻尺以自效。莫归，筋力疲废，辄昏然就睡，不知夜之既旦。旦则复出营职……"

66　命运不眷顾受民爱戴的诗人

苏东坡这次高安探亲，时间虽然不长，却留下好多足迹逸事。此时苏东坡仍然属被贬官员的身份，但所经之地，大家莫不以能有幸接待过诗人为荣。

《鹤林玉露》记载，高安不远的修水山中，有一条小溪，苏东坡曾路经此溪，自此后当地乡民便给小溪命名“来苏”。

路过庐山的汤泉时，苏东坡曾拜访一位据说也会作诗的和尚可尊，这和尚拿出了自己的一首旧作显摆，诗《题汤泉壁》云：

禅庭谁立石龙头，龙口汤泉沸不休。
直待众生尘垢尽，我方清冷混常流。

苏东坡觉得诗中第三句“直待众生尘垢尽”写得还有些意思，便提笔戏和绝句《余过温泉壁上有诗云直待众生总无垢我方清冷》一首：

石龙有口口无根，自在流泉谁吐吞。

若信众生本无垢，此泉何处觅寒温。

可尊和尚见自己的短诗能让东坡留句，大为得意，竟将短诗刻上绝壁，直到咽气还以相识苏东坡为荣。倒是苏东坡事后有些后悔，不该给这位浅薄的和尚留下自吹的资本。

尤其有一个传说更为神奇：回程路过瑞昌，苏东坡于亭子山题字崖石，由于甩笔时不小心，墨汁溅在了山崖边的青竹叶子上。这些被苏东坡的墨染过的竹子大量繁殖，迅速遍及满山坡。至今瑞昌称为墨竹的每片叶子上都有墨点，那就是苏东坡留下的墨痕。

神化苏东坡无可厚非，实际上还是当地民众在表达自己对诗人的爱戴。中国的老百姓就是厚道！哪怕你做上一件他们认可的善事，便会被世代永记，即使并没有惠及他们，他们还是会把自己的情感寄托在各种故事与传说中。

东坡到了筠州之后，不免与弟弟苏辙讨论起乌台诗案的缘由以及应该接受的教训。哥俩的思想认识竟然大相径庭。

哥哥东坡不认为自己有错，并且强调："吾眼前见天下无一个不好人！"

苏辙却是已经认识到祸从口出，以后应该记住莫谈国事。

家眷还在九江等着苏东坡，苏辙无法留哥哥在筠州长住。东坡住了六七天就告辞返回。在郊外饯行时，苏东坡还是管不住自己的嘴，谈起国计民生还是口无遮拦，苏辙却一言不敢发，只是以手指口，示意哥哥给自己的嘴巴加个门。

看来没经过牢狱之灾的苏辙，比差点儿丢命的苏东坡得到的教训还要刻骨铭心。

回到九江与全家会合，苏东坡带全家顺长江而行到了金陵。

宋代金陵称“江宁府”，就是今天的南京市。苏东坡在此耽搁了一段时间，他要去看望一位前辈、也算老友，或者说是宿敌，也可以说是救命恩人——王安石。

一代北宋宰相王安石现在定居金陵，老宰相早已没有了当年叱咤风云的神采，每天深居简出，就是出门也是独身一驴，到周围的山野游逛数日。这时的王安石才是真正的心灰意冷，远避世俗，更是在远避令他伤透了心的北宋政治旋涡。

不过，只要离开了政治话题，王、苏两人还是同好甚多，对诗词的造诣，王安石并不比苏东坡差；尤其是现在，两个人还又多了一个共同点——信奉佛家。

现在的苏东坡甚至相信自己是五祖戒禅师转世，论说应该是够虔诚了吧？但是现实还是给了这位佛家信徒一记响亮的耳光。

刚到金陵，苏东坡十个月大的儿子因病夭折！此子是爱妾朝云在黄州所生，名苏遁，乳名干儿。

以宋代的医疗水平与育婴条件，幼儿夭折是极为常见的事情，但这对作为父亲的苏东坡是个极大的打击。苏东坡悲痛欲绝之际，老泪研磨，写诗哀痛自己的幼子，记载朝云的伤痛，抒发自己的恋子亲情：

（去岁九月二十七日，在黄州。生子名遁。小名干儿，颀然颖异。至今年七月二十八日。病亡于金陵，作二诗哭之）

吾年四十九，羁旅失幼子。幼子真吾儿，眉角生已似。未期观所好，蹁跹逐书史。摇头却梨栗，似识非分耻。吾老常鲜欢，赖此一笑喜。忽然遭夺去，恶业我累尔。衣薪那免俗，变灭须臾耳。归来怀抱空，老泪如泻水。

我泪犹可拭，日远当日忘。母哭不可闻，欲与汝俱亡。故衣尚悬架，涨乳已流床。感此欲忘生，一卧终日僵。中年忝闻道，梦幻讲已详。储药如丘山，临病更求方。仍将恩爱刃，割此衰老肠。知迷欲自反，一恸送余伤。

诗人极致质朴的亲情倾注于诗中，沉痛的回忆爱子的容貌如己，未及周岁，已能学步玩书，摇头拒绝梨栗，好似已经懂事谦让，年近五十，仕途坎坷，平日难得一笑，见儿老脸开颜，再回家中，怀抱却空，怎不使人老泪如泄水？

男儿有泪易干，母亲痛哭怎劝？喉咙早哑，哭声难闻，一心随你而去，终日精神恍惚，本来该属于你的母乳，涨溢空流，更使你的母亲忘生欲绝，剩下的药物堆积，更让人感到恩爱如刀，竟刺割老人的衷肠欲断！这难舍的亲情，哪里是一场痛哭所能解脱的？

该词要说伤痛爱子，莫若是在怜悯爱妾朝云，从这时的诗句中可以看出，在感情上，苏东坡已经将朝云等同于自己的妻子了。

苏东坡在此后拜访王安石，并且在这位以前的政敌家中盘桓数日，与这位朋友讨论佛法、诗词，甚至早已远离的北宋朝政。估计也有东坡努力转移自己内心痛苦的因素。

但从史料记载来看，此时的苏东坡心中挂念的却是国计民生，是纯粹的北宋施政方针，这不能不让人断定，苏东坡身在偏远，心思仍在朝堂！

67 与政敌的第二次“握手”

说苏、王金陵相会是“第二次握手”只不过是象征，古人的见面标准礼节还是保持距离、打躬作揖。

老孙相信东坡拜访王安石就是为了不给自己留下遗憾。

两人都属于诗文大家，为国为民的初衷都无可指摘，个人的道德人品没说的，只是在政治这条道路上搭乘的不是同一辆马车，成为政敌，实在遗憾！

现在环境变了，两人都是被颠下马车的倒霉旅客，应该到了同病相怜的时刻。打住！说“同病相怜”有些不精确，应该换成“惺惺相惜”才对。

其实这是宿命，是这对欢喜冤家谁也躲不过的宿命。北宋朝廷的变法决策是一场政治飓风，不会因时代的弄潮儿而幸免，除非不当官；北宋新旧党争的旋涡卷进去许多大文豪，连欧阳修、司马光等人也在这出悲剧中扮演了各自的角色，何况自信刻板的王安石？孤傲好动的苏东坡？

除开两人政治上的选择不同，这哥俩在学术上也是“针尖对麦芒”，王安石主张废除诗赋，有些砸苏东坡等诗人饭碗的意味，苏东坡坚决反对当在情理之中；而王安石由自己的意愿来解释儒家经典的态度，是苏东坡更为抵制他的重要因素。

但老孙认为，两人的根本冲突不是这些。用句文绉绉的话说，就是道不同不相为谋。两人的交友圈子决定了这对“欢喜冤家”的命运。

也就是说，在苏东坡眼里，王安石周围大多是趋炎附势的小人，正人君子焉能同流合污？而在王安石眼里，苏东坡加入的圈子大多是标准“古董”，或许掺杂些不懂世事经济的“愤青”。

历史的车轮滚滚向前，谁能螳臂当车？自己是这辆马车的舵手，碾死些嗡嗡叫的苍蝇是历史的必然。

现在两人的地位接近了，甚至身份有些颠倒，再怎么说苏东坡也是“现任”，王安石却是地道的闲人。昨天的故事，不管怎么凄凉，毕竟过去了，丢掉旧怨重新认识对方，应该是两人都期望的事。

两人都在沦落时，其实彼此未相忘。苏东坡的黄州新作传到金陵，王安石必定反复吟诵，还曾经长叹：“如此奇才！之后世上不知几百年才能得见啊！”这感慨对极了！现在已经将近千年，所谓文豪大师的冠名不少，可是谁敢说有人能与苏东坡比肩？

随着岁月流逝，苏东坡的心境也早已大变，尤其通过“乌台诗案”中王安石的大度为怀，东坡重新审视王安石，甚至有了后悔当初没有投在其门下的念头。

据《潘子真诗话》[①] 载，苏东坡金陵重会王安石之时，正逢王安石病愈初起，两人相会于秦淮水畔，苏东坡见王安石布衣单

① 注：《潘子真诗话》为宋潘淳撰。

驴，曾留诗《次荆公韵四绝》感慨：

> 骑驴渺渺入荒陂，想见先生未病时。
> 劝我试求三亩宅，从公已觉十年迟。

从此诗中可以看出，此刻苏东坡已经认为王安石的学问足可胜任做自己的老师；并且还可以看出，王安石在这次相会时，曾以过来人的口气劝说过苏东坡及早购置几亩宅院，为将来退归林下做些准备。

苏东坡的《上荆公书》中说："某近者经由，屡获请见，存抚教诲，恩意甚厚……某始欲买田金陵，庶几得陪仗屦，老于钟山之下，既已不遂，今仪真一住又已二十日，日以求田为事，然成否未可知也，若幸而成，扁舟往来，见公不难矣。"

由此可以看出，苏东坡于金陵拜见王安石不止一次。从其屡获请见，又可以看出，此时的苏东坡对王安石接近崇拜，自居后辈，竟欲师事"存抚教诲，恩意甚厚"；对待学问上，苏东坡是尊重事实的，至于还是免不了在政治主张中势不两立，那就是另一回事了，这也正好能旁证两位大师人格的光明磊落。

有些教授解释为苏东坡想同王安石结为邻居，老孙认为仅从诗中的那个"从"字是解释不过去的，宋代人使用"从"字于"公"字之前，应该是"师从"的意思。

两位文学大师重会的情形，宋人笔记记载甚多，《曲洧旧闻》的记载好像更为合乎情理：王安石着野服与一驴等待于舟中，苏东坡也未着官服，连帽子都没戴。两人见面的第一句话是苏东坡的客气话，苏东坡一个长揖道歉，语含讥讽："没想到苏轼敢以野服拜见大丞相啊！"

这倒容易理解。多年旧怨哪能尽消？重见之刻，话里带点儿刺更合乎东坡的性情。至于东坡衣着随便，倒难说是对于原丞相的不敬，东坡刚失爱子，哪来的心情刻意打扮？

王安石大笑消解尴尬：“俗礼岂是为我辈而设？”好一个宰相肚里能撑船！

苏东坡还是得理不饶人：“东坡也自知大丞相门下用不着苏轼。”东坡有些小肚鸡肠了，也有自嘲的味道。

据载，王安石没有继续这个不大愉快的话题，两人便一起游览蒋山。路过一座寺庙，王安石指着方丈桌上的一块精美的砚台，请苏东坡从古诗中集句纪念，苏东坡应口而答：“巧匠斫山骨。”

此句是唐人刘师服、侯喜等《石鼎联句》。刘师服曰：“巧匠斫山骨，刳中事煎烹。”前句后面接的是“刳中事煎烹”，无法与砚台沾边。

据载王安石沉思许久，一时难续下句，便又转移话题：“且趁此好天气穷览蒋山之胜，此非所急也。”这是苏东坡的强项，王安石落于下风并不意外。

据载还有一两个客人随行二人，之后评论：荆公平日好以此难为人，门下、客人往往被难住，没想到这次遇上了苏东坡这位此道高手。文人斗文风雅事，不必以此论弱强。

据《侯靖录》记载，两人开始谈诗论文，讲佛论道，中间谈到了苏东坡的两句咏雪诗：“冻合玉楼寒起粟，光摇银海眩生花。”

王安石评论：“这里你用了两个道家典故。道家以双肩为玉楼，以银海形容双目。这是冬天的寒冷把人冻得肩膀都缩起来了，漫天的雪光让人的眼睛感到炫目。你要表达的是这样吗？”

后来苏东坡给朋友叶致远去信说："学王荆公难啊！哪有像他这样博学的人？"

据《苏诗王注》载，王安石曾多次吟诵此诗，感叹："苏子瞻竟能把诗写得如此精妙！"他的女婿蔡卞看了半天，不明所以，不屑地说："此句不过咏雪之状，妆楼台如玉楼，弥漫万象，若银海耳。"王安石苦笑女婿的浅薄无知，对女婿解释道："这是出自道家的典籍！"

能让清高自傲的王安石佩服可不大容易！就连才冠当时的欧阳修，王安石也不放在眼里，曾笑话说："欧九学问不过如此啊！"

传说王安石在相位时曾作过半首诗："黄昏风雨打园林，残菊飘零满地金。"当时苏东坡看到此诗，认为菊花不会落瓣，便续写两句："秋英不比春花落，为报诗人仔细吟！"

传说是王安石因为苏东坡的无知，把苏东坡贬谪黄州，苏东坡在黄州亲眼目睹了遍地落黄，才明白菊花也是落瓣的。

但这个传说明显没有可参考价值。因为苏东坡被贬谪黄州时，王安石早已下台，苏东坡去黄州"改过"与王安石无关。

也有传说那两句指责王安石无知的续诗是欧阳修所为，事情传到了王安石耳中，王安石才说出了"欧九不过如此"，表示对欧阳修的不屑。这就不好考据真伪了。

正史所载的王、苏金陵会面，却是苏东坡见王安石，为天下请命。也就是说，苏东坡直言责备王安石不该引发战事，不应该迫害读书人。苏东坡义愤填膺："汉唐亡于战事与大狱，我朝过去极力避免此危，现在却在西北兵祸不断，国家人才都被送往东南。你为何不阻止？"

王安石不愿承担这个责任："这两件事是由吕惠卿发动的，

我一个退休之人，哪来的权力干涉？”

苏东坡不以为然：“不在其位，不谋其政。只不过是常情，不过皇上待你是非常之礼，你也应以非常之礼事君才是啊。”

王安石被激励起来：“安石一定要说话！”

但是转念间还是谨小慎微占了上风，他嘱咐苏东坡：“今天的话，出在安石口，入在子瞻耳。”意思是二人所言，切勿传出此屋，自己曾被吕惠卿所出卖，小心无大碍。

最后王安石有替自己辩护之言：“‘行一不义，杀一不辜，得天下弗焉’。人非如此不可。”

东坡嘲笑时政：“今天那些所谓的君子，为了争减半年‘磨勘’，便不惜杀人啊。”

王安石笑而不再答话。

事实是王安石没有再参与国家政事，倒是好多宋代人记录，王安石经常在乡间独自骑驴闲行，“喃喃自语，犹如狂人”。

68 东坡听劝退隐常州

史实中，暮年的王安石不知比苏东坡痛苦多少倍。

虽然他现在还有多个皇家封号，元丰元年（1078 年），皇帝还专门下旨封他为舒国公。苏东坡被贬谪的元丰三年又特旨加封王安石为荆国公，这种几近顶级的爵位是有俸禄的，所以王安石衣食当然无忧。

这痛苦也不是因为变法的失败，因为这时的朝廷在税法上执行的依旧是新法，朝中掌权的官员也多是他的信徒、门生。王安石的痛苦不是因为大权旁落，不是因为政治，更不是源于经济。痛苦来自令人心寒的人性！

这位改革家遭遇了自己阵营的暗箭。战友、学生，以及甜言蜜语的信徒给他的背后狠狠来了一刀，这才是致命的伤痛！

想到当年背弃他的老友，王安石也曾准备上书神宗北宋皇帝，检讨现政之弊，但这是更为痛苦的工作，是在指责自己的当初。王安石终于没有勇气继续这种以自己为耻的活路，奏章到死也没有写完。

王安石有写日记的习惯，一生写过的日记竟然达七十多本，这里面当然少不了许多北宋朝廷的内幕，尤其是他晚年的日记，内心凄苦抑郁的王安石对一些大人物非常怨恨，就是神宗皇帝，也逃不过这位老相爷的指责。

但是他也没有胆量将这些逆言公布于世。直到生命的最后岁月，朝中当权派换成了过去的政敌，他便令侄子把自己所有的日记烧毁，但是他的侄子最后也忽悠了他，烧了些不知道是啥玩意蒙混了过去，日记反而被其藏了起来。也幸亏如此，王安石的日记才留在了人间。

王安石一生没有怕过谁，哪怕是北宋皇帝，但他最后的死因竟是因为受了惊吓。据说老年的王安石彻底皈依了佛门，最后的日子几乎将所有的积蓄、财产都捐献给了寺院。王安石向北宋朝廷奏明捐款给寺院的表章至今仍在，因此朝廷还赐了寺名。

与苏东坡同游蒋山之后两年，宋哲宗元年四月，老眼昏花的王安石骑驴游于旷野，竟然遇到一位妇人拦驴，向他呈递了一份诉状，他接过诉状放在衣袋里，恍惚间妇人消失不见了。

王安石回到家中搜遍全身，哪里有什么诉状？就此连惊带吓，恶疾突发，第二天便去世了。其实这种现象毫不奇怪，一位行将就木的老人，在生命的最后时刻看到什么都不奇怪，精神恍惚之际，出现妄想、幻觉是正常现象，这与迷信无关。

谈不上凄凉，毕竟人人都躲不过那一刻，这是所有生物的宿命，没有任何人可以抗拒自然规律。

王安石近乎临终前对苏东坡的忠告却起了作用，苏东坡离开金陵之后，带全家顺长江东下，绕了个大弯前往汝州，这是他有意为之，因为现在的苏东坡已经改变了计划，暂时拖延汝州的到任，反正到了任也“不得签署公事”，早到晚到无所谓。

苏东坡需要听从王安石的劝告了。现在他也是拖家带口，总不能就这样随着北宋皇帝的意愿，一直流浪下去吧？他确实需要一个安定的地点来安置全家，还有自己的老年生活。

苏东坡这样的人寻觅永久安居之所，引起了朋友们的争夺战，扬州对面是镇江，那里的金山寺正是东坡的好友佛印任主持，佛印当然希望苏东坡留居扬州或镇江；半师半友的范镇来信希望苏东坡到许昌与自己为邻；南都的前辈老友张方平希望东坡跟他做伴；金陵附近仪真县的太守也约他前往居住；安居何地？东坡虽然没有下最后的决心，但还是暂时在仪真（今江苏仪征）安顿了全家。

说是暂时，是因为苏东坡安顿好全家，得以独自去寻找一处自己心仪的家园。

苏东坡思念黄州的东坡农场及雪堂，但回黄州是不可能的，所幸土地肥沃的江苏自然之美不亚于黄州，所以东坡盘算着在太湖地区买个农场，安心过自己的田园生活。

这下所有朋友的愿望都落了空，有一位好友胜元发，那时正任太湖南岸的湖州太守，劝他安居在常州的太湖左岸宜兴。苏东坡终于下决心留在宜兴，胜太守给他介绍了一块可年产米八百担的田地。苏东坡极感兴趣，准备购买之后就奏请皇上允许他在宜兴安居。

按苏东坡的估计，皇帝有可能满足自己愿望。让自己离开黄州，就是皇帝对自己态度改善的明显信号。

那块地在宜兴城二十里外的深山中，九月时苏东坡曾经独自看了那块带着庄园的土地，结果甚是满意，曾笔记《楚颂帖》①：

① 注：又名《种橘帖》。

> 吾来阳羡（宜兴），船入荆溪，意思豁然，如惬平生之欲。逝将归者，殆是前缘……吾性好种植，能手自接果木，尤好栽橘。阳羡在洞庭上，柑橘栽至易，当买一小园，种柑橘三百本。……元丰七年十月二日于舟中。

看来苏东坡真的准备做一个乡下地主了，因为之后不久，他又买了一块官方的便宜土地，谁知道就是因为这块地，苏家竟惹上了一场接近百年的马拉松官司。据记载，直到今天，苏家的后代仍然有一分支居住在那时购买的官地上。

后来宜兴城二十里外深山中的那块地没有买成，原因极为简单——没钱。

那块土地过大，现在的苏东坡买不起。

据苏东坡的笔记记录，此时是他经济最为拘谨的时期，当时只剩下几百缗钱。这也容易理解。他携带全家旅游，花费应该相当不菲，只出不进的苏家能有多少积蓄？

不过要说买不起一块土地，还不至于。苏东坡现在有多少做官的朋友？怎么会被这点儿小钱难住？事实上不久后，胜元发就替他找到一栋很好的老宅。苏东坡高兴地付了五百缗钱，按照苏东坡笔记中的记载，苏东坡已经一把花光了所有的钱。

估计此时苏东坡霉运还没有到头，“黄鼠狼单咬病鸭子”的老话又在苏东坡身上应验了。这次的“安居工程”竟使得经济紧张的苏东坡雪上加霜，血本无归！

购得满意的住所，苏东坡当然很高兴，可是巧合的事来了。一天晚上经过一间破屋时，他与好友邵民瞻听见里面有女人的哭声。两人都属好事之人，便推门走了进去。

却见一个老妇正在哭，一问缘故，苏东坡傻眼了！

那老妇人哭诉："我那败家的儿子把唯一的祖业卖给了别人，使得我不得不从老宅中搬出来，我已经在那所房子里住了一辈子啊！"

苏东坡傻眼的原因也很简单。经他详细询问得知，老妇所称的老宅正是他刚用五百缗钱买的居所。

苏东坡没有犹豫，当场把购房契约拿出来在老妇面前烧了。这还不算，第二天他又把那个败家子找来，让他把老母请回老宅，至于已经出手的五百缗钱，肯定泡汤了。

当时的东坡已近赤贫，从他给朋友写的诗中几次都提到饥饿可以看出，有首诗里竟自比为夜里出来找东西吃的老鼠，全家都挨饿了！就是在这种状况下，能置全家挨饿的后果于不顾而慷慨舍财，这事情哪位慈善家能做得出？

这不同于富翁捐款给灾民，那是九牛身上拔一毛的慈悲，甚至不乏花小钱买个名声的聪明人。现在的苏东坡是地道的穷帮穷，这才是真正的佛心！

69　两年劳役

实在弄不清苏东坡是如何渡过眼前的财务难关的，不过朋友遍天下的苏东坡，兴许真的用不着把银钱的事情放在心上。总而言之，苏东坡于拖拖拉拉的赴任路上一直私事照办，公事也没有耽误。

所谓公事，无非是撰写谢恩表章。那差点儿又使他倒霉的表章发出后，苏东坡又接连向北宋皇帝上了两份奏章，不过这两份表奏章所呈请的都是私事，是请求皇帝允许他这个知罪之臣能留在常州定居。也是啊，派他去汝州，又不让他办公，与其都是闲住游玩，留在哪里不一样？既然普天之下莫非皇土，闲居在常州不也是“莫非王臣”？

这就要看皇帝的一念之间了。

虽然苏东坡认为皇帝八成会开恩应允自己的所请，不过在皇帝没有表态之前，他还是要摆出一副认真赴任的样子。元丰七年（1084 年）的七月之后，苏东坡一直在处理私事；到了十月，干脆携全家旅游消磨时光，以等待圣上批准自己留在苏南。

苏东坡全家在当年十月十九日到达扬州，十二月一日抵达泗州。扬州与泗州不算远，苏东坡竟刻意磨蹭了四十天！

看来北宋朝廷的工作作风实在是拖沓成风，苏团练副使马拉松式的调动从正月就开始了，直到三月，人在黄州的苏东坡才接到调令，四月离开黄州，到达金陵已经七月，之后又消磨了两个多月的时间，才到达扬州。

来到泗州之后，苏东坡索性不走了，摆出一副准备在泗州越冬过年的样子。因为现任泗州太守刘士彦（字仲达）是苏东坡的好友之一，刘太守是个山东人，为人豪爽，留客真诚，苏东坡还准备在泗州过年。

朋友远来相会，当然如圣人所言“不亦乐乎”，招待朋友及外地官员的重点节目，便是游览当地名胜，刘太守与苏东坡当然也不会例外，尤其苏东坡天性热爱游山玩水，于风景中品味美酒，酒兴最爽，酒酣时泼墨吐诗，诗意最浓，正所谓：“情细水觅诗趣，随意流云把酒风。”

泗州南山，东坡、刘太守一行尽兴游山，有山水必有好诗词，苏东坡提笔留下《满庭芳·三十三年》：

（余年十七，始与刘仲达往来于眉山，今年四十九，相逢于泗上。淮水浅冻，久留郡中，晦日同游南山，话旧感叹，因作此词。）

三十三年，飘流江海，万里烟浪云帆。故人惊怪，憔悴老青衫。我自疏狂异趣，君何事、奔走尘凡？流年尽，穷途坐守，船尾冻相衔。

巉巉。淮浦外，层楼翠壁，古寺空岩。步携手林间，笑挽扦扦。莫上孤峰尽处，萦望眼、云海相搀。家何在，因君问我，归步绕松杉。

本词，苏东坡一改自己以景壮志、抒情明理的词风，反而先带着感叹号回忆了自己的前半生，一句“穷途坐守”无尽苍凉，叹息的却不是流浪半生的自己，是在反问老友“君何事、奔走尘凡”。

苏东坡无悔自己的三十三年“飘流江海”，万里烟浪云帆已经属于苏东坡！在老朋友惊叹东坡“憔悴老青衫”的同时，却透露了苏东坡此时体形消瘦的信息；词人却不在乎故人惊怪，相反却“我自疏狂”得意异趣，东坡潇洒可见一斑。

苏东坡潇洒于山水，笔下的层楼翠壁、古寺空岩似在迎接词人笑挽扦扦、携手林间，词人不再向往云海相搀的孤峰尽处，开始属意归步，“绕松杉”之情趣盎然。

词中虽使用了“憔悴”字眼，却不见些许颓废凄凉，给人的是一派旷达超脱之感。

回程路过淮水长桥，桥头灯火闪烁，景色别具韵味。苏东坡趁余兴尚在，又信意填《行香子·与泗守过南山晚归作》一首，词尾尽书长桥夜景：

北望平川。野水荒湾。共寻春、飞步孱颜。和风弄袖，香雾萦鬟。正酒酣时，人语笑，白云间。

飞鸿落照，相将归去，澹娟娟、玉宇清闲。何人无事，宴坐空山。望长桥上，灯火乱，使君还。

本词就不细品读了，只交代由此引发的故事。

苏东坡有诗词出手，第一欣赏权当然属于主人刘太守，然后才轮到同行众人传抄。谁知第二天东坡大作送到刘太守手中，竟使这位憨厚的刘太守大惊失色，几乎失魂落魄般赶到苏东坡的住所。

为什么呢？就因为苏东坡词中末尾的这几句："何人无事，宴坐空山，望长桥上，灯火乱，使君还。"

太守害怕的就是这"长桥上，灯火乱，使君还"，古代一般尊称当地首长为"使君"。

泗州为国家屯军要地，北宋朝廷有明令：天黑之后淮水桥上严禁行人通过，违者重判劳役两年。泗州太守若知法犯法会怎样？谁也不好说。一旦让北宋朝廷知道，那就等于把小辫甩在了别人手里，啥时候被揪须看人家的心情。

实际上，作为地方官员是不理会这些破规矩的，北宋朝廷定的规矩大都是针对普通百姓的，不是约束官员的。作为官员，就是在桥上过夜也不会有人上告这些无凭无据的闲事。

但现在不同了，苏东坡名声风传天下，千里外的新作有时十几天就传到京师，甚至比特快专递都迅捷，朝中大员甚至包括北宋皇帝，几乎没有人对苏诗不感兴趣。这白纸黑字的违法铁证一旦传到京师……刘太守大惊失色的反应极为合乎情理。

太守见了东坡，直接开门见山地说："子瞻之新作精妙，可惜不能外传，你的新词一旦全国皆知，一定会传到京师。若有百姓夜里过桥，朝廷明令责罚劳役两年。太守执法犯法，情形岂不更严重？你千万把这词收起来，不要给别人看啊。"

苏东坡追悔之余，却不忘调笑："呵呵，苏轼一生的罪过，一般开口就不少于两年的劳役呀！"

此事记录在宋人王明清的笔记《挥麈后录》中，至于这首可能给太守惹祸的文字是怎么被流传下来的？就不好考据了，反正被提醒的苏东坡是绝对不会对外显摆的。

这种事苏东坡还能滑稽调侃几句？对，这就是苏东坡的天性。东坡滑稽诙谐之名气不亚于他的诗词文章，并且事无大小，即使性命攸关也照样调侃。

回常州等待皇命期间，东坡听说酒店有一主妇极善烹调，尤其做得一手好鱼，便登门求尝美味。苏东坡是何人？能光临求食是厨师的莫大荣幸，所以厨娘拿出了绝活——烧河豚！这下正对苏东坡的口味。

咱们前文就说过东坡偏爱食鱼，尤其钟情那天生剧毒的河豚。这不是嫌求死无门。河豚虽毒，经高手内行加工之后，能把剧毒除尽，要不，怎可品尝这美味？

凡是厨师，莫不以得到食客的一句赞赏为最大荣耀，或者说安慰也行。今天是闻名天下的苏东坡光顾，厨娘全家无不兴奋地等待着这位名人食客的一句赞誉。

总不好开口求赞吧？厨娘的儿子躲在苏东坡进餐的隔壁，耳贴木棂，且听东坡说些什么。

结果厨娘儿子极为失望。他耳中只听得隔壁大嚼之声，连呼吸都几不可闻，更别说对厨娘精心制作的美食评长论短了。

苏东坡哪里还顾得上说话？始终保持一个姿势——闷头大吃。色、香、味食中三道，这时仅剩两道而已，他哪管什么美食色相？

就在大家惶恐之际，只听隔壁传来一声长呼："值得一死！"

不用说，主人阖家大乐！还有什么评语能比得上东坡的这句调侃？

至于苏东坡的诙谐誉满天下，宋人笔记也有记载。元丰八年（1085 年）二月，苏东坡来到老友张方平家中暂住，等候皇命，巧逢徐君猷原爱妾胜之于南都（今河南商丘），君猷此时已辞世将近一年，胜之姑娘也成了张方平的儿媳，此事前文已经说过，不再复述。

在张方平居所等候圣旨期间，张方平告诉了苏东坡一事，说曾在宋公序家中看到过一篇撰写仁宗皇帝爱妃张贵妃的文章，文笔甚佳。苏东坡爱美文如命，将此信息牢牢记在心里。后来苏东坡路经宋家，宋氏后辈当然无比热情地招待了这位天下奇才。

可是酒宴中苏东坡提出求观赏公序旧作，人家坚决不干，任凭苏东坡的态度怎么诚恳也没用，只好扫兴离去。

据宋家后人吐露，苏东坡的滑稽善谑天下闻名，先人的著作到了他的眼中，一旦被摘出一两句来胡侃调笑一番，便会弄得天下皆知，老宋家可丢不起这个脸面。苏东坡调侃诙谐之名声大了也不全是好事，连篇属意的文章，人家都不让欣赏。

北宋朝廷的批复终于到了，苏东坡任汝州团练副使的决策仍然不变，不过摘去了"本州安置"那条规定，允其所请，可以居住在常州。苏东坡估计得没错，神宗皇帝究竟还是照顾了他。吾皇万岁！

可苏东坡还是没有估计到，他的"吾皇"不仅没有万岁，实际上就在他接到批复的时候，神宗皇帝还有不到一个月的生命。这道颁给苏东坡的圣旨，大概是神宗皇帝给苏东坡的临终照顾。

没有预测未来本事的苏东坡感念皇恩浩荡，全家欣喜万分，举家前往常州已经准备妥当的新家，苏东坡这次下定了决心，从此安居常州，再也不操世俗闲心了！

东坡欣喜之下，纵情提笔作《归宜兴留题竹西寺》：

十年归梦寄西风，此去真为田舍翁。
剩觅蜀冈新井水，要携乡味过江东。

道人劝饮鸡苏水，童子能煎罂粟汤。
暂借藤床与瓦枕，莫教辜负竹风凉。

此生已觉都无事，今岁仍逢大有年。
山寺归来闻好语，野花啼鸟亦欣然。

东坡诗中一派得以放归阳羡、归隐田园的喜悦之情，可是事情的发展却大出诗人预料！还是那句老话：命运大多数时候跟愿望反着来。

70　厌恶当官时飞来了乌纱帽

严格地说，神宗皇帝赵顼是被愁死的。

神宗自幼“好学请问，至日晏忘食”，成年即位之后，力图“思除历世之弊，务振非常之功”，表现出“励精图治，将大有为”“奋然将雪数世之耻”的气概，只可惜欲速则不达，厉行变法几近流产，对西夏雪耻的战事更不如已愿。

元丰五年（1082 年），好胜的神宗皇帝采纳徐禧之计，筑永乐城，意谋攻占西夏横山地区，进逼西夏都城兴庆府（今宁夏银川），西夏发 30 万人大军围攻永乐城，结果城陷，徐禧等战死。宋军两次战败，损失军兵、民夫及助战的羌兵数十万人。

据史载，神宗闻永乐城陷，“早朝对辅臣恸哭”。至此，神宗希望攻打西夏雪耻，节省“岁赐”白银 7 万两、绢 15 万匹的计划彻底破产。

文事武功一塌糊涂，使神宗皇帝忧病久缠身，精、气、神被耗得油枯灯灭，北宋少有的一代有为天子，终于丢下了江山，撒手而去。中兴宏愿，终成梦幻，余恨绵绵，就此永付逝水东流！

据史，神宗驾崩之日较为确凿的记载为元丰八年（1085 年）

三月五日。苏东坡于三月六日在南都接到的神宗皇帝驾崩的消息，就地成服戴孝。那时没有电报、手机之类的通信工具，京师（今河南开封）与南都（今河南商丘）相距数百里，一夜凶信到达南都，这信息是如何传递的？

也有书载，应允苏东坡留居常州与神宗无关。三月一日起，太后即摄政；三月五日，神宗皇帝驾崩；次日，北宋朝廷颁下圣旨，允许苏东坡在太湖边居住。

不过这里存疑：神宗皇帝驾崩如同塌天，次日即有暇对苏东坡居所小事给予批复，有点儿不大可能。如此看来，还是记载苏东坡二月接到批复较为靠谱，照顾苏东坡的应该就是神宗本人。

对北宋朝廷来说是小事的批复，对苏东坡来说却是大事，因为他已经如愿以偿，安居常州的愿望终于实现。苏轼一家开始迁回宜兴，四月初三，他告别南都张方平，到达湖边新居之时已是元丰八年（1085 年）五月二十二日了。

就在苏东坡以为他可以从此乘一叶之扁舟悠然来往，“神游八极万缘虚”优哉游哉之时，朝廷对他再度任命的消息传到宜兴。北宋朝廷要重新起用苏东坡了，准备派他到离山东芝罘不远的登州（文登）去做太守。

国丧之时，京师谣言横飞，谁知道哪些是真的？苏东坡按照自己的愿望不肯相信，对盼望安定的全家解释：官报未载，一切消息都是小道消息，只有官方喉舌才是大实话。

可怜一世聪明的苏东坡竟然一时糊涂，北宋朝堂啥时候说过实话？消息越是来源于小道，可信度就越大。

事实证明老孙所言不虚。没几天，忐忑不安的苏东坡等到了他最不愿意看到的结果，他的正式任命到达常州，一切都如同不可信的小道消息，连任命细节都分毫不差。

家里人的情绪分成了两派：大人忧烦，小孩大喜。苏东坡本人的感觉，有苏诗《次韵周邠》中句为证：

南迁欲举力田科，三径初成乐事多。
岂意残年踏朝市，有如疲马畏陵坡。

这是东坡在自喻为可怜的老马，盛年已逝，再不愿跋涉陡坡了；在给佛印的信中他形容自己“入蓬蒿翠蕾之径”；在给画家好友米芾的信里，他说：“某别登卦都，已达青社。衰病之余，乃始入闺，忧畏而已。”

可是，苏东坡更知道胳膊拧不过大腿，还是要接受新职。其实也不是新职，他已经做过三届半太守，这是要将太守之职进行到底？

摄政的太后最恨新法，新天子年方九岁，朝中需要愿意走老路的保守派。一朝天子一朝臣，现在急需保守派的拥护者加盟太后的复辟队伍。武断的太后索性派了一队士兵，武装押运反对新政的头面人物司马光来到朝堂，强行任命其为门下侍郎，实际上等于副宰相地位。这是太后惟恐他辞职不干，或者接到任命延迟赴任，所以开这“强打骡子上道”之封官先河。

以苏东坡与司马光的政治主张与私人关系，司马光上台，怎么会不拖苏东坡“下水”？所以苏东坡欲退归林下、安居太湖，只能是做梦，这飞来的乌纱帽，苏东坡是躲不过去的。

六月，苏东坡赶赴登州（文登）就任新职，这是一次勉强为之的赴任旅游，没必要日夜兼程。苏东坡由山东南部乘船入海，一路游览海岸风光，到达登州已经是十月十五日。

岂知国家非常时期，必有非常之事。苏东坡全家到达登州仅五天，屁股还没坐热，北宋朝廷的提拔诏命就到了登州，这次是召他进京，任命为礼部郎中。于是，全家只有紧急动员，继续西行的旅途，又是一个多月的旅途生活开始了。

说白了，自去年四月起，苏东坡全家过的都是流浪者的日子，苦乐参半的动荡生活一直继续了将近两年。直到元丰八年（1085年）岁末，一家人才算在京师得到了暂时的安定。为什么是暂时？就苏东坡的脾气，身居繁乱的京师，戏剧的朝堂，又怎会老实做个乖孩子？

其实，就是短短的五天登州太守任上，苏东坡也没有只顾安家，具体公事已经铺开，甚至还能在百忙之中扮演伯乐的角色，于例行的考察新下属之时，发现了一匹“良马”。

据《山谷集》载，苏东坡初到登州，开始与新部下闲谈会话，其中有领导考察下属才干品德的意思。不过他是被迫进行这种例行公务。

有一个原来的主簿特多事，不顾新太守旅途劳累，不时前来打搅太守，汇报工作。苏东坡的确有点儿腻烦了，就拿杜甫诗中的一句话来考察部下：“杜子美诗中有句‘江湖多白鸟’，这白鸟莫非就是指鸥鹭之类的鸟类？”

此话有些嘲讽的意味，是东坡在调侃这位白话太多的主簿。没想到那主簿也不是省油的灯，立即回禀上司：“白鸟乃蚊蚋，以比喻贪赃不干事的官员！”

这下苏东坡立时改容，从此一直对其“厚待之”。

由此可见，苏东坡对下属没有摆过架子，也未显过清高，从不以第一印象为成见，而是唯才是用，唯德是举。由此还可以看出，苏东坡本人极其厌恶贪腐的官员。

就是这短短的五天里，苏东坡竟发现了北宋朝廷政策上的一大失误。北宋朝廷法令，所有百姓必须食用官盐，而登州临海，海盐几乎遍地，老百姓反而不能食用，却要官府从外地运盐到登州，这的确荒唐！苏东坡回到朝中，立即上疏《乞罢登莱榷盐状》，陈述了“登州、莱州百姓食官盐，官无一毫之利而民受三害”的调查结论。

自此，可以不食官盐的登莱百姓，为苏东坡修建了苏公祠，以至古登州境内的蓬莱至今还流传着“五日登州府，千年苏公祠”的佳话。

既来之，则安之，高低随它之后，也就无所谓勉强了。苏东坡的心情逐渐泰然，滑稽善谑的脾气很快一如往日。

苏东坡开玩笑的对象从不论职务高低，对上对下都能待之如友，也会刻薄地嘲弄一些不屑之辈。比如他厌恶某人之诗，竟直抒己见，说“正是东京学究饮私酒，食瘴死牛肉，醉饱后所发者也”。

这次由登州入京，东坡路上巧遇了一位老熟人，是“乌台诗案”中看管过他的狱卒。这人在狱中对苏东坡挺坏，见了复起高升的苏东坡很是惶恐羞愧，苏东坡却若无其事地给他讲了个故事。

“一条毒蛇咬死了一个人，被阎王锁着带到地府，那蛇喊冤，说我肚里有蛇黄，也能救人命，可以自我赎罪啊！经冥吏查验属实，阎王便释放了这条蛇；又有一只抵死人的黄牛被小鬼牵来，黄牛也是这个调调，说我体内有牛黄可以治病救人，也可以自赎啊。冥吏透视后发现也属实，于是阎王也饶过了这只牛；接着押上来的是一个杀人犯，这人乖巧，见阴朝有这规矩，便大呼：‘我肚里也有黄啊！’阎王大怒：‘蛇黄、牛黄皆入药，天下所共知；汝为人，何以有黄？’那人窘急之下，大呼：‘俺别的黄没有，还没有惶恐吗？’”

苏东坡的故事讲到这里，那位狱卒羞惭地满脸通红，撒腿窜之乎。

苏东坡途中会狱卒之事记载在《东皋杂录》[①]里，至于是否杜撰，就不好考究了。

① 注：《东皋杂录》为宋代孙宗鉴创作的笔记类著作。

71 升官之路中的“东坡速度”

北宋朝廷现在摄政的是英宗的皇后、神宗的老妈高太后。儿子驾崩之后，接位的是孙子哲宗，所以高太后现在应该是以太皇太后的身份摄政。

大多白话苏东坡的大师们认为，北宋后期皇家阴盛阳衰，苏东坡所经历的四朝天子，都有过太后摄政的纪录，偏这四代太后还都是真正的女强人，实际本事都不小，心肠也不算坏，并且有的十分出色。这乍看还挺符合史载。

但是，老孙注意到这种现象：中国两千多年有皇帝的历史，只要是太后掌权，朝代一般就快衰败了，除非马上再出个强势的皇帝一意孤行，建些丰功伟业，或许能中兴几十年，不过权力重新洗牌的过程大多带着血腥气，也免不了要动乱一番，致使国家元气大伤，百姓受涂炭。

这与掌权的女人善恶没多大关系，本事大的人或许能昙花一现，但还是会埋下衰败的种子，其下代皇帝免不了懦弱或强势过头，对前朝太后的执政班子多要另起炉灶，不管施政方针对错都要彻底肃清，追根溯源还是与后宫执政有干系，所以一些强势的开国皇帝甚至立下铁律，严禁后宫干政，违者杀无赦！

这里面大概有两条原因。

其一，后宫的女强人们一般只能间接地学习治理国家的大法，对组成这台国家机器的主要零件即官僚队伍属间接了解。女强人们一旦大权在握，决断兴许不错，但细致全面就无法兼顾了，要是这个女人再有点儿其他想法，麻烦就更大了。

其二最重要。官员队伍不可避免地要形成水火不相容的两班人马，明里暗里钩心斗角是免不了的。于是，善于拍马屁的高手有了施展才能的空间，所谓忠奸也必然会有不同认识；争斗一旦被强化到重于国计民生的位置，则会影响朝堂稳定。

管理与安抚民众都不容易，都需要全国与朝廷保持一致。

本事再大的最高统治者也没本事直接管理国家，必须组建一个金字塔形状的管理班子。现在北宋政权金字塔的顶端是高太后，坚决反对新法的司马光居于实质意义上的第二层，这一层还有知枢密院的章惇、暂居相位的蔡确。苏东坡的位置呢？现在在七层以下。

政令合理的改弦更张，王安石的所有新法被宣布废除或中止，元祐年代开始了。

身着七品服饰进京的苏东坡，现在实际上能在第二层里发表演说，除了与苏东坡的名气、才华有关，更重要的原因是他与两位主要执政官员的私人关系。以前大家都是朋友，偏这两位主要执政者不大对付，这就是司马光与章惇。

苏东坡的主要活路是先当好和事佬。

司马光重新进入北宋朝廷的高官之列，令现在枢密院执掌国家军事大权的章惇心情极不愉快，两人平素就不大合拍。章惇是个为达目的性命都可以不顾的亡命文人，这性情，苏东坡在凤翔与他初交时就有过断言。

现在，章惇对司马光的态度令苏东坡也看不下去了。司马光数次在众人前遭到章惇的谑辱。别看当时文才名盛的司马光本事不小，并且已经完成了一部伟大的史著《资治通鉴》，在章惇面前却施展不开手脚。

苏东坡被贬后与章惇的私交疏远了不少，但还是能交流一二。章惇对苏东坡畏惧三分。斗嘴皮子、比才智，好像苏东坡都强于章惇，所以章惇对而今的苏东坡有些敬而暗恨的感觉。

苏东坡对章惇的劝说也可称作苦口婆心：“司马君确实时望甚重。三国时西蜀许靖仅一个虚名，刘备鄙视他时法正还替他辩护：‘靖之浮誉，播流四海，若不加礼，必以贱贤为累。’刘备从谏委许靖为司徒。许靖这样的人都不能轻慢，何况司马君这样有真实才学与名望的人呢？”

据史载，章惇听从了苏东坡的劝说，司马光在朝中的日子因为苏东坡的帮助好过了不少。

由黄州赶赴汝州的苏东坡，用了近两年的时间也没赶到汝州任上，从东海边的登州赶到京师汴梁用了月余，相比之下速度提高了不止十几倍。但比起苏东坡到京师的升官速度，却又成了蜗牛速度。苏东坡这次入京，官运之速令人瞠目结舌。

以礼部郎中召入京师的苏东坡，来到京师当月就成了六品起居舍人；还没喘过气来，便被越级提拔为四品中书舍人。这时的苏东坡从职务上来说，已经进入北宋最高层决策层了。

就像老话说的，人如背运，喝口凉水也塞牙；到了走运的时候，被绊倒也会拾个金元宝。官运假如临了头，戴不戴纱帽由不得你。莫非苏东坡的官运开始了？要不哪来如此升官的“东坡速度”？

其实运气这东西来自客观与主观相结合的产物，首先是大环境变了。倒不是神宗皇帝或高太后谁更欣赏苏东坡，而是北宋的施政方向变了，一切又回到了新法实施前的老路，当时抵制新法的人都有了出头之日，而苏东坡又是当时的头面人物，其立场与本人才华举国无人不知，被重用是必然的。这时候就是有些与升官相反的行为，也挡不住所谓的官运。

就在苏东坡由起居舍人到中书舍人两个月的仕途中，他也是不改多事的习性。在苏东坡眼里可没有新旧法之分，只要认为对国家、百姓不利的决策，他照样反对，更不会理睬与之作对的对象是谁，哪怕如王安石般博学多才、位高权重之类，哪怕如司马光般德高望重又私交甚密之人。

还是六品起居舍人小官时，苏东坡就开始与三品大员的司马光顶上了牛。

顶牛的主要原因是司马光所代表的流俗派对废除新法一刀切，具有代表性的，就是苏东坡坚决反对废除免役法。

前文已经解释过，中国在秦朝之前是兵民不分的，是秦始皇开创了中国的专业部队，其后历朝也有常备军；北宋始实行的差役法几乎毁掉了国家的常备部队，士兵由轮流当差的农民组成，造成了北宋的军事力量急速下降；王安石创立的免役法便是纠正这一点，使部队再恢复其盛唐时期的专业性。

当然，这不可避免地增加了农民的负担，但也增加了国家的税收与军事力量，总的说来还是利大于弊。

苏东坡认为废除免役法是亡国之道，尤其在辽、西夏两大强敌虎视眈眈于北、西两面之时。

可是固执的司马光看不到这些利处，只是一味地指责免役法从百姓那里敛钱的弊端。苏东坡提醒也没用，在朝堂上反对也没用，把苏东坡气得回家后大呼："司马牛！司马牛！"论语里孔子的弟子司马牛，与司马光同姓，被苏东坡借过来用了。

其实这时的苏东坡也是"犟牛"一头，两头犟牛碰面就只有抵架了。实际上苏东坡也与原来的战友搭上了对驶的两辆车。

但所幸"司马牛"人品没说的，吵架归吵架，提拔归提拔，观点不同并不妨碍他提拔政敌。苏东坡还是照样被委以四品中书舍人的重要岗位。司马光的道德修养与个人品质的确高尚亮洁，能提拔与自己不保持一致观点的人才，厉害！

实际上司马光与苏东坡的私交属于至交好友，观点不同并不妨碍两人的私人关系。据宋人笔记《东山谈苑》记载，苏东坡常去宰相司马光府中串门聊天。

日子久了，就连宰相家的仆女丫鬟也与苏东坡混得倍儿熟。司马光有一丫鬟，每次都称呼司马光作"秀才"，这让苏东坡觉得不够体现司马光现在的地位。在宋朝，人们一般是把宰相称呼为"相公"。于是苏东坡就教导这位不懂朝廷礼仪的丫鬟以后要改称主人为"相公"。

这天，丫鬟真的叫司马光为"相公"了。司马老夫子非常奇怪，询问丫鬟这是哪个人教的?

丫鬟无奈，只好出卖了苏东坡。司马光更无奈，叹息道："好个苏轼啊，居然把我的丫鬟教坏了，使她如此嘴甜舌滑。"

在古代，能与人家的侍女丫鬟说上话，已经属通家之好了。

72 “东坡速度”再加速

前文说过的道理，一个人的命运受制于大环境。司马光入朝，不管章惇怎么不乐意，之后又怎么听从了苏东坡的劝说与司马光缓解关系，他还是被贬谪了，宰相蔡确也随之被罢免。元祐元年（1086年）二月，两人相继离开京师。

命运的杠杆此伏彼起，苏东坡于次月被免试，越级提拔为中书舍人，并赐金紫；也就是在这个月，朝廷没有理睬苏东坡的竭力反对，宣布免役法被永远废除，北宋政权开始给自己的军事盾牌进行退火处理，边境局势雪上加霜。

命运永远都是神鬼莫测地变化着，没人能够预料到，远在金陵闲居的王安石突遭惊吓病故。这是一些闲人笔记中的说法。实际上王安石听闻免役法也被废除，不禁悲愤大呼：“亦罢至此乎？”很快他便郁然病逝。

事情就是这样让人觉得不可思议，朝廷竟然委派苏东坡给王安石起草悼词：《王安石赠太傅制》。这对“欢喜冤家”阴阳两隔也没断了缘分。

这是篇不大容易作的文章。人死为大，圣旨是追赠给死者太傅荣衔，当然应该如同所有的悼词一般，说些赞语，但这并非苏东坡所愿。

在苏东坡看来，王安石固然学究天人，功业上却难说惠泽天下百姓，这种褒奖文章不能强塞进去哪怕一个贬义词。

苏东坡还是依照自己的性子来写。寓贬于褒的花活难不住苏东坡。该敕文笔简练概括，全文不过三百余字，且全文照录吧：

敕：朕式观古初，灼见天命。将有非常之大事，必生希世异人。使其名高一时，学贯千载。智足以达其道，辩足以行其言。瑰玮之文，足以藻饰万物；卓绝之行，足以风动四方。用能于期岁之间，靡然变天下之俗。

具官王安石，少学孔、孟，晚师瞿、聃。罔罗六艺之遗文，断以己意；糠秕百家之陈迹，作新斯人。属熙宁之有为，冠群贤而首用。信任之笃，古今所无。方需功业之成，遽起山林之兴。浮云何有，脱屣如遗。屡争席于渔樵，不乱群于麋鹿。进退之美，雍容可观。

朕方临御之初，哀疚罔极。乃眷三朝之老，邈在大江之南。究观规模，想见风采。岂谓告终之问，在予谅暗之中。胡不百年，为之一涕。于戏。死生用舍之际，孰能违天；赠赙哀荣之文，岂不在我。宠以师臣之位，蔚为儒者之光。庶几有知，服我休命。

这是以北宋皇帝的口气夸奖去世的老臣，一句“学冠千载”当令地下的王安石欣慰九泉；但下文“网罗六艺之遗文，断以己意，糠秕百家之陈述，作新斯人”，却有暗讽王安石狂妄自大、标新立异之嫌；那句“变浮云何有，脱屣如遗”，赞誉了死者经二度罢相，退居江南，不恋高位的超脱；“屡争席于渔樵，不乱群于麋鹿。进退之美，雍容可观”之句甚至表达了自己的羡慕意味；最后的“胡不百年，为之一涕”感叹，却难说是颂赞还是诽谤了，留给后人各自理解吧。

公正地说，苏东坡在文中对王安石的一生给予了极高的评价，尤其敕文短小精练，将王安石一生的轰烈、争议，融入几百字的短文中，尽显东坡撰文的极强概括能力。

至于露点儿嘲讽意味的那句“夸赞”，以东坡善谑性格，当属开死者的玩笑吧，没有这么一句，就不是苏东坡了。

比起次月所撰写的贬谪大仇人李定、吕惠卿的责文来说，苏东坡还是笔下留情的。

剥夺李定官职圣旨也是由苏东坡起草的。想必此刻苏东坡的心情绝佳，竟然借北宋皇帝的口气命令李定给过世已久的老妈重新发丧，重新依礼守孝三年，这下把其过去隐瞒未报母丧的丑事公布天下了，估计李定应该感觉到生不如死是啥滋味了。

贬谪吕惠卿的圣旨中有这样的妙句：“始于知己，共为欺君，喜则摩足以相欢，怒则反目以相噬……党与交攻，几半天下。”这下两人的丑事却不止“几半天下”了，而是天下人对其二人为人嗤之以鼻，对两人被贬谪拍手称快。

蔡确被罢相之后，接替相位的是以太师衔“平章军国事”的文彦博，文彦博也是个了不起的人物。我们小时候看到过的故事，一个皮球滚到了树洞里，一个聪明的小朋友建议灌水浮出皮球，就是文彦博小朋友的事迹。文太师也是苏东坡的前辈好友之一。看来苏东坡的官运还没走到头，还在向权力的金字塔的高处冲刺。

九月，苏东坡被提拔为翰林学士知制诰，这是专为北宋皇帝草拟圣旨的职务，是最高权力班子中的一员，品级虽然比宰相低一级，为正三品，但能比宰相更为亲密接近和影响皇帝，其重要性不亚于宰相。

宋朝的大臣最高能升到二品，一品是给亲王、太师们留的荣誉性职衔，即便是荣登相位，这二品之位也就算顶天了。苏东坡现在闪电般成为三品大员，离仕途顶点的宰相只差一步！看来仁宗所预言“替儿孙们发现了两个宰相”，快要在苏东坡身上实现了。

更何况，翰林学士知制诰这个职务，代表着名气最高、学问最大的学者，往往是担任宰相的实习职务；王安石在入相之前，也在这个职务上做过冲刺相位的热身活动。

此时的苏东坡比当年王安石的环境还要优越。九岁的北宋小皇帝还是名顽童，摄政的高太皇太后对苏东坡极宠。任命苏东坡时，太皇太后亲自派人送到苏东坡家中官衣、金带及白马一匹，甚至没忘记附赐一套镀金的绶绳鞍！看来苏东坡距离位极人臣不远了。

司马光就没这么幸运了。当年九月，司马光不再与苏东坡争论免役法是否应该废除。执政数月的司马光因病去世。

这次还是由苏东坡撰写悼词，并刻上石碑，政见没有妨碍两人的友谊。苏东坡在碑文中对司马光着意恭维，甚至不惜嘲讽已经去世了五个月的王安石。毕竟王安石打击过司马光这位旧党首领。

但在祭奠司马光的丧礼上，率性的苏东坡却结下了另一个大敌，就是后来被称为“洛党”领袖的程颐。

程颐是宋初理学大师程颢的弟弟，受亲哥影响，为人古板，总是摆着一副自命不凡的嘴脸，这种超级“正人君子”是苏东坡最厌恶的人。

程颐受命主理司马光的丧礼，丧礼那天恰逢神宗灵位送入太庙的斋戒之日，去拜祭的人们当然必须先公后私，先去太庙参加神宗灵位安置的国家大礼，按规矩随乐唱典歌，然后再回到司马光的丧礼上。

程颐完全遵周朝的古礼操办司马光的丧事，连司马光的儿子站在灵柩旁还礼都被禁止，但是亲属还礼的风俗已经流行了近千年。

程颐认为，孝子如果真孝，应当是悲痛得不能见客人才是。程颐把商周古制搬到了宋朝。

司马光的好友们到了司马府门前，程颐拦阻不让进府，大家争执也没有用。

程颐的理由很充分：“圣人说的‘子于是日哭，则不歌’，你们在太庙歌过了，哪能再哭？”

苏东坡气恼无比，巧妙地反驳：“论语上并没说‘子于是日歌，则不哭’呀。”不顾程颐的反对，他率领大家强行进了门，这下不哭的人也故意大哭起来！

离去之前，苏东坡纳闷司马光的儿子怎么没出来还礼呀？有人告诉东坡，是程颐说“于古无例”，所以被禁止了。苏东坡不顾全体官员及程颐在场，大声嘲弄说道：“伊川可谓糟糠鄙俚叔孙通！”①

众人哄堂大笑，程颐满面通红。这句评语一针见血，入木三

① 注：叔孙通，西汉大儒，为刘邦制定了一套完整的朝堂礼仪。此处指讽刺程颐不懂装懂，假学究，为人过于死板迂腐。

分，极为恰当。但对程颐或苏东坡来说，这句挖苦就不一定恰当了。苏子出言，几乎是给程颐贴了个一生都揭不掉的标签，很难判断苏东坡播下这颗仇恨的种子是正确还是过分。礼节小事，值得吗？

值不值得只有苏东坡自己知道，性格决定命运，无意引发有意，程门子弟不久后便开始找苏东坡的麻烦，虽然最后没有酿成大祸，却引发了朝堂几乎公开的党议之争。北宋朝局眼见又是一锅沸腾的烂粥！

历史上著名的“元祐党争”开始了。

73　人在江湖不由己

北宋从政为官的保险指南：话少说，事少做，不说不做不犯错；老黄牛，闷头干，一身臭汗准滚蛋；墙头草，随风倒，步步高升少不了。

大宋的国政斗争再残酷，也奈何不得熟读以上指南的官员们，所以，不管新政、旧党谁得势，总是难以尽除对方阵营的高手，更何况自己的阵营内部也在不断分化，敌友关系永远处于变化之中，狗撕猫咬的力量经过动荡重组，逐渐清晰的阵线有时是不可思议的。

神宗辞世，太皇太后独尊，旧党在太皇太后的撑腰下一举囊括朝中各个要职，新法尽废，新政要员纷纷落马，似乎一败涂地。旧党大获全胜，新党暂时下野。

北宋朝中执政的保守势力很快一分为三，史称蜀党、洛党、朔党。蜀党代表苏东坡，是蜀人；洛党代表程颐，是洛阳人；朔党代表人物尚书左丞刘挚，此党人数最多，由司马光门下的一些官僚组成，政治手腕十分老辣。朔党一开始便稳坐钓鱼台，看着蜀、洛两党拼了个你死我活，朔党终得旁观鹬蚌之争，渔翁得利。

其实最先火并的两党头目也不清楚自己的领袖身份，尤其是苏东坡，有点儿“人在江湖身不由己”的味道。自己在受到攻击时哪能不全力反击？

洛党首先挑起的战火，其主力洛党干将、程门弟子左司谏朱光庭首先向苏东坡发难，弹劾苏东坡主持高考时出的考题有攻击先皇仁宗、神宗之嫌，随后另一程门弟子贾易也借机抓“辫子”，跟着指控苏东坡诽谤仁、神二帝。

苏东坡怕啥来啥，叫苦不迭，一时自辩不清，幸亏同乡、右司谏吕陶出来说话，太皇太后又加以袒护，才算熬了过去。从此洛、蜀党争的说法便传播开来。

其实所谓洛党程颐、蜀党苏东坡，出面争论的各方也不过只有一二名“同伙”。洛方有朱光庭、贾易，蜀方为苏辙、孔文仲，一般史籍上所排列进去的吕陶，不过出面当了一次裁判；洛方的贾易是借机对苏东坡发泄私怨，与程颐并无多大干系。

但是朔党从中看出了猫腻，对他们的党争足尺加五，大加发挥。偏这时候的程颐是个榆木脑袋，身任侍读之职，在讲课时遇到小皇帝生病旷课，又见太皇太后独自上朝，便心无城府地对新任宰相吕公著说：“这还得了？不合规矩呀！皇上生病，你这宰相都不知道？令人寒心呀！”

这下激怒了太皇太后。朔党也乘机群起而攻之，程颐、贾易等很快被黜出朝廷。由于程颐在朝中没有什么势力，整个元祐年间也未得翻身。表面看苏东坡的蜀党大获全胜，其实真正得利的是先坐山观虎斗、继而落井下石的朔党。

朔党的主要目标其实是苏东坡。苏东坡早先经司马光推荐入朝，凭本人之才华横溢，又得太皇太后之宠，最有望登上宰相之位，早已是朔党的眼中钉肉中刺。

朔党的人便群起上言，说苏东坡不过会写写文章，当个翰林学士已经够便宜他了。国朝名相赵普、王旦、韩琦等人，都不是以文称能的，王安石就是个合格的翰林，做了宰相就酿成了国家大祸！文人治国，后患无穷啊。

洛党没有了，蜀党的日子反而更难过了。苏东坡几乎每天都要纠缠在这些党争烂事里，偏现在的苏东坡根本没有入相登顶的兴趣，实在是烦透了这肮脏的争斗。他品味自己在朝中活得如此疲惫不堪，还不如被贬黄州时快活，所以数次上章乞求外放。

《续资治通鉴长编》中对北宋这段“三国演义”有过评价：“熙宁间王安石新法之争出于公，元祐之争则出于私，元祐君子之过大。”

这结论有些道理，不过句子中的“君子”二字还是应该加上引号，连“君子”头头苏东坡都不愿意留在这些“君子”的队伍中间。

可是，苏东坡请求外放，太皇太后哪里肯放人？老太太也有绝招。

北宋的翰林院靠近皇宫北门，其实就是皇宫的一部分，进宫专有通道。翰林需要在皇宫值夜班，以备太后有临时诏命需要起草，夜里值班的翰林不能出宫，所以翰林院被称为“锁院”。

有天趁苏东坡轮值锁院时，太皇太后宣苏东坡进宫草拟任命吕大防为宰相的诏命，其实老太太是醉翁之意不在酒，而是要找翰林学士知制诰谈话。

老太太怀里抱着娃娃皇帝，好似年老多忘事，需要苏东坡提醒，又好像是找来苏东坡话话家常：“爱卿前年时官居何职？”

“臣为汝州团练副使。”

“今为何职？”

“臣今为待罪翰林学士。”

“何以遽至此？”

“遭遇太皇太后、皇帝陛下。”

老太太摇摇头：“不是。”

苏东坡只好瞎猜：“是有大臣推荐吗？”

“与他们无关。”

苏东坡大惊：“臣虽不肖，但从不走旁门求取官职。”

太皇太后亮了底牌：“这是先皇的意思啊！先皇在世之时，每当用膳时举箸不下，侍臣们便知道是在看你写的文章。他常提起你的奇才，一直起想重用你，但不幸未及如愿啊。”

此话竟感动得奇才忠臣苏东坡泪如泉涌，两个大人、一个小孩一齐落泪，追忆先皇，连左右服侍的太监宫女，也被此情此景感动得个个热泪盈眶。太皇太后的思想教育工作告一段落。

太皇太后勉励东坡几句后随即赐座、赐茶，东坡拭泪告退，老太太还觉意犹未尽，竟把御案上的莲花金烛赏赐给了苏东坡。都这样了，苏东坡还能再要求减负出京？

苏东坡这次入宫起草任吕大防为相的圣旨，得到了太皇太后如此恩遇，论说苏东坡该感激涕零了，可是苏东坡一心外放出京的愿望无疑落了空，尤其还无意中又给自己惹了个不小的麻烦。

麻烦就出在苏东坡起草的圣旨上。

吕大防也是北宋旧党中的重要人物，难得的是他没有参与三党的争斗，此次受命担任要职大概也是源于此。苏东坡起草的圣旨上褒奖了吕大防勇于任事的品德，接着又谴责了新法导致百姓受难，其引用的一个典故却有点瑕疵，是引自《诗经》的“民亦劳止，汔可小休”这句话，《诗经》原意乃讽刺暴君周厉王，这下等于又给了内外反对派的御史们一个把柄。

不用说，苏东坡遭到弹劾是早晚的事，北宋朝中不仅有将苏东坡视为对头的朔党，还隐藏着不少新政的余党。

但苏东坡才不管这些，才不管有多少双眼睛死盯着他，公事之余照样我行我素，嬉笑挖苦一切看不惯的人和事；更不管自己现在是什么职位，玩笑照开，戏谑依旧，并且不管对象何人，哪怕是现任宰相，哪怕是一介书生。

74　幽默诙谐的高官苏东坡

元祐年间，文冠当时的王安石、司马光等人先后辞世，苏东坡已经成为公认的大宋文坛第一人，其名盛一时，地位看似无可撼动。虽然对他弹劾攻击的奏章从不间断，但摄政的太皇太后就像是一棵遮阴的大树，尽可以屏蔽八方风雨，竟然明令群臣不准再弹劾苏东坡，违者以抗旨论处！

可是身居御史台之位的谏官们并不理睬太皇太后的敕令，攻击依旧，这是因为宋朝有祖制，不得禁止言官说话，弹劾错了也不得严惩。言官们有恃无恐，哪怕是太后、皇帝、太皇太后也没辙。

尤其无奈的是，苏东坡连辩解的权力都失去了。

太皇太后将弹劾苏东坡的奏章束之高阁，致使苏东坡对自己受到了哪些弹劾也蒙在鼓里，甚至还要上表为攻击者求情，恳求不要追究御史们违旨弹劾的罪过。这实在令人憋气窝火！

假如苏东坡倾心仕途的话，估计也不会出现这种局面，凭苏东坡现在的名声地位，尤其是与太皇太后的关系，稍微暗地玩点儿花活，扫荡一切反对派不费什么力气。可以这样说，此刻的苏东坡如果有意登顶相位，应是轻而易举。

可是如果苏东坡这样做，就不是苏东坡了。苏东坡现在只想远离官场，耳目清静；唯有一愿，就是请求太皇太后公开那些弹劾他的奏章，一切让大家评论个里表也行啊，总强于挨打不能还手，还嘴也没机会。

就这也办不到。一切弹劾奏章还是被封存，苏东坡明知被敌人攻击，却不知攻击所以，这滋味的确不大好受。不过太皇太后这样做兴许起了双重作用：既保护了苏东坡，又保护了言者无罪的御史们，北宋朝政也不至于因此纷乱。看来太皇太后虽老却不糊涂。

这种看不到尽头的局面轮到谁头上，也该郁闷一下。可是苏东坡非常人，无奈虽无奈，心情照愉快，玩笑逗乐都不碍，真是奇特的年代出奇才。

现在的苏东坡已经成了所有反对派的靶子、所有想出名的人的靶子，就如同一个武林高手必然会成为其他高手出名的台阶，谁若能扳倒苏东坡，结果还用说吗？即使扳不倒又怎么样？也会成为显摆自己大无畏勇气的有力证据。

论说苏东坡在群小诽谤之下，首先紧要的是拉近与当朝宰相的关系，苏东坡偏不如此，甚至有时当众开宰相的玩笑，开玩笑没什么，要看场合，还是应在公众场合给宰相留足面子。

苏东坡可不管这些。早在司马光执政时，苏东坡就因为司马光善谈，当众打断过司马光的讲演："求相公少教诲几句，也让东坡说上几句。"司马光再不乐意，碍着与苏东坡的关系，也只能闭口不再发言。

还有一次苏东坡与司马光因为政事再次争论，苏东坡一本正经地对司马光说："你这个观点真是鳖厮踢！"

司马温公有些不解了："鳖这厮怎么能踢啊？"

苏东坡点点头："正因为这样，所以才是鳖厮踢呀！"

不能踢而踢是为乱也，这是苏东坡在嘲讽挖苦司马光在乱来。

现在的吕宰相也没躲过苏东坡的调侃。有次苏东坡去拜访宰相，吕宰相正在午睡，苏东坡等烦了。最后吕宰相终于打着哈欠出来，苏东坡煞有介事地指着客厅中一个大瓦缸里背长绿苔的乌龟摇头道："这品种没什么稀奇的，难得的是一种三对眼睛的乌龟。"

吕大防的眼睛立时瞪圆了："是吗？我没听说过还有六个眼睛的乌龟！"其实吕宰相也有被捉弄的预感，但是从苏东坡嘴里说出来的呀，这家伙学问渊博，说不定在什么书上读到过。

苏东坡更是一本正经："当然。唐中宗时，有一个臣下便向皇帝进献了一个六眼乌龟。皇上问他，六只眼睛的乌龟有什么好处？献宝的臣子回奏：'六只眼睛的乌龟有三对眼，普通乌龟只有一对。所以六眼乌龟午睡时，要睡三个普通乌龟的觉呢。'"

吕宰相顿时啼笑皆非，明白被这小子不动声色地骂了。

苏东坡并非专开上司的玩笑，布衣书生犯到他的口下也是一样。苏大学士损人向来不论职务高低。

据说，有次一个素不相识的白衣秀才来拜访苏东坡，哥们儿大概觉得自己极具诗词天赋，随身携带大作一卷，当场朗诵给苏东坡鉴赏。只可怜这下苦了苏学士，那位趾高气扬的秀才高声朗诵，抑扬顿挫，声情并茂，铿锵有声，神情颇为自得。

苏东坡却如坐针毡，好不容易等到这位老兄的朗读告一段落。

秀才问苏东坡："不知学士以为拙作如何？"

苏东坡回答得毫不犹豫："一百分。"

秀才几乎心喜欲狂，能得到翰林大学士如此评价，此生夫有何憾？

谁知苏东坡的话还没说完，继续说下去："诵读之美七十分，诗句之美三十分。"

秀才懵了，满脸通红而去。

即便是对待稍有名气的诗画大家，苏东坡也是照侃不误。

著名画家李公麟，字伯时，号龙眠居士，擅长画山水佛像，画功尤以白描著称北宋。有一天黄庭坚带来了一幅这位龙眠居士的大作《贤己图》，画面构图奇巧。画中六七个人在围着一个色子罐赌博，五个色子已经落地，都是六点，只有一个还在转动，所有人都在忘情大喊。

对这神形兼备的龙眠新作，大家赞不绝口，苏东坡从外面进来了，瞄了一眼便嘲笑开了："这李龙眠也算是天下名士了，怎么光学闽人说话？"

大家不解，东坡笑着解释："天下人喊'六'字，口型无不抿收，唯有福建方言说'六'字音需要张大嘴。现在画中五个色子都是六点，众人当然应该助威大喊'六'，可是画中人嘴都张这么大，这不是龙眠居士在学闽人语是什么？"

大家半信半疑，后来这事传到了李公麟耳中，画家大笑，连呼叹服。

不过据载，李公麟甚是势利，东坡得势时，他赶到京师为苏东坡的家庙作画；后来苏东坡被贬岭南，李公麟在路上碰到苏家的人，以扇掩面而过，连一揖的礼节也没有。

另据《王直方诗话》载，苏东坡曾说过："世间的可笑事忍住都容易，唯有看了王祈的诗句不笑太难了。"

其实这也是句戏谑之语，有点儿故意逗王祈的意思。

王祈听说以后，还真被逗得来找苏东坡讨说法了，并且还带来了自己认为最得意的两句咏竹诗：“叶垂千口剑，干耸万条枪。”

平心而论，诗句不错，形容竹林别出心裁。苏东坡偏要戏耍这位自负的诗人，大笑点头称是：“诗句不错，好是极好。只是，怎么十条竹竿才一个叶儿呀？”

这下王祈张口结舌，只得自个儿喷饭！不过倒不一定是笑自己的诗句荒唐，本来那千、万在诗句中就是形容词，不是确凿数量，只不过被机敏善谑的苏东坡钻了空子，苏东坡的质疑反倒更值得一乐。

戏谑讥讽这些歪道本事，竟然还能传染。苏东坡身边的人也跟着他学了不少绝招。

苏东坡任翰林学士知制诰期间，草拟了八百多道圣旨，行文无不简练明确。旨中引经据史，妥帖工巧，写这类文章，对苏东坡来说轻而易举。

后来苏东坡调离翰林院，接替他草诏活计的洪姓翰林自我感觉学问不下苏东坡，便得意地询问原来经常侍奉苏东坡的一个仆从：“本官所草圣旨与苏东坡相比如何？”

那位仆从恭敬地回答：“大人草诏文美不下苏东坡，不过苏学士永远不用查书本。”真不知道这位洪翰林当时是如何表情。

甚至连侍妾朝云都学会了丈夫的这个德行。据《梁溪漫志》载，有一天苏东坡退朝后，进过晚餐，在屋里欣然扪腹踱步。欣怡之际他问家中婢妾：“你说说看，咱这便便大腹之中都是些什么？”

一个婢女拍马：“一肚子学问。”

另一个丫鬟回答："一肚子墨水。"

还有姑娘谄媚："相公肚子里当然尽是漂亮诗文。"

苏东坡一概摇头说："不是。"

大有东坡之风的侍妾朝云嫣然一笑："学士一肚皮不合时宜。"

这个回答直把苏东坡逗得捧腹大笑，连声大呼："对！对！还是朝云知道我。"

苏东坡的幽默善辩、戏谑调侃，本来无伤大雅，只不过戏谑还是要看对象才是正理。有些人哪怕是朋友，也是一句玩笑也担不起的。

75　树欲静而风不止

朝中有公开的政敌朔党，在野的敌人更多，大都是元祐初年（1086 年）被贬谪的新政党人，如果说元祐党人之间是不同主张斗争的话，那失去政权的新政人士则无异于死敌，是生死不共戴天的矛盾。

北宋不戮大臣，这些敌对势力得以暂时潜伏在地方。就苏东坡来说，根本没有把他们放在心上，更谈不上镇压迫害。但有句云：树欲静而风不止。新政党人没有一刻忘记夺权大仇。这些盯着苏东坡的人中间，就有苏东坡过去的好友章惇（即章子厚）。

章子厚在早年与凤翔通判苏东坡交情匪浅，两人也算是志同道合，无话不谈，哥俩儿甚至还曾生死患难。

有次几个好友一块游山，那年代老虎还未被列为珍稀保护动物，与人类的关系还是猎物与猎人或者反过来的关系，这次双方巧遇了。大家也知道跑不过那斑斓猛虎，比牛气谁也没那个胆量。这时章惇站出来了，向准备“开饭”的猛虎逼去，竟然把这只百兽之王给吓跑了。

大家谁不夸奖章大侠的大无畏精神？唯有东坡叹气：“这不

顾自己性命的家伙，日后也难得会顾忌别人的性命。”

其后两人曾遇到一座绝壁，唯有一根独木桥能到达绝壁，还是章惇面不改色心不跳地独身走到绝壁，以绳系腰，攀上绝壁刻上“章惇、苏轼到此一游”等字样，把心提到嗓子眼的苏东坡对得意回来的章惇说：“你这家伙，将来必定会杀人不眨眼！”

本来苏东坡之才学就令章惇内心不安，可我行我素的苏东坡还是把章惇当作自哥们儿，跟他开玩笑。

据说章惇婴孩时曾被父母扔在水盆里丢弃，幸而被人所救才保住小命。偏苏东坡在这件事上嘲讽过章惇。

因为苏东坡回信给章惇时经常附带诗句，其中有两句犯了章惇的大忌：“方丈仙人出渺茫，高情犹爱水云乡。”

据传，就是这两句诗，在章惇内心播下了暗恨苏东坡的种子。

这些还都是将来的麻烦，眼前的麻烦是司马光的门下官僚占据着朝臣中的大多数位置。

论说苏东坡的力量也不算小，世之著名的苏门四学士已经尽数来到京师，当年“乌台诗案”被牵连者大多回朝并被委以要职，包括驸马王诜、王巩等；苏东坡的弟弟苏辙也回到朝中，并担任了御史中丞的关键岗位；两个朋友吕公著、范纯一度居于朝廷最高的官位宰相及左丞之位；这期间，黄州的老友陈慥也到了京师，专程来看望苏东坡。虽然他在斗争中帮不上什么，却排解了苏东坡心里的许多忧烦。

但是没有用，主帅苏东坡都不知道自己是干吗的。据苏东坡自述，他也从未听说过什么蜀党，根本没有一点儿大敌当前的临战意识，内心还是念念不忘外放为官，避开纷争，在这场明争暗斗中，朔党几乎从未遭到过反击，仅有的一次反击还是由以前怕事的苏辙引发的。

苏辙初来京师时，就任御史台右司谏，这口不敢言的苏辙偏偏做了个言官，弹劾朝中大臣成了苏辙的职业，真真令人啼笑皆非。

不过苏辙并没有吃闲饭，恶迹昭彰的吕惠卿遭贬谪出京，就始于苏辙的弹劾，接着苏辙又用了十道奏章弹劾了朔党的一个关键人物，奏章中干脆把朔党统以“饭袋”称之。

朔党的人也没闲着，不过现在的苏东坡不大好招惹，再操弄“苏东坡诋毁先皇”已经没有新意，也不大可能奏效。聪明的朔党人终于抓住了苏东坡的一个把柄：大不敬现行犯！

这是有铁证的，不，是石证，石碑上刻着的证据。

就是前文提过的，苏东坡在常州等待诏命时曾作的三首诗。苏东坡离开常州后，常州人出于对他的爱戴，将其诗刻碑留迹。

问题出在第三首诗的最后两句上：“山寺归来闻好语，野花啼鸟亦欣然。”

关键在“闻好语”三个字上，这首诗石碑上刻明了此诗写于五月一日，神宗驾崩于三月五日，还是在国丧之间啊！你为什么高兴？为什么“欣然”？“闻好语”？“闻”到了什么“好语”？显然是神宗驾崩的消息！忘恩负义的臣子啊！

时间确凿，铁证如山！所谓“山雨欲来风满楼”，东坡大祸要临头！

面对这种攸关生死的弹劾，苏东坡无法处之泰然了，不得不向朝廷解释自己写这个作品的初衷，尤其是当时究竟“闻”到了什么“好语”，以及自己在国丧期间“欣然”的缘由。

苏东坡的解释很合乎情理，大概也是当时真实的情况：他接到了宜兴居所已经购置妥当的喜讯。

不过这种解释还是难以忽略苏东坡忽视国丧的事实。家事重于国事，总不应该是翰林学士、知制诰做出的行为。

打虎还得亲兄弟，上阵还是父子兵！危急关头还是弟弟苏辙发现了最为恰当的辩护理由。弟弟亲自出面为兄长作证，铁证还是那块石碑上所刻的成诗日期。

诗成于五月一日，先皇驾崩时兄长苏东坡正在南都张方平家中，六日即成服戴孝有目共睹，那么五十六天之后在常州听到的就绝不会是神宗驾崩的消息，“闻好语”被臆断为先皇辞世，自然站不住脚了。

关于“闻好语”三个字，到了苏辙的辩护词中就成了这样的解释：这是听到聪慧英明的幼主登基，这个消息还不该“野花啼鸟亦欣然”吗？难道幼主登基的消息不能算是“好语”？

这下弹劾者一时语塞，具体如何被定性，史载没有下文，看来是不了了之了。苏辙这手挺绝，用政敌提供的时间证据来反证苏东坡不可能是初闻皇帝驾崩而“闻好语”；顺势扯过来的“新皇登基”的理由谁也无法再反证。虽属一面说辞，却没有人胆敢予以指责，对现任北宋皇帝有想法可是更该戮的大不敬行为！

其实，这一切都是前台表演而已，即使苏东坡还是采取“不予理睬”态度，也没有什么大不了，决定苏东坡命运的人是摄政的太皇太后，只要有她老人家这棵大树在，苏东坡尽可以逍遥自在地面对八方风雨，啥罪名也安不到他的头上。

许是政敌激起了苏东坡的斗志，从前连自我辩护都不屑的苏东坡，如同山洪暴发般接连出手，奏章不断递向北宋朝堂。绝地反击要开始了？

76　目标明确的绝地反击战

统观苏东坡元祐年间的奏章就会发觉，苏东坡除了对残余的新政势力不依不饶外，并没有针对其他任何人进行弹劾或攻击；相反，起草诏书之余，苏东坡反而把精力投向了具体政务，关注的是国计民生，铁笔挥洒之间掀起的不是风起云涌，而是洒向人间的甘霖！

这正是苏东坡的伟大之处。

《苏文忠公全集》[①]中保留的好多苏东坡的政论文章和奏章都注明了撰写日期，这使我们得以清楚地了解此期间的苏东坡，以及苏东坡真正关注的是哪些问题。

元祐二年（1087年）正月十七，在给太皇太后所呈的一份两千多字的表章中，苏东坡只是略叙了他本人的职分以及对玩弄手腕的谴责，便开始了他对宋朝“民主风气”的竭力争取。苏东坡认为“人应当有不同意权”。北宋朝廷官员，不论职务大小，

---

① 注：《苏文忠公全集》，亦称《东坡七集》，宋苏轼著。共一百一十卷。明代李绍曾重刊《苏文忠公全集》。

都应当真实地表明自己的意见，如此风气，于人、于事才有助益。倘若上司赞同的我就说对，皇帝挥手我就前进，是足以招致亡国之祸的。

对于自己与直接上级司马光在免役法方面的争论，苏东坡认为是正常的，二人是在尊重彼此意见基础上的意见不同。虽然司马光已去世，北宋朝廷却还是按既定方针办，这不是司马温公的本意，相信太皇太后所需要的绝不只是些唯唯诺诺的乖孩子，还是朝内民主好。

对于朝廷靠免役法所征收的三十万贯铜钱的用途，苏东坡支持拨出半数用于西北战事；余下的半数，苏东坡建议把此款用于安置复退士兵，此钱“取之于民，当复用之于民”。

中书舍人任上，苏东坡还是做了大量的实际工作。元祐元年（1086 年）四月，司马光主政时虽然宣布废除青苗法，但并未实施彻底，只是对于这种扰民措施深化改革了一下，是苏东坡数次上表才算把青苗贷款法完全废止。

八月初四的上表中，苏东坡请求将青苗法完全废止，还请求将赤贫百姓之欠债，包括本金利息在内，一律宽免。朝廷接受了他的一半请求，青苗贷款法被彻底废除，但赤贫者之债务宽免还需要“研究研究”。不过这一研究就是六年之久，最后还是经苏东坡力请，北宋朝廷才算“研究”出了“接受所请”的结果。

苏东坡极为力争的那时叫作“广开言路”。苏东坡再三向太皇太后提出：吾皇有道，就应该接近下层百姓。唐太宗时能允许每个人进宫廷直言，甚至包括平民百姓；而本朝初年，北宋皇帝也是允许低级官吏谒见的，也有平民蒙先皇接待的先例。

但现在能见到太皇太后的人不过寥寥十数人，太皇太后怎能尽知天下事？倘若这十数人凑巧都是庸碌之辈，不敢把真实情形奏闻，则太皇太后必然会认为天下百姓安乐无事。那天下情形岂不糟糕！就算有其他官员上表进言，但是那些表章进了皇宫，能得到及时答复吗？太皇太后若不亲自召见，又怎么掌握第一手真实材料？再说了，好多事万分复杂，一次讨论未必弄得清楚，是不能写在纸上，见于文字的，语言交流极其重要！

苏东坡以马病作例。马生病，不能以言语表达，“人虽能言，上下隔绝，不能自诉，无异于马”。

对于高官们只是担任传声筒的角色，苏东坡深恶痛绝。这点上他对王安石时代耿耿于怀。在给门下张耒的信中，苏东坡近乎谴责地写道：“文字之衰，未有如今日者也，其源实出于王氏。王氏之文，未必不善也，而患在于好使人同己……”

在关乎国家命运的贪腐方面，苏东坡认为贪腐与官员水火不相容，腐败源于吏治，出路在于改革。

北宋国家官吏来自科举，但科举制度业已流于形式。四五次身为主考官的苏东坡有资格指责当时北宋科考制度的弊端。考生与当官的关系近似于牛毛与牛角的比例，必然会形成僧多粥少的局面，多设置官位就业则必然会充斥冗吏。

官太多，老百姓养不起呀！民众需要的是简洁的官吏体系，不是二者反过来。

“学而优则仕”！貌似公平，其实暗藏隐患，关键在于官员的社会地位高得人人仰慕，那就危险了！因为能当上官的永远是少数人，而且被冠以人群中的“尖子”，如果不能恢复其实质上的地位，这种尴尬与无奈将发展壮大至无法收拾，也就是特权危民误国啊！

但在北宋，任人唯亲已经盛行，上头没人想做官？甭想！考试只是给普通读书人设的一个局，能破局做官的人少之又少，体系内的人大多亲连亲，不是党派亲朋儿人能做官？

事实是，好多“圈内人才”不用在京参加考试便可以当官，每届科考选三四百人，更多的人不用经过考试，因为礼部就可以推荐免试生二三百人，其他还有由兵部和皇家关系推荐的人。

对于很多读书人可由皇上特恩免考，苏东坡直抒己见：“一官之阙，率四五人守之。争夺纷纭，廉耻丧尽。中才小官，阙远食贫。到官之后，求取渔利！靡所不为，而民病矣。”

也就是说，一个官职的门槛前有四五个人守望着，争夺起来不择手段是必然的，这么费力当上的官，哪会不求渔利？最后还是老百姓倒霉！

“臣等伙见恩榜得官之人，布在州县，例皆垂老，别无进望，惟务黯货以为归计。贪冒不职，十人而九。朝廷所放恩榜，几千人矣，何曾见一人能自奋励，有闻于时。而残民败官者，不可胜数。所至州县，举罹其害。乃即位之初，有此过举，谓之恩泽，非臣所识也。”

这是在说，这些当官的遍布全国，到了退休的年龄，提拔无望，专心敛财，除了贪财，正事不干，后门做官的十有八九都是如此，祸害老百姓的贪官不可胜数！这种照顾政策，实在令人不能理解呀！

苏东坡建议坚决废除免试办法，严格限制官员子女、亲属走旁门。为改变这种情形，他多次向太皇太后密奏。在几件大事的表章后，他又附有再启，请太皇太后阅后留中，勿转交与中书省。毕竟这是得罪大多数既得利益者的言行。

苏东坡表示要尊重知识分子，并且表现在行动上。

有次苏东坡见到一个考生在考场受到了监考士兵的侮辱。御林军士兵对考生的态度恶劣至极，维持考生秩序犹如平定暴乱！苏东坡立刻连上两表，将逮住的两个军官开除军籍，遣回了老家。

此事不仅在宋人笔记中有详载，宋史也记了一笔："三年，权知礼部贡举。会大雪苦寒士坐庭中，噤未能言。轼宽其禁约，使得尽技。巡铺内侍每摧辱举子，且持暧昧单词，诬以为罪，轼尽奏逐之。"

当官的"亲连亲"，必然会导致官官相护。

有次对西夏的战事，西夏大军竟然滥杀了大宋平民一万多人，当地驻军首长企图隐瞒不报，甚至朝廷的"中央特派员"也跟着维护，官官相护的歪风邪气作祟，其向朝廷报告只有十个农民被杀。致使大案被拖两年之久，毫无动静。被杀平民理应获得政府的赔偿，结果一无所得。

苏东坡把这些实情一一上奏给太皇太后，并且警告北宋朝廷，如此忽视民情，不顾民生，难以收揽民心。

苏东坡的绝地反击针对的不是任何人、任何派系，是"堂吉诃德"式的对弊政的冲锋。这时的苏东坡是一名国家能吏，看来早年宋仁宗所说的东坡具有宰相之才，一点儿也没有臆断和夸大。

但是，苏东坡无心于仕途冲顶也是事实，尤其当他明智地看透了北宋政局不过是个赌场之后，再次心灰意冷，坚决要求退出朝堂。

经苏东坡再三恳请之后，元祐四年（1089 年）三月十一日，北宋朝廷终于允其所请，命他以龙图阁学士衔出任杭州太守，兼领浙西六区军马。苏东坡的愿望实现了。

太皇太后及已经逐渐懂事的皇帝还是对苏东坡无比恩宠。临行前，北宋皇帝赐予茶叶、银盒、白马、镀金鞍鞯、金带等礼品。启程时，八十三岁高龄的老太师文彦博亲自为他送行。

文太师劝苏东坡从此不要再写诗，那是惹祸的源泉啊！苏东坡于马上大笑："我知道，若我写诗文，当有好多人准备做注释呢。"

77　手中有粮，心中不慌

重回杭州，十八年恍若一梦！

今非昔比，太守与通判完全不是一种感觉。通判杭州时，苏东坡公务之时间少于诗酒游玩，现在是全权执守杭州，责任大于享乐！六地民生，付之东坡关注程度，一城安危，赖于太守身体力行。

物是人非！

就任浙西军区钤辖兼杭州太守的苏东坡，时年五十二岁。诗人虽然称老，实际刚过天命之年，从政经验丰富，可算年富力强。

尤其身份地位、外部环境，更是天差地别！苏东坡领军中国文坛已成事实，并被包括他的敌人在内的人世所公认；东坡谪升仕途起伏多变，心理上也可算百炼成钢；都说朝里有人好做官，今天的苏东坡，弟弟苏辙已经由御史中丞迅速提升户部侍郎，继而升任为吏部尚书，并赐翰林学士，已经掌握国家人事大权！

苏门可说是上下有人，风头正盛；尤其还有太皇太后摄政顶端；苏东坡此时也执掌一方，有些另类“政通人和”之味道。

但是，人生命运如杠杆，两头高低难说，中间却不变。外部境遇何尝不是如此？苏东坡人非当初，杭州却也并不“物是”，环境逐年日变，却是逐步恶化。

元祐四年（1089年）七月，苏东坡到达杭州时，杭州竟是一派萧条，百业俱废，美丽的西湖也如同一潭死水。要紧的还有饥馑的威胁即将来临。

这年杭州大旱，收成大面积绝产，农民现在实际上是以往年存粮度日，一旦吃完怎么办呢？

市场米价七月间从六十文一斗，到九月间骤涨至九十五文一斗。民无食必将大乱，这才是当务之急。

新太守上任之初，杭州居民夹道而迎。百姓不仅欲求一观东坡天下名人风采，更大的期待是能有官员复兴地方、救命百姓。现在这一切就看苏东坡的了。

苏东坡紧急筹粮二十万石，以十八万石出市平抑米价，直到次年正月，才算使米价跌到七十五文一石。

饥饿的威胁稍缓，旱情稍缓，水灾又临。苏杭一带大雨滂沱，多日不止，民家有积水者及达一尺余，百姓居无安所，又是大灾临杭州。

苏东坡开始连续七次向京师呼救，陈述灾情，吁请朝廷设法急速拨款。他的两次表章为“浙西灾伤第一状、第二状”，其他叫“相度准备赈济状”。

接连的呼吁甚至惹烦了朝中所有大臣。全国哪里没有经过天灾？怎么就你一个杭州多下了那么一点儿雨，就大呼小叫呢？何况杭州还驻有朝廷特派员。朝廷特使都一言不发，怎么就显出你苏东坡呢？

这倒是事实。苏东坡也从朝廷的各类官方报道中看到，周边地区的地方官们的奏报里无不是“形势大好”之类的喜讯，无一人据实上奏新近的暴雨和水灾。

所幸苏东坡极为太皇太后所信任，所奏必复，从其所请。杭州终于没有酿成惨祸。

但是朝廷照顾的实惠，大家都要分占，这已是大宋官场惯例。救灾粮钱被层层截留。比如有次朝廷拨来五万贯钱购粮款，到了苏东坡手里，仅剩下不足三分之一。没办法，苏东坡只好奏准其以修缮官衙的款项买米，救灾如救火，人命大如天！

在一份给太皇太后的密奏里，苏东坡这样写道：“臣近者每观邸报，诸路监司多是于三四月间，先奏雨水匀调，苗稼丰茂。及至灾伤，须待饿殍流亡，然后奏知。此有司之常态，古今之通患也。”

还有就是苏东坡的“防患胜于救灾”理论。苏东坡认为经常平仓制度远胜过饥荒之后的救济，所以朝廷应不断购买谷子存满粮仓，用于随时平抑米价。这是预防性救灾，当事半功倍。

这些道理其实易懂，灾年米价骤涨固然正常，但关键还有人祸，米商们都把灾年当作发财的机遇，商品越是紧张越是囤积居奇，以待价更涨。

苏东坡请求北宋朝廷做赔本生意。他请朝廷在当地或是外地不断存粮，以防食粮短缺，并随时卖出以平抑粮价，即使每斗赔上几十文甚至上百文钱，比起事后救灾赈济，还是划算得多。灾祸来临时，几百万贯钱被迫拿出来，还是免不了先死一部分人。

苏东坡用这种办法来防止饥荒的发生，并认为向饥民施舍粮食是被动应付，浪费无用不说，关键是只能触到疾苦的表面，无法从根本上解决灾祸。根本办法则是预防，预防有两策：一为保收增产；一为有备无患。

为使太皇太后明白这个道理，苏东坡列举了以往的例子：神宗熙宁八年（1075 年）时，一场大饥荒降临到了没有事先做防备的大宋，竟使朝廷拨出了一百二十五万担米设立粥厂救济灾民，结果还是有五十多万人饿死。死人不说，朝廷救济、免税等措施一共损失达三百二十万贯钱。

太皇太后照准了苏东坡的请求，有次甚至下令拨出一百万贯钱用于购存备荒粮，不过这还是令苏东坡内心苦涩。杭州本为产米地区，每年还须向京师缴米一百二十五万到一百五十万石，现在竟沦为吃粮靠朝廷的地区了！

苏东坡发现，杭州财政上还是很殷实的，关键在于灾年有钱无处买米，如蒙允许积存一部分米，改缴同等价值的绸缎、银两，当可杜绝灾年饿死人的事情发生。

他向太皇太后举例：前朝逢灾，因为有钱无米，曾导致五十万人饿死，“若来年人户不缺食，不须如此擘画，则臣不合过当张皇之罪，所不敢辞，纵被诛谴，终贤于有灾无备，坐视人死而不能救也。”

太皇太后对苏东坡真是没得说，苏东坡所请之事几乎一概照准，不过朝廷积存平抑米价的具体实施，苏东坡却没能亲眼见到成果，因为那时苏东坡已经遵命半道卸任回京了。

除了救灾防灾的奏章外，太皇太后甚至还照准了苏东坡请求朝廷拨款修缮官衙、军营及城门、城门楼、二十七座谷仓的费用。

这还不算，在苏东坡提出由朝廷拨款一万七千贯钱给杭州西湖清淤时，太皇太后也是照所请拨付了款项。这使得苏东坡后来遭到弹劾攻击，被指责他是在用朝廷有限的资金来填平自己无限的游乐欲望，是在搞货真价实的形象工程！

实际上苏东坡治理西湖与这两项无关，他是在解决杭州最紧迫的问题：五十万户居民饮用水的大问题。

78 碧水、绿地、民生

杭州之所以能发展成为一个繁荣都市，与供水密不可分。

唐朝之前，杭州不过是一个钱塘江在杭州湾入海口的小镇，由于近海，地下水苦咸不能饮用。唐刺史李泌把西湖打开，引西湖水成六口井，供给城中的居民，才逐渐聚民成城。

白居易主政杭州时，又浚通西湖水入漕河，引河水入田，使杭州周边千顷良田得到灌溉，杭州人民得以脱贫殷富。整个大唐时期，朝廷每年坚持对漕河浚通，对西湖清淤除草，杭州始得步步繁华，从而发展成为中国江浙一带最大的都市。

到了宋朝，朝廷再没有心情管顾这些大后方的琐事了，西湖及运河逐年积淤近废；历史按照沧海桑田的自然规律，漫步走到苏东坡主政杭州时，杭州西湖已经日渐缩小，湖面蔓草丛生，遮盖了湖面的一半以上，大面积的湖区已经被积淤为农田。

尤其是由于西湖乏水，杭州居民赖以饮用的六井业已报废，只能取水于江潮；江潮由于防海堤失修，被海潮倒灌掺入苦涩的海水，杭州人其时已经苦不堪言，最基础的生命保障淡水出现了危机，杭州的警钟敲响了！

杭州太守苏东坡敏感地意识到杭州的危机，也看到了危机的根源西湖！没有了西湖，杭州也就没有了生命，很快将沦为一座死城！

救灾防灾之暇，苏东坡紧急上奏太皇太后及三省各部："……二十余年之后，湖面将全被野草遮蔽，西湖将不复存在！杭州居民也将永远失去淡水来源。"

杭州四周的农田也将因为失去灌溉水源而荒芜，这曾经是朝廷米仓啊，其前景不堪设想！

治理西湖已经成为时不我待的急切大事。其实从工程方面看，只不过是件简单的事情，不就是清除水草淤泥吗？但就是这种简单的工程，以前的主政者谁也没去做。不就是三年任期吗？何必自找麻烦？

苏东坡请求朝廷批款治湖救杭州的奏章寄到了京师，理由充分，但是人们不解地注意到，治湖的首要理由竟然是为了抢救西湖中的鱼类！

其余的理由都与西湖的供水有关，如居民饮水、灌溉稻田、供水给运河等，最后一条竟然是改善水质以便造酒！

这就是苏东坡的聪明之处了。首条的救鱼理由其实很关键，这大概是专为感动信奉佛教的太皇太后提出的；最后一项肯定是为了打动朝廷的主政者了，造酒关乎国家税收，朝廷不会对此不感兴趣。

苏东坡提出的工程要清理遮蔽湖面的水草两万五千方丈，全部工程预计需要三万四千贯钱，钱财所费并不算多。苏东坡还主动承诺由杭州自筹一半，请太后拨给他一万七千贯钱就能开工。

这又是苏东坡智慧超人的展示：要钱只是个障眼法，问题的关键在于能否让朝廷批复准予立项开工，而不是那区区的一万七千贯铜钱。

以杭州当时的市政财力，还不至于为了几万贯钱发愁，苏东坡要的是批准。这是一项敏感工程，极容易被判断为倾情游乐之事而被束之高阁。事实上被苏东坡预感对了。后来政敌攻击苏东坡的理由中也没忘了杭州西湖，苏东坡被指责为“虐使捍江厢卒，为长堤于湖中，以事游观”。

此项计划终于得到了太皇太后支持，朝廷批准。北宋朝廷有限的资金到位了，治理工程得以动工，杭州西湖危机中遇到了良医，生命得到延续，美丽得以重放霓彩。最重要的是保住了杭州城以及居住在这里的百姓。这才是苏东坡治理西湖的历史意义之所在！

其实在苏东坡着意治理西湖之前，他首先解决了给西湖供水的水源问题，这个工程说是对西湖治理的预备工程也无不可，但它的重要性却在于缓解了杭州人民的燃眉之急——吃水。

杭州西湖的水源主要来自山泉，城中有六个水库，分散在各处汇集了山泉，再由专用管道引入西湖。但是这些竹制的淡水干线管道易损，苏东坡在做杭州通判时，曾协助修理过这些输水管，但现在这些老化的水管几近报废。西湖水少，杭州居民只得饮用掺了海水的运河水。

现在西湖有限的淡水已经成为热门商品，对居民供水是要收费的，一文钱一桶，爱喝不喝。

苏东坡想出了一个好点子来解决这个问题：用黏性强的胶泥烧成的陶瓦管子代替竹管，上下再用石板保护，六个水库连成一体，互补余缺，再用这种新发明的管道将水引入西湖，沿途预留出水口，从而一举解决居民的饮水问题。

虽然这样施工需款甚多，却能一劳永逸地解决杭州人吃水的大事，值得！

不仅这些，身为当地军政两栖首长的苏东坡，还动用了朝廷赋予他的军权，派一千士兵开挖了两个新水库，这两个新水库地处西湖南岸军营，从而一举两得解决了军队的用水问题。但是此举也给苏东坡留下了“虐使捍江厢卒”的口实。

据载，那些水库、管道完工之后，杭州城中家家都得到了西湖的淡水供应，还是免费的。

一方官员最可贵的就是关注民生，做点儿实事，只要你能把老百姓放在心上，老百姓自然也会以他们的热情来回报地方官。

苏东坡是以父母般的责任心来对待杭州人民的，是以母亲梳妆打扮女儿的心态来对待西子湖的。对杭州西湖的“精心装点”，也许是苏东坡在回报西湖曾经带给他的快乐。

79　欲把西湖比西子

谁说诗人不能从政？诗人只要有爱民的热心，一样能给政治添彩！

诗人苏东坡现在全身心地投入了对杭州的治理，把天生诗意用在了环境改善、民居民生上。据他的学生秦少游笔记中记述，自他与苏东坡同到杭州任上，近两年没看见苏东坡打开过书本！

苏东坡知道孰轻孰重，百姓疾苦重于泰山。

就是在苏东坡全力救灾、修湖的同时，他也没疏忽杭州百姓的其他急需。

据《清波别志》[①]载，中国官办的有规模的“平民医院”就是苏东坡首开先河，在此之前唯有皇家才能有太医院或者专用御医。

宋代的苏东坡已经开始明白城市公共卫生、清洁供水系统的重要性，为了解决五十万杭州人的医疗难题，他从市财政拨出两

---

① 注：《清波别志》，作者为宋代周煇。宋人笔记，补史书之不足，为后世引用较多。

千缗，自己又捐出五十两黄金，在杭州城建立了一家公立医院，取名“安乐坊”，仅东坡任期内就收治了一千位病人，就是苏东坡被调离杭州后，这安乐坊未曾歇业，还是照常为杭州人治病。

苏太守现在还顾不上倾心诗文，还有好多事情等着他去做。他稳定了米价，恢复了供水系统，疏浚了运河盐道，紧接着便开始治理西湖的清淤除草工程，并且在工程进行的同时，还彻底修缮了太守官署、军人营房，以及重要的军火库房、损坏的城门、城墙等官舍。

是年杭州大疫，苏东坡便及时采取了在密州为官时用过的防疫办法，把已经验证有效的药方，用大字抄写贴在广场及人口聚集处。即使这样，苏东坡对这种无组织的防疫还是颇不满意，所以才不厌其烦地上奏朝廷，建设了能集中救治病人的安乐坊。据载，安乐坊后来改名为“安济坊”。

安乐坊开始给重病的西湖实施治疗了。苏东坡在处理繁忙的政务之余，放弃了必要的休息，和数千民工、船夫一起在西子湖畔、西湖湖底忙碌。有时在堤上没有等来所送饭食，苏东坡便取过筑堤民工的大碗，将民工的饭食“陈仓老米”满满盛上一碗，狼吞虎咽一饱了之。就这样没日没夜地费时四个月，工程终于竣工。

西湖清理出来的水草和淤泥堆积如山，苏东坡经过慎重勘察，决定以此为主要填充材料修筑跨湖的一道南北长堤，这的确给游人提供了极大的便利。在这之前，由南岸步行到北岸的人必须顺着蜿蜒的湖边走十余里之遥。

一道穿湖而过的直堤，大为缩短了往返的距离。除去可以供人步行越湖外，这道长堤还增加了湖面视觉上的层次感，使西湖从此具有了立体魅力，成为杭州西湖又一道靓丽妩媚的风景线。

此堤南起南屏山麓，北到栖霞岭下，长堤卧波，全长近3000米，堤宽平均36米。沿堤栽植杨柳、碧桃等观赏树木以及大批花草，还建有九个凉亭、六座单孔石拱桥，桥名自南而北依次为映波、锁澜、望山、压堤、东浦、跨虹。

西湖的清淤除草及长堤竣工后，还面临长期保养问题：沿岸的湖边浅水极易生长水草，而这些水草经逐年生长向湖心蔓延后，还是要存积淤泥，抬高湖底，怎样杜绝或控制这些水草生长呢？

苏东坡出台了一个别出心裁的措施：招募以种菱角为业的湖民，把沿岸部分开辟出来让他们在岸边种菱角，为了菱角的生长，湖民当然要自觉地清除浅水的杂草。

至于种菱角的湖民所缴纳的税金，苏东坡向中书省上书，请求确保此项税收应用在湖堤和西湖的保养上。如此巧妙政策的实施大见成效，明显抑制了西湖杂草的生长；又为湖民准备了长期生计；为西湖的保养维护资金预留了可靠的专项来源。可以说是一举三得。

湖心的最深处，苏东坡还为下次清淤准备了基准标志，这就是后来闻名于世的“三潭印月”。

在湖水深处建成的三座瓶形石塔，名为“三潭”。从苏堤到这里的水域不得种植菱芡，以防湖泥淤积。三塔高约2米，分布呈每边62米的等边三角形。老孙在这里说明一下：现存的三塔是明代天启年间重建的。

民间传说，三潭印月是一只大香炉的三只脚，而这只大香炉倒扣着一条黑鱼精，香炉的三只脚伸出水面就成了三潭印月。

三潭印月是宋之后人们湖上赏月的极佳去处：每逢中秋佳节，皓月当空，人们在中空的塔内点上蜡烛，洞口蒙上薄纸，烛光外透，这时塔影、云影、月影融成一片，烛光、月光、湖光交相辉映，呈现出“天上月一轮，湖中影成三”的绮丽景色。“三潭印月”因此得名。

杭州西湖在苏东坡的关注下，一举恢复了西子般的妖娆妩媚！微风吹拂之际，堤上杨柳吐翠，长堤延伸，六桥起伏；晨曦初露之际，桥影照水，鸟语啁啾，柳丝舒卷飘忽，桃花笑脸相迎；置身堤上，湖山如画，万种风情，任人领略。

尤其冬尽初春之时，长堤犹如蜿蜒于绿水的七彩长龙，举目望去，杨柳夹岸，艳桃灼灼，更有湖波如镜，映照倩影，无限柔情；月沉西山之时，轻风徐徐吹来，柳丝舒卷飘忽，怎不销魂？

人们为了纪念苏东坡为杭州西湖所立的这一伟功，命名此堤为“苏公堤”，从此美丽的西湖又多了一个胜景：苏堤春晓。

南宋时，苏堤春晓便被列为西湖十景之首，元代又称之为“六桥烟柳”，列入钱塘十景。今天人们漫步于苏堤之时，怎会不想到“苏东坡”三个字？苏东坡与苏堤同在，从那时便真正地鲜活在了人们心中。

对了，那九个亭子却没能全部相伴苏堤。苏东坡离任杭州后，其中一个亭子曾经被杭州百姓改作了他的生祠，在亭中供上了苏东坡的画像，以便居民膜拜，借此纪念他对杭州的德政。

后来新政人士重新得势，还是那个吕惠卿。他一纸朝令，将此纪念亭拆毁。其余的亭子，寿命延长了九百余年，直到“破四旧”运动风卷华夏，剩余的原装凉亭才算“寿终正寝”。

杭州重新现出了勃勃生机，操劳近两年的苏东坡终于能喘口气了。可是，北宋朝廷留给诗人在杭州的时间已经不多了。

80 富于诗意的大案要案

苏东坡仍保留着通判杭州时的老习惯，喜欢在富有诗意的西湖岸边处理公事。

据载，他在葛岭下面的寿星院有处常设的办公地点，也经常在寒碧轩处理公文，西湖岸边的雨奇堂，就是以东坡诗句“山色空濛雨亦奇”而得名，这也是苏东坡经常办公的地点。

据《梁溪漫志》[①]载，苏东坡从官署前往西湖岸边的办公地点，一般都是吩咐扛着旗伞执事的衙役走钱塘门陆路，自己则带着一两个年老的卫士从涌金门坐船，过湖面往西，到普安寺用餐。有时他就在冷泉亭处理公事，现场断案，其快如风，往往谈笑间一天公事已完毕。

事情办完，就该他和同僚畅饮一番了。直到红日西落，太守骑马回家，城中居民夹道旁观，争看这位大名鼎鼎的才子太守。

至于湖边烟雨中都审理了哪些案子？史载不大详细，宋人笔

---

① 注：《梁溪漫志》，笔记集，作者为宋代费衮。内容论述了宋代政事典章，考证史传，评论诗文，间及传闻琐事等。

记也是各载各的。同一个题目，有时记载在不同的笔记里，时间也相差十几年，例如前文咱们说过的，苏东坡在西湖边审理扇子商贩拖债不还那个案子，有笔记说是任通判时，有的就说是在太守任上。不过，从那个案件中被告的扇子是由于阴雨连绵滞销来分析，应该是在通判任上审理的。

但有两件“要案”却能断定是苏东坡任太守时审理的。这两件“要案”有个共同点，就是判案过程人性重于法理。

苏东坡此次刚到杭州时，正逢省试秋考，夺得秋试魁元的是一名富家子弟刘某，这下惹得中举的、落榜的考生一片哗然！怎么回事？原来那个刘生学问低劣是出了名的，这样的人中魁，还能说考场不黑暗？要说考场没猫腻，鬼都不信！

考生们集体上访，提起舞弊诉讼，这当然是件大案要案，刚到任的苏东坡百忙之中也得过问了，结果破案甚是容易。原来是一位姓颜字几圣的考生，为了挣口饭吃替刘某考的。

颜几圣可是位当地名人，其人多才机敏，狂放不羁，家贫却酷爱杯中之物，是个见了酒不要命的家伙。

颜几圣被关进号子等待判决。作弊犯对日后是否会掉脑袋倒不大在乎，既然做了，哪能不敢承担？唯有对监狱的伙食大有意见，因为只给牢饭不给备酒！哪有这样虐待犯人的？

颜几圣越想越气，便在狱中提起控诉，不过不是向狱方，而是写了首想念美酒的诗《狱中寄酒友》，托狱卒带给外面的酒友，以抒胸中不平：

龟不灵兮祸有胎，刀从林甫笑中来。
忧惶囚系二十日，辜负醺酣三百杯。
病鹤虽甘低羽翼，罪龙尤欲望风雷。

诸豪俱是知心友，谁遣尊罍向北开。

谁知狱卒们挺敬业，很负责任地将犯人的纸条交给了太守苏东坡。岂知歪打正着，苏东坡看了这酒鬼的大作，大为赞赏，同道同好，不禁起了惜才之情。

最后判决时，苏东坡笔下留情，给予缓决，终于拖到了北宋朝廷大赦的时机，颜几圣得到赦免。

据说此哥们儿从那之后更加嗜酒如命，几年后醉卧西湖边寺院，竟然口吟出超然传世名句："白日尊部短，青山枕上高。"

由此案例看出，苏东坡执法甚有弹性，尤其对有才的书生更加宽厚，判决罪犯更注重的是人性，所以才尽可能在自己的权力范围内，照顾哪怕是犯了重罪的读书人。

此事记载在宋人笔记《春渚纪闻》中，该笔记中还记载了同样性质的一件事：有一次，杭州的"税务稽查队"送来一个要犯，这家伙冒充苏东坡给京师的弟弟苏辙送东西的信使，企图逃避国家税收。

这要是在其他地界，说不准真能蒙混过去。可这是在杭州，苏东坡就是这里的军政首长，那个带着两件大行李的书生连苏家兄弟现任什么官职都不知道，行李上写着的还是苏家兄弟一年前的职务，也没有收货人的具体地址，所以在杭州露馅是自然的事。

这吴味道连名字起的也有点儿犯苏家的忌讳。苏家曾祖名味道，在唐代武则天时期就是一位名人，因被派在四川眉山为官，定居在眉山，所以才在眉山留下了苏门一枝，才有了三苏问世。

苏东坡没有理睬这个诈骗犯与曾祖重名的琐事，直接询问犯人行李内是什么逃税商品。

犯人极为惶恐，知道这次蒙不过去了，真正的苏东坡就在堂上，总不能诬陷这是太守的东西吧？

“味道为乡试贡生，包内乃亲朋筹集的纱绸，是前往京师赶考的路费，因沿途道路税卡甚多，到得东京，所剩将会不到一半；味道想当今天下名声最大的不过先生与苏侍郎，一路关卡总得给点儿面子，所以才冒死伪托先生大名，却不知先生在此执守，自投罗网，实在罪该万死！”

苏东坡仔细看了那件行李上的封皮，感觉字体还不错，微微一笑，吩咐属下把行李上的旧封撕去，亲自写上收信人“东京竹竿巷苏学士启拆”的字样，下面又亲笔题上“龙图阁大学士领浙西军马兼知杭州苏轼”，并且还给弟弟苏辙写了一封短信，交给吴味道顺道带去，这下假信使立时成了真信使。

苏东坡对吴味道临行嘱咐：“先辈放心，这次即便上天也没事了！”吴味道一个乡试贡生，怎么着也轮不到被五十多岁功成名就的苏东坡称为“先辈”呀！老孙揣摩这又是苏东坡的戏言调侃。味道乃咱苏门祖先，不是“先辈”是什么？

也是苏东坡慧眼识才，这次铁笔留情竟然替北宋朝廷留住了一个进士！吴味道到京师之后，科考果然得中，及第之后专程来苏门叩谢。苏东坡对这个奇遇非常得意，欢喜地请吴味道在家盘桓了几天。

不过，苏东坡判案也不是一味发善心，对关乎国家生死存亡的事情还是铁面无情的！尤其是对下属官员的贪污腐败，苏东坡深恶痛绝，打击起来毫不手软。

东坡下属有个县官贪而无耻，苏东坡发觉之后准备立即将其罢免，可是大体贪官人缘都不错，一时说情的人不少，其中就包括苏东坡的一个朋友张父政。

苏东坡厉声回答给贪官说情的人："古之学者为己，其斯人耶？"

见大家不解，苏东坡解释："掌政，名曰有司；掌教，名曰儒臣。有司欲得之于己，儒臣惟成就于人。"

不过，这"惟成就于人"的"儒臣"一旦掌权，专心让"有司"为自己取利，民众可就要倒霉了。

综合来看，苏东坡执法宽严是根据对象与情节。对穷人，尤其是书生，苏东坡经常着意法外开恩；而对待贪官污吏，苏东坡肯定横眉冷对，从重、从快、从严处理！对关乎国计民生的施政大事，苏东坡从来都是直言不讳，哪怕由此得罪了权贵，甚至威胁到自己的生命也绝不退缩。

不过，苏东坡对自己的要求很严格，基本遵守"言必信"的原则，哪怕是戏谑玩笑。

有时苏东坡也与朋友玩点儿无伤大雅的小赌局，打赌的过程一般都与诗文有关。

据有笔记载，任杭州太守时的苏东坡有次与好友袁公济一起去某山寺祈雨，中途到了饭点，苏东坡提议："咱们每人来两句诗吧，就以下雨为题，谁的诗中雨来得快谁就算赢，输了的人今天请客。"

谁出题目当然应该谁先出手，苏东坡出句："一炉香对紫宫起，万点雨随青盖归。"

这雨落得的确够快，祈雨的人还没回来，万点雨已经落地了！可惜这种赌局一般都是谁先亮底牌谁吃亏，袁公济亮出自己的牌了：

"白日青天沛然下，皂盖青旗犹未归。"

据载，苏东坡琢磨了半天，无奈地承认："我的雨没有你的雨下得快。”结果他爽快地给当天的饭局付账。

苏东坡能有逸趣闲心打赌请客，看来杭州治理已经初见成效，他该松口气了。诗酒西湖才是东坡所愿，寄情山水才是诗人本色。

寄情山水的苏太守已经了解了人生是怎么回事。这年，苏太守填词《临江仙·送钱穆父》：

> 一别都门三改火，天涯踏尽红尘。依然一笑作春温。无波真古井，有节是秋筠。
>
> 惆怅孤帆连夜发，送行淡月微云。尊前不用翠眉颦。人生如逆旅，我亦是行人。

好一个“人生如逆旅，我亦是行人”！ 但是，行走在人生逆旅的苏东坡像是忽然间改变了性情，竟然开始追求政绩完美，好像是坚决要使杭州这一方人民先富起来！

81　一朝双相眼看要实现

看来苏东坡准备让杭州提前进入小康社会了。他着意百姓疾苦，关注医疗卫生，平抑物价，重视环保，注重旅游发展的同时，还准备动工一个庞大的工程，不是中心广场、超宽大道之类的形象工程，而是准备向高山开战，凿山开水路，畅通钱塘江入海口航路的惠民壮举。

几乎所有的江河入海处，都会由于水势突缓积沙成洲，大的有长江三角洲、黄河三角洲、珠江三角洲等，小型沙洲不计其数。钱塘江入海处就有这么一个小沙洲，由于面积、位置变化无常，人们把它称为“浮山岛”。

钱塘江从杭州湾出海，而杭州湾有着天下闻名的大潮，现在称为“钱塘大潮”，势如奔马的江水与逆流而上的海潮与浮山岛附近迎头相撞，遂成无数暗流旋涡，致使沙洲时隐时现，路经航船无从辨认水道。

对驾舟顺钱塘江而下的人们来说，此江段是地道的鬼门关，激流暗涌之间，过往船只多有失事，落水的人们大多哭喊不出救命，便已被洪流巨浪吞没。

但是，此危险水路还是不得不走。西南地区都以杭州以北西湖地区产的稻米为生，而杭州人则依赖西南地区的木材燃料，就连杭州湾所产食盐，也必须通过此处运销西南地区，所以不管此江段危险多大，水运仍极繁忙，风险伴随着利润，运费高昂自在情理之中。莫说平民百姓，就是官方，每年也要为此多支出运费达数百万贯之巨。

苏东坡准备一劳永逸解决这个问题，经过勘察研究，他认为若能在浙江上流石门的地方，开出一条二十里的新水道，凿岭六十五丈直达岭东古河，江水经浚通后的古河，水流数里进入龙山漕河，则可永避浮山之险，此举利国利民，利后世，应该尽快付诸实施。

可惜苏东坡的奏表到了北宋朝廷之后，却被政敌们认为他是在急功近利，劳民伤财，一直未能通过。

其实这项工程耗资并不算巨大，在苏东坡上报的预算里，仅需拨款十五万贯钱、员工三千钱，两年即可竣工。相比朝廷每年为此多付的运费是九牛一毛，更不用说由于船只失事造成的人员与物资的损失了。

可惜不管什么计划，只要与政治挂上钩，立即味道大变。朝中的反对者多数甚至不知道江潮、海潮是怎么回事，就反对声一片，只因为这是苏东坡提出来的，对错都会引起群情激昂。

估计太皇太后也未必明白这些土方工程的重要性，也没有独断批复，致使这项宏伟的计划在拟定中流产。

看来皇家对苏东坡的眷宠也是有限度的，苏东坡还没达到让北宋朝廷言听计从的地步；可是，某些表章的拒批并不等于苏东坡此时已不被皇帝尤其是太皇太后信任。

元祐六年（1091 年），苏东坡被特旨召回京师，并明令其为吏部尚书。在政敌们看来，这是皇帝决心将宰相的职务交给苏东坡的信号！

苏东坡不得不再次与杭州道别，杭州人民却难舍太守，对给杭州做了好事的苏东坡念念不忘。据《宋史》载："轼二十年间再莅杭，有德于民，家有画像，饮食必祝。又作生祠以报。"

不过苏东坡这次返京述职却没有如以前调动那般，一路游山玩水，优哉游哉，沿途赋诗留情。

是因为形势不同了，他的身份也变了。

这次回京虽不是苏东坡内心所愿，但北宋朝廷欲留苏东坡于朝中是显而易见的，苏东坡不能只关注数城之一方了，现在他需要广泛地了解民情，尤其是浙杭周边地区。这两年苏东坡没少向北宋朝廷奏报灾情，怎么这天灾偏偏相中了杭州一地呢？

苏东坡要亲眼目睹一下兄弟州府的状况，他不相信杭州的洪水全是来自杭州的那块天上。他先到了与杭州临近的苏州，结果整个地区尚淹没在水中，洪水至今尚未消退！

苏东坡一路察访一路惊心！他亲眼目睹了饥荒已经蔓延，百姓以稗糠果腹，并且由于天阴雨湿，干柴难觅，人们竟然被迫生食，好多人因此患肚胀。

一路调研一路叹息！苏东坡眼见黎民难得温饱，悲天悯人之心顿起，人还没到京师，反映实情的奏章先已到了朝廷。

苏东坡在表章里奏说："是臣亲见，即非传闻。春夏之间，流殍疾疫必起。"

不过苏东坡悯人之心却不仅限于普通百姓，碰巧时，官妓也能得到苏东坡的慈悲关照。

据《东皋杂录》载，苏东坡从杭州回京师，路经京口，准备接任杭州太守的京口太守林希（字子中）设宴招待贵客苏东坡，当然也是免不了按惯例召营妓陪酒助兴，前来服务的营妓中有两名聪明女子，看出这是个千载难逢请求脱籍从良的好时机。

这两名聪明妓女一个叫郑容，一个叫高莹，两人当场提出脱籍，令林太守措手不及，苏东坡是客，总要照顾贵客的面子吧。

苏东坡见林太守征求自己的意见，遂提笔填《减字木兰花》一首：

郑庄好客。容我尊前先堕帻；落笔生风。籍籍声名不负公。

高山白早。莹骨冰肤那解老；从此南徐，良夜清风月满湖。

林太守细看此词，不由呵呵长笑，遂批准了郑容、高莹营妓改行归家。原来这是首藏头词，每句字头连起来便是：“郑容落籍，高莹从良。”

回到京师，欢迎苏东坡的人当然不少，但群起攻击的人更多，这出乎苏东坡的预料。苏东坡忘记了一点，不光是下面的人乐于报喜不报忧，朝中的人也喜欢听到大好形势，也就是这点相互配合的爱好，才培养出官场恶习，导致全国一片颂歌！只是苦了苏东坡。

苏东坡人还没到京师，便遭到一片弹劾，说他夸大灾情，“论浙西灾伤不实”。

帝辇之下，怎么没见到苏东坡所描绘的重灾？难道老天专跟苏学士作对？

一点儿也不假，国都城内自然难见饿殍，由一斑见全豹，可见全国形势也差不到哪儿去。

实际上苏东坡眼中所见比上奏的情况还要糟糕，就是京师附近的颍州，也出现了无数难民，有些为饥饿所迫离乡背井，南行跋涉五百里，到现在相对富足的杭州地区避灾。

不过朝中的政局表面对苏东坡是绝对有利的，京师对苏东坡的一连串攻击批评之声，主要来源于朔党人士，这些“君子”们觉察到了危险。因为事情很明显，这次苏东坡被召回京，似乎是太皇太后准备升苏东坡做宰相。

信号是明确的，苏东坡的吏部尚书还没到任，还在路途时北宋朝廷就改变了任命。太皇太后任命苏东坡为翰林学士承旨，这是一个最接近北宋皇帝的职务，如同皇帝的秘书。

最大的隐患在于，苏东坡的弟弟苏辙现在已是尚书右丞。尚书、中书、门下三省，是宋朝朝廷的施政中枢，如果苏东坡再登相位，那大宋朝不就几乎姓苏了？

实际上到了次年元祐七年（1092年）六月，苏辙再次高升，成了门下侍郎，也就是司马光主政时的职务。按当时的习惯说法，这也是宰相之一；假如苏东坡真的成了宰相，那还有别家啥事啊？为了自己的生存，政敌非要决一死战不可！

政敌的担心也是有道理的。元祐六年（1091年）六月，苏东坡到达京师时，苏东坡的职务又变了。这次更让政敌们担心，苏东坡的新职务为翰林学士承旨兼侍读，看来太皇太后是准备将年轻的哲宗皇帝交给苏东坡来教育。侍读，实际上干的就是给皇帝讲课的活路。

朔党“君子”们几乎孤注一掷地对苏东坡展开了攻击，打头阵的就是与苏东坡素有积怨的贾易，随后参战的有杨畏、赵君锡等人。

苏东坡没有被吓住，也没有晕乎。兄弟俩现在均身居高官，不知招惹了多少人艳羡，假如真的出现当朝兄弟双相的局面，那绝对不是好事，艳羡永远伴随着嫉恨，风光历来紧跟着危机。

苏东坡决心离去，接受了御史们的疾风暴雨之后，苏东坡越发期盼离开京师，一次又一次地恳请外放又开始了。

事情怪了，苏东坡越恳求外放，政敌们越觉得事情不对头，情势严重！这是不是苏东坡在用另一种方式要挟北宋朝廷呢？是以退为进欲早登相位？

程颐的门人贾易盯上苏东坡请辞的表章，弹劾苏东坡的行为是在向朝廷施加压力以求相位；就连苏东坡在扬州一个寺院墙壁上写的一首小诗，也被重翻了出来，被指责为亵渎先皇；西湖上竣工的苏堤被指责为“于公于私，两无利益”；杭州灾情被弹劾为误报朝廷。

苏东坡的反击挺另类。他上了一道名称罕见的表章《乞外补以回避贾易劄子》，表章中坦然直言：“易等但务快其私忿，苟可以倾臣，即不顾一方生灵坠在沟壑。”

朝廷上公开的争吵很快白热化，论说现在苏东坡这方实力要强于对方，不少朋友正在关键位置上掌权。但双方的战役目的太一致了：苏东坡目的是离京外任，政敌们是欲驱赶苏东坡出京。所以，这场公开的争斗只能以双方都达到目的为结局。

蜀党和朔党皆如愿，苏东坡这次入京仅三个月，便再次告别汴京。

元祐六年（1091 年）八月，苏东坡奉旨以龙图阁大学士衔职守颍州，大概是为了平衡，郑州太守赵君锡因为附和贾易弹劾苏东坡被罢职。

这次，蜀党、朔党战成了和局。

82 颍州大雪少诗意

出任颍州太守的苏东坡，这次离京不是在太皇太后那里失宠，是自己的要求得到了满足，不仅太皇太后，就是现在的小皇帝，对苏东坡也是非常倾慕眷顾。

据宋人笔记《随手杂录》载，有一个朝廷的使者要去杭州的苏东坡处公出，小皇帝哲宗专门召来他说："你去太皇太后那里辞行后到朕这里来一趟。"

使者回到皇帝那里以后，只见皇帝从一个柜子里拿出一个精致的小包，悄声嘱咐："替朕把这点儿礼物捎给苏轼，不要让别人知道此事。"

原来这是一斤上好的茶叶，杭州出名茶，天下皆知，哲宗皇帝不可能不知道这件事，但还是瞒着朝臣甚至太皇太后给苏东坡颁赐茶叶，这当然是意不在赐品，而是遥寄心意，表明自己的苏粉身份罢了。

所以苏东坡来到颍州，对北宋皇室还是心怀感激的。古代的地方好官对皇家感恩是件好事，这时他欲尽忠唯有职守，一方百姓或许能从中得到点儿实惠。

几乎与初守杭州时一样，苏东坡来到颍州，情形不容乐观！他出城视察，多见到成群的难民竟从以往富饶的江南来淮河流域逃荒，百姓已经开始以榆树皮、麦麸等为主食了。

颍州当地也好不到哪儿去，流匪蜂起，抢案不断。苏东坡紧急向朝廷奏报，并且警告，如不及时采取有力措施，将会使难民成群逃离江南，老弱难免毙命，少壮者则只有流为盗贼。

新年除夕，大雪纷飞，但雪中的苏东坡毫无诗兴，他天不亮就叫醒了部属，在城楼上召开了紧急会议，让大家现场目睹难民在深雪中跋涉而行。

然后苏东坡询问签判赵令畤："我昨夜一宿无眠，对于大雪中的颍州百姓，我想应该从官仓里弄点儿麦子给他们烙点炊饼，来救助他们一二。昨晚老妻提醒我说：'你以前经过陈州，傅钦之曾告诉我们，赵签判有在陈州赈济成功的经历。'所以我现在才来问你，究竟有何法能速救百姓？"

赵令畤回答："我倒是准备过。百姓现在最急需的就是柴和米。义仓现有几千石米，马上就可以发下去；作院（官方酒坊）还存有木炭数万车，可以原价卖给百姓。"

苏东坡大喜，当即决定立即开仓赈济难民，日后忆起此事，他不禁感慨，曾留诗句："可怜扰扰雪中人！"

接着苏东坡派人调查，发现邻近地区淮河以南，北宋朝廷还在强征米、柴的流通税。苏东坡立刻紧急奏明，请求朝廷下令废止此种不顾百姓的荒唐政策，准许柴米自由运输，以解燃眉之急。

好像漫天大雪是在给苏东坡预兆。元祐七年（1092年）初春，残寒尚透骨，又闻伤心事：几乎可称为苏东坡兄弟两人的恩师兼密友张方平病逝于南都。此噩耗令苏东坡极为伤心。职守不能擅自离任吊唁，苏东坡还是在颍州福禅院设置灵堂举哀，亲自素服挂孝达两月之久。

真是略带凄凉的颍州之初啊！

不过苏东坡还是把主要精力投向了对颍州的治理，尤其对于百姓亟盼的治安稳定，他更是亲自过问。

据《曲洧旧闻》[1]载，颍州当地最猖獗的盗贼头目是一个叫尹遇的巨寇，官军曾多次缉拿未果。苏东坡亲自召来治下汝阴县尉李方直，对其下严令："君若能擒捕此贼，吾当力荐朝廷，给君优赏；如果君做不到，我可以马上将君免职！"

李方直经太守严令，恐怖之下，果然尽心，回家后痛哭诀别年已九十多岁的老母，派出探子卧底，终于侦察到尹遇的确切藏匿地点。李县尉身先士卒，手持双戟冲入匪巢，经激战终将尹遇擒获，致使一方大安，百姓安居。

苏东坡据功向朝廷给李方直报赏，谁知朝中大员们竟以功小不值一赏为由一直推托不复。情急之下，苏东坡向朝廷上表，表示愿以自己的积年微劳为李方直换一个朝散郎官衔，结果还是不准，直把苏东坡气得拒交自己的磨勘（例行述职调查）资料，以期催促李方直的报功请示得以批复。

最后结果令人遗憾，李方直到底还是没得到应获得的奖赏，而苏东坡却因此给政敌留下了拒绝磨勘的口实，给将来留下隐患。面对李方直，苏东坡却不免抱愧终生。

由此事看，苏东坡在北宋朝中的政敌力量是巨大的，甚至能左右皇帝以及太皇太后的意愿。苏东坡不得不更加警惕。

---

① 注：《曲洧旧闻》是南宋朱弁撰写的一部文言小说集，记录了北宋及南宋初期的朝野遗事、社会风气和士大夫逸闻，具有较高的文学价值和史料价值。

但苏东坡外表仍显得极为平静，除了救急灾民外依旧冷静果断地处理一切公务，甚至还是不改工作习惯，在“西湖”游船中办公。

怎么又出来一个西湖？对，颍州也有一个西湖。苏东坡与西湖的缘分不浅，竟像是西湖跟着东坡走。

《王直方诗话》载，苏东坡于颍州西湖处理公务迅捷，当地官吏当场拍马：“内翰（翰林学士尊称）只消游湖中，便可以了郡事！”当时苏门下弟子秦少游随任，据此言留诗《东坡守杭》一首：

十里荷花菡萏初，我公所至有西湖。
欲将公事湖中了，见说官闲事亦无。

据说苏东坡闻此诗，一笑了之，不见相和或评价。

但从另一首苏东坡的词作中可以体会到他在颍州时的心中不安。是前文提到过的苏东坡妻子王闰之的一句感叹：“春月色胜于秋月色，秋月令人惨凄，春月令人和悦。”

据载，当时苏东坡笑说：“子诚知言。”意思是赞同此语。他当即召客痛饮，趁醉填词《减字木兰花·春月》：

春庭月午。摇荡香醪光欲舞。步转回廊。半落梅花婉娩香。

轻云薄雾。总是少年行乐处。不似秋光。只与离人照断肠。

词人太守于“春庭”见月影落于酒杯，信步于梅花围绕的回廊，眼见梅花飘零，余香婉娩，举目“清风薄雾”缭绕之处，不由叹息自己春色已过，这时节只适应“少年行乐”，回想往年秋光，却是秋月冷照断肠的离别之人！描绘春光无限，却一派秋风凄冷。

苏东坡此时的心境看来难觉春风拂煦！

公务之余，苏东坡还亲往已故恩师欧阳修陵墓拜祭，并填词《木兰花令·次欧公西湖韵》，追念四十三年前和欧阳修交往的故事：

霜馀已失长淮阔，空听潺潺清颍咽。
佳人犹唱醉翁词，四十三年如电抹。
草头秋露流珠滑，三五盈盈还二八。
与余同是识翁人，惟有西湖波底月。

词中情真意切地写出了一片性灵，却也透露出一股凄然之意。苏东坡此刻的心境忧郁中带着悲凉。

还是朝中的政局，颍州的民苦，使执政一方的苏东坡难得尽情欣赏这春光普照。此刻，是否还在思念使他无忧无虑的黄州雪堂？又或是赤壁长江的逝水？

像是朝廷突然理解了东坡的心意，到任颍州不足半年的苏东坡接到了朝廷的调令，调他去职守曾经繁花似锦的扬州。那里与对面的金山寺隔江相望，好友佛印正是该寺主持。

又是一个春天的故事。

83 孟子的好学生苏东坡

现在，苏东坡的新职务是龙图阁直学士充淮南东路兵马钤辖知扬州军州事。苏东坡成为军政兼之封疆大吏，看来大宋皇家对其眷顾并没有中断，甚至更加看重这个天下奇才。

不过，好像朝廷是派苏东坡来当救火队长的。江淮地区现在已经到了北宋社会崩溃的边缘。

自苏南地区逐年歉收，到了元祐七年（1092 年），大面积的饥荒已经酿成巨灾，苏东坡提前向北宋朝廷预报了灾情的可怕：苏、湖、吴兴、秀、嘉兴及扬州地区，洪水加饥饿使民众死亡半数以上。这是苏东坡在颍州任上见到大批逃荒的难民渡江北上所了解的。

虽然现在积水渐退，但田产全失，难民回家也是死路一条。为了能确认这些，苏东坡于三月赴任扬州的路途，在濠、寿、楚、泗之间，屏退随从及地方官吏，单独深入辟乡村落调查真相。见到的一切，使苏东坡惊心动魄！

据苏东坡给朝廷的奏表说：“有田无人，有人无粮，有种无牛。潭死之余，人如鬼腊。”

苏东坡愤怒地指责那些在北宋朝堂上专攻内斗的小人："小人浅见，只为朝廷惜钱，不为君父惜民！"在苏东坡看来，即使在朝廷的尽量扶持之下，此地区也至少需十年才能恢复元气，若是当初北宋朝廷采取他所建议的预防措施，所需粮款不及后来赈济所需之半数。

元祐七年（1092年）三月十六日，苏东坡到达扬州，谁知眼前的一切令他目瞪口呆：当地的官员竟在忙活盛大的节庆——万花会！

据《墨庄漫录》[1]载，扬州万花会源于蔡京知任扬州时，就是后来在《水浒传》中与梁山好汉作对的蔡京。当时西京洛阳以牡丹闻名于天下，洛阳太守举办了万花会，大设酒宴，用牡丹鲜花作为屏障，树、墙、门、梁，用竹筒储上水，插上牡丹花，所有能见到的地方，无不是鲜花的海洋。这令时任扬州太守的蔡京极为倾慕。

可是，扬州不产牡丹，怎么办呢？功夫不负有心人，扬州不产牡丹产芍药，于是以芍药为主题的万花会就在扬州办起来了。还甭说，真就越办越红火，"其后岁岁循习，人颇病之！"官府行为法力无边，扬州万花会也是名盛一时，火爆到今天！

老百姓未得温饱，官员们却热衷于花会胜景。苏东坡一纸严令：坚决取缔！"公判罢之，人皆鼓舞"。

此事，苏东坡在给好友王巩的信中作了说明："花会用花千万朵，吏缘为奸，已罢之矣；虽煞风景，免造孽也！"

灭了万花会，苏东坡紧急向北宋朝廷奏报，免除老百姓所欠国家的一切债务！

---

① 注：《墨庄漫录》为北宋张邦基所作的古籍。

宽免官债一事，苏东坡六年之前就向朝廷呼吁过，朝廷一直“研究”没有批复，现在苏东坡不得不重提旧议。

在权力范围内，不管别的省市如何，苏东坡把圣旨照自己的理解解释，宽免了圣旨所列的一切禁令与国债案件，一时难以查明的疑案，则拖延一年再办，等待朝廷批复决定。

苏东坡深知，百姓对北宋朝廷的信心若不能恢复，百业也谈不上复兴，人祸啥时都重于天灾！巨债高利就是百姓的枷锁，失去了希望的百姓就会变成朝廷的掘墓人！万恶必由此而生。

苏东坡又上了一道长达五千字的表章，细论处理官府呆账的办法，尤其是由于青苗贷款法导致的陈年积欠，绝高的利息使多数人旧债还不上又欠新债。苏东坡建议应免除的债务达十种之多。

苏东坡的坚持得到了有限胜利。北宋朝廷终于先后下令宽免百姓的部分积欠。

苏东坡没有就此罢手，还是继续向朝廷上奏：“臣顷知杭州，又知颍州，今知扬州，亲见两浙、京西、淮南三路之民，皆为积欠所压，日就穷蹙，死亡过半，而欠籍不除，以至亏欠两税，走陷课利，农末皆病，公私并困。以此推之，天下率皆然矣。

“臣自颍移扬，舟过濠、寿、楚、泗等州，所至麻麦如云。臣每屏去吏卒，亲入村落，访问父老，皆有忧色。云：‘丰年不如凶年。天灾流行，民虽乏食，缩衣节日，犹可以生。若丰年举催积欠，胥徒在门，枷棒在身，则人户求死不得。’言讫，泪下。臣亦不觉流涕。

“……孔子曰：‘苛政猛于虎。’昔常不信其言，以今观之，殆有甚者。水旱杀人，百倍于虎；而人畏催欠，乃甚于水旱。臣窃度之，每州催欠吏卒不下五百人，以天下言之，是常有二十余万虎狼，散在民间，百姓何由安生，朝廷仁政何由得成乎？”

苏东坡知道关键处，一旦祭出北宋朝廷的“研究大法”，神仙也没招！但有一人能解套，就是太皇太后。

苏东坡充分使用了自己与太皇太后的关系，“走后门”递交了一道给太皇太后的密奏：“访闻淮浙积欠最多。累岁灾伤，流浮相属。今来淮南始获一麦，浙西未保丰凶。应淮南、东西浙、京田诸般欠负，不问新旧，有旧官本，并特予权住催理一年。使久困之民，稍知之饱之乐。”

正途办不成的事，一般后门偏走得通。

元祐七年（1092 年）七月，苏东坡如愿以偿！苏东坡表章中所提请的各种官债，朝廷终于下令全部宽免。

苏东坡的这些举措，令即使是他的仇敌也无话可说。

据《河南邵氏闻见后录》载，苏东坡接任扬州之后，整顿吏治之时，曾将一个名叫曾旼的州学教授解职回家。曾旼丢了饭碗，回家路过真州时去拜望了被贬谪在真州的吕惠卿，这可是当年迫害苏东坡的主帅。其后苏东坡又借撰旨将他骂得几乎体无完肤、天下皆知！可以说吕惠卿应该将苏东坡恨到了骨子里。

吕惠卿问曾旼：“苏轼到底是个什么样的人呢？”

曾旼虽怨苏东坡砸了自己的饭碗，却也只得回答：“聪明人也！”

吕惠卿大怒：“是像尧那样聪明，还是像舜那样聪明？难道是大禹的聪明吗？”

曾旼叹气：“虽然不是这三位圣贤的聪明，但是亦聪明也。”

吕惠卿没词了，继续下问：“苏轼所学何人？”

曾旼回答得爽快：“孟子！”

吕惠卿这下更加愤怒了，站起身来几乎要动老拳！

“为什么你的回答这么不伦不类？”

曾旼给自己辩解：“孟子学说：‘以民为重，社稷次之。’因此我才知道苏轼所学孟子呀。”

吕惠卿听罢默然无语，颓然而坐。

能让两位仇敌背地里如此对话，好个苏东坡！

84 立法执法与偷税漏税

苏东坡执政扬州，首先遇到的就是国家所立之法与实际执法的问题。

所谓法，简单地说就是规矩。把规矩分类撕条地整理成了书面顺序，就是所谓法律，往大处说叫宪法，古时叫律条；往小处说叫纪律，古时甚至小到家法。其实都是一码事，都是大大小小的规矩。

规矩一升格为法，必须人人遵守，犯了法就是犯罪，官大了不在此例，例如北宋皇帝。

不过，古时皇帝制定的规矩，大多时候自己也必须遵守，否则大家都跟他学怎么办？规矩一乱，国家必乱。带头破坏规矩的皇帝肯定会被后人们指责为“昏君”，所以皇帝违法也须谨慎。

立法就是制定规矩。守法就是遵守规矩。执法就是强制性监督规矩的执行。宋代也是如此，代代都是如此。

天下太大，不可能一部规矩包罗万象，所以才有了一些解释细则，才有了地方性法规之类的法令，都是为了让人们知规矩、守规矩，这叫不可或缺的对法律的补充，是为了所有人都好，也是不遵守不行的。

需要定的规矩实在太多、太繁杂了，所以制定规矩就难了去了，至今也没有、也不可能有不需要修改的规矩或者法律，更何况世界永远在变化中，规矩也要与时俱进不是？

制定的规矩在实施过程中遇到阻力，必然是损害了一部分人的利益，假如损害的是大多数人的利益，或者是比规矩还牛气的人的利益，一般情况下这条规矩就实质上作废了，大家会心照不宣地报废它，俗称“潜规则”。

潜规则的威力一般都比正式规矩大，也好使得多，大宋时就有这么一条大家都默认的潜规则：漕运粮船的走私行为。

《宋史》载：“旧发运司主东南漕法，听操舟者私载物货，征商不得留难。故操舟者辄富厚，以官舟为家，补其敝漏，且周船夫之乏，故所载率皆速达无虞。”

这就是一条经官方默认的潜规则，虽然是违法行为，但于船夫们有利，执法部门睁一只眼闭一只眼，却能使粮船的主要运输任务得以顺利完成，这就是皆大欢喜的潜规则。立法者选择了一帮这样的执法者，既算有眼，也算幸运。

据宋人札记《师友谈记》载，北宋朝廷为了保证运河粮船迅速抵京，制定了法律，要求运粮船不得滞留片刻，沿途所有税卡不得检查，船夫沿途吃饭可以动用所运粮食，货物运达后可根据记账数目从工钱中扣除，可没有明说允许白吃或走私带货。

沿途不用缴税？那会获得多大的利润啊！商人的鼻子如此灵敏，哪会放过这样的机会？于是“走私一条龙”产业迅速形成，当然是商人得大头，船夫们自然也收入不菲，主管部门的头头，具体经办下属们的腰包也决不会瘪了，这的确是一条沾边就有利的潜规则。尤其是能保证运粮船及时到达京师，并且所载之粮极少损耗，大家能有额外可观的灰色收入，船夫们谁还在乎那点儿沿途饭粮？

可是，这种事情污染的是船夫的灵魂与思想，怎能不改革这陋习？新法实施后，这条潜规则行不通了，沿途关卡开始对漕运船只严格检查，查到走私货物自然是没收加罚款，数目重大的还要掉脑袋！

别人无所谓，船夫们就不行了。这部分人是属于“无领阶层”，出的是牛马力，吃的是猪狗食，为什么连舟船上的粮食也不准动用了？船夫们家境日下，能有什么好吃的食物充饥？

不过不要紧，“上有政策，下有对策”这句话在大宋灵光，船夫们是干吗的？近水楼台还先得月，何况近粮的船夫？于是，船夫不止沿途开吃，盗卖很快成风，更有甚者盗光船上粮食，干脆用“人工事故”将船一沉了之，也省得交不了差不是？

官方也不是不破案，每年被制裁的船夫也不少，甚至连招募接班人也不容易了，可是每年运粮损耗还是倍增，一年竟达五十万斛（古容器，十斗，后为五斗），这情形都被扬州太守苏东坡了解得一清二楚。怎样执法？苏东坡面临考验。

恢复旧法？那几乎等同公开支持走私偷税，北宋朝廷能批复？就算能被允许他之所请，那自己以后岂不也要对违法的事情闭上一只眼？

继续不干己事，听任漕运粮就这样损失下去？不损失船工们怎么活下去？这是个两难的选择题。

鱼与熊掌不可兼得，苏东坡掂量再三，终于决定两害之间选其轻。他立即上奏北宋朝廷，言明利弊，建议恢复漕运旧制，结果朝廷迅速批复，从其所请。皆大欢喜的日子又开始了。

可见苏东坡对法律的理解与执行相当灵活，工作就一个标准：利民利国就行。哪怕是明暗违法，该装糊涂的时候不妨糊涂一回。

即使在酒宴之上，苏东坡也是表现得清醒与糊涂难以分辨，经常拿着酒杯而坐睡，朋友们没有人能分清此时他是醒是睡，唯有苏东坡自己心里明白。

苏东坡在此期间所作的饮酒诗序言中这样说："吾饮酒至少，常以把盏为乐，往往颓然坐睡，人见其醉，而吾中了然，盖莫能名其为醉为醒也。"

苏东坡饮酒名句："江左风流人，醉中亦求名。"

如果在北宋官场中也采取如此方略，将会是何种局面？不好说，兴许他能当上宰相，但是将是另一个苏东坡了。

看来苏东坡是准备安心做个合格的地方官吏了，执政一方，做好自己的分内事情，心安也身安，当然要比在京师钩心斗角舒服安逸。可是事与愿违，通常就是为苏东坡这类人才准备的，苏东坡的扬州太守当了不足半年，北宋朝廷调苏东坡回京的命令又颁到了扬州。

这次给苏东坡委派的活路挺出人意料，是兵部尚书兼差充南郊卤簿使并兼侍读。一个文官武职兼京师风纪监察外带当朝北宋皇帝的老师。

85 不管兵事的兵部尚书

文人掌兵是宋代的一大奇观。大宋皇帝最怕的就是武人得势，一旦效法太祖来个黄袍加身怎么办？所以，军事高层都是由文人兼职。苏东坡这次兼任的兵部尚书就属于这种情况。

其实苏东坡虽是个了不起的文人，但内心一直倾心武事，尤其对国家边防极为关注，很多诗作中都流露出对能率军出征、抵御外族入侵的向往，这点咱们后文专篇细讲。

此时的苏东坡所兼的兵部尚书上不了前线，甚至连运筹帷幄也做不到，原因简单，因为大宋的兵部其实是个摆设，充其量算是个转达上级指示的衙门，上级是哪家？中书省！北宋兵部不过是中书省下属的一个衙门，而且不管国家兵事，只管些皇帝仪仗、卤簿、武举、义勇弓箭手等事。真正掌握国家军权的是枢密院！

大宋的枢密院与门下、中书、尚书三省及御史台，共同组成知院，等同于内阁，一切被皇帝控制下的权力就从这里对下实施。枢密院是直接对北宋皇帝负责的最高军事领导机构，就连宰相也不得插手。

但苏东坡这个兵部尚书不同，主衔是翰林院直学士，有着与知制诰同样的替皇帝或摄政的太皇太后起草诏书的资格，也可以说是北宋皇家顾问班子中的一员，这权力就不好说了。

别看“侍读”这个名称不大好听，其实并不是服侍北宋皇帝读书，也不是伴读，而是皇帝的老师，只不过没给挂上“太傅”荣衔罢了。

至于苏东坡新兼职的活路南郊卤簿使，那是个在朝廷举行南郊祭天大典时的阶段性活路，不过临时的权力也不小，甚至皇家内苑也要听他的指挥与监察，更不用说文武百官了。

你别看这临时工不起眼，一旦挑出任何人的毛病，那人就算仕途玩到头了，甚至有可能掉脑袋。国家大典无小事，足以影响三代九族。

刚被迫来到汴京的苏东坡，上任便点了一个足以烧身的火药桶。

元祐七年（1092 年）南郊大典，苏东坡以卤簿使的身份引导圣驾。北宋皇帝刚进入太庙，突然有皇宫的十余副车驾于乾明寺前争道抢行，队伍中还有供后妃专用的红色伞盖，要按以往习惯，百官跪拜让道避开就是了，谁敢惹皇家后宫？

苏东坡才不理睬违反交通规则的人是何方神圣呢，当场于自己的车中草本上奏，弹劾这不看“红绿灯”的皇家权贵。

北宋皇帝于太庙中接到苏东坡的即兴表章，竟也格外重视，立即派人飞转太皇太后。

第二天太皇太后就遣中使传命申敕有司，诏令严整仪仗车卫，自皇后以下，皆不准擅行中道，百官不需要拜迎。

看来如果苏东坡做交警，也会是个好警察。执法不问身份，就是在今天也实属难得。

这也更显示了一点：太皇太后及皇帝对苏东坡无比器重，事无大小，所奏皆从！这还了得！其时的苏家小弟苏辙已经升任为门下侍郎，实际上与知政事一样，就是宰相副职，在以前大都由宰相兼任；而现在的宰相是苏颂，唯有一个中书侍郎范百禄还是个外姓，莫非大宋朝廷真的快姓“苏”了？

有这苗头！当年十一月，苏东坡又被改迁为端明殿学士兼翰林、侍读学士、守礼部尚书。苏东坡历经磨难，不想当官非让当，现在离仕途绝顶宰相之位已经触手可及了！

苏门一时风光无限，东坡此时如日中天！

这时的苏东坡已经身居国宝级明星之地位，盛名已经跨越了北宋国界。

据《渑水燕谈录》载，张芸叟出使辽国，在自己所住宿的宾馆墙壁上，也刻有苏东坡的《老人行》中的诗句；到了辽国书市，苏东坡的诗词集竟为最热销商品，并且起名为《大苏小集》。张芸叟大为感慨，于宾馆的苏东坡诗句之下题句：“谁题佳句到幽都，逢著胡儿向大苏。”

这类事在《坚瓠集》[①]中也有记载，苏辙曾出使辽国，辽人大多见面就问：“大苏学士安否？”使得苏辙回来后寄诗给哥哥东坡：

谁将家谱寄燕都，底识人人问大苏。
莫把声名动蛮貊，恐妨他日卧江湖。

这是苏辙在提醒兄长，名声太盛不是好事，难免他日连醉

① 注：《坚瓠集》为笔记，清人褚人获撰。该书内容丰富，尤以明清逸事为多。

"卧江湖"也受连累，不幸被苏辙言中！

可是，一个人的出名一旦"入轨"，就不是自己所能左右的了。不过苏东坡的名声在异国盛传，却是自己所为。据宋人笔记《琞史》载，苏东坡在知贡举时，恰逢辽国的使者来汴京。这位辽使也是位自恃学广才高之辈，趁苏东坡在场，对一帮大宋翰林们说："我国有一旧对，仅一上句：'三光日月星'，凡是对上的下句都免不了与上句冲突，我们没人能对上，听说贵处有位苏学士才高八斗，某在此请教了。"

这是在故意难为领衔大宋文坛的苏东坡，从气势上压大宋一头。

谁知苏东坡客气地对辽使说："若是我能而君不能，有失大国的体面，这在我大宋早有成对：'四诗风雅颂'，天生之对，没什么大不了的，请带回贵国吧。"

大家细品，果然天成，那四诗中的"雅"分为"大雅"和"小雅"，四诗浓缩于三字，辽使叹愕欲退。

谁知临行时，苏东坡淡淡地说道："我自己也有一对，敬请指教：'四德元亨利'。"

辽使闻听大喜，你苏大学士终于出马脚了！《易经》中"元亨利贞"四个字天下谁人不知？学士也能对出这种少一字的下联？

苏东坡不动声色继续说："怎么？你以为我忘掉一字？你我两朝圣祖的名讳怎能不避？"（宋仁宗名帧，辽典宗名宗真）

两国皇帝的先祖都有"贞"字同音，苏东坡避讳正是照顾了两国法令与邻国的关系，就连辽国的皇祖也给恭敬了一番。

辽使不由心服口服，能巧借避讳对绝联，天人！他回去之后，能不为苏大学士大大扬名？所以，苏东坡扬名辽国，事出有因。

至于大宋境内，那就更不用说了，举国遍是骨灰级的苏粉，就连苏东坡的穿着，国人也争相模仿，估计苏东坡那时如加盟或兼职广告事业，做个公司代言人什么的，也能猛发一笔！

据笔记《师友谈记》载，苏东坡给自己设计了一顶炫酷的帽子，高筒短檐，结果士大夫们纷纷效仿，真有点儿“今年流行高帽子”之趋势。就连舞台上的相声表演家也拿来作了噱头。

有一次给北宋皇帝表演时，有一位说相声的优伶开始逗哏调侃：“我的文章天下第一！你辈哪能比得上我？”

捧哏的人配合：“为什么？”

“你们没见我头上戴的是‘子瞻帽’吗？”

全场哄堂大笑！这位优伶所戴的道具帽正是被命名为“子瞻帽”的苏氏高帽。北宋皇帝被逗得喷饭大乐！

不过，皇帝笑过之后，却久久注视在现场的苏东坡，那意味深长……

插句闲话：是否相声这门以往的地摊艺术形式在北宋时就已经风行全国，并且堂皇进入了皇宫？留给专家们去考证吧，反正有一点可以确定，相声的起源早于现在专家们所认为的大清朝。

苏东坡的名声由下至上，再由上到下，一时盛极！竟然被年轻的皇帝久久注视，难说全是好事，谁也不知道此刻给哲宗皇帝内心种下的是颗什么种子，自古就有“功高震主”之说，才高是否震主？不好说，但名高易被主忌，是经历朝历代证明了的事。

名气过于火爆并非全是好事。章元弼就是苏东坡的骨灰级粉丝，娶了个美貌的妻子，新婚妻子发现丈夫经常彻夜诵读苏东坡的诗，对自己不甚理睬，大为恼火。后来妻子终于不能忍受被冷落，对丈夫章元弼说："看来你爱苏东坡胜过了我呀！好啊，那你就把我休了吧。"

结果这个愣头青丈夫当真把妻子休了。难说这是谁休谁，因为章元弼后来终于回过味来，向朋友承认妻子遗弃了自己，全是为了苏东坡。

不过，被抛弃的丈夫不后悔！追星族至死不悔！

86 与东坡命运攸关的两个女性

好像在证实盛极必衰这一哲学格言，元祐八年（1093年）秋，苏家突然在毫无预兆的情况下遭到命运的打击，从此苏东坡本人的仕途也开始从顶点走向下坡。

其实，也不是苏东坡一人从此官运大变（命运还不敢说，因为苏东坡早就心向山野林下），苏辙、苏门弟子，继而是蜀党、洛党、朔党三党合一，称为“元祐党人”，大家先后遭到灭顶之灾，然后是整个大宋王朝。

最先的预兆是苏东坡的妻子王闰之突然病故。

曾随着苏东坡经历“乌台诗案”浩劫的王闰之，也曾陪伴丈夫一起度过了黄州的快乐时光，又一起于江淮浙苏流离两年，生命的最后又随着苏东坡一起荣耀于东京汴梁，最后时刻陪同太皇太后祭拜皇陵，享受到了贵妇所能享受的一切荣耀。八月初一，王闰之突然与世长辞！

事情虽然突发，但对于王闰之本人来说却没有丝毫遗憾，甚至可以说有些幸运，因为此时的丈夫苏东坡正是鸿运当头、官星高照！

这次入京，苏东坡做了两个月的兵部尚书、十个月的礼部尚书。五月时，苏东坡曾上表要求外放职守越州，但诏命不许，看来皇家还是准备进一步重用翰林学士、皇帝侍读苏东坡；弟弟苏辙更厉害，官居门下侍郎，相当于副宰相的高位。

苏东坡的儿子都已成人，而且都娶了媳妇，二十三岁的次子苏造娶的还是欧阳修的孙女。长子苏迈已经三十四岁了，最小的儿子苏过已经二十一岁。关键是这些儿女们都在苏东坡身边，这是多少人难得的福气！

尤其是闰之的去世，恰是苏东坡仕途的最高点，从此后开始急速下坡，日子也不免凄苦，这一切都被王闰之正好以辞世的形式躲过了，并且王闰之的丧礼相当隆重，完全合乎她的贵妇身份。

苏东坡还请那时的朋友——大画家李公麟（龙眠）画了十张罗汉像，在请和尚给她诵经超度，往来乐土时，将此十张足以传世的佛像献给了妻子的亡魂。

王闰之的灵柩保存在京西一座寺院，十年以后得以和丈夫苏东坡葬归同穴。人生一世，夫有何憾？

苏东坡亲自提笔撰祭文，措辞妥帖，典雅含蓄，文中赞誉这位贤德的妻子与母亲，视前妻之子一如己出；自己宦海浮沉，命运多变，而作为妻子的王闰之一直心满意足，从无怨言；苏东坡文中发誓：生则同室，死则同穴！

人生如流星，划过的长短无关紧要，只需要那片刻的亮点！能得以与丈夫一起名传万古，王闰之的确幸运！

妻子死后一个月，另一位与苏东坡命运息息相关的女人告别了多事之秋的北宋王朝。

九月初三，太皇太后驾崩了！

太皇太后，神宗之母，当今皇帝哲宗之祖母，曾经是苏东坡的守护神、遮阴树！如果说王闰之的去世是苏东坡转运的预兆，那太皇太后的离去则成了苏东坡的没落之始，也是一个时代的结束——元祐时代的结束！

临去之前，太皇太后似乎已经预感到朝廷政局即将大变，对皇孙的性格，祖母了如指掌。哲宗轻率鲁莽，脾气暴躁，年龄正当十八岁，极容易被人左右，而且明显对太皇太后的管教有强烈的逆反心理。临终前的太皇太后不大看好将来北宋的政事国运。

太皇太后去世前十天，几位重臣进宫探病，其中就有宰相范纯仁、门下侍郎苏辙。

太皇太后开始托孤："哀家与诸卿见面之日已经不多，汝等要尽忠扶保幼主。"

大臣们辞驾时，太皇太后留下了宰相范纯仁及汲郡公、尚书左仆射吕大防。

太皇太后当着皇帝的面告诉重臣，现在有一个谣言，说太皇太后有阴谋，不利于当今皇帝，想使自己的儿子取而代之。

太皇太后不无痛心地说："先皇神宗嘱咐哀家在皇孙年幼之时权摄政事，现在已经过去九年，诸爱卿可曾见我对娘家高姓族人特施过恩典？"

吕大防热泪盈眶回奏："太皇太后从未对皇戚法外开恩，完全以国事为重！"

太皇太后言语凄凉："我自信诚然如此！也因此临终不召见我那亲生的儿女啊。"

吕大防只得谨慎地安慰老太皇太后："太皇太后必可康复，现在商议此事尚早。"

太皇太后岂能不知臣下心意？继续嘱托："我欲当爱卿之面

告诉皇帝，我死之后，臣子中可能会有很多人挑拨皇帝，皇孙可要提防啊！”

哲宗皇帝无语。

太皇太后继续向吕、范二人嘱咐，语言中已经带有凄惨之意：“我死之后，你们二人最好辞官归隐，因为幼主必然另用一批新人。”

知孙莫若祖母！

面对太皇太后的去世，苏东坡的头脑极为清醒，若要避祸，唯有离京。苏东坡立即重上要求外放的奏表，这次竟立即获得所请。这又是一个信号：一朝天子一朝臣！

苏东坡的新职务是端明殿学士兼翰林侍读学士、吏部尚书出知定州。

定州位于河北省西部，实际上处于应对辽国的前线，虽然现在与强邻尚处于暂时的和平局面，但军国之事犹如顽童游戏，谁知啥时候突然翻脸？当地还是军事重于政务，一地事关国家安危。

苏东坡被委任监管并指挥该地区的步骑官兵，行衙设在定州，这是按照北宋惯例，由当地文官担任军职主帅，武将只能为副。

新职务似乎有些倚重苏东坡的意思，尤其满足了苏东坡多年的愿望：金戈铁马，沙场报国，将诗意化热血，提甲兵护人民！

但是事情并非如此，苏东坡辞驾离京之时，一个更为明显的信号是：不许面辞哲宗皇帝！

封疆大吏离京，惯例由皇帝亲自召见勉励嘱托，以示器重，现在苏东坡竟没有这个资格了！这预示着什么？

妻子王闰之、靠山太皇太后的相继辞世，已是在告诉苏东坡：仕途之一路陷阱即将浮出，前面一路坎坷，兴许还有无底深渊！

但苏东坡不管这些明显的信号，虽不得辞行，还是固执地临行上表，恳请哲宗皇帝千万莫要轻易改变现行的既定方针，国家大事还是一切照旧为好。

按既定方针办真的好吗？那要看对谁，过去的事实不是这样吗？

给苏东坡的前途雪上加霜的事情还不止于此。据《张右史文集》载，苏东坡职守定州的调令刚一颁下，京师朝臣士子竟然有半数要求随行定州！虽然这显示了苏东坡的官声人缘，但刚亲政的哲宗皇帝的感觉如何顾及呢？

别说那些政敌，就是哲宗皇帝也不能不有酸涩，因为许久以前看戏时的那顶子瞻帽，老是在眼前晃来晃去……

87　诗人东坡知兵事

定州为国家边防要地，大宋重兵屯集，论说应该一派肃然，甲兵警备。可是苏东坡到任之初，看到的却是军营破烂，官兵士气全无，军纪涣散，没有人在练兵、出操，营房里听到的多是吆五喝六的赌博声，至于扰民，就更不用说了。

苏东坡决心理政先治军，此事乃重中之重，边防有失，其他一切都谈不上，更不用说还有视兵如匪的老百姓。

其实能主持一方军事，抵御外敌入侵，保境安民，是苏东坡积年夙愿。我们前面赏读过苏东坡于密州任上的围猎词《密州出猎·江城子》，明显看出了这一点。苏东坡盼望提军西北抗击西夏入侵之愿一览无余。

早年与弟弟苏辙的和诗《和子由苦寒见寄》中，苏东坡便曾有句：

千金买战马，百宝妆刀环。
何时逐汝去，与虏试周旋。

至于苏东坡的武功怎样，他在一首诗的序言中曾自我介绍：“官箭十二把，吾能十一把箭耳。”也就是说，张弓射箭，苏东坡能按军队标准，命中率达到百分之九十以上。

不过实际上，指挥作战，这些都用不上，主帅的活路还是脑力劳动，一旦轮到主帅去战场拼刀子的地步，那这场战争也就没有什么希望了。

治军才能，古今一理：战略上重于造势布局；战术上重于出敌意外。

这些跟定州的苏帅几乎都无关，战和大事有京师的枢密院定夺，兵力部署也轮不到定州知州，上战场苏东坡也没有机会。

但军队战力决定胜负是不用疑问的。战力取决于兵卒素质，素质来自训练，训练包括各个方面：士气、军心、纪律、单兵作战能力及战术动作配合、后勤保障及敌情分析，甚至作息合理、军仪肃整都能大大影响战力。

当时的定州军中，长官腐败无能，士兵饷低气馁，军械不整，衣食俱差，官兵沉溺于酗酒赌博。暂时的和平时期，大仗没有，小仗却难断。宋军遇敌不是溃不成军，就是逃逸无踪，有的还杀良冒功，借机抢劫财物。

这样的军队怎能上战场？苏东坡开始从基础做起：修缮营房，整饬纪律，对腐败军官予以惩处或革职，保证军需军饷，使士兵吃好穿好，稳住军心再说。

《宋史》载：“定州军政坏弛，诸卫卒骄惰不教，军校蚕食其廪赐，前守不敢谁何。轼取贪污者配隶远恶，缮修营房，禁止饮博，军中衣食稍足，乃部勒战法，众皆畏伏。”

总之，文人苏东坡做了军中主帅之后，也是一样称职。苏东坡十月来到定州，经过月余整顿，定州军队面貌一新，酗酒赌博禁绝，训练、演习渐入正轨，军中上下尽皆畏服。

十一月，苏东坡连上两道奏章，《乞增修弓箭社条约状》和《乞修定州军营状》，可见，苏东坡不仅文采斐然，对军旅武事也不外行，只遗憾他在帅位期短，后人不能见诗人战场风采，若能疆场建功，肯定又是一段千古佳话。

苏东坡惩治腐败军官之时，诸校官俱忐忑不安，看来没有谁的屁股真干净。

这时有个卒史以贪赃事密告其长官，苏东坡竟然采取了透明的“官官相护”的做法！

苏东坡告诉那个卒史：“治理贪赃枉法是我分内之事，但若听任下级兵卒群起控告上级官长，军纪岂不荡然无存？”

于是他将这告密的卒史一并惩处，发配其回家。老孙不好评价苏东坡这样做的对错，总觉得这政策有点儿不近情理，不过这是不是实质奖励就不好说了，反正那时没有人愿意当兵。

但自此后的确军心大定，可见苏东坡执军法也如他断民案，以灵活为主，以取得实效为目的。

但对高级将领就不是如此了，苏东坡反而刻板得毫无通融之处。

作为一方军政首长，苏东坡对自己当受之礼甚为重视。这是因为军中废礼仪已久，苏东坡决心恢复旧制，按旧典举行春季阅兵。

苏东坡身着元帅常服，所部将校副官戎装重甲依次晋见，军中有个老军头王光祖，乃一骄悍老将，在此统兵多年，现在这样做戏般被检阅，觉得是件羞耻的事，便装病不出。

苏东坡毫不客气，一面下令老将必须参加，一面召来书吏，起草本章，似要即刻上奏朝廷。老将也怕文人硬刚，立即病体康复参加了春阅。

经过整顿，大见成效，宋军军纪肃然，军貌一新，军营整洁，军威初显！

一些老将含着热泪赞叹："吾等好久没见过军队如此正规化了！"

考察将领之际，苏东坡却不忘留意人才。据《梁溪漫志》记载，当时有个武将晋见苏东坡，其长相极其粗狂丑陋，上交自己的报告后便躬身退出。苏东坡翻看该将领的述职报告，大为惊叹，连声称奇，便考较自己的军中参谋李端叔，让他指出文中奇句何在。

李端叔细看，回禀："'独开一府，收徐、庾于幕中；并用五材，走孙、吴于堂下。'此佳句也！"

苏东坡捻须点头："你说得不错，换了别人还真不容易看出来啊。"

李端叔提醒："不过，看这人的长相，这述职报告不一定是出自他本人的手笔。"

苏东坡告诉自己的参谋："即使如此又怎么了？有这双慧眼就很难得！"

他马上令人将这位丑将请回帅府，与之相谈甚欢，致使一府皆惊。

老孙可以肯定，如果不出意外，这位丑哥必将得到重用。可是，世事偏偏与预料作对。苏东坡已经身处危崖，哪还来得及重用提拔别人？

对这点，苏东坡是有思想准备的，甚至打心里认为没有什么了不起，不就是不做官吗？只要朝廷的贬谪令没到定州，工作还得照干，意见还得照提，在其位谋其政！

正月，苏东坡依旧上表没有了太皇太后的北宋朝廷，要求开官仓赈贫民，并且出谷平抑定州米价，奏章为《乞减价崇常平米赈济状》。

就连参谋李端叔（幕僚）都觉察到了北宋京师政治形势不对劲，提醒苏东坡注意。

苏东坡满不在乎："咱们相识不易，正期望与君游戏于文字翰墨，以寓其乐！"

当真正的贬谪令到了定州，亲朋好友惊惧非常，一起去安慰苏东坡，也有人劝说苏东坡从此出言谨慎，理应从此儆戒，哪能一再吃亏不接受教训？苏东坡反而笑了："难道是被赐自尽吗？何至如此呀？"

他随即说道："我素喜《松醪赋》，去点根蜡烛来，我全文背书写一遍，若是错漏一字，我必伤命于此行，否则此行无恙。"

众人谁敢打这个不吉利的赌注？一旦偏旁笔画错上哪怕一点，或偶有差讹疏漏，岂不大大地丧气？

苏东坡不管这些，径直铺纸舒笔，三百六十四字一气呵成，住笔收神，"终篇竟无秋毫脱谬"，众皆惊惧，稍安无语。此事记载于宋人笔记《爱日斋丛钞》。

由此可以看出，这时的苏东坡已是超然物外，对仕途跌宕甚至个人荣辱并不大在意，天大的事情临头，一样心平气和！

残春刚过，怎么就突遭贬谪呢？这是苏东坡早就料到的事情。

汴京朝堂风云突变，十八岁的哲宗小皇帝乍获自由，已决心玩出个大大的名堂！

腐败一般都先源于生活腐败，哲宗小皇帝首先关注的是龙体玉露洒向何方，先遍览宫中春色！

88　小皇帝青春燃烧的岁月

身登九五之尊的哲宗皇帝终于亲政了，所谓亲政，没什么值得兴奋的，皇帝开始时还最讨厌政务，皇帝兴奋的是终于获得了自由。

这些年哲宗皇帝在太皇太后的管教下，最厌恶的就是听侍读们讲课，尤其老学究程颐，成天告诫他为君者万莫迷恋女色，那是刮骨钢刀，蚀肠毒药，自古红颜祸国，圣主千万远离此物。

像世界上所有的孩子一样，越是大人禁止的事越感兴趣。早熟的哲宗皇帝反而迷上了这类危险尤物。按皇家成例，皇帝身边时常有二十个豆蔻年华的少女伺候，未成年时的哲宗皇帝“研究”这些业务就十分便利了。

十四岁刚过时，朝中那些古板的士大夫们就开始不断给太皇太后及幼主上表进谏，劝幼主不应当沉溺于女色，应当研求治国之道，这使得哲宗皇帝对元祐党这些儒臣们早存厌恨。

现在他解放了，再不愿意让几个老头子在耳边唠叨，着意挑选了几个真心为主子着想的人来到朝廷中枢，这几个人就是元祐年间一直被迫害压制的新政党人。

于是，哲宗绍圣元年（1094 年）开始了，新朝新气象，朝堂自然也要尽换新人，其实换上来的也不是什么新人，而是九年前的旧人，推行的是新政。这些人里面就包括苏东坡的旧时好友章惇。

章惇官拜相位，举朝换上了自己人。聪明的宰相成功地使哲宗皇帝相信，所有元祐诸臣都是皇帝的敌人，都犯有破坏先王新政的大罪！

太皇太后临崩前所担心的谣言被堂而皇之地奏上朝堂。这些所谓元祐君子们曾帮助太皇太后密谋夺取皇位，谣言的出处据说是曾经的宰相蔡确，而蔡确现在已经死了，这桩案子成了死无对证的迷案。这正是章惇所需要的效果。

旁证口供取得不难，对宫廷近侍、旧时官吏采用刑逼就是了，三木之下，求何不得？

再说了，这种事本来要的就是过程，而不是结果。能让哲宗小皇帝觉得“宁可信其有，不可信其无”就是大获成功！预防起见，也不能饶了这些或许会要阴谋的元祐党人吧？

在满足哲宗小皇帝的生理需求方面，章惇做得得心应手，以至于后来有人弹劾他“以娼优女色败君德，以奇技淫巧荡君心”。

哲宗小皇帝的生活得到宰相的体贴与照顾，政治上自然也要照顾体贴圣意的宰相了。章惇在皇帝的眼中成了能臣、忠臣、不可缺少的重臣！章惇逐渐达到所奏必允的地步。

父皇神宗的新政要重新恢复，至于神宗在位时的不成功，那当然是由于太皇太后摄政期间的老臣作梗，破坏他的父皇之德政，还不该被清算吗？

所以，不仅是苏东坡，所有反对新政的大臣，都挂上了破坏神宗先皇德政的罪名而遭贬谪，就连死人也逃不过谴责。司马光和吕公著就是被从九泉之下拉出来批斗的典型。

这两位当年的宰相躺在坟墓之中，还两度遭受降级，并被剥夺所有爵位。章惇甚至还正式提请哲宗皇帝下诏掘开司马光之墓，鞭笞尸体，以为不忠君者诫！

不过，哲宗皇帝对司马光一直印象不错，到底也没有狠心颁下鞭尸诏书。章惇收拾死人没成功，但对活人就无所顾忌了。司马光家的财产被没收，子孙的俸禄官衔一概取消，司马光的荣耀牌坊被拆除，碑文予以磨平，甚至还差点儿造下一个千秋大孽。

曾有官员奏请北宋朝廷把司马光的历史巨著《资治通鉴》毁灭，幸而有人反对说神宗曾经为《资治通鉴》写序，这才使小皇帝没敢继续，这部宋朝的正史才得保全。

罢黜、监禁、贬谪的圣旨频频颁下，苏东坡遭贬的同时，三十多位元祐期间的大臣受了降官或贬谪。章惇曾在皇太后摄政期间身遭监禁，现在报仇的机会终于到来，一向天不怕地不怕的章惇岂肯善罢甘休？

至于已闻名天下的苏门四学士，当然也免不了被贬谪的宿命。章惇甚至发明了一个绝招：利用调动折腾人！

被流放出去的人的官位可以逐渐贬谪，跟着自然是随意调动。国土辽阔，被贬官员就被差官押解着东西南北的辛苦旅游吧。

非常时期可以设置非常机构。北宋朝廷设立专案机构专门负责贬官事宜。元祐大臣无一幸免，先后惩处了元祐官吏八百三十人，最后还立碑为证，命名为《元祐党人碑》，后来蔡京登徽宗相位后正式定名为《元祐党籍碑》，再后来干脆称呼为《元祐奸党碑》或《元祐奸臣碑》。

对苏东坡兄弟的处置，尽显了章惇的苛酷无情。苏辙再次被贬谪雷州时，他竟密令把苏辙从官舍中逐出，苏辙只有被迫租居民房，而章惇趁机控告苏氏兄弟仗官势强租民房，幸亏苏辙仔细，一直保存着租约为证，最后才不了了之。

后来章惇也被流放到雷州，他租房居住时竟然没有人愿意租给他。

有居民曰："谁敢把房子租给你？以前我们把房子租给苏家兄弟，惹上的麻烦还少吗？"自食其果，所言不虚。

章惇最明白斩草要除根，基本遵照凡持不同政见者一个不留的原则，就连九十一岁高龄的文彦博也被降级罢黜。这位太师荣衔的四朝元老被降级罢黜一个月之后便含辱咽气；吕大防、范祖禹、刘挚、梁泰等人都在流放中丧命，梁泰连运尸回籍归葬祖冢都被明令禁止。

由此看来，对苏东坡的处置，章惇还是发了一丝善心的。毕竟苏东坡名声太大，大宋的祖制又不得戮杀大臣，章惇只能期望苏东坡在被贬的途中或谪地自己死去。

至于元祐诸臣的罪名各有不同，尤其以苏辙的罪名最为奇特，简直令人啼笑皆非。

苏辙比苏东坡提早一个月遭到罢黜，他是因为上书反对北宋朝廷归回神宗祖制的政策，二遭弹劾，但弹劾的理由却是因为"引证举例有贬低先皇"之嫌。苏辙举谁为例呢？汉武大帝！

苏辙从历史引证举例，证明后代帝王往往修正前代帝王的政策。他引证的是汉武帝。

一位李姓御史对皇帝说："苏子由把神宗比为汉武帝，是对神宗的大大不敬。"

哲宗小皇帝好像根本不知道汉武帝是何许人也，认为以汉武比喻先皇，那还了得？岂不是公开羞辱先皇？汉武帝有先帝伟大吗？他坚决要给老爸出这口恶气，便削除了苏辙的门下侍郎高官，发到汝州为太守，几个月后又调往高安。

汉武若地下有知，还不被这昏庸无知的哲宗皇帝给气死？就是被“羞辱”的神宗皇帝本人估计也要被气歪鼻子。

皇帝不读书，神仙坐蜡烛！

苏东坡被贬的罪名还是老把戏。御史弹劾苏东坡在执掌草诏大权时作词讥讽先朝，开始是以本官知守英州，结果中途就被免本官，贬为宁远军节度副使，惠州安置。也就是说官衔还有，就是别上任，去岭南荒蛮之地玩你的诗词去吧！

惠州在宋代确实被认为是个荒蛮之地，位处岭南，气候潮湿多雨，风传瘴气弥漫，是极不适合人类居住的地方。

京师的章惇等新政高官认为，五十九岁的苏东坡能活着回来？除非发生奇迹！

89　穿越大中国

对于昔日好友章惇，苏东坡太了解了！不仅于此，就是对自己苦心教导八年之久的哲宗小皇帝，苏东坡又何尝不知其性情心思？

早在一年前，苏东坡就曾给哲宗上表，表示倘若他不纳臣子的忠言，自己宁愿做“医卜执技之流，簿书奔走之吏”，也不愿在朝中担任侍读之职。

现在哲宗已亲政，年号已改为绍圣元年，章惇登上相位，自己的仕途前景是明摆着的事了。所以，被降一级，调充英州太守自然不会是结局。不过也没什么，苏东坡现在只盼能安然退归林下，与全家厮守于宜兴，现在不做官，苏东坡求之不得，难道还要留在朝廷同流合污不成？

果然，苏东坡全家连京师都没走到，再贬为宁远军节度副使、惠州安置的诏命就半路截住了赴任的苏东坡。这时弟弟苏辙已经到任汝州，苏东坡索性先去探亲，也好筹集些这长得连他自己都说不清时间的旅资。他从当时中国的最北端，穿越整个中国，去大宋最南端的惠州。

苏东坡对银钱上的琐事向来不在乎，但现在不同了，穷家也须富路，没钱寸步难行。一路究竟需要花费多少银钱，谁也说不准，苏东坡不得不求助于现在家境稍好的弟弟苏辙。

苏辙这八年官做得较为平稳，直升至宰相之位，比居所不定的苏东坡要强好多。但到了汝州之时，被降职的苏辙境况也好不到哪儿去，仅挤出七千缗铜钱供哥哥在宜兴安家之用。

考虑到苏东坡曾经在宜兴购置一套满意的房产才花费五百缗，这个数目也可称为巨款了。现在不是去英州做太守，是远赴岭南，苏东坡已经决定让全家留在宜兴，自己带二十二岁的幼子苏过及侍妾朝云前往。

贬谪还在继续，离开汝州刚上路，苏东坡的官职又被降一等，被任为落左承议郎、责授建宁军司马，还是惠州安置，又加了一条——不得签署公事。

这些苏东坡还是不大在乎。但是这一路南行，翻山越岭，陆路风霜却是难以到达目的地，甚至有可能病死在缺医少药的路途。苏东坡只好给哲宗皇帝上一道使人读之恻然的表章，请求其允许自己乘船南下。

看来哲宗小皇帝对老师还有那么一点儿恻隐之心，给予批复恩准。

在得到哲宗小皇帝的批复之前，苏东坡全家还是经受了一番惊恐。

据宋人笔记《石门文字禅》①载，苏东坡在送全家去宜兴时，坐的是一艘官船，夜宿分风浦，当地主管运输的发运司知道了苏

① 注：《石门文字禅》为宋代僧德洪语，觉慈编。略称《文字禅》，又称《筠溪集》。

东坡的官职继续被贬，认为苏东坡已经没有资格再乘官船，便派了五百名士兵前来夺舟，大概也是想在朝廷新贵那里表现一番吧。

兵到江边，正是半夜。这时如苏门全家人被从船上赶下，那就是连寻一所破庙安身也不可得。苏东坡便与带队的军使商量，请求允许自己连夜摇橹赶到星江，然后就地买舟。幸亏这位下级军官没有上级那般一心攀附权贵，同意次日中午收回船只。

当时江面无风，靠摇橹是赶不到能买到江船的豫章的，苏东坡只得焚香祷告龙王：“苏轼来往江湖三十年，应该是龙王爷的故人旧识了吧？现在老朋友我遇到了难处，你应当哀怜帮一把了，给一阵顺风，让老友天明赶到星江，中午船到豫章，就算帮了故人的大忙，如不然，老友全家可就要露宿荒野了！”

苏东坡刚一祷告完毕，一阵强风吹起，船帆涨满，其快如飞，早饭未熟，已过杨澜，船到豫章，时正当午。后来回程时，苏东坡曾写了一篇祭文，向龙王道谢：“水不在深，有龙则灵！”《陋室铭》中的首句，莫非源出此典故？

舟过宜兴之后，同行人便仅剩下了爱妾朝云与小儿子苏过以及两个年长的仆妇。这时东坡门人靖州太守张耒派了两个老兵一路护卫服侍，帮了患难中的苏东坡之大忙。

朋友千个不算多，关键时刻见真情！

可是还有这样的格言：仇人一个不算少，落井下石危难时。

苏东坡这次贬谪，就是拜旧时好友章惇所赐，现在近乎成了不共戴天的仇人。这样的朋友兼仇人，一个足至于苏东坡水深火热。

首次罢黜苏东坡的圣旨就是章惇指使苏东坡的另一位旧友林希起草，诏中曰：“若讥朕过失亦何所不容，乃代子言诋诬圣考。

乖父子之恩，绝君臣之义，在于行路犹不戴天，顾视士民，复何面目？汝斌文足以惑众，辩足以饰非，然而自绝于君亲，又将谁态？”

这还不算，圣旨中还借哲宗小皇帝之口大骂苏家一门：“父子兄弟挟机权变诈，惊愚惑众！”

据载此语被苏辙看到。林希竟然把这位前宰相给骂哭了！

苏辙边泣边说：“我们兄弟遭到侮辱没什么，先人何罪呀！”

苏东坡便不同，看到林希的辱骂之文，不但丝毫不放在心上，反倒欣赏起圣旨的文采来了，出言赞曰：“林大也会做文章了！”

这简直把林希挖苦到了骨子里！

林希也是苏东坡的旧交。两人除了同朝为官，又是杭州任上的交接太守。苏东坡入主翰林院，林希曾专门来信作贺，贺词几乎将苏家捧到了天上：“父子以文章名世，盖渊云司马之才；兄弟以方正决科，迈晁董公孙之学！”

现在苏门失势，林希眼睛一眨，母鸡变鸭，来了个翻脸不认旧友，提笔诋毁已言，骂人尽显文采，反目为仇高才。

谴责之文还有句：“苏轼其罪甚恶，论法当死！先皇帝赦而不死，于苏轼恩德厚矣……引辙弟为己助，自以为得计，罔有悛心……乃代予言，诋毁圣考，乖父子之亲，害君臣之义……市井不为，缙绅共耻！”

据说，林希起草完此旨也觉过分，投笔于地，对天感慨：“坏了我一生名节啊！”

此事载于《长水日抄》，文中叹息林希不值，竟为了一时图进，留下万代讥讽，“权位能移人若此！”

权力官位能改变一个人的性情！不过，现在这些都与苏东坡没有干系了，苏东坡最关注的是路途的艰辛，是大庾岭的险峻，是岭南的淫雨，是步步远离的亲情！

诗人已历仕途的坎坷崎岖，命运的荣枯盛衰，现在命运的突变，其不以为奇。诗人的夙愿本是求之已久的平淡，内心早已无忧无惧，心中一片安温宁静。

穿过美丽乡野，经过高山深谷，越过高山急流，感受摄魂险关。苏东坡于九月跨越了著名的大瘐岭。

大瘐岭为赴广州的必经之路，这是一条充满危险的旅途，头上云天，不过咫尺之遥，两边深谷，令人头晕目眩，过往商旅往往有去无回，行人通过险关之后，大多怅然兴叹，在岩石上题诗留句寄感慨者屡见不鲜。

身置峰顶，举手扪天，苏东坡感觉到的只是人类的渺小！山上清风扫荡尘思俗念，诗人心头豁然空明。前面便是被称为荒蛮岭南的惠州，此刻却化为诗人心目中的一方乐土！

苏东坡此时已经心清神怡，像是负载的骆驼进了沙漠的绿洲。

诗人通过关隘之后，游历了佛教禅宗的圣地南华寺。

没想到他乡遇故知！像是冥冥之中自有天意，苏东坡巧遇了道士老友吴复古，这是给他惠州的流放送来了挚友同好。

吴复古是真正的道士，无忧无虑，身神俱佳。

苏东坡请教道士长寿绝招，吴道士回答了两个字："安，和。"

来到了惠州的苏东坡能否真正地心安气和？

差不多，绍圣元年（1094 年）岁末，刚到惠州的苏东坡便信意填词《西江月 · 咏梅》一首：

马趁香微路远，沙笼月淡烟斜。渡波清彻映妍华。

倒绿枝寒凤挂。

挂凤寒枝绿倒，华妍映彻清波。渡斜烟淡月笼沙。远路微香趁马。

从本词可以看出，被远谪至岭南的苏东坡的确心安气和，大家注意到了吗？本词的下阕是词人巧妙地将上阕一字不差倒过来填上的，被称为“回文体”。

祖宗的汉字，妙！词人的逸趣可见，非心安气和，岂能为之？

老孙解释一句：下阕首两字“挂凤”是一种惠州特产绿毛小鸟，鸟名“幺凤”。咱再补充一点，本词填写于西湖，惠州西湖。

90　东坡到处有西湖

说到西湖，中国竟有称为“西湖”者三十六处之多，而公认能与杭州西湖鼎足而立的唯有两处：颍州和惠州的西湖。宋朝诗人杨万里曾有诗：“三处西湖一色秋，钱塘颍水与罗浮。”罗浮即指惠州。

史曾有句：“海内奇观，称西湖者三，惠州其一也”及“大中国西湖三十六，唯惠州足并杭州”。

其实这三处西湖都不过是因为苏东坡对之青睐而已，没有苏东坡，这三个“大藕坑”难说有人理睬。杭州西湖不敢说，惠州西湖就不一定存在了！

惠州西湖在苏东坡到来之前的确不存在，名曰“丰湖”，地处惠州故城之西。苏东坡喜爱上此湖之后，在自己写的《赠昙秀》中，“人间胜绝略已遍，匡庐南岭并西湖”一句将丰湖称作“西湖”，是苏东坡给惠州的丰湖命名为“西湖”的。

诗人留句：“北客几人谪南粤，东坡到处有西湖。”[①]

① 注：此句为清陈志喆所作。陈志喆，曾为清光绪十二年（1886年）进士。

惠州西湖原是横槎、天螺、水帘、榜山等山川水入江冲刷出来的洼地。西枝江改道后的河床遂成为湖，西面和南面群山环抱，北依东江，面积 3.2 平方千米。

惠州西湖群山环碧，竹岸杨堤，林木青葱，水色山光，渚台亭榭，交相辉映，洲渚交错，景色天然。

清人陈恭尹的《惠州西湖歌赠叶金吾犹龙》中赞道：

惠州城西几百峰，峰峰水上生芙蓉。
丰湖之水曲若环，扁舟一去何时还。

这难道就是令中原朝臣们“谈岭色变”的荒蛮之地？是交通的原因，也是信息的原因。

中原人狂妄自大已久，对于岭南福地是不屑了解的。自秦始皇两路出兵，灭掉岭南越国以来，中原的士大夫一直把岭南作为罪臣的发配之地，委派地方官员到此地也多是为了惩罚，再加上岭南地区气候湿热，北方人难以习惯，有人回到北方后叫苦连天，所以此地一直被认为形同地狱。

实际上并不是如此。大家都知道今天的广州地区气候适居，这就是宋代的岭南。在北宋，那橘林、甘蔗、荔枝树、香蕉园、槟榔树、无边的稻田，比今天还要葱绿，这是个四季常青的乐土，绝不是不适于人类生活的地方。

苏东坡的名声早就传到岭南，当时的广州太守章质夫、惠州太守詹范、博罗县令林抃，甚至还有绝交多年的妹夫程之才（字正辅），程之才此时被派到广南任提辖刑狱。这些人对东坡早就倾慕，现在偶像来到眼前，他们争相为其安排食宿，送酒接风。

东坡的新居处被安排在官舍中。官舍地处两河汇合处的合江楼，宽广的河流在下面流过，河边的人们在悠闲钓鱼，正北就是罗浮山和象头山，一切与传说及想象中不一样。这里抬眼便是浓绿的草木和亚热带的果树，哪里有一丝荒蛮之意？应该是“岭南万户皆春色”！

数天后苏东坡迁到嘉祐寺居住。在山顶的松风阁里，苏东坡经常留恋不去，有些满足于命运在给予他坎坷的同时，又慷慨眷顾了他。昨天的朝堂争斗，而今回想犹如一梦，苏东坡不禁感慨，写下笔记《记游松风亭》：

> 余尝寓居惠州嘉祐寺，纵步松风亭下，足力疲乏，思欲就亭止息。望亭宇尚在木末，意谓是如何得到？良久，忽曰：“此间有甚么歇不得处？”由是如挂钩之鱼，忽得解脱。若人悟此，虽兵阵相接，鼓声如雷霆，进则死敌，退则死法，当恁么时也不妨熟歇。

人生福祸真是说不得，谁也无法定论。苏东坡现在似乎又找回了黄州的感觉，一切都“依然故我”，无官一身轻。

半年后，苏东坡给朋友去信：“来此半年，已服水土，一心无挂虑，因为已经乐天知命。”

老朋友陈慥来信说想来探望，苏东坡回信劝阻：“到惠将半年，风土食物不恶，吏民相待甚厚。孔子云：‘虽蛮貊之邦行矣。’岂欺我哉……自失官后，便觉三山跬步，云汉咫尺，此未易遽言也……亦莫遣人来，彼此须髯如戟，莫作儿女态也……今日游白水佛迹山，山上布水悬三十仞。雷轰电散，未易名状，大略如项羽破章邯时也。自山中归，得来书，灯下裁答，信笔而书，纸尽乃已……”

尤其令苏东坡欣喜的是，惠州不存在禁造私酒的条令！老百姓家家都可以自行酿酒。这里也不实行酒类专卖，每家的佳酿自饮、产销随便。曾造蜜橘酒失败的苏东坡不禁又技痒了。

当地百姓以酿造糯米酒为主，这是供伴餐下饭的酒，亲朋相聚则以专业高手酿造的果酒为主。苏东坡品尝到了桂酒，大为赞赏！在给朋友的好多信里，东坡都赞美此酒的异香，说此酒微微带甜而不上头，能益气补神，使人容颜焕发。

在一首诗里，苏东坡盛夸此酒，如果此种酒能开怀畅饮，会感到浑身轻灵飘逸，可飞行空中而不沉，步行水面而不溺，桂酒不啻是仙露。

他在给眉山同乡、道士、朋友陆维谦写信，开玩笑地说，仅桂酒一项即足以抵自己迢迢千里跋涉之劳！没想到，竟然把这位好酒的道士给吸引来到了惠州。当然，朋友来惠州还是为了看望东坡，不过笑推在品尝桂酒上，自然更为有趣。

苏东坡不是“好酒的不馋”之酒中大师，品美酒必须有佳肴。据《珂雪斋集》载，苏东坡来到惠州之后，虽学佛法，却因嘴馋不能戒肉，经常杀鸡解馋，内心甚为忐忑，不食其肉吧，又喜欢它的味道；吃它吧，难免与佛理错位。怎么办呢？苏东坡便每月为“美味们”转经两次，以便超度清炖鸡，并且作疏文祷告：“世无不杀之鸡，早晚均是一死哦……”

记载者评论：“此事尤为可笑，世虽无不杀之鸡，何必杀自我出乎？”

不过也有记载，说苏东坡自到岭南便不再杀生，并且每餐以素食为主，甚至有一天看见侍妾朝云，从儿子苏迈领口捉到一只虱子，顺手掐死，苏东坡见状开始训话：“圣人言，近取诸身，远取诸物。我今远取诸物以放之，汝今近取诸身以杀之耶？”

朝云辩解："它咬人怎么办？"

这时的苏东坡几乎成了个讨厌的道德学究："是人的气体招惹了生灵，它是无罪的，放了它不好吗？集市上的鸡鸭鱼又何曾招惹人了？人凡杀鱼禽之命，鱼禽们并没有杀人啊！"

据载朝云由此大悟，从此成了素食者，终身再不沾荤腥。

苏东坡的舅舅听说此事，告诫苏东坡："心即是佛，不在断肉！"

苏东坡反而固执地说："你不可以这样说。小人、女子最难感动，却易随流，现在幸亏她作如此法相，有何不可？"

这事记载在《善诱录》里，这里的苏东坡竟然成了位虚伪又死板的清教徒，肯定是《善诱录》作者杜撰的，来劝化世人从佛，毫无可信度。地点安排在了儋州，此时朝云早已病逝于惠州，怎么能去海南岛，为根本没离开宜兴的苏迈捉虱子？苏东坡在海南无活物不吃，怎会迂腐地连虱子都放生？

不过，这个故事能显示一点：连佛门的宣传也借苏东坡之大名，可见苏东坡影响力已遍布三界。

但朝云在来到惠州后倾心佛门倒是事实。年龄虽不大，但侍女出身的王朝云经历的事情太多太多，世事早已看透，心中唯有两人：苏东坡与佛祖。

91 天女维摩王朝云

苏东坡年近花甲之时，被从北疆贬谪南国，万里之遥，福祸难料，仕途急转，难得再起，那时身边众多的侍儿姬妾都陆续散去。

对于这些，苏东坡在刚到惠州的诗序中给予证实："予家有数妾，四五年间相继辞去，独朝云者，随予南迁，因读乐天集，戏作此诗。"

也就是说，侍妾们都炒了丈夫的"鱿鱼"，只有王朝云始终如一，愿意追随苏东坡长途跋涉去惠州，诗人那时在所写的《朝云·不似杨枝别乐天》中不禁感叹：

不似杨枝别乐天，恰如通德伴伶玄；
阿奴络秀不同老，天女维摩总解禅。
经卷药炉新活计，舞衫歌扇旧因缘；
丹成逐我三山去，不作巫阳云雨仙。

苏东坡的这首诗几乎句句用典，一般不热衷于史学的朋友不易一目了然。首句中“乐天”即唐代诗人白居易（字乐天），其妾樊素能歌善舞，尤以歌《杨枝》曲闻名，所以大家冠以她艺名“杨枝”；但白居易年老体衰之后，美妾樊素便溜之乎。

白居易因之痛心留句：“春随樊子一时归。”

王朝云幼年亦出身舞伎，但与樊素性情迥然相异，对苏东坡坚贞相随，这种患难与共，使年近花甲的苏东坡大慰生平，所以苏诗用“不似杨枝别乐天”来赞誉爱妾。

二句出典写《赵飞燕外传》的晋朝人刘伶玄，此公年迈时娶妾樊通德：“有才色，知书，慕司马迁《史记》；颇能言赵飞燕姊故事。”刘伶玄“学无不通，知音，善属文”，这应属老才子得配俏佳人吧。

刘伶玄常让通德讲赵飞燕的故事，大多时候还要议论几句：“斯人俱灰灭矣。”其实老才子听书从不动感情，却议论、感叹说书俏佳人：“通德占袖，顾视灯影，以手拥髻，凄然泣下，不胜其悲。”这位的确是闺房高手！

后人常说的“刘樊双修”，就是刘伶玄和樊通德的故事，成了用来称赞美满姻缘的成语。在这里苏东坡用来比喻自己和朝云缘遇此生。

阿奴（周谟）与络秀都是出自《晋书·列女传》中的人物，络秀姓李，貌美而待字闺中，曾悉心接待了安东将军周浚，两人一见钟情，终成佳话。后来周浚封侯，络秀生三子，幼子阿奴性情平淡冲和，貌似碌碌无为，但服侍父母天年，无灾无祸一生，而才高的哥哥周顗却因直言遭祸。后人就用“周兄无慧”的典故来教育人们要谨言慎行，戒骄莫自满。

在这里苏东坡用阿奴比喻王朝云为他生而夭折的儿子干儿，用络秀比作王朝云。“阿奴络秀不同老”是在说阿奴因平庸得以守在母亲的身边，朝云却命苦，生的儿子幼年夭折，是丈夫在为与朝云所生的孩子夭折而惆怅。

“天女维摩总解禅”即是把王朝云比作天女维摩，表示纯洁不染之意。此典出自佛经里的一个故事：释迦牟尼与门人讨论学问，空中忽现一天女，散花瓣于众僧侣，各位菩萨身上的花瓣皆落地面，唯有一人身上的花瓣不落。

菩萨们一起用力去掸，花朵竟像被强力胶黏住了，硬是掸不掉。天女问菩萨：“为何非要把花瓣从此人身上掸落？”

有一菩萨回答：“花瓣与佛法不合，故而不落。”

天女点化：“不然！此非花瓣之过，而是人之过……身不沾花的众菩萨，都已消除一切分别相，正如恐惧感，若不是先在心中害怕，恐惧则不能入袭人心；若贪生怕死，则视听嗅味触必然被侵；诸魔莫过于心魔，能战胜自我，则能超越一切。”

东坡用在这里是赞朝云如天女维摩般精通佛学大义，学佛有成。

朝云为杭州人，到惠州后水土不服，经常生病，平时不是礼佛就是煎药，“经卷药炉新活计”即是说她到惠州后的生活不离药灶经卷的现状；“舞衫歌板旧姻缘”则是回忆二人相识之前情，说朝云抛却了长袖的舞衫，手中歌板换成木鱼，歌声化为佛声。

苏东坡的弟子秦观曾经用巫山神女来比喻朝云，赠她的诗说她“美如春园，目似晨曦”；苏诗中“丹成逐我三山去，不作巫山云雨仙”之句，是在反用少游之意，祝愿朝云药炉的仙丹炼成，逝去后将飞往传说中的蓬莱、方丈、瀛洲三山，不会再如巫山神女那般为尘缘所羁绊了。

后人对这首诗多有评价、注释，说“略去洞房之气，反为道人之仙风，几有飘飘欲仙之余味”。

苏东坡一生的三个妻子中，严格说应该是两个，苏东坡为到死没能扶为正室的朝云写诗词最多，有人说朝云后来“也可以算作妻子”，但实际情况大不相同，古时人最重的是名分，侍妾没正式扶为夫人，其社会地位，尤其在儿女眼中的地位是大不相同的。是主子与奴婢的区别！

只能说这个十二岁进门的丫头，几十年来侍奉在东坡左右，荣辱与共，福祸共担，有时竟能与东坡诗词相和，对东坡词中的妙句能领会于心，动之以情，应该是苏东坡难得的生活密友、红颜知己，或者说战友与学生吧。

《林下词谈》载，绍圣二年乙亥（1095 年）春，朝云初到惠州，见残春将过，遂凄然有思秋冷、悲春逝之意，时正苏东坡新作《蝶恋花·春景》，便令朝云唱此曲排解：

花褪残红青杏小。燕子飞时，绿水人家绕。枝上柳绵吹又少，天涯何处无芳草。

墙里秋千墙外道。墙外行人，墙里佳人笑。笑渐不闻声渐悄，多情却被无情恼。

朝云歌喉婉转，泪满衣襟，东坡询问其故，朝云答道：“我所不能歌者，正是‘枝上柳绵吹又少，天涯何处无芳草’两句！”

苏东坡大笑：“噫嘻！我正悲秋，而你又伤春矣。”

据说次年秋朝云病逝，苏东坡因人伤词，终生不唱此曲！此词也是苏东坡绝唱之一。

“花褪残红青杏小”，衰亡表象中点及新生，残红褪尽，青杏初生，大自然新陈代谢之铁律，最让人感到悲凉无奈；睹暮春景色，而抒伤春之情，古诗词中屡见不鲜，东坡却从中超脱出了“青杏小”之新意，正是悲凉之中一点亮热。

东坡把目光离开残红枝头，移向广阔：“燕子飞时，绿水人家绕”，令人心情随之开朗。燕子飞舞、绿水环抱的村上人家，一派春意盎然，一扫起句之些许凄凉。

把伤春与旷达化而为一，唯有东坡可以从容为之！

“燕子飞时”化用晏殊的“燕子来时新社，梨花落后清明”，融汇前后春色。“枝上柳绵吹又少”，对应起句“花褪残红青杏小”，似乎使人看到了青青柳枝随风荡漾，春意挂上柳枝梢！

絮飞花落，本来最易撩人愁绪，一个“又”字，却写出飞絮年年轮回，絮飞发新枝，春去春还回；花落伤春意，惜春更惜情；“墙外行人”且举目：“天涯何处无芳草？”

“墙里秋千墙外道”则奇笔突转，由春景呼出了春人，绿水环绕的高墙之内，传来荡秋千之人的笑声，音景交错，春天活了！

但“墙外行人，墙里佳人笑”，则更使墙外行人浮想联翩，隐显的春天少女，使情景生动而不流于艳，感情真率而不落于轻，哀情尽洗，笑声盎然，“笑渐不闻声渐悄”之时，佳人杳然而去，行人莫惆怅，多情非无情，心宽天地宽！

情景交汇全篇，词人却以哲理收句上下阕，既蕴含了词人对人生悖论的思索，又启迪着后人洞察这个充满矛盾的世界。

92 诗人远色却痴情

苏东坡在绍圣三年（1096年）十月的一首咏梅词，最能表达对于爱妾朝云的真挚情感，词牌《西江月·梅花》：

玉骨那愁瘴雾，冰姿自有仙风。海仙时遣探芳丛。倒挂绿毛么凤。

素面翻嫌粉涴，洗妆不褪唇红。高情已逐晓云空。不与梨花同梦。

词人以惠州的梅花喻爱妾，赞叹朝云“玉骨”不惧岭南“瘴雾”，她那冰雪般的肌体，神仙般的风韵，能引起海中神仙的羡爱，仙人也会派使者来到花丛中探望，倒挂在树上的绿毛幺凤便是仙使！

幺凤相传为岭南特有的珍贵飞禽，绿毛红嘴，似鹦鹉，很小，栖息时常倒悬枝上，当地人呼其为“倒挂子”。

“素面反嫌粉涴，洗妆不褪唇红”，看似以美人喻梅花，其实是在以梅花比佳人，冰洁不须涂粉，红润刷洗不褪。这是在赞美朝云天生丽质，不敷粉脸自白，不搽胭脂嘴唇自红。

“高情已逐晓云空，不与梨花同梦”，是词人在叹息！自己所爱的梅花已经像拂晓的彩云般飞散，词人无须像王昌龄梦见梨花云那样，这美丽的梅花就是朝云的化身，她时刻陪伴在自己身边。

此为借用诗人王昌龄梦中曾作的《梅花》诗中的那句：“落落寞寞路不分，梦中唤作梨花云。”

《王直方诗话》中有段最另类的评语。晁以道初见此词，便赞叹：“此老终须过海！”为什么？晁解释：“‘素面反嫌粉涴，洗妆不褪唇红’这等词句，古今之人都未曾说过，怎能不罚他远去？”

明人杨慎《词品》[①]中给苏东坡的梅词打分：“古今梅词，以坡仙绿毛幺凤为第一。”

但朝云来到惠州之后，难称幸福！这就是美貌少妇与年近花甲的诗人之间的悲剧了。

来到惠州后，朝云年方三十出头，苏东坡已年近六十，问题在于此时的一对老少配却迷恋上了长生之道。这就麻烦了。

据载，苏东坡从绍圣二年（1095 年）便开始独眠，不再亲近包括爱妾在内的所有女人。对于夫妇生活，苏东坡在给门下张耒的信中坦白，自己已经独宿一年半，觉得颇有得益，并说节欲之难，犹如弃绝肉食开始吃素，甚至这样劝诫弟子：“节色欲犹戒肉，决定不吃肉时，可先试戒三个月，自然易于实行。三个月之后，可再延长三个月，如此继续下去。”

---

① 注：《词品》于明代创作，作者是杨慎。《词品》在词学史上有较高的文献价值和理论价值。

没有实际夫妻生活的还能幸福？这是道教的养生论害了两人。苏东坡在另一封信里说："养生亦无他术，安寝无念，神气自复。"

另外，朝云已拜尼姑义冲为师，皈依佛门的朝云对男女之事的态度也发生了变化。佛家认为，凭感官所见的世界都属虚幻，其终极的真实则是佛。若想到解脱，必须打破知觉的习惯，逃避感官世界的幻觉。这"佛"到底是什么？咱们下文再讲。反正现在是佛道联手破坏了东坡夫妇的生活，罪莫大焉！

在此特别声明，历史记载的王朝云是由于瘟疫，而提前走到了生命的尽头，苏东坡要与爱妾"天女维摩"天人永隔了！

苏东坡一生对白居易青眼有加。白居易曾有诗句："大都好物不坚牢，彩云易散琉璃脆。"苏东坡很欣赏这句诗，也曾留句："彩云知易散，鹈鴂忧先吟。"但苏东坡却数次无意间还把朝云说成彩云，比如他曾为朝云写过一首《南歌子·云鬓裁新绿》：

> 云鬓裁新绿，霞衣曳晓红。待歌凝立翠筵中。一朵彩云何事、下巫峰。
>
> 趁拍鸾飞镜，回身燕漾空。莫翻红袖过帘栊。怕被杨花勾引、嫁东风。

新绿晓红，云鬓霞衣，莺歌翠筵，鸾影燕姿，红袖帘栊，杨花东风。苏东坡道出了朝云无与伦比的美，然而此曲词人把她比作巫山彩云，倏然而来，倏然而去，无意中忘记了自己之前曾说过的"彩云易散"之句，谁料想这词竟成了朝云命运的谶语，注定不能在人间常驻。

绍圣三年（1096年），已经皈依佛门的王朝云天天诵经求佛，却突然遭到当地瘟疫传染。有专家猜测是因为当时还没有有效药物治疗的疟疾，实际上都没有确诊病因。七月五日，朝云带着不舍与无奈溘然长逝，年仅三十四岁。

咽气之前，朝云用最后一口气诵读《金刚经》偈语：

一切有为法，如梦幻泡影，
如露亦如电，应作如是观。

世上的一切都有命定，人生就像梦幻泡影，又像露水和闪电一瞬即逝，不必太在意。

其实，临去的妻子大概是在排解自己，作为丈夫的苏东坡此时的境界不用任何排解，已经能面对任何命运的不测，心灵一片空明。他知道，爱妾与自己迟早都是这大自然的一部分。

苏东坡曾在朝云临去的一年前的五月填词《殢人娇·赠朝云》：

白发苍颜，正是维摩境界。空方丈、散花何碍。朱唇箸点，更髻鬟生彩。这些个，千生万生只在。

好事心肠，着人情态。闲窗下、敛云凝黛。明朝端午，待学纫兰为佩。寻一首好诗，要书裙带。

词意就不品读了。词人一副看透世间万物的情态，竟将佛门空无之境界，并列置于“闲窗下”的“敛云凝黛”之面庞，确实是“好事心肠”的“着人情态”。苏东坡让我们不必苦寻一首好诗，诗人好诗已经“要书裙带”，大家伏身抬头便是。

双鸿远游，失伴成单，东坡决定就在此地永伴爱妾。这时的东坡已经心安惠州。

去年九月，北宋朝廷有皇家祭祖大典，按惯例应当实施大赦，可是传来的消息却是元祐诸臣不在大赦之列。

这消息使苏东坡的心情更为安定坦然，他写信给姐夫，即表兄程之才说：“某睹近事，已绝北归之望。然中心甚安之。未说妙理达观，但譬如元是惠州秀才，累举不第，有何不可。”

东坡在给另一至交的信里说：“今者北归无日，因遂自谓惠人。”

在他给曹辅的信中说：“近报有永不叙复指挥，正坐稳处，亦且任运也……见今全是一行脚僧，但吃些酒肉尔。”

由此可以看出，苏东坡已经准备安心做个岭南人了，至于后来北宋朝廷又想起了他，此时的苏东坡是不会有预见的。

苏东坡将朝云葬在了惠州西湖孤山的南麓，位于栖禅寺大圣塔下的松林之中。墓地是一个隐僻的所在，墓后是一片松林，站在墓旁可以看到山岭后的大圣塔尖；左右数里有几座寺院，立足墓旁可听见山风松涛中的暮鼓晨钟；墓前山坡分数条岗棱自高而下，犹如衣裳的折纹；山溪落下如瀑布，水流入湖中；惠州的僧侣募化筹款，在朝云墓上修了一座亭子，起名“六如亭”，以纪念皈依佛门的朝云。

杭州西湖上，词人曾面对孤山留佳句：“……欲待曲终寻向取，人不见，数峰青。”谁料惠州西湖孤山竟然成了朝云孤寂长眠的地方。

东坡以前常与朝云漫步湖堤、泛舟波上，一同回忆在杭州时的美好时光，因此两人也就用杭州西湖的各处风景地名为这里的山水取名。两人的得意之作一直保留到了今天。惠州西湖与杭州西湖各景点至今同名甚多，惠州西湖栖禅寺松林中的王朝云墓，已成为风景胜地。

那六如亭亭名“六如”，即是纪念朝云临死前诵出的佛家金刚经“六如谒”句，清人林兆龙为之作联：

不增、不减、不生、不灭、不垢、不净；
如梦、如幻、如泡、如影、如露、如电。

此联其实不怎么样，从格律到词性、意境、平仄都难称对仗，只是把佛家的六如偈嵌入了两句话，再有就是字数相同而已！

还是六如亭柱上苏东坡亲撰的楹联概括了他对朝云的挚情痴意：

不合时宜，惟有朝云能识我；
独弹古调，每逢暮雨倍思卿。

据说这副对联已经被岁月毁坏，现在的六如亭是清人伊秉授任惠州知府时重修的，柱上对联也换成了陈维所撰：

从南海来时，经卷药炉，百尺江楼飞柳絮；
自东坡去后，夜灯仙塔，一亭湖月冷梅花。

公正地说，此联不错，对仗甚工。上联概括了朝云来惠州后的生活实景，下联尽展东坡离去的凄切清冷，怀念东坡之意隐藏字里联中。但老孙总觉得还是不如东坡所撰对联揪人心扉、动人魂魄。

93 朋友多了好办事

既然一心安居于惠州，首先要解决长期居所问题，苏东坡现在也是有三房儿媳的大家庭，既然不能回到宜兴，那就只有让全家前来惠州。况且经过他的亲身体验，岭南也不如先前想象般可怕，甚至说世外桃源也无不可，但是全家都来需要住处，不能如现在一妾一子般（此时朝云尚在）随意找个寺院便可安身。

绍圣二年（1095年），苏东坡决定自己盖所房子。在给挚友王巩的信中，苏东坡用近似得意戏谑的口气说："某到此八月，独与幼子一人、三庖者来。凡百不失所……某既缘此绝弃世故，身心俱安，而小儿亦遂超然物外，非此父不生此子也。呵呵……子由不住得书，极自适……余无足道者。南北去住定有命，此心亦不念归。明年买田筑室，作惠州人矣……"

次年四月二十日，刚从逍遥堂看望一位何姓道士回到嘉祐寺的苏东坡，开始在河东白鹤峰上动工自己的安乐窝，新居后面为山势所限，所以前宽后窄。

这在今天的风水先生眼里是不祥的，俗称"棺材宅"，但苏东坡没有理睬这些，还是看中了这块地皮。当然，也可能宋代还没有这种说法。

苏东坡主要是看中了邻居。那儿原来已经有了两家居民，西邻是一位翟姓秀才、东邻是一位以酿酒为谋生的老妇林行婆。与秀才为邻，将来的孙辈也能接近点儿文化气息吧；与酿酒的婆婆为邻，好处可就大了，所谓近水楼台先得月，近酒楼台先得什么？香味不说，最起码少钱时可以赊酒喝。

苏东坡的白鹤峰新居共有房屋二十间，房子盖得十分精雅。围着房舍，苏东坡又栽种了橘子、柚子、荔枝、杨梅、枇杷等亚热带果树，以及几株桧树和栀子树。

这是委托刚恢复了往来的姐夫程之才物色到的苗木，他写诗告诉姐夫，不要物色过小的树苗，因为自己年已花甲，虽说有“前人栽树，后人乘凉”的伟大格言，但能够品尝到自己培育出的果实，更是件令人快乐的事情。

新居上梁在宋代是件值得恭贺的大事，届时所有亲朋好友以及左邻右舍，都会带着鸡和猪肉前来道喜。苏东坡值白鹤峰新居上梁之日，写了六节供工匠吆喝的喜歌，歌中有句：“自笑先生今白发，道旁亲种两株柑。”

据《春渚纪闻》载，当时东坡已经六十二岁，认为这些果树如果十年内不结果，恐怕就等不到了。

但是，这所费尽苏家财力、心力所造的新居，女主人朝云却无福享受。新居尚未竣工，朝云便长眠辞世。

苏东坡自己的新居起名“白鹤居”，后来人们为了纪念王朝云，改名为“朝云堂”；主房左右，苏东坡给每个房间命名，一为“德有邻堂”；一为“思无邪斋”。这“思无邪斋”就是苏东坡的书房。

“德有邻堂”出自论语“德不孤，必有邻”，“思无邪斋”则道家味道极浓，两个堂名都是四个字，而在这之前，文人给自己的书房起名通常为三个字。苏东坡以四个字做堂名，居然开创了一时的风尚。

邻人的房子在他的房子后面之东北，完全被苏东坡的房子遮蔽住。他的前门向北，正对河流，数里乡野的美景一览无余，白水山和更为遥远的罗浮山的庞大山脉也可望见。

“白鹤居”“德有邻堂”“思无邪斋”，这居、堂、斋三个房名，几乎是苏东坡此时思想及行为的写照，佛、儒、道三大思想，在苏东坡这里挂牌“同居”了。

北宋朝廷不让干工作，东坡只有干私活。

不过苏东坡在顾小家的同时，也没有忘记大家。就在苏东坡为建私房财力枯竭的同时，惠州的利民工程也立项开工了。绍圣二年（1095 年）六月，惠州建东西新桥。苏家没有旁观。苏东坡以自己珍藏多年的“犀带”赞助工程。

更难能可贵的是，弟弟苏辙于遥远的高安送来巨资。苏辙夫人史氏该年入宫朝见太后，蒙太后赐给了一宗黄金，苏辙便全数送来了惠州。苏东坡将这些资金尽数捐给了惠州的建桥工程。

也怪了，那时，北宋的太后几乎都爱眷顾苏家。

苏东坡到惠州是北宋朝廷明令的“不得签署公事”，所以他尽可以专注于自己的私事，或者怡情山水，倾心诗文。但是，这不是苏东坡的脾气。苏东坡也属于热衷于没事找事干的“事业家”。

虽然手头一无权，二无钱，但苏东坡有人缘与亲戚。苏东坡在朝堂、地方都工作过，又主知贡举多届，门生故吏几乎遍布天下，尤其诗、书、画堪称“三绝”，文章也是世所公认的文坛领袖，政绩公认不菲。所以，只要东坡张口，当地及周边的主政官员一般都要给点儿面子的。

尤其姐夫程之才的广南提刑职务，给苏东坡帮了不少忙，但程之才得以到广南任职，却是出于宰相章惇故意所为。章惇也不是突然天良发现，起了善心，而是准备给苏东坡创口上再搓点儿咸盐。他听说程、苏两家不睦四十多年。给你派个老对头，你还能舒服得起来？

苏东坡开始也挺担心绝交多年的姐夫加表兄会跟自己对着干，便通过一个朋友给程之才写了一封客气礼貌的信，结果信到大吉！六十多岁的程之才早已心思大变，颇想弥补过去的嫌隙，重获苏门亲戚的友谊。为此程之才亲来惠州探望苏东坡。

苏东坡派儿子去接姑夫，并且亲笔写了一封略带歉意的欢迎信，信中有这样的句词："杜门自屏，省穷念咎。"

不过程之才对苏东坡也有所求。他恳求苏东坡为他曾祖父（苏东坡的外曾祖父）写一篇墓志铭，这样一来，程家所受到的苏洵之侮辱自然就不了了之；再说，现在的苏东坡虽处于被难之中，可仍是眉山人人引以为傲的诗文大家，程之才也不免颇有荣誉感。

章惇欲给苏东坡使一暗棍子，没承想反倒给苏东坡送来了一根支撑的拐棍，这也许是苍天赐给东坡的少许平衡吧。

苏东坡在姐夫的帮助下，力所能及地做了不少分外的国家工作。

苏东坡来到惠州之前，当地的驻军没有营房，杂居于民间的，其战斗力就不用多说了，尤其要命的是，这些贫穷的士卒很少集中训练，战斗力大多用在了欺负老百姓上面。惠州居民因此苦不堪言，舍财也甭想求得平安。

此时苏东坡没有一点儿权力，只有给姐夫程之才修书，请求他协商惠州的地方官府，解决军民关系的这件大事，结果如他之愿，新建军队营房三百间，士兵受到了不得擅出军营的纪律制约，老百姓才算安定了许多。

绍圣三年（1096年）正月元旦的博罗大火，使博罗全城付之一炬，官家衙署完全焚毁，需要重建。苏东坡恐怕那些官衙趁机贪贿敛民财的事情发生，因为官员在搞国家建设时，一般都能有大宗的灰色收入，所以建议程之才令当地实行官府采购公开化，禁止征集民间物资，征用民工，否则“害民又甚于火灾”。

来惠州次年，岭南大丰收，农民出现了卖粮现象，谷价下跌，官府征税部门立即从中发现了商机：拒绝收取谷子，非要真铜现银。农民欠的一斗粮税，却要卖两斗谷子才够缴纳。不用问，经手税务的官吏们能获利翻番。

苏东坡便给程之才写了一封长信，把此官府伤农积弊揭发无遗，建议官府当依谷物市价向农民征税。数月之后，官府的税务主管果然向北宋朝廷呈请了东坡的建议。

苏东坡还做了一件特别受百姓敬仰的善事。他把无主野坟的骸骨收集起来，重建一大坟冢埋葬。重新安葬之后，苏东坡写了一篇祭文，安慰那些无名死者，文中向那些骸骨残缺不全的死者致歉。

经济已经极度窘迫的苏东坡还在惠州城西修了一座放生池，他相信那些鱼的前生也许是人身。鱼类一放入放生池内，则生命安全无虞，该池即名为“苏东坡放生池”。

直到今天，惠州当地旅游部门还保持在节庆之日重演买鱼放生的旧例。苏东坡还把黄州农民的“插秧机”带到了惠州，广州瘟疫流行时，苏东坡又把自己在杭州任上建立“公立医院”的经验传授给新任的广州太守王古；为了解决广州居民的饮水大事，苏东坡还把杭州的竹制输水管推荐给了惠州、广州的水利工程。

不过他嘱咐王太守对此主意来源保密，因为北宋朝廷假如知道了是他苏东坡出的点子，王太守不免要遭受连累。据说后来王太守还是没有躲过连累，因“妄赈饥民”而被罢官。

岭南百姓的窘迫缓解了，苏东坡的窘迫却加剧了，苏东坡个人的基建工程已经耗尽了他的全部家财，连饭都要吃不上了！

不过，苏东坡还是有将愁苦化为旷达的本事，旷达之外依然透着幽默，下面苏东坡写的一首短诗《纵笔三首·其一》，应该极其清楚地显示了自己的处境与心态：

寂寂东坡一病翁，白须萧散满霜风。
小儿误喜朱颜在，一笑那知是酒红。

诗人以悲哀的口气起句，苍凉的自我画像，病翁白须萧散，风霜满面，哪知竟然寥落得与儿童游嬉为伴，却仍朱颜带笑，醉态可掬之间，更出奇的一笔浓浓抹来！抹上了诗人的面颊，抹上了读者的心头！诗人一笑，酒红双腮，此刻哪里有半分悲哀苍凉？

老顽童诗人，诗人苏东坡。

94 人们心目中的佛门净土

绍圣三年（1096年），在惠州的苏东坡父子竟然挨了饿，以致到了米面全无的地步，不得不向一个王参军借了半亩菜地，爷俩自种自吃，据苏东坡自个儿回忆，“终年饱菜”充饥。

该年年底十二月二十五日，苏东坡存酒已尽，无法过个安稳年，欲找米自己酿酒，谁知扫过米缸，连米也没有！幸喜多位好友远来探望，没人空手，苏东坡才算熬过了年关。穷人过年如过关，自古皆然。

如此的穷日子，苏东坡还能高兴起来？潇洒依旧！苏东坡留诗为证：“为报先生春睡足，道人轻打五更钟。”

何等安逸？何等洒脱？

其中的因由，可能有远在金山寺的佛印和尚来书点化的缘故。可是佛印禅师无论如何也想不到，经他劝化的苏东坡精神固然超脱世俗了，可是超脱的诗句却让他的苏大施主大难临头！

此时的大宋朝野对苏东坡的态度可以说是冰火两重天！当政的欲置之于死地而后快，只是碍于大宋没有戮杀文臣的先例，才勉强容忍苏东坡暂住岭南；而在野的士子、文人以及老百姓却对他们心仪的诗人愈加崇拜爱戴。

自苏东坡被贬谪之后，北宋朝廷下令天下尽毁苏东坡所撰碑文，就连神宗皇帝亲笔题额的《上清储祥宫碑》也未能幸免，至于上面先皇的御笔题额，新上台的权贵们有的是办法。保留先皇御笔，磨平苏东坡所撰碑文，由蔡京重写一篇文字刻上去就是了。

但天下士子不买账，打抱不平者比比皆是，朝堂上不敢说，乡野民间就管不着了！有意见墙上划！就是寻常旅店的墙壁上也被题上了嘲讽诗《沿流馆中得二绝句》：

李白当年流夜郎，中原无复汉文章。
纳官赎罪人何在？壮士悲歌泪万行。

说明一下，李白并未被流放过夜郎，流放过夜郎的是大唐名将郭子仪。郭子仪曾自愿纳官赎罪，被诏命流放夜郎国。这是在说当年诗人李白游并州之时，遇到郭子仪，大为惊奇郭之风采。士子们借过来用作痛惜东坡被贬岭南，从此中原再无华章矣！

还有一诗亦名《沿流馆中得二绝句》被传抄海内外，大家甚至怀疑此诗出于苏东坡本人手笔，只不过为了避祸，匿名而已：

淮西功业冠吾唐，吏部文章日月光。
千载断碑人脍炙，不知世有段文昌。

此诗是借古讽今。唐代韩愈曾作《平淮西碑》[1]一文，后遭

① 注：《平淮西碑》，又名韩碑，唐代文学家韩愈撰文。

贬时被段文昌改作，所以被宋代人拿来抗议东坡碑文被磨平改作。此事被诸多宋人笔记记载，应属实情。

来到岭南的苏东坡并不寂寞，好多挚友不远万里前来探望，比如杭州和尚参寥子、常州的钱世雄、道教奇人吴复古、同乡道士陆惟谦等，据《苏诗施注》载，一个七十三岁的老“苏粉”，为了能见苏东坡一面，竟然徒步万里，真可称得上骨灰级别了。

这位老者也是眉山人，姓巢名谷，字元修，与苏东坡属文字相交的文友，巢谷老头一心想见苏子，留下遗书就上了路，不顾年迈，老眼昏花，一时不慎，半道竟被小偷盯上，结果行李被盗，后来小偷在新州落网，老头去新州取行李，竟然死在新州。不过，“老苏粉”并不遗憾，此行虽然赔上了老命也没见到苏东坡，但在梅州见到了苏辙，心愿也算完成了一半。实际上老头也值得，一趟临终旅游，使得自己名传千年。

这种铁杆“苏粉”多得是。据《冷斋夜话》[①] 载，有个法号奉忠的老和尚也是这样远征岭南，仅为见得苏学士一面，结果被大山加大病阻隔在了贵州南山寺，奉忠和尚索性就地养病，坚决养好身体见苏轼！

追星族也不限于和尚、道士、文人，未出闺阁的妙龄少女更为迷恋老才子苏东坡。《燕石斋补》及《梅墩词话》都记载了这样一件事：

来到惠州又失去朝云的苏东坡夜晚难寐，经常起身夜诵诗词，结果被一位姓温名超超的当地少女注意上了，经常翻墙来偷听。有次被苏东坡听到动静，推窗时惊得这位少女“苏粉”逾墙而逃。

---

① 注：《冷斋夜话》为古代中国诗论著作。北宋僧人惠洪著。

超超年方二八，容貌俊美，一直不肯嫁人，发现心中偶像苏东坡之后，回去高兴地对人说：“真我婿也！”就此迷上了苏东坡，竟发誓非东坡不嫁！感动的苏东坡也传话许诺：“吾当呼王郎，与子为姻。”

可惜现实中并不全是“有情人皆成眷属”，苏东坡还没来得及给超超找到王郎，即被流放海南，无法兑现自己的许诺。超超姑娘却遵守了自己的誓言，年余等东坡不归，郁郁而亡！

苏东坡的朋友遍天下！但是岭南毕竟偏远，苏东坡的亲属好友还是难通音信，宋代虽有信差驿站，可都是专为朝廷服务的，私人平民是沾不上边的，有钱人还能专雇私人邮差，没钱的人只能幻想鸿雁传书了。

苏州定慧院有一位姓卓名契顺的佛门俗家居士，自愿为苏东坡的亲属当免费邮差，并说：“惠州也不是在天上，走着去，总可以走得到！”

卓契顺马上步行七百里给宜兴的苏家及其他朋友送去信息，说自己愿为苏家信使。据载，这位卓契顺免费为苏家做邮递员，非常敬业，绍圣三年（1096年）来到惠州见到苏东坡时，面孔黝黑，脚上的老茧都起了几层。

尤其是他见到苏东坡取得回书扭头就走，连路费都不提一句，苏东坡不禁相问：“你有什么要求吗？”

卓契顺的回答令人感动：“如果我有什么所求的话，你在汴京时我就去了，何必等到今天，这么远赶到岭南来？”

啥话也别说了，苏东坡提笔为其书写陶渊明《归去来兮辞》，并且在上款注明“书归去来兮辞赠卓契顺”。这卓契顺仅凭此手抄，大名即获不朽，令人既佩服又羡慕！

这次为苏家做邮递员，卓契顺还带来了佛印和尚的书信。

卓契顺路经金山寺，便兼职了大和尚的邮差。金山寺主持佛印大和尚托其带信给惠州的苏东坡："……子瞻中大科，登金门，上玉堂，远放寂寞之滨，权臣嫉子瞻为宰相耳。人生一世间，如白驹之过隙，三二十年功名富贵，转盼成空，何不一笔勾断，寻取自家本来面目？"

佛印以自己师父教导自己为例子："……昔有问师：'佛法在什么处？'师云：'在行住坐卧处，着衣吃饭处，屙屎撒尿处，没理没会处，死活不得处！'"

最后佛印点化苏东坡："子瞻胸中有万卷书，笔下无一点尘，到这地位，不知性命所在，一生聪明，要做什么？三世诸佛，则是一个有血性汉子！子瞻若能脚下承当，把一二十年富贵功名，贱如泥土，努力向前！珍重珍重。"

这大和尚说得有趣有理！佛在何处？无所不在。其实也可以理解成哪儿都没有。实际上是在说，佛法就在每个人的心里。

事实上这大和尚劝别人头头是道，轮到自己未必看得开。他对于争强好胜，甚至发点儿小财也是热衷的。

据说有次苏东坡路过金山寺，腰系着一条神宗皇帝赏赐的玉带，佛印和尚正高坐说法，看到东坡上来，开起了玩笑："学士从哪里来？这儿可没有您坐的地方。"意思是，这里没有你的归宿。

东坡知是禅机，也开玩笑说："既然没有我的坐处，何不暂借大师的四大五蕴一坐？"

佛家指地、水、火、风为四大，以色、受、想、行、识为五蕴。佛印见东坡在和尚跟前说禅语，岂不是班门弄斧？

眼见东坡腰中玉带不错，便起了贪念："贫僧有一佛语上联，学士如能对出，当从所请；若对不上，请留下腰间玉带。"

东坡解下玉带，请佛印出句，佛印念道："四大皆空，五蕴非有，学士欲于何处坐？”

东坡正沉吟间，佛印忙命小和尚道：“把玉带收起来，永镇山门。”大和尚贪念已起，谁能不破财？

大概觉得强留人家的玉带有点儿不合适，佛印便让人取来一件袈裟，回赠东坡，一举两得，既来而往有理，又在暗示东坡应穿上衲衣，离开仕途。佛印并赋诗两首，东坡也步他的原韵和诗《以玉带施元长老元以衲裙相报次韵（二首）》中写道：

病骨难堪玉带围，钝根仍落箭锋机；
欲教乞食歌姬院，故与云山旧衲衣。

据说那条玉带缀着一块块米色的玉石，有长方形、圆形、心形，共有二十块，精美绝伦，九百多年来一直作为金山寺镇山之宝供人观赏，直到今天仍然保存在金山寺中。

但东坡终于没有听从佛印的劝告披上袈裟，弃官出家，甚至佛印来信安慰解劝，在苏东坡看来也并不需要。前文说过的那句“为报先生春睡足，道人轻打五更钟”，清楚明确地打消了大和尚的顾虑，苏东坡又岂止于“把一二十年富贵功名，贱如泥土”？

但是，这两句超然物外的诗句传到了京师，被宰相章惇看到。在章惇心里就不会这样理解了，章惇琢磨：“吆喝！原来你苏东坡过得这么舒服？你舒服本相爷不就难受了？”

得，怎样让你难受就怎样处理吧！

于是，一纸新的贬谪苏东坡的命令发到了惠州。

95 物资贫乏的精神富翁

再次贬谪苏东坡的原因有多种说法，前面说的仅是其中之一，宋史只记载了现象，没探究本质；诸多宋人笔记各执一词，说法不一，真实原因只有宰相章惇能给予解释了。人们不过是根据见到的表象各认知各的。

有一种说法最为离奇、合理、有趣、出人意料。此说法在宋人笔记《鹤林玉露》《宋稗类钞》《老学庵笔记》中都有记载。

说章子厚为相，欲尽逐政敌，但其宰相职务日理国事万千，实在难以区分罪臣谁该贬谪于何地，便别出心裁，决定就按他们的名字偏旁发配！

于是，苏东坡字子瞻，便被发配到海南儋州，那“瞻”与“儋”仅是偏旁不同；苏辙字子由，所以被贬谪到雷州，“由”字与“雷”字下部都是“田”字。

此说法竟然还有旁证：黄鲁直被贬往宜州，就是因为那个“宜”字的下半部与“直”字的下半部相似；刘莘被贬新州，则是“莘”和“新”同音。

宋代某些当官的对处理他人的命运本来就甚是随意，人们根据自己看到的现象给出结论无可厚非。

这种说法流传甚广的原因，其实还有江湖术士的“功劳”。《鹤林玉露》中透露，有些测字相面的江湖术士就大肆宣扬自己的先知先觉：这“儋”字中立人，预示苏东坡能一人归来；“雷”字上承雨露，苏子由自然以后要沐浴圣恩；“宜”字不妙，乃“直”字有盖棺之象！果不其然吧？苏家兄弟都保住了命，唯有黄鲁直没有坚持到平反昭雪，命丧谪所。咱哥们儿绝吧？

还是《东坡书院记》中说的原因靠谱：章惇听说苏东坡在惠州新居已落成，心里不是滋味。就这样让你在安乐窝里纳福？做梦！拆你的新房影响不大好，让你今生住不上新居，咱做得到，到大海那边去吧，不是一心安居吗？偏让你去个住不上房子的地方！

事实上还真让权臣们给琢磨透了，苏东坡新居落成两个月，就要告别新家，去海南行了，新职务是琼州别驾，并且明令将苏东坡“移送昌化军安置”。昌化这地方，乃故儋耳荒蛮之地，世人皆知“非人所居，药饵皆无有”。

不过，北宋高层的所谓安置并不是想让苏东坡住在军营，那时的昌化驻军也没有固定军营。政敌们就是打算让苏东坡享受“居无室”的潇洒生活！

但是这也不易得逞，天高皇帝远，真正对苏东坡现实生活起决定作用的还是当地官员。苏东坡是位声名远播的人物，海内外近乎无人不晓，走到哪里都有人照顾。

当时琼州的驻军使张中，对苏东坡早就倾慕，对于苏东坡的住处，作为孤悬海外的军政首长还是有办法解决的，一道命令，官方驿站需要整修，暂停接待来宾，苏东坡就住上了这“官府招待所”。

道高一尺，魔高一丈！章惇等新政权贵本来就对苏东坡的处境不大放心，别让地方官员再把朝廷给忽悠了！怎么办？朝廷就是朝廷，派“朝廷特派员”呀。于是，便委派湖南提举常平的董必代表朝廷专门巡察广西。那时的琼州隶属广西。此举就是要摸清苏东坡来到海岛后的居住状况。

据载，董必来到海边，欲要亲自渡海巡视苏东坡的住宿实情，被一位姓彭的幕僚给劝住了。那位彭参谋也是“苏粉”之一，跪下劝阻上司：“谁家都有子孙儿女呀！”言外之意就是劝说董必少造点儿孽吧。

董必虽然听劝没有亲自渡海深入“虐苏”第一线，但还是派人去昌化进行了实地调查。上面的指示总得应付，结果发现苏东坡在官舍居住得挺安逸，那还了得？赶出去！

实际上苏东坡在“官府招待所”居住一点儿都不安逸，那里长期得不到修缮，早已破烂不堪。据载，苏东坡曾一夜起来三次躲漏雨。这官府公房被张中用公款修了一下，后来还因此为他招了麻烦。

就这样也不能令上面满意，破房子也是房子，也是朝廷财产，哪能容得这罪臣琼州别驾占国家的便宜？

苏东坡被逐出官舍，总得找个遮风避雨的窝吧，幸亏军使张中仗义，患难之际伸出了援手，发动当地学者、朋友给苏东坡新建住处。一时儋州当地百姓齐来相助，在苏东坡自己购买的一块地皮上建起了土屋五间。众人拾柴火焰高！苏东坡还是没被逼到露水地里过夜。

不过，见义勇为要看对谁，仗义的对象不对，一般都是仗义的人就要倒霉了！据载张中的行为激怒了上头，上头因此事对张中做了严肃处理。张中被罢黜回家，流落困病而死。

《宋史》载："（苏轼）初僦官屋以居，有司犹谓不可，轼遂买地筑室，儋人运甓畚土以助之。"

苏东坡的生活每况愈下，始于惠州时的白鹤居落成，可是不自建居所怎么生活？朝云逝后，苏东坡与儿子苏过孤零惠州，衣食无着，这怎么能是个长期办法？东坡全家终于决定分出一半人移居惠州。

苏东坡的长子苏迈，已经通过关系谋得了韶州仁化县令的职务，任职地距惠州不算远，他便把自己的家眷迁来惠州，苏过的家眷也被一并带到了白鹤居；次子苏适和妻儿仍留在宜兴，这是苏东坡的意见，因为苏东坡对次子抱有厚望，希望他专心准备，参加科举考试。

同两个儿媳妇一起来到惠州的还有三个孙子，两个是苏迈的孩子，一个是苏过的孩子，最大的孙子已经二十岁，也成家娶了媳妇；二孙子苏符也到了娶妻的年龄，苏东坡给他安排，娶了弟弟苏辙的外孙女。

这样，一大家子不可能一起跟着苏东坡渡海去儋州，苏东坡只有把全家留在惠州，仅让小儿子苏过一人陪同自己渡海南下。自己到底要流放在海南多久，谁也不敢说，生还之希望，在苏门全家看来，甚为渺茫。

两个儿子一直陪伴到广州，苏东坡与苏过必须从此地乘船沿江而上了，船行数百里到广西梧州，然后南转，从雷州半岛渡海。上船之际，子孙们无不抱头痛哭，没有人认为苏东坡还能安然归来。因为据经验，被发配到海南的人没有能生还的！

船到雷州，恰巧遇到弟弟苏辙已经来到雷州半岛的贬谪之处，苏东坡便到了梧州附近的藤州与弟弟相会，兄弟二人久别重逢，相见却是境况凄凉，这就是数年前的两位北宋朝廷主宰呀！

至于苏东坡此时的心情，总不能将洒脱进行到底了吧？非也！苏东坡还是那个苏东坡！

有例为证：兄弟二人到藤州当地一个小饭摊吃饭，穷县僻壤，没啥好吃的，只有些粗糙麦面饼，苏辙毕竟是做过宰相之人，被贬后也是县级以上的官员，吃惯了讲究的饭食，对这玩意实在难以入口下咽。

苏东坡却大口小喃，把自己的糙饼几口吃光，然后笑着对弟弟调笑："这种美味，你还准备细嚼慢咽吗？"

物资贫乏算什么？精神富翁苏东坡！

雷州太守张逢，一向仰慕苏氏兄弟，此刻恰逢苏门兄弟巧聚治下，当然大喜望外。太守给予二人盛大的欢迎，接风送行、送酒食，礼遇有加，苏东坡渡海之时，张逢送出郊外，又派两名士兵随侍，其后又依法动用官钱给苏辙修建了居所。

如此照顾持不同政见者，张太守简直是自找倒霉，地方上还缺向上面汇报的"好官员"吗？结果可以预见，张逢第二年便被开除公职。

章惇对苏东坡是做绝了！不仅打翻在地，又踏上一只脚，让其不得翻身！

96　人说海外有仙山

苏东坡必须出发了，苏辙送兄到海边，亲情难舍难分。

离别前夕，兄弟俩及家人在船上过了一夜，二人赋诗作别，大家都认为这次是生离死别，其情其境，令人黯然魂销！

扬帆之际，苏东坡给送行人留文：

“某垂老投荒，无复生还之望。春与长子迈诀，已处置后事矣。今到海南，首当作棺，次便做墓。仍留手疏与诸子，死即葬于海外，生不契棺，死不扶柩，此亦东坡之家风也。”

绍圣四年（1097 年）六月十一日，苏东坡登上了跨海的轮渡，此刻晴空万里，海天一色，远远眺望，海岛隐约，山峦轮廓矗立于天际，数只海鸥巡掠于浪尖，大海，诗人的故乡！

苏东坡思潮起伏，面色却是安详。原来渡海之时，苏东坡又得巧遇，其最欣赏的弟子秦观自郴阳移居海康，与他于海上相遇，这才是真正的“他乡遇故知”！

师徒二人相见，其意义非凡，两人都明白此去将重聚无期，竟然相互交换起挽联来。大家不要误会，苏东坡的自撰挽联几乎没有一丝凄苦之色，还自我调侃，其实是在笑傲江湖！

两人告别之际，竟然啸咏而别，东坡作歌："更约后期游汗漫！"真是名士自有名士风范！

说起秦观，在这里补述一点儿其与老师苏东坡的往事。

秦观，字少游，又字太虚，号淮海居士，扬州高邮人，少年时狂放不羁，豪隽慷慨溢于文辞。他满怀希望地参加了一次科考，结果落榜，有些气馁，便反过来研究兵书之类的学问。苏东坡的大名灌到他耳中之后，小伙子专程来到徐州见心中偶像。

经过面试，苏东坡认为秦姓小伙有屈原、宋玉之才，偏不能在进士榜上题名，大为秦观抱屈，便送给了秦观一首诗，其中有句：

"底事秋来不得解？定中试与问诸天。"

后来在苏东坡的勉励下，秦观又重整旗鼓参加科考，结果于神宗元丰八年（1085年）得中进士，终于挤进了国家公务员的队伍。

秦少游文笔委婉细腻，其诗清新妩媚，词风近似柳永，"有小晏（晏几道）之研，而幽趣则过之"（清刘熙载《艺概》语），甚至招致苏东坡的善意"嫉妒"。有次见面，看了秦观的新作，东坡竟直言嘲笑："几年不见，啥时拜了柳七为师？"

据《避暑录话》载，苏东坡在苏门四学士中最喜欢秦少游，但经常调侃他模仿柳永诗词，常称呼他为"山抹微云君"。因为秦少游曾作《满庭芳》，被人传诵一时，词中巧妙借用隋炀帝"寒鸦万点，流水绕孤村"之句，令士子们叹服，但最有名的还是该词的首句："山抹微云，天连衰草"。

苏东坡便以诗句戏之："山抹微云秦学士，露花倒影柳屯田。"这"露花倒影"便是柳永词《破阵子》中的名句。

哲宗亲政，元祐党人被扫荡出朝堂，秦少游作为苏门死党，自然也免不了被贬出京，先是被贬谪为杭州通判，又贬为监处州酒税，削俸之后徙迁郴州，继贬编管横州，又徙雷州。

秦才子的命运更是不济，后来徽宗上台，又一位太后摄政，元祐党人开始翻身得解放，秦观官复宣德郎，放还至藤州时，竟然在华光寺为游客讲解梦中填词的长短句，说话口渴了讨水喝，人们把水送到，秦少游竟笑视而卒！

这次能与苏东坡相遇雷州半岛藤州，确属意外，也属巧合，他为自己作的挽联，其语甚哀，读者悲伤，没想到下次再来就用上了！逝时年仅五十三岁。

据《宋史》载，秦少游死讯被苏东坡得知后，其不禁哀叹："少游不幸死道路，哀哉！世岂复有斯人乎？"

不管怎样留恋亲友之情，海船还是照行不误，风帆鼓起的难说全是诗意，波涛涌动的未必尽是深情，花儿并不都美丽，蔚蓝绝非代表适静。

琼州到了，七月二日，苏东坡父子到达目的地昌化。

在宋代的中原人看来，海南岛根本不适于人类居住，只适于流放那些该杀又不易杀的罪犯。

尤其夏天，海岛气候潮湿闷热；冬天也好不到哪儿去，雾气终日不散；春天食物短缺，居民常需以野菜度日；逢秋则淫雨连绵，东西无不发霉。

苏东坡认为，既然东西发霉，人体岂能例外？身体当然也有发霉的可能，他在《书海南风土》中这样写道：

> 岭南天气卑湿，地气蒸溽，而海南为甚。夏秋之交，物无不腐坏者。人非金石，其何以能久……乃知寿夭无定，习而安之，则冰蚕火鼠，皆可以生……一呼之温，一吸之凉，相续无有间断，虽长生可也……九月

二十七日……时戊寅岁也。

可以看出，苏东坡虽然认为人体也可能腐坏发霉，但贵在习惯，长生之道，在于一呼一吸、温凉之间，世上没有什么环境是人所不能忍受的。

实际上事情并不那么简单，气候环境人类还能逐步适应，人与人之间的心理环境就未必能学会适应了，不然苏东坡在京师时那么倾心于外调干吗？

小人学做君子不易，真君子学当小人也难。就当时海南岛上人与人的关系来说，就不容乐观。岛上除了驻军与罪犯，还剩下两种人：大陆移民与当地土族。

所谓当地土族，主要是指山地黎族，那时他们还属未开化，懒于耕种，以打猎为生。据苏东坡的诗记记载：当时男人主内当保姆，女人主外打猎砍柴，都没机会读书识字，也因此规矩老实，常受狡诈的汉人移民愚弄欺骗。

当地的生产资料及生活资料都被汉人控制，所有的金属用具如斧、刀，生活所需如粮食、布匹、盐等，都自内陆输入，甚至大米也自内陆输入。因为当地人用不着这些奢侈物品，当地人只吃芋头，喝白水当作饭食，冬天大陆的运米船不到时，苏东坡必须以此维持生计。

驻岛的军队是干吗的？那时这里还没有外敌入侵的威胁，驻军需要对付的是岛上的居民，严格来说是黎族山民。

经过无数次汉族同胞用实际行动的教导，汉人眼中愚昧的黎族人也学得狡诈起来。黎族人也学会了与汉人吵架、争利，偶也会进袭市镇中欺辱了他们的商人。被商人欺骗后得不到公道审判，他们也明白了，唯一的办法就是用暴力解决问题。

这就需要军队来镇压了，不过打起仗来，那些愚昧的山民却变得无比聪明，像是天生就精通“敌进我退，敌驻我扰，敌疲我打，敌退我追”的游击战秘诀。官军来到，他们就退进大山。官兵想进山追捕？吃了几次小亏，变得乖了。这些驻军就驻扎在平原做起警察工作。

这样就自动形成了大家都能容忍的平衡，彼此相安、相战，事不断却能共生共存。

苏东坡很快洞察了这种情况，他不赞成北宋朝廷的镇压政策。后来儿子苏过还写了一篇长文议论此种情形，并表示，这些土著其实都是规矩百姓，是由于官府不替他们主持公道，才被迫惹事的。解决的办法唯有公平相待，公正管理。

这样的恶劣环境，给苏东坡在海岛上的生活带来了更大的变数，不仅是生活资料的困乏、政治信息的闭塞、文化娱乐的枯燥，还有关乎人身安全的治安问题。

苏东坡的一段文字颇能说明岛上的现状：“此间食无肉，病无药，居无室，出无友，冬无炭，夏无寒泉，然亦未易悉数，大率皆无耳。惟有一幸，无甚瘴也。”

真正的“四大皆空”！只要是常人所需要的，这里一概没有！人们都爱用“兔子不拉屎”的俗语来形容荒蛮之地，而这里似乎是个连病菌都难以生存的地方。

不是人说海外有仙山吗？仙山自然只适应神仙们生活，哥们儿就在这海外仙山安心修炼吧，最好成仙！

北宋朝中的权臣们高明，把苏东坡困在这么个“八面来风”都不着边际的孤岛上，有什么文采你就尽情地发挥吧，不信那些惹人讨厌的诗词文章能漂洋过海飞到中原来。

实际上这才是章惇一伙人真正的目的。

惠州再远，与中原总是陆路相通的，苏东坡于岭南所写的文字，还是能传抄到中原乃至京师，只不过没有在黄州时那么及时罢了；偏偏苏东坡是个不大安分的异己分子，连做戏装文盲都不懂得，这就必须加大对其惩罚的力度！

现在一切问题都没有了，不和谐音符在大海中的一个孤岛上回荡能有什么大不了的？都说环境能改造人，你就在最适应改造人类肉体的环境中慢慢改造吧。

苏东坡感觉，现在自己的生命无异于一只小小的蚂蚁，并且这只蚂蚁被围困在没有出路的水坑中，蚂蚁仅靠漂浮在水面的一片枯叶，暂时延命求生，未来如何对这只蚂蚁毫无意义。

哲宗元符元年（1098年）十二月十二日，苏东坡在日记《在儋耳书》中透露出自己对现实的无奈：

> 吾始至南海，环视天水无际，凄然伤之曰：“何时得出此岛也？”已而思之：天地在积水中，九州在大瀛海中，中国在少海之中。有生孰不在岛者？譬如注水于地，小草浮其上，一蚁抱草叶求活。已而水干，遇他蚁而泣曰：“不意尚能相见尔！”小蚁岂知瞬间竟得全哉？思及此事甚妙。与诸友人小饮后记之。

既然苏东坡有了人生如蚁的感觉，还能继续潇洒快乐吗？能！苏东坡迅速地调整了自己的心态，他那天生具有的豁达、不屈于强势的精神，不会丢弃人生的快乐。苏东坡这样写信给朋友：“尚有此身，付与造物，听其运转，流行坎止，无不可者。故人知之，免忧。”

这就是苏东坡现在的人生哲学——顺其自然而达观！

97　孤岛上的诗人不孤独

就物质生活而言，章惇他们的目的达到了，苏东坡真的差点儿成为饿殍一具，不，应该是两具，还有幼子苏过呢。

秋季来临，海风加剧，有时还有无法预料的台风，广州、福建来海岛的船只大都停航。食粮不继，有钱也无处买，确实让以嘴馋著称的苏东坡感到痛苦。

秋尽冬来，苏东坡给海峡对岸的朋友写信说，自己与儿子“相对如两苦行僧尔”。

在没有一点儿食物接济的情况下，苏氏父子只能煮青菜，并且开始煮苍耳为食。

人饿急的时候最爱幻想的是什么？是成功研究出不需要吃饭就能活着的伟大发明！若是连饥饿感也没有，那就最妙了。

苏东坡从一个故事里受到了启发，世上啥东西食之不尽，用之不竭？除喝风吸气饮清水之外，还有阳光！吃阳光能不能止饿解饥呢？

对了，还有道教的“辟谷之法”，那玩意好，极具实际意义。

苏东坡在杂记《辟谷之法》中，特别叙述了这个阳光变成面包牛奶的故事。故事的发生地是洛阳，一位老兄坠入深坑，坑内蛇、蛙和平相处，互不干涉。为什么呢？原来黎明之时，这些动物们都将头转向太阳，一时如同“朵朵葵花向阳开”，看来的确“万物生长靠太阳”！

老兄发现了“新大陆”！蛇、蛙们好像是在将阳光吞食下去。此时他又饥饿又好奇呀。这位探险家学着动物们的动作，尽量将阳光吞食下去，那玩意又不限量，甚至连成本价没有，尽情多吞就是！妙！饥饿之感竟然消失！有种美酒加咖啡，一杯接一杯的感觉！探险家就此成为发明家，一项伟大的发明——吃阳光健身止饿大法，就此问世。

后来“发明家”遇救，竟然再也不吃其他食物，每天只以不要钱的阳光为食，从此不知道饥饿啥滋味。

苏东坡加了编者按：“此法甚易知易行，然天下莫能知，知者莫能行者何？则虚一而静者世无有也。元符二年，儋耳米贵，吾方有绝食之忧，欲与子行此法，故书以授之。四月十九日记。”

由此可见，苏东坡虽然羡慕此等大法，却没有亲身实践，仅是想过与儿子苏过“行此法”。人不饿急眼，脑瓜中怎会冒出这等点子？

虽然苏东坡的肚子饿得恨不得吞噬阳光，但最大的不舒服还不是食物，物质生活与精神生活哪个更重要？在苏东坡看来，应该是精神食粮更重要。

可是在琼州荒岛上，四郡之内竟然无处能找到书，这最令苏东坡受不了，与中原的信息断绝是没办法的事情，但是没有精神食粮书籍，这让文人东坡怎么度过看不到止境的寂寞？

据说，产生精神病患的原因之一就是让人极度寂寞。

曾经有一本国外中篇小说《象棋冠军》，讲的是纳粹抓住了一个民主分子，将他与世隔绝一年多，结果这个独居的囚徒没有成为精神病，竟是由于他无意中找到了一本《国际象棋对局选辑》，结果反而自修成比世界象棋冠军还要厉害的大师。

现在的苏东坡也有这种幸运。有位旧识黎子云家居儋耳，苏东坡在他的家中找到了《柳河东集》(《柳宗元文集》) 数册，从此黎家就成了苏东坡经常光顾的地方。日久成习惯，苏东坡竟然喜欢上了柳宗元的文风。

还有位前文说过的姜公弼，这哥们儿爱东坡胜于爱老婆，是位经过实践验证了的骨灰级苏粉。其老家就在海南，听说苏东坡来到儋耳，便上门来拜师，苏东坡看了他的文章，便在其折扇上题诗：

> “沧海何曾断地脉，白袍端合破天荒。”
> 这是在断言姜公弼日后定会考中进士。

当时姜公弼求苏东坡续写全诗，苏东坡承诺：“等你日后登科，吾当为你写足全诗。”

姜公弼日后果然登第，可惜其时苏东坡已经谢世。姜公弼便拜在苏辙门下，由苏辙替兄长续写了该诗《补子瞻赠姜唐佐秀才》：

> 生长茅间有异芳，风流稷下古诸姜。
> 适从琼管鱼龙窟，秀出羊城翰墨场。
> 沧海何曾断地脉，白袍端合破天荒。
> 锦衣他日千人看，始信东坡眼力长。

苏东坡曾对弟弟苏辙说过："我上可以陪玉皇大帝，下可以陪田院乞儿。在我眼中天下没有一个不是好人。"现在诗人真的要陪"田院乞儿"了。

此地唯有一样好处：苏东坡无须谨言甚微了，来几句反北宋朝政的言论也不至于被举报，言语、笔下完全自由，这才是最大的快乐。

苏东坡还是老习惯，一天没有客人就难受，如在黄州时，若是哪天没人来，他会出去看邻居。苏东坡与一切人相往来，甭管是读书人还是农夫，甚至邻家的老太太，他一样与人聊得津津有味，并且同样能赋诗相赠。

《侯鲭录》载，苏东坡与一位七十多岁的老太为邻居，见苏东坡经常头上顶着一个大西瓜皮，在田地里边唱边走，老太便对苏东坡感叹："内翰大人，你过去的荣华富贵，现在想来，是不是像一场春梦？"

苏东坡深以为然，大家从此就称她"春梦婆"。苏东坡曾趁酒给这老婆婆写诗《被酒独行遍至子云威徽先觉四黎之舍三首》：

符老风情奈老何！朱颜减尽鬓丝多。
投梭每困东邻女，换扇惟逢春梦婆。

就是没有春梦之说的老太太，也能求得东坡的诗句。据《鸡肋编》载，邻居有个炸馓子的老太太迷上了东坡诗，经常向偶像求诗，苏东坡从其所请，给老太太留诗《戏咏馓子赠邻妪》中句：

纤手搓来玉色匀，碧油煎出嫩黄深。
夜来春睡知轻重，压匾佳人缠臂金。

这时的苏东坡哪里还是位名震天下的风流才子？岂有一丝三品大员的架子？现任琼州别驾的官职也是个公家人吧？但苏东坡却是一副乡野老头的做派，乡野文化老头。

作风改变，老百姓对这位官员的态度自然多了，苏东坡被从官舍逐出，在张中的帮助下建房时，当地的居民踊跃前来帮助他盖房子。之后苏东坡给自己的新居命名为“槟榔庵”，因为房后就是槟榔林。

有时东坡在夜里也能听到黎族山民的敲门声，山民经常在夜里猎鹿，鹿在儋州为数甚多。半夜敲门的多是猎人，以鹿肉相赠苏东坡。

与平民在一起过日子，自有其乐趣。苏东坡精神上还是快乐的。据他给朋友写的信中说：“初至，僦官屋数椽，近复遭迫逐。不免买地结茅，仅免露处。而囊为一空。困厄之中，何所不有？置之不足道也，聊为一笑而已。”

苏东坡岂止于“聊为一笑”？嘲讽依旧，玩笑照开，幽默如常。甚至还有心情调侃辱骂一下当今的权贵们！

98 大陆海岛，同胞心连心

北宋朝廷权贵们一刻也没忘记过苏东坡以及那些元祐旧党人，对于“打虎不成反被虎伤”这类格言，章惇、蔡卞、蔡京兄弟（蔡确已死）、吕惠卿几名主政者岂能疏忽？苏东坡虽然被流放到南海上的一个孤岛，但肃清元祐党人流毒的行动从未停止过。

北宋朝廷严令，凡苏东坡撰写碑文的石碑必须全部摧毁，哪怕只是题个碑额也不能放过；私存苏东坡诗词文章者，视为窝赃，举报者重赏一万钱；后来北宋朝廷那些主政者发现，民间仍在传抄苏东坡在海外新写的诗词，竟然把赏钱提到了八十万！

但是，恰有个独特现象。越是官府禁止的事，老百姓越喜欢。印有苏东坡诗词文章的书籍，已成为中原士子、文人的贵重装饰品，若是谁没读过苏东坡的新作，必然会被同行者嘲笑为无知；怀里揣了本苏东坡旧作，也会立时觉得腰粗了许多。

这就是东坡诗文被北宋朝廷严禁的结果。

至于苏东坡题额的石碑都要被毁，那是由于苏东坡书法风靡全国的缘故。东坡墨宝会引起人们的联想，从而发出赞叹，到时候谁能分得清这是在赞誉书法高明，还是书者风采？所以，还是尽毁绝根是上策。

但是，不仅老百姓不买账，连和尚、道士也把北宋朝廷的禁令当作儿戏。据《春渚纪闻》载，《司马温公神道碑》是苏东坡撰文的，当然在被毁之列。当地的道士张山人竟然对来毁碑的官员说：“那么麻烦？贫道在碑额的前面添上‘不合’两个字不就得了？”碑额为“清忠粹德之碑”。

张山人冒死嘲讽北宋朝廷也没有用，石碑还是被毁了，朝廷是不准留苏东坡字体墨迹的。

其实毁掉苏东坡墨迹的人，后来都后悔得撞墙。因为到了宣和年间，苏东坡的墨宝竟然一纸价值万金，一个叫谭稹的人，为了拓苏东坡手迹石刻“月林堂”三字，竟要花费五万钱。

后来连大宋的敌人金国也知道苏东坡字画珍贵无比，与宋军交战时，只要获得苏东坡的手迹，便如获至宝，立即装运回去。

现在北宋政府视苏东坡为大敌，其诗词文章甚至竹石墨画都如同洪水猛兽，但还是有不少朋友不远万里前来探望苏东坡，其中就有神奇道人吴复古，他竟然跨海而来，专为苏东坡介绍当时的北宋朝局。

苏东坡现在处于世外，虽然却非桃源，但最爱陶渊明的诗作。可惜二人境况不同，陶渊明是闲暇地“采菊东篱下，悠然见南山”，苏东坡却是被迫远离亲情。

苏东坡刚到儋州时所填的《西江月 · 世事》一词，就表达了他对亲人的思念之情：

世事一场大梦，人生几度秋凉。夜来风叶已鸣廊。看取眉头鬓上。

酒贱常愁客少，月明多被云妨。中秋谁与共孤光。把酒凄然北望。

看来苏东坡的世事，一场大梦已醒，花甲已过，却只能与幼子困守孤岛，北望亲人，怎能不感到人生几度秋凉？夜来风卷残叶，呼啸于廊外，孤独长夜最难消受，眉头鬓上所沾的不是残叶，乃丝丝愁绪！

客少并非由于酒贱，云妨碍的不仅是月明，还有词人的心情，中秋之夜，孤月洒孤光、照孤人，词人大概想起了“但愿人长久，千里共婵娟”旧句，怎能不长呼谁与共之？把盏之时，可想起“把酒问青天”之语？凄然北望那家乡的一轮冷月，那里有家，有亲人！

这一切都源于何人？苏东坡知道这情景来自那位相国的谗言，怨恨之际，却是按照自己的方式嘲弄对手，虽然是出于无奈，却也见诗人傲然权贵之风采，讥讽之中不乏幽默，挖苦之际掺上嘲讽。

苏东坡创作了这么个寓言故事：有一次，东坡喝醉了，被龙王请到了深海龙宫，东坡身穿道袍，头戴黄帽，足登道履，潇洒行于水下。忽然雷声隆隆，海水沸腾，一瞬间已到水晶宫中。

龙王盛装而出，二宫女随侍，龙母自屏风后而出，递给他一块十尺长绢纱，求他在上面写诗一首。苏东坡趁醉挥毫，在绢上画了水族风光及龙宫霞瑞，画旁题诗，虾兵蟹将莫不赞美，龙王看来“龙颜大悦”！谁知这时突然爬出一只海鳖。

此鳖在龙宫荣居相位，历来被世人称之“龟丞相”或“鳖相公”。鳖相公探头向龙王指出，东坡诗内有一个字，是龙王的名字，应避圣讳呀。龙王立时翻脸，对东坡大怒！苏东坡退而叹曰："到处被鳖相公斯坏！"

盘踞相位的"鳖相公"当然有所指，读文者莫不明白；不过在这里苏东坡还与赶他出官舍的董必开了个不小的玩笑："必"字与"鳖"字读音相仿，这"鳖相公"一词其实一棍打三家。

苏东坡旧习不改，穷困中嘲骂权贵不误，笔锋直指当朝宰相，看来东坡虽豁达，也有发怒时！不过，假如此文被北宋朝中相公们看到，将又是一场风波。章惇相公还不坚决折断了东坡这根秃笔？

不用折，海岛上的苏东坡的毛笔早秃了，据《爱日斋丛钞》载，苏东坡在海岛以鸡爪作笔。

鸡爪为笔，何毛蘸墨？莫非那时苏东坡就独创了中国的硬笔书法？

岛上不但没有卖毛笔的，连墨汁也得苏东坡自己试制。苏东坡甚至有点儿得意地记载了自己制墨酿成火灾的经过："己卯腊月二十三日，墨灶火大发，几焚屋，救灭，遂罢作墨。得佳墨大小五百丸，入漆者几百丸，足以了一世著书用，仍以遗人，所不知何人也……"

不过据苏东坡幼子苏过笔记中记载，说这是老爸在自我安慰："家父并无制墨秘诀，仅是在海南岛无事，以此消遣而已。制墨名家潘衡来访时，家父和他在一间小屋里制墨，烧松脂制黑烟灰，半夜起了火，差点把房子烧掉。"

"第二天，父亲仅从焦黑的残物中弄到几两黑烟灰，但是没有胶。父亲就用牛皮胶和黑烟灰混合，结果不好凝固，只得到几十条像手指头大小的墨块，父亲大笑一阵。不久潘先生就走了。"

不过据载，潘衡却因此发了家。潘衡回到苏东坡人气最旺的杭州，开了家"苏东坡秘方制墨"的商店，所生产的墨比别家的墨价高出两三倍，潘衡说他是在海南岛跟苏东坡学的制墨秘法。这商店火爆杭州。

其实潘衡制墨何须学东坡？只不过是借苏东坡的名气卖墨而已。名人效应，看来北宋就流行。

现在苏东坡自喻陶渊明，自然对陶诗大感兴趣，竟然和陶诗一百二十四首，他要弟弟苏辙给这些和诗作引——苏东坡所有的序言都称为“引”，这是因为祖父名苏序，按规矩需要避讳。在给苏辙的信中，苏东坡这样谈自己与陶渊明：“然吾与渊明，岂独好其诗也哉！如其为人，实有感焉。”

生活再难，习惯成自然，苏东坡终于有点儿适应海岛生活了，开始有心情与儿子开玩笑。一天，他尝了海蚝，觉得味道不错，就写了句话给儿子苏过：“别让朝中的士大夫知道了这东西，不然我怕他们会争着来海南与我分享美味。”

实际上，日子熬到元符二年（1099 年）的立春，苏东坡的心情已大为坦然。这天，苏东坡填词《减字木兰花·立春》，词中便没有了丝毫苍凉凄苦的影子：

> 春牛春杖。无限春风来海上。便与春工。染得桃红似肉红。
>
> 春幡春胜。一阵春风吹酒醒。不似天涯。卷起杨花似雪花。

词中一派春光无限，春意盎然！看来苏东坡的人生第二个春天就要到了。

99　大宋天涯“海归”人

苏东坡困居海南之时，和尚好友参寥子专派弟子前来探望，并且送来治疗瘴疫的珍贵药物、食物等，苏东坡在回信时曾经有这样的语言：

“其余，瘴疠病人，北方何尝不病，是病皆死得人，何必瘴气。但苦无医药。京师国医手里死汉尤多。”

宽解自己与好友的话却让苏东坡写成了预言，“京师国医手里”果然“死汉尤多”！不过这次的“死汉”不是别人，乃是当朝天子，年仅二十五岁的哲宗皇帝赵煦。

公元1100年正月初春，哲宗突病，抱憾驾崩。

要说这位酷爱女色、崇尚新法、摧残元祐党人的年轻皇帝，也不是个简单人物，最起码他在国家军事上确有建树。新法的恢复，老百姓是否得益不好说，但的确给国家对外用兵聚集了财力。自亲政改元以来，哲宗数次主动对西夏出兵，打得蛮横的西夏不得不认输讲和。

但是，血气方刚的哲宗皇帝断然撇下了众多如花似玉的妃嫔撒手人寰，却连一点儿骨血也未曾留下，后宫刘美人虽然给他生过一子，无奈此子幼年夭折。

于是由太后史氏主持，由他的弟弟赵佶继位，是为徽宗。

徽宗皇帝确为一代奇才，不过仅限于书画诗词，在政治上却昏庸得几乎冠绝古今，不过刚上台，便有太后摄政。

皇太后摄政，对国家利弊不是本文探讨的重点，但对于苏东坡来说，却是黑暗中射入的一缕灿烂阳光。当年四月，北宋朝廷颁诏，对所有元祐老臣一律赦罪，苏东坡也在被赦之列，被允许以琼州别驾身份内迁廉州，苏东坡被流放海外的生活终于要结束了。

还是那句话，几乎苏东坡经历过的所有太后都是苏门福星，看来苏东坡天生极具“女人缘”！东坡渡海到了对岸雷州不足一月，便接到新的命令。他被授舒州团练副使，去永州（今湖南零陵）居住，这次没有了“不得签署公事”的要求，看来北宋朝廷要逐步起用苏东坡了。

为什么需要逐步呢？这就是宋代接班人的妙招了。先皇的面子总得照顾吧？就是昭雪也会给你留个“尾巴”，既让你当时感恩戴德，又不能让你对以前的处理有怨言。

接下来形势越来越好。苏东坡赶往永州的中途，又接到了可以随意居住的命令，这时苏东坡才算得到真正的自由。

弟弟苏辙也被赦免并升迁，已经携眷北归。因为苏辙在颍州有田产，别的孩子也住在那儿，他就先回颍州，并且来书邀请哥哥随他一同定居颍州。

可是苏东坡现在一家三十余口人，房舍田产都在太湖边上的常州宜兴。苏东坡犹豫多时，最后决定去与弟弟结邻而居，于是嘱咐长子苏迈到常州去清点家产，然后在仪真相会，并且写了公函请求拨四只官船，供一家人往京师方向的颍州进发。

苏东坡一路北行，一路感慨，一切都恍若梦中！离海南之时，他几乎身无分文，就连欠秀才黎子云的酒菜钱也无法立偿，只得留诗作别，并且开玩笑说是“以此抵债”，身边唯有幼子苏过、道士吴复古及爱犬“乌嘴”陪同，一齐渡海。

海峡对岸，一切大变！

对岸雷州居住着弟子秦观，东坡偕同吴复古探望秦少游之后，吴道士自行飘然离去，真正是神龙见首不见尾！

苏东坡从廉州北上梧州。他曾经吩咐家人在那里等他齐聚，结果他到达之时，发现贺江水浅，乘船直行往北到湖南永州行船不易。于是决定先回广州，再往北过大庾岭，由江西到湖南。这至少半年的行程开始了。

广州太守朱行中对苏东坡的接待极为热情，每日欢宴不断，当地文人豪士无不争相作陪。谁不欲亲眼目睹这位九死一生，幸得归来的旷世才子？

欢迎的人群又岂止官宦士子？诗人所经的每个城市、乡村，欢迎的人群如海如潮，坐舟经过新淦之时，竟然被数千民众，其中不乏老人儿童，围堵不让通行，请求东坡为他们所造新桥题名。东坡舟中泼墨，手书“惠政桥”三字，方得以下舟拜会当地县令。

东坡等人行至大庾岭，在村店稍息之时，一白发老翁前来求句，苏东坡欣然留诗《赠岭上老人》于壁间：

鹤骨霜髯心已灰，青松合抱手亲栽。
问翁大庾岭头住，曾见南迁几个回？

到了岭下龙光寺，东坡所乘滑竿小轿忽断轿杆，龙光寺僧人慷慨赠大竹竿两根。苏东坡留诗《赠龙光长老》纪念，其中有句：

斫得龙光竹两竿，持归岭北万人看。
竹中一滴曹溪水，涨起西江十八滩。

岭北到处都有东坡的朋友，仰慕的人群包围着诗人，引他去游山游庙，请他留句题字。十月，苏东坡终又重与儿孙团聚。回首过往，其在诗文中自道“生活如梦”。一次宴席上，朋友开玩笑地问他：“传说你已仙去，当时我真以为你死了。”

苏东坡笑答：“不错，我不但死了，并且还到了阴曹地府，不过在阴间路上遇见了章惇，才下决心还了阳。”看来此时的苏东坡对陷害他的人还是念念不忘。

年底，苏东坡路经韶州，太守陈公密宴请贵客，不惜遣出爱侍素娘歌《紫玉箫》劝酒，苏东坡此刻心驰神摇，提笔填词《鹧鸪天·陈公密出侍儿素娘，歌紫玉箫曲，劝老人酒。老人饮尽因为赋此词》：

笑捻红梅亸翠翘。扬州十里最妖娆。夜来绮席亲曾见，撮得精神滴滴娇。

娇后眼，舞时腰。刘郎几度欲魂消。明朝酒醒知何处？肠断云间紫玉箫。

人生确实难料！昨天还凄对冷月，今天却笑捻红梅，又岂知那“娇后眼，舞时腰”几度销魂的却不止刘郎。明朝酒醒，知何处的是谁？肠断云间，是否还包括那驾崩一载的哲宗皇帝？

世事更加无常！欲赶到颍州与兄弟相聚的苏东坡突然遇到了变故，北宋朝廷的政治风向又成了乱转的旋风。正月，皇太后逝世！苏东坡不得不重新审视朝局。

按以往经验，新皇真正独自亲政（去年七月已经形式上亲政），恐怕又要出现不测政局，此时近居京师是否明智？苏东坡给弟弟写了封长信，认为这是天命，他们不能聚首。言语之间，不免沮丧："吾其如天何！"

皇太后突逝，就像一个不祥的预兆，苏东坡开始寝食难安，气候好像也突然剧变，感觉燥热非常！以前诗人欲拿来充饥的阳光，突然不再温馨，水上岸边，湿气伴着阳光腾升。苏东坡自觉身心大为不适。

这时苏东坡已经决定留居常州，不过旅途还要继续，苏东坡已经与钱世雄等几位好友相约聚会金山寺，不过不是为了探望好友佛印。这时的金山寺主持换成一位法号"玉泉皓"的和尚，也是位苏东坡的旧相识。

苏东坡一直难忘早年与玉泉皓禅师的那次初见。

玉泉皓和尚问来客东坡高姓大名，当时孤傲的苏东坡戏言："姓秤，专称天下和尚轻重。"

玉泉皓大和尚听闻，一声暴喝："且听我这一喝轻重多少？"

当时的苏东坡默然，若有所悟。

时光飞逝，冬去春来，夏融秋至，经历过光阴历练的苏东坡，莫非是要前往故人处，寻求那一喝轻重之答案？

一喝不知轻重，一生轻重几何？生命在天地间，究竟有多重的分量？

此时的苏东坡，已非当年的苏东坡，锋芒却未被磨钝，而是被岁月包裹上了一层深沉的厚重。就人生来说，苏东坡生命的分量已经翘起，搅动了无数人心头的狂潮。

身体不适，苏东坡在仪真休养月余，一边等待孩子们前来迎接，一边回忆着与好友之间的无数往事。

这时画家好友米芾给他送来一种叫作“麦门冬汤”的草药。苏东坡读了米芾的一篇文赋之后，预言这位画家的文名将屹立不摇。

二十年深交，苏东坡与米芾关系匪浅，二人诗文接触，东坡可以算是米芾的师辈，但诗情后面还有画意。米芾作为一代书画名家，并不弱于东坡多少，米、苏、李（李公微）在北宋并称三大家。

据《侯鲭录》载，米芾素来性情狂放，故人称“米癫”或“米痴”，但“米癫”自己对这个外号大有意见。

苏东坡任职扬州时，曾宴会宾客，其中就有米芾。大家酒宴正酣，米芾突然举杯对着苏东坡大呼暂停：“众人都说我疯癫，请先生给我评个公道。”

苏东坡笑答：“我从众。”

结果举座大乐，米芾也跟着大笑起来，可见两人之交的深浅。

至于苏东坡的书画功夫，他这样评论：“吾书虽不甚佳，然出自新意，不践古人，是一快也。”

其实苏东坡书、画皆堪称宗师。关于书法，苏轼幼学王羲之，后习颜真卿，杨凝式，笔圆韵胜，在宋四家（苏、黄、米、蔡）中排在首位（此排位根据名气）；他的《黄州寒食帖》被誉为天下第三行书。

苏东坡对绘画的造诣不亚书法，擅画竹石古木，自写胸臆，妙得形似，天趣盎然；理论上苏东坡重在书画的内在精神，而非外在形体。书画大师苏东坡在《净因院画记》里这样说：

> 余尝论画，以为人禽宫室器用皆有常形。至于山石竹木，水波烟云，虽无常形，而有常理。常形之失，人皆知之。常理之不当，虽晓画者有不知。……虽然，常形之失，止于所失，而不能病其全，若常理之不当，则举废之矣。以其形之无常，是以其理不可不谨也。

一句话：神似重于形似，寓意于神形似是之间，意为书画之本。

不仅书画，就是诗词文章，苏东坡也认为“意”最重要。《韵语阳秋》中载，苏东坡在海外论行文，犹如人在城市购物，琳琅满目，欲得只需一样——钱！作文也是如此，天下之事，散于经史子集，欲取为用，也是只需一样——意！

作文先有意，则经史皆为我用，“此作文之要也”。

依老孙这个书画外行看来，苏东坡是书字如水墨绘画，绘画如信意赋诗，赋诗如天马行空。东坡诗书画三者贯通，书中蕴画，画中含诗，诗词如长歌，长歌如流云，流云诗书画，诗书画人生！

六月十一日，苏东坡向米芾告别，前往常州，登舟之际，他不禁想起一月前与朋友在金山寺的聚会，在那个也是大江东去的地方，苏东坡给自己的一生做了概括总结。

100　大江东去，浪淘尽千古风流人物

与好友程之元、钱世雄等人五月一日相会金山寺时，苏东坡登上妙高台，一展胸臆，好似大梦初醒！

鉴于北宋朝中政局突变，此时的苏东坡已经决意致仕隐退，定居毗陵，因为此前苏东坡已接朝廷敕令，复官朝奉郎并主持成都玉局观，并明诏任其在外州军居住。

这是允许苏东坡以本官退休致仕，按当时宋朝官员的退休制度，朝廷一般对一些位高名显需要退休的官员任命此职，处于半退休状态，说是“内退”也无不可。

当时有一种说法：官员若有重病，若辞去官职，有助于病的痊愈，也能延年益寿等于强盗的“金盆洗手”吧。意思是做官和强盗本就是一而二，二而一的同行。辞官不做犹如强盗“金盆洗手”，是在向神灵表示从此不再为恶之意。

苏东坡表示自己也相信这个说法，愿意一试，所以才有了“金盆洗手”换病愈的退休申请。

金山寺妙高台，山风呼啸于苏东坡耳旁，好似响起了玉泉皓大和尚那“且听我这一喝轻重多少”之一声暴喝，苏东坡顿感彻

悟，提笔作偈诗《自题金山画像》：

心似已灰之木，身如不系之舟；
问汝平生功业，黄州惠州儋州。

七年凋零之命运，犹如无桨脱锚的小船，这是诗人的一声叹息；口称心似死灰，却别出心裁地夸耀生平“功业”，竟是被贬谪流放的日子！如此总结一生，这是在嘲讽！

诗人是在嘲讽北宋政敌的卑鄙，叹息命运的不公，自豪被贬的荣誉！

命运不公也宽厚，公道自古在人心！

建中靖国元年（1101 年）六月十五日，苏东坡乘舟沿运河继续自靖江北归常州家园，诗人自海外归来，即将到达的消息立刻传开，到此地几乎等于还乡！有数千百姓立在河边高处，打算一睹这位著名诗人之风采。

苏东坡历经万劫得以复归的消息，引起连锁轰动。运河两岸，一眼望去，人山人海，百姓聚集欢呼，热烈真诚。

这天，苏东坡似乎身体略有好转，已然能在舟中坐起，他头戴青色小帽，身披长袍，看着岸上比酷夏还要火热的百姓，不禁有些惶恐！

他转身对舟中人说：“这样欢迎，莫要看杀苏轼否？”

诗人对民众的热情惭然抱愧，民众对诗人的爱动地感天！

这次的行程很短，不久便到了常州，住进东门附近好友钱世雄给他租的一处临时居所。当地文人、名士纷纷前来探望，不能见到苏东坡的人，无不终生抱憾！

但是，此时的苏东坡已经不能接待过多客人，他的病开始缠绵不愈，一个月光景，始终倒在床上。苏东坡开始预感到将要告别……告别这个给了他欢乐与痛苦的世界！

苏东坡怀念弟弟苏辙：“迢迢万里，生还中土，十分高兴，吾心中唯难过归来之后，始终没看见子由，自雷州海边分别，一直未得再见啊！”

他将在海南完成的《论语》《尚书》《易经》三本书的注解，送给了好友钱世雄。写信给钱世雄时，苏东坡谈了自己的心情：“庄生闻在宥天下，未闻治天下也。如此而不愈则天也，非吾过矣。”

七月十五日，苏东坡的病况迅速恶化，夜里开始发高烧，牙龈不断出血。苏东坡分析病症，认为自己得了“热毒”，他相信只有让病毒自行消退才能痊愈，用各种药物干涉是没用的。

七月十八日，苏东坡把三个儿子叫到床前，开始嘱咐后事：“我平生未曾为恶，自信不会进地狱。”

苏东坡嘱咐儿子们，自己的碑铭要由弟弟苏辙撰写，他要与妻子合葬在弟弟家附近的嵩山山麓。

七月二十五日，苏东坡在杭州的老友维琳和尚前来探望，从此就再也没有离开；二十六日，苏东坡写了最后一首诗，维琳和尚劝他念几首偈语。

苏东坡笑了笑说道：“那些高僧呢？鸠摩罗什呢？不也都死了？”

来中土弘扬佛法的印度高僧鸠摩罗什行将去世之时，曾由天竺同来的僧友替他念梵文咒语，但是梵文咒语也不比翻译成汉语的咒语经文灵验多少，甚至连中药汤也不如，鸠摩罗什还是死去了。苏东坡似乎在这时对佛家有了疑惑。

七月二十八日，苏东坡的身体状况迅速衰竭，已觉呼吸气短。

床头，维琳和尚贴着他耳边教导："端明（东坡爱称）现在要想着西方！"

苏东坡轻声回答："西天也许有，空想前往，又有何用？勉强想就错了！"

床尾，钱世雄对马上就要离去的苏东坡说："端明平日学佛，此日如何？"意思是，怎么临到用时反而抛弃了？

"此语亦不受……"这就是苏东坡留在这个世界的最后一句话！

苏东坡去了！在这个世界上，诗人精彩地闪耀了六十四个春秋。

天地一时沉静，风月皆尽无语。

苏子一生如一首诗，大江东去诗留魂。

夜来幽梦月宫会，琼楼玉宇伴诗人。

噩耗传出，举国痛哀！弟子们于居处设灵堂，以供众人拜祭，荆州黄庭坚把苏东坡的画像挂在卧室，每日早晚正冠易服焚香礼拜，以尽弟子之礼；颍州张耒举哀行服，出薪俸东坡于福禅寺院，招诸僧侣行法事；就连素不相识的太学生候泰、武学生杨选等人，也自设灵堂于京师，守灵者多达二百余人。

苏东坡的挚友道潜和尚参寥子，一首挽诗《东坡先生挽词·其十》祭知己：

峨冠正笏立谈丛，凛凛群惊国士风。
却戴葛巾从杖屦，直将和气接儿童。

好友王定国疏文致哀。就连苏东坡晚年不屑相交的门徒李方叔也撰文悼念，其文辞精练，数语道尽东坡生平：

道大不容，才高为累。

皇天后土，鉴平生忠义之心；名山大川，还千古英灵之气。

识与不识，谁不尽伤？闻所未闻，吾将安放。

据载，这几句话一时风行京师乃至全国。人们无论贤愚，皆能背诵！

苏东坡对生命将去如何感想呢？临去时他写给维琳和尚：“岭南万里不死，而归宿田里，有不起之忧，岂非命也耶，然生死亦细故耳！”

苏东坡走得安详，没给自己留下任何遗憾。

实际上苏东坡临去时心情不仅泰然，甚至还有欣慰，这要感谢死敌章惇。此时的章惇已经被贬谪雷州，对于迫害自己半生的朋友加仇人，苏东坡最后的态度如何呢？

苏东坡显示了自己的伟大！

章惇的长子章援，在苏东坡为主考官时，被苏东坡亲自取为魁首，所以按惯例，章援应当算是苏东坡的门生。

章援知道父亲章惇对苏东坡的所作所为，便给苏东坡写了一封长信。信中当然很难措辞，他说出不敢登门拜访的理由，坦白承认说是因为父亲的缘故。章援担心苏东坡会报复父亲，盼望能得到苏东坡的一句话，以清楚苏东坡现在对父亲的态度。

苏东坡得书竟然大喜，立即回书，并且对身边的儿子苏过说：“斯文！这是司马子长（司马迁）之流也。”

这封苏东坡的亲笔回书《苏轼答书》，最能体现苏东坡宽厚中的伟大！所以用它来收尾本书最为合适！

某顿首致平学士：某自仪真得暑毒，困卧如昏醉中。到京口，自太守以下，皆不能见，茫然不知致平在此。得书，乃渐醒悟。伏读来教，感欢不已。某与丞相定交四十馀年，虽中间出处稍异，交情固无所增损也。闻其高年，寄迹海隅，此怀可知。但往往者，更说何益，惟论其未然者而已。主上至仁至信，草木豚鱼所知也。建中靖国之意……所云穆卜，反复究绎，必是误听。纷纷见及已多矣，得安此行，为幸矣！为幸！更徐听其审。又见今病状，死生未可必。自半月来，日食米不半合，见食却饱，今且速归毗陵，聊自憩。此我里，庶几且少休，不即死。书至此，困惫放笔，太息而已。某顿首再拜。致平学士阁下，六月十四日。

101 长眠不知身后事

苏东坡长眠于距弟弟苏辙家园不远的嵩山脚下，汝州郏城县钧台上瑞里（今郏县苏坟村），苏东坡的故事并没有就此结束。

次年，崇宁元年（1102 年），蔡京登台相位，重新镇压元祐党人，逝去的苏东坡也没能躲过摧残，北宋朝廷立《元祐党籍碑》于端礼门，上刻“奸臣”124 人！苏门三词客全家入列！

崇宁三年（1104 年），镇反开始扩大，《元祐党籍碑》被重刻，这回网罗了 309 人。为了使“奸臣”们真正绝种，蔡京之类诏令天下人皆不得与上榜的奸臣后代结亲！尤其令人啼笑皆非的是，连元祐时的顽童苏过也榜上有名！

令北宋朝廷始料未及的是，得到的结果却相反。碑文反而成了“英雄榜”，入榜的人无不以此为荣，使得全国百姓、士子羡慕！

时光流到了 1126 年，书画大师宋徽宗退位，钦宗即位，改年号为靖康元年，元祐“奸臣”开始出现昭雪的苗头。

事情的转机更加荒唐，竟然有赖于苏东坡生前的一个嗜好——着迷道教，炼丹求长生！

《贵耳集》与《梅磵诗话》都记载了此事：后辈道士对苏东坡自然极为尊重，一个叫伏章的道士给着迷此道的“教主道君皇帝”徽宗设醮祈福，徽宗来时，发现道士竟然不慎睡着了！

那还了得？道君皇帝——不，太上皇忍住怒气等到这偷懒的同行醒来，伏章道士醒后，坦然回奏太上皇同道：适才去玉帝处值班，因为奎宿星君向玉帝奏事拖拉，所以才清醒——回来迟了。

徽宗不由询问：“奎宿星君是干啥业务的？”

睡过头的道士回答：“即本朝苏东坡也！”

天上的神仙呀？那还能继续被压制！

于是，元祐党人的昭雪活动拉开了序幕。

只是这序幕刚拉开就塌架了。次年（1127 年），徽、钦二宗皇帝父子相伴成了金国的俘虏，北宋灭亡，南宋诞生，改元建炎。

苏东坡却被官复原职，追封为端明殿学士。

又过了三年，绍兴元年（1131 年），苏东坡被提拔为资政殿学士，可惜不能资政什么了，倒是孙子得了实惠，被授知蜀州。

孝宗乾道六年（1170 年），苏东坡被谥封文忠公，此后的文史作家便开始以“文忠”称呼苏东坡了。

乾道九年（1173年），苏东坡的官升到了顶点，被荣封太师！

其实，后人才懒得理睬给苏东坡封个多大官呢，只记得——大江东去，浪淘尽，千古风流人物！

今天，我们只知道苏东坡是个伟大的词人、诗人、书法家、画家、文学家。

图书在版编目（CIP）数据

苏东坡 / 子金山著. -- 北京 : 华龄出版社, 2023.2

ISBN 978-7-5169-2424-2

Ⅰ.①苏… Ⅱ.①子… Ⅲ.①苏东坡（1036-1101）—传记 Ⅳ.①K825.6

中国版本图书馆 CIP 数据核字 (2022) 第 239889号

出版人	周　宏	责任印制	李未圻
责任编辑	张自然	内文制作	刘龄蔓
书　名	苏东坡	作　者	子金山
出版发行	华龄出版社 HUALING PRESS		
社　址	北京市东城区安定门外大街甲 57 号	邮　编	100011
发　行	（010）58122255	传　真	（010）84049572
承　印	定州启航印刷有限公司		
版　次	2023 年 2 月第 1 版	印　次	2023 年 2 月第 1 次印刷
规　格	880mm×1230mm	开　本	1/32
印　张	16	字　数	373 千字
书　号	ISBN 978 7-5169-2424-2		
定　价	58.00 元		